LITERACY ORIENTED
ARTIFICIAL INTELLIGENCE EDUCATION
IN PRIMARY AND SECONDARY SCHOOLS

素养导向的
中小学人工智能教育

谢忠新　等著

"东方教育文库"
编审委员会

主 任 高国忠

编 委（按姓氏笔画为序）

丁黎忠　卜文雄　毛力熊　方志明　双慧红

朱　伟　朱　慧　刘玉华　汤　韬　李百艳

李　军　李春兰　吴　瑶　忻　卫　陆源锋

陈菊英　陈　斌　陈　强　赵春芳　徐　凤

徐宏亮　曹佳颖　廖静瑜

"东方教育文库"出版前言

"东方教育文库"是浦东新区为出版高质量的教育研究成果而设立的一个项目。通过"东方教育文库"的编辑出版,形成有品位的、能多方面反映浦东教育改革与发展面貌和教育研究成果的系列教育丛书。

"十四五"时期,是浦东落实中共中央、国务院《关于支持浦东新区高水平改革开放打造社会主义现代化建设引领区的意见》,实现新时代浦东教育高质量发展的重要时期。《浦东新区教育发展"十四五"规划》指出,要着力打造"五育并举、公平优质、开放融合、活力创新"的新时代高品质浦东教育。在各级政府的坚强领导下,浦东教育已经取得了快速发展,不仅规模逐年扩大,而且内涵日益丰富,呈现出多样化、特色化发展的趋势,在教育改革与发展过程出现了许多新的业绩和成果。许多学校校长用先进的办学理念进行教学改革,探索新颖的办学之路,大胆实践,在提升教育质量、建设师资队伍、建设校园文化、创建学校教育特色等方面取得显著的成效,获得丰硕的改革成果,并积累了丰富的办学经验。浦东新区作为上海市教育综合改革示范区和国家级信息化教学实验区的叠加效应正在形成。

同时,在学校的改革发展过程中,我们也看到有许多教师怀着强烈的热情,投身于教育教学的探索中,在专业发展道路上孜孜不倦地追求,探索教育规律,研究课堂,研究学生,研究教材,努力寻找解决问题的策略和方法,形成鲜明的教学特色,积累了丰富的教学经验,这些成功的经验具有明显的推广价值和实践意义。

总结和推广学校成功的办学经验和教师的教学经验,对推进教育的改革和发展,提升区域教育的整体水平无疑有积极的作用。出版"东方教育文库",就是想要更好地宣传当前基础教育改革发展的业绩,彰显优秀学校的办学特色,总结优秀教师的教育教学经验,使更多有办学特色的学校和校长、有教学特色的教师进入公众视野,发挥优秀成果的影响力和辐射示范作用。

"东方教育文库"的推出,有利于树立学校和教师的研究典范,为广大教师提供丰富的教育信息和研究资源,为学校和教师搭建一个交流和分享成果的平台;有利于引领广大学校和教师走向规范化、精致化的科研之路,促进群众性科研的持续性发展;同时,通过出版"东方教育文库",扩大一批优秀学校和品牌教师的社会影响力。

"东方教育文库"教育丛书收录的著作内容广泛,涉及教育教学多方面的领域,既有对教育综合改革示范区、国家级信息化教学实验区建设等重大问题、前沿探索的追踪,又有对立德树人、课程建设、学科教学、数字化转型、班主任工作、学校管理等改革焦点、实践难点的探讨;既有反映教育教学改革实践的优秀科研成果,又有反映校长办学经验和教师课改智慧的典型案例。

"东方教育文库"中难免会出现一些不足之处,恳请广大教育同仁批评指正。

编　者

2024 年 2 月

前　言

当前,以 ChatGPT 为代表的生成式通用大语言模型对教育生态产生了变革性影响,也对人才培养提出了新的要求。2019 年,浦东新区入选教育部"基于教学改革、融合信息技术的新型教与学模式"实验区,其实验内容之一是"区域推进面向计算思维培养的人工智能与编程教育";2022 年,入选第一批"央馆人工智能课程"规模化应用试点区;从 2022 年底开始,浦东新区在全区 100 所小学、初中开展人工智能与编程教育。浦东新区将学生人工智能素养提升作为主要目标,通过三大子目标并行驱动该目标的达成:一是形成区域推进人工智能教育新生态,二是构建中小学人工智能与编程教育教学新模式,三是探索人工智能素养新评价。

浦东新区推进人工智能素养导向的中小学人工智能教育的整体思路是,首先研究确定中小学人工智能素养的内涵、目标和相应的学习内容;再基于学习内容选购多家企业合适的人工智能硬件产品、人工智能教学平台与编程平台,汇聚多家企业的人工智能教与学资源;基于上述基础支撑要素,思考、探索与构建人工智能和编程教育新模式以及测评新方式。具体内容如下:

第一,研究确定中小学生人工智能素养内涵。研究了国际、国内关于人工智能素养方面的相关研究成果,确定了中小学生人工智能素养包括人工智能意识、知识、能力、思维和态度伦理。其中,特别关注学生应用人工智能来解决问题的能力,强调以计算思维为主的各种思维培养,并且进一步强化新一代人工智能技术背景下,学生对人工智能相关原理、技术的学习,使其形成合理、合规、合法、安全地使用人工智能的意识。

第二,设计与完善人工智能课程学习内容。设置"基础—进阶—拓展"三类课程学习内容,小学涵盖"生活中的人工智能""有趣的数据""神奇的算法""人机对话"等九大学习主题,初中涵盖"图像识别""智能语音"等十大学习主题,并随着新一代人工智能发展不断进行迭代优化。随着 ChatGPT 等大语言模型等的出现,小学将进一步强化对话生存能力和语言理解能力的认识,初中将更加强调对生成式 AI 的理解以及如何更好地使用。

第三,区域统一选购人工智能学习内容配套硬件设施。我区确定了 100 所实验校(包括 50 所初中和 50 所小学),在 100 所实验校中遴选 30 所进阶校,并确定了六类实验中心。在此基础上,我区统一选购了人工智能学习的配套硬件。其中,小学基础包括人形机器人和教学/学习平板,能融合人工智能核心技术,让机器人完成指定的场景任务;小学进阶提供拼搭模块、开发板等各类传感器,学生可利用语音合成、人脸识别等人工智能技术来开发一些简单的人工智能应用项目。初中基础硬件包括象棋机器人和车型机器人,初中进阶则涵盖各类可用于开展人工智能应用实践的教育实验箱。

第四,区域统一选购、整合与优化人工智能教育的软件平台和数字资源。人工智能和编程教育需要有相应的教学平台和软件编程平台。我区统一选购了小学教学平台、初中教学平台以及编程平台,用以支持教师人工智能备授课以及学生人工智能体验、理解、实践和探索。构建了人工智能基础支撑平台,实现对学生学习数据的汇聚、分析与评价。同时,选购与定期打磨人工智能与编程教育的数字资源。一方面针对每个学习主题选购了合适的感知类、互动体验类、理解类、动手实验/验证类资源;另一方面组织中心组教师和专家为学校教师打磨和提供相应的教学课件、教学设计和学习任务单等。

第五,研究构建素养导向的"体验—理解—实践"教学模式。基于人工智能软硬件、平台、资源,我区进一步研究构建素养导向的"体验—理解—实践"教学模式。例如学习"计算机视觉—人脸识别",首先可以通过软硬件平台体验计算机视觉的功能和作用,再通过验证类资源或者教师讲解来进一步理解计算机视觉的简单原理和技术思想。在初步构建的教学模式基础上,学校可以进行个性化的优化与调整。

第六,研究与探索多模态数据融合的学生人工智能素养评价。将人工智能素养内涵细化成具体的指标体系,通过设计各类数据埋点,记录并采集学生编程轨迹数据、真实情境测评数据、人工智能课堂参与数据等多模态数据，并通过多种方式进行数据建模与分析，基于数据分析结果进一步反哺人工智能教学设计和实践，实现以评促教的教育目标。

为了更深入地开展素养导向的中小学人工智能教育，浦东新区2020年起关注人工智能教师队伍建设，研究中小学人工智能学科教师胜任力模型，开展教师胜任力调查。基于前期调查情况，分批次分层次开展了系列教师培训。从2020年开始设计并开展一系列中小学人工智能教育相关的课题研究，其中"面向计算思维的初中人工智能教育的实践研究"立项为2020年上海市教育科研一般项目，"区域中小学人工智能教育生态构建研究"立项为2021年上海市教育科研一般项目，"基于多模态数据融合的中小学人工智能素养评价研究"立项为2024年上海市教育科研一般项目。从2022年底开始全面推进100所中小学的人工智能教育实践，带着研究课题开展实践，在实践基础上不断研究。到目前为止，团队中教师已经撰写并公开发表相关论文近20篇，数十个学校人工智能教育案例在上海市与全国的相关评比活动中获奖。本书就是在中小学人工智能教育相关课题研究、教师培训、教学实践的基础上提炼形成。

本书由谢忠新负责策划和设计，由李晓晓、曹杨璐、李盈、褚金岭、刘冠群、王荣、曹燕华、王浩等参加编写。其中第一章由李晓晓编写，第二章由刘冠群编写，第三章由曹杨璐编写，第四章由曹燕华编写，第五章由王荣编写，第六章由褚金岭编写，第七章教学实践案例与教学经验分享由人工智能实验校教师提供，第八章由李盈编写，第九章由李盈、曹杨璐编写，第十章由王浩编写，同时谢忠新、李晓晓对本书做了全面的统稿。书中引用了一些专家与学者的著作、论文，对此表示衷心的感谢！

2023年12月30日

目录

1 ▶ 前言

1 ▶ 第一章 中小学人工智能教育的驱动因素与生态

 第一节 人工智能教育进入中小学是时代命题 / 3
  一、智能社会人才培养的需求驱动 / 3
  二、国家人工智能教育政策持续发力 / 5
  三、学生保持自身竞争力的必要储备 / 6

 第二节 中小学人工智能教育的发展及生态研究 / 7
  一、国内外中小学人工智能教育的发展 / 8
  二、中小学人工智能教育生态研究现状 / 10
  三、中小学人工智能教育发展面临的挑战 / 17
  四、对中小学人工智能教育生态构筑的启示 / 19

 第三节 中小学人工智能教育的影响因素分析 / 21
  一、研究方法介绍 / 22
  二、中小学人工智能教育影响因素ISM模型构建 / 23
  三、中小学人工智能教育影响因素ISM模型分析 / 28

 第四节 中小学人工智能教育生态系统的构筑 / 31
  一、生态学理论与区域中小学人工智能教育的关系 / 31
  二、区域中小学人工智能教育生态构筑的理论依据 / 32
  三、区域中小学人工智能教育生态系统1.0模型 / 34
  四、区域中小学人工智能教育生态系统2.0模型 / 35

五、区域中小学人工智能教育生态系统 3.0 模型 / 36

39 ▶ 第二章　中小学生人工智能素养的内涵

第一节　人工智能素养提出的背景与意义 / 41

一、核心素养背景下的人工智能素养 / 41

二、人工智能素养提出的价值意蕴 / 42

第二节　中小学生人工智能素养的内涵解读 / 44

一、信息技术"素养"的历史衍化 / 44

二、"素养"相关概念的对比辨析 / 45

三、人工智能素养的概念界定 / 47

第三节　中小学生人工智能素养框架的比较分析 / 48

第四节　中小学生人工智能素养的结构模型 / 52

一、分析视角：胜任素质模型的适切性 / 52

二、模型构建：基于洋葱模型的人工智能素养模型 / 53

61 ▶ 第三章　生成式人工智能背景下的中小学人工智能课程内容

第一节　国内外中小学生人工智能课程内容的现状 / 63

一、国外中小学人工智能课程内容现状与分析 / 63

二、国内中小学人工智能课程内容现状与分析 / 64

第二节　中小学人工智能课程内容设计原则 / 73

一、中小学人工智能课程内容设计原则 / 75

二、中小学人工智能课程内容设计 / 80

第三节　中小学人工智能课程的内容模块与示例 / 83

一、中小学人工智能课程的内容模块 / 83

二、中小学人工智能课程的内容示例 / 88

第四章　中小学人工智能教与学平台设计与实现

第一节　中小学人工智能教与学平台现状 / 103

一、国内外中小学人工智能教与学平台建设现状 / 103

二、国内外中小学人工智能教与学平台应用现状 / 103

三、当前中小学人工智能教与学平台存在的主要问题 / 105

第二节　中小学人工智能教与学平台的功能定位 / 106

一、提供人工智能感知和体验的工具 / 106

二、提供人工智能编程和实践的环境 / 106

三、提供丰富优质的人工智能资源包 / 107

四、模拟临场感的双师课堂直播教学 / 107

五、记录师生教与学行为及结果数据 / 107

第三节　中小学人工智能教与学平台的模块设计 / 108

一、人工智能教与学模块 / 108

二、编程模块 / 113

三、统一管理模块 / 116

第四节　中小学人工智能教与学平台的功能实现 / 118

一、人工智能教与学模块 / 118

二、编程模块 / 124

三、统一管理模块 / 125

第五章　中小学人工智能课程资源设计与应用

第一节　中小学人工智能课程资源的研究现状 / 129

一、国内外中小学人工智能课程资源发展现状 / 129

二、我国中小学人工智能课程资源面临的问题 / 132

三、素养导向的中小学人工智能课程资源的思考 / 133

第二节　素养导向的中小学人工智能课程资源的设计 / 135

一、理论基础：心流理论 / 135

二、基于心流理论的人工智能课程资源设计思路 / 136

第三节　素养导向的中小学人工智能课程资源的应用 / 139

一、理论基础：体验学习圈 / 140

二、基于体验学习圈的人工智能课程资源应用教学流程 / 141

第四节　素养导向的中小学人工智能课程资源实践案例 / 143

一、人工智能课程资源教学应用案例 / 143

二、人工智能课程资源教学应用反思 / 146

149 ▶ 第六章　素养导向的中小学人工智能教学模式

第一节　国内外中小学人工智能教学的研究现状 / 151

一、国外中小学人工智能教育教学开展情况 / 151

二、我国中小学人工智能教育飞速发展 / 152

三、人工智能教学的挑战与趋势 / 155

第二节　人工智能教学模式的理论基础 / 156

一、教学模式的内涵 / 157

二、人工智能教学的特点 / 158

三、支撑人工智能教学模式的教学理论 / 158

第三节　素养导向的中小学人工智能教学模式构建 / 161

一、人工智能游戏化教学 / 162

二、人工智能项目化学习 / 164

三、人工智能课程体验式学习 / 169

第四节　素养导向的中小学人工智能教学效果分析 / 175

一、多元化的教学效果评估方法 / 176

二、素养导向的中小学人工智能教学效果分析 / 179

181 ▶ **第七章　素养导向的中小学人工智能教学实践案例与经验分享**

　　第一节　小学人工智能教学实践案例 / 183

　　　　教学案例一：走进大数据 / 183

　　　　教学案例二：有趣的大语言模型 / 186

　　　　教学案例三：图像识别——识别车牌号码 / 192

　　　　教学案例四：小小翻译家 / 195

　　第二节　小学人工智能教学经验分享 / 197

　　　　经验分享一：基于项目化学习的小学人工智能教学实践

　　　　　　　　　研究——以"车牌识别"为例 / 197

　　　　经验分享二：基于项目活动的小学人工智能教育的设计

　　　　　　　　　与实践 / 204

　　　　经验分享三：分层教学模式在小学人工智能课程教学中的

　　　　　　　　　应用思考 / 211

　　　　经验分享四：基于 EDIPT 模型的小学人工智能教学设计

　　　　　　　　　与实践 / 217

　　第三节　初中人工智能教学实践案例 / 223

　　　　教学案例一：猫兔识别机——机器学习 / 223

　　　　教学案例二：人工智能初体验 / 228

　　　　教学案例三：智能推荐系统初探 / 233

　　　　教学案例四：机器学习初探 / 238

　　第四节　初中人工智能教学经验分享 / 242

　　　　经验分享一：入境生问　实践启智——以人工智能教学

　　　　　　　　　第一课"'看得见'的人工智能"为例 / 242

　　　　经验分享二：人工智能进课堂，让深度学习自然发生 / 249

　　　　经验分享三：开展深度教研，优化人工智能课堂活动——

　　　　　　　　　以助老分药智能机器人教研活动为例 / 258

265 第八章 中小学生人工智能素养的测评

第一节 国内外中小学生人工智能素养测评的研究现状 / 267

一、中小学生人工智能素养测评内容的现状与分析 / 267

二、中小学生人工智能素养测评工具现状与分析 / 270

三、关于中小学生人工智能素养测评的思考 / 272

第二节 中小学生人工智能素养测评设计 / 275

一、理论基础 / 275

二、中小学生人工智能素养测评框架构建 / 277

三、学生模型：中小学生人工智能素养测评目标 / 278

四、证据模型：中小学生人工智能素养测评依据 / 280

五、任务模型：中小学生人工智能素养测评任务 / 287

第三节 中小学生人工智能素养测评的实施 / 292

一、中小学生人工智能素养测评的实施路径 / 292

二、基于人工智能教学平台的学生人工智能素养测评 / 294

第四节 中小学生人工智能素养测评的效果分析 / 297

一、中小学生人工智能素养起点水平诊断 / 297

二、人工智能教育对学生计算思维发展的效果评价 / 299

307 第九章 中小学教师人工智能教学胜任力

第一节 国内外教师人工智能教学胜任力的研究现状 / 309

第二节 中小学教师人工智能教学胜任力的构成要素 / 310

一、中小学教师人工智能教学胜任力构成要素分析框架 / 310

二、中小学教师人工智能教学胜任指标分析 / 311

三、中小学教师人工智能教学胜任力模型构建 / 315

四、中小学教师人工智能教学胜任力内容 / 317

第三节　中小学教师人工智能教学胜任力的挑战 / 321
　一、知识：教师需要具备人工智能相关知识 / 322
　二、能力：教师需要具备利用人工智能解决问题的能力 / 322
　三、意识：教师需要具备激发学生人工智能兴趣的意识 / 322
　四、价值观：教师需要具备遵守人工智能开发应用的法律
　　　法规和伦理道德的价值观 / 322
第四节　中小学教师人工智能教学胜任力的培养策略 / 323
　一、系统开展教师的职前职后一体化培养 / 323
　二、优化完善教师胜任力提升的外在支持 / 323
　三、鼓励推动教师的内驱性专业发展 / 324

327　第十章　生成式人工智能在中小学人工智能教育中的应用与影响

第一节　生成式人工智能概述 / 329
第二节　生成式人工智能背景下的中小学生人工智能
　　　素养 / 330
第三节　生成式人工智能对中小学人工智能教育的影响 / 331
第四节　生成式人工智能对教师教学胜任力的影响 / 337
第五节　生成式人工智能背景下的伦理与责任教育 / 338

第一章　中小学人工智能教育的驱动因素与生态

人工智能是一门以研究、开发用于模拟、延伸和扩展人的智能的理论、方法、技术及应用系统的专业学科,当前在基础教育领域以各种形式热烈开展起来。人工智能与教育的话题大致可以分为两大类。一类是"人工智能+教育",关注的是人工智能技术在教育中的应用,也就是如何利用人工智能技术为教育赋能,主要指人工智能技术支撑教育实践后对教学方式的改变,如精准诊断、个性化评估与辅导、智能导师等。另一类是"人工智能教育",关注的是学生学习人工智能相关知识内容,是学生学习人工智能的相关知识、原理,体验和实践人工智能的技术,并运用技术尝试创新性解决实际问题的一门课程。[1]人工智能教育主要为了落实学生人工智能素养的培育,中小学生的人工智能素养主要包括人工智能意识、人工智能知识、计算思维、人工智能相关伦理道德等,强调学生利用人工智能知识与技能来创新解决实际生活与学习问题能力的培养。本书聚焦"中小学人工智能教育"这一话题展开,旨在探讨如何在中小学落实素养导向的人工智能教育,培养中小学生的人工智能素养。

　　影响中小学人工智能教育实施的因素非常多,包括课程、资源、平台、师资等。这些因素在培养学生人工智能素养的教学实践中发挥着不同的作用。保障人工智能教育质效,既要最大限度地发挥各要素的促进作用,又要尽可能协同要素之间的合力,因此迫切需要一个能够统筹诸多因素以实现彼此间良好有序、共生发展的路径。生态学强调关注系统属性、组成要素以及要素之间有序联动的观点为这个问题的解决提供了新的思考视角。

---

[1] 张珊珊,杜晓敏,张安然.中小学开展人工智能教育的挑战、重点和策略[J].中国电化教育,2020(11):67—72,96.

第一节　人工智能教育进入中小学是时代命题

　　进入新世纪,经济和科技的信息化、数字化、网络化、智能化的发展步伐进一步加快,全球创新版图和经济结构正在发生重构,人工智能成为引领新一轮科技革命和产业革命的核心驱动力量。多领域、跨学科、群体性技术突破不断涌现,不断推动新业态、新模式发展,促进新动能壮大。科技创新成为国际合作和竞争的主要战场,围绕科技制高点的竞争空前激烈。在这样一种时代发展背景下,我国对战略科技支撑的需求比以往任何时期都更加迫切。2016年全国科技创新大会上,习近平总书记指出:"在我国发展新的历史起点上,把科技创新摆在更加重要位置,吹响建设世界科技强国的号角。"[①]习总书记在多次重要会议中指出"当今世界的竞争说到底是人才竞争、教育竞争""我国要实现高水平科技自立自强,归根结底要靠高水平创新人才"。[②]党的二十大报告站在民族复兴和百年变局的制高点上,首次对教育、科技、人才进行一体谋划、系统部署。在全面建设社会主义现代化国家新征程中,我们必须完整准确全面把握"教育优先发展、科技自立自强、人才引领驱动"的战略意义、科学内涵和实践路径。

　　基础教育在国民教育体系中处于基础性、先导性地位。中小学作为培养学生基础知识与技能、养成适应终身发展和社会发展需要的必备品格和关键能力的重要阶段,应当为学生提供与时代发展相适应的教育内容,使他们更好地适应未来的社会环境。在人工智能成为引领未来的战略性技术以及世界各国提升国家竞争力、维护国家安全的重要利器的当下,在中小学开展人工智能教育是我国基础教育改革与发展顺应国家发展、时代发展需要的重要表现。

一、智能社会人才培养的需求驱动

　　培养什么人、怎样培养人、为谁培养人是教育的根本问题,也是建设教育强

[①] 中华人民共和国中央人民政府.全国科技创新大会　两院院士大会　中国科协第九次全国代表大会在京召开[EB/OL]. 2016-05-30. https://www.gov.cn/guowuyuan/2016-05/30/content_5078085.htm.

[②] 中华人民共和国中央人民政府.习近平:在中国科学院第二十次院士大会、中国工程院第十五次院士大会、中国科协第十次全国代表大会上的讲话[EB/OL]. 2021-05-28. https://www.gov.cn/xinwen/2021-05/28/content_5613746.htm.

国的核心课题。教育为党育人、为国育才，培养一代又一代德智体美劳全面发展的社会主义建设者和接班人，培养一代又一代在社会主义现代化建设中可堪大用、能担重任的栋梁之材，确保党的事业和社会主义现代化强国建设后继有人。在任何时期这个回答都是确定的，但是我们也必须认识到，生产方式的变革在一定程度上决定了社会对于人才的需求，社会发展所需的人才培养是具有时代性的。

（一）更好地适应技术大众化的智能社会

以人工智能为核心的新一轮科技革命正在深刻改变着人们的生活、工作和教育学习方式，智能语音机器人、厨卫智能中控、智能停车场、"刷脸"进站等各种智能工具及应用场景随处可见，"智能"已经成为现代社会不可或缺的一部分。这也促使社会对人才的需求发生了变化，适应技术普适性大众化的智能时代，需要对人工智能等现代信息技术有正确的认识和基本的理解，人工智能教育成为时代发展的大势所趋。

随着以 ChatGPT 为代表的生成式人工智能在识别、理解、推理和判断上的能力增强，其深度模仿人类的学习逻辑与创造过程逐渐走向现实，各种 AI 大模型风起云涌，百度文心一言、阿里云通义千问、华为盘古、科大讯飞星火等人工智能大模型持续迭代升级，并逐渐普及应用。这也促使教育领域深度思考，如何实施人工智能教育来帮助下一代青少年游刃有余地应对未来"人机共生"的时代。

（二）促进 AI 拔尖创新人才的早期识别培养

当今时代处于千年未有之大变局。世界之变、中国之变，要求教育之变。面对国外的技术封锁与"卡脖子"，我国加快科技自立自强步伐，加强创新型人才培养。党的二十大报告强调"教育、科技、人才是全面建设社会主义现代化国家的基础性、战略性支撑"，阐明了新时代实施科教兴国战略、强化现代化建设人才支撑的总体要求和重点任务，明确了加快建设教育强国、科技强国、人才强国的出发点，具有重大的战略意义。这也是教育高质量发展的应有之意。基础教育阶段对于培养拔尖创新人才具有基础性和先导性作用，要加强育人方式改革，着重培养学生的探究精神与创新能力。

人工智能技术的发展已经成为国家竞争力的重要组成部分。中小学阶段的人工智能教育可以帮助学生建立关于计算机科学、数学和工程等基础知识体系，这些知识是未来创新人才培养的重要基础。人工智能教育强调问题解决、创新思维和批判性思维。通过早期接触和学习人工智能,学生可以培养对复杂问题的解决能力,激发和培养学生的创新思维、学习兴趣、基础知识体系、自主学习能力,为未来的创新活动打下基础,从而实现在人工智能普育的过程中落实拔尖创新人才的早识别和早培养,为国家培养更多的创新人才,提升国家的科技竞争力。

二、国家人工智能教育政策持续发力

2017年7月,国务院印发《新一代人工智能发展规划》,正式将人工智能上升至国家战略。规划明确提出"在中小学阶段设置人工智能相关课程,逐步推广编程教育"。[①]此后,国家大力推进中小学人工智能教育落地,相继出台发布中小学人工智能教育相关的政策文件,引领中小学阶段人工智能教育的发展方向。

(一) 连年列入教育信息化相关工作要点

2018年教育部印发的《教育信息化2.0行动计划》中要求落实"充实适应信息时代、智能时代发展需要,开展人工智能和编程课程内容"。[②]2019年教育部办公厅印发的《2019年教育信息化和网络安全工作要点》要求"启动中小学信息素养测评,并推动在中小学阶段设置人工智能相关课程,逐步推广编程教育"。2020年教育部办公厅印发的《2020年教育信息化和网络安全工作要点》要求"继续推进中小学人工智能教育课程建设、应用与推广工作。发布中小学人工智能教育课程包(初中版和高中版)和支持服务系统并推广应用""建设普通高中人工智能样板实验室,保障中小学校具备开设人工智能课程的环境条件。开展人工智能相关教学与师资培训,搭建区域间人工智能教学成果交流平台"。

(二) 写入义教和高中信息技术课程标准

国家将人工智能写入信息科技/信息技术新课标,明确了人工智能教学内容模块及要求。《普通高中信息技术课程标准(2017年版2020年修订)》[③]在必修模块1中融入了人工智能的学习内容,并以选择性必修的形式设置了"人工智能

---

① 国务院.国务院关于印发《新一代人工智能发展规划》的通知[EB/OL]. 2017-7-8. http://www.gov.cn/zhengce/content/2017-07/20/content_5211996.htm.
② 中华人民共和国教育部.教育部关于印发《教育信息化2.0行动计划》的通知[EB/OL]. 2018-4-13. http://www.moe.gov.cn/srcsite/A16/s3342/201804/t20180425_334188.html.
③ 中华人民共和国教育部.普通高中信息技术课程标准(2017年版2020年修订)[M].北京:人民教育出版社,2020.

初步"模块。《义务教育信息科技课程标准（2022年版）》[①]在7—9年级设立"人工智能与智慧社会"内容模块及"人工智能预测出行、未来智能场景畅想"等跨学科主题。

（三）推进各类人工智能教育试点及基地

2022年和2023年教育部教育技术与资源发展中心（中央电化教育馆）先后组织了两批"央馆人工智能课程"规模化应用试点区（含试点校）申报遴选，分别确定了北京市东城区等27个地区、天津市滨海新区等23个地区为第一批、第二批"央馆人工智能课程"规模化应用试点区。2023年5月教育部办公厅印发《基础教育课程教学改革深化行动方案》，提出"遴选一批富有特色的高水平科学教育和人工智能教育中小学基地"。[②]经过半年多的遴选，2014年1月教育部公示了中小学人工智能教育基地名单，各省级教育行政部门共推荐184个中小学人工智能教育基地。

三、学生保持自身竞争力的必要储备

（一）更好地迎接未来职业的发展变化

随着人工智能技术的普及，未来的职业发展趋势将发生深刻的变化。一方面，已有职业出现两极分化。许多传统的工作可能会被自动化取代，这些比较容易被人工智能替代的工作往往体现出重复性、规则化、低技能的特点，如涉及大量重复性任务的生产线工作、遵循严格的规则和程序来做出决策的部分金融及保险工作、不需要高技能或专业资格的清洁及安保工作等。而那些不容易被人工智能取代的职业往往是一些创造性工作，工作中需要高度的人际交往能力如社交能力、协商能力等，需要快速适应变化的环境和任务要求，等等。在这种情况下，我们更要培养学生具备胜任那些不容易被自动化取代的工作的能力，计算思维、批判性思维、创新思维等高阶思维的培养就显得尤为重要。

另一方面，随着人工智能技术的推陈出新与快速发展，相关职业领域也在不断扩展，新的工作机会也将应运而生。例如伴随着生成式人工智能工具、大语言

---

① 中华人民共和国教育部.义务教育信息科技课程标准(2022年版)[EB/OL]. http://www.gov.cn/zhengce/zhengceku/2022-04/21/content_5686535.htm.
② 中华人民共和国教育部.教育部办公厅关于印发《基础教育课程教学改革深化行动方案》的通知[EB/OL]. 2023-5-9. http://www.moe.gov.cn/srcsite/A26/jcj_kcjcgh/202306/t20230601_1062380.html.

模型的逐渐普及,出现了提示工程师这一种全新的职业,其工作主要是为 ChatGPT 等通用及行业 AI 大模型设计和完善提示词指令,以确保其输出的结果符合人类的期待。只有扎实打好人工智能意识、人工智能知识、计算思维、人工智能相关伦理道德等方方面面的基础,才能在未来面对职业规划与选择时体现更大的灵活性和适应性,从容地迎接新的挑战和变化,保持自身的竞争力。

（二）培养内化对科技伦理的理性认识

科技伦理是指科技创新活动中人与社会、人与自然、人与人关系的思想与行为准则,它规定了科技工作者及其共同体应恪守的价值观念、社会责任和行为规范。任何技术的使用和科技活动的开展,都不得损害人类的生存条件（环境）和生命健康,需保障人类的切身利益,促进人类社会的可持续发展。例如,科技应用应当尊重个人的人权和隐私,确保个人数据的合法、正当和透明处理；应当遵循公正和公平的原则,避免歧视和偏见；应当考虑其对环境和可持续发展的影响；应当尊重不同文化和价值观的差异性和多样性。科技开发者和使用者应当承担相应的责任和问责,确保科技系统的安全、可靠和可控,避免对人类社会造成负面影响；在出现问题时,应当及时响应和采取措施,承担相应的责任。

随着人工智能技术的广泛应用,科技伦理问题也日益突出。科技的双刃剑性质时刻提醒我们要全面、客观地评估科技的利与弊,在技术运用的同时,防止技术滥用,以科技助力环境、资源、社会的可持续发展,培养负责任的科技人才。人工智能相关伦理道德是人工智能素养的组成部分,开展人工智能教育,可以帮助学生理解科技的双刃剑性质,培养科技伦理意识,弘扬科技的正面效益,扼制其负面影响,使他们能够在未来的生活、学习和工作中时刻保持清醒的头脑,做出明智的决策。

第二节 中小学人工智能教育的发展及生态研究

人工智能素养已然成为一种人们适应智能社会的基本能力。随着全球范围内对人工智能的重视,在中小学推动人工智能教育实施成为教育领域的热点议题。各国政府都在出台相关政策以推动人工智能教育在中小学的普及,如制定课程标准、提供经费支持、鼓励教师培训和专业发展等。越来越多的学校和教育机构开始尝试将人工智能融入日常教学中,开发针对不同年龄和学科的人工智能教材和课程,开展人工智能实践项目等。本节内容主要通过分析相关文献、国际报告及国内报道等,梳理近二十年国内外中小学人工智能教育的发展以及中小学人工智能教育生态构筑的研究现状。

一、国内外中小学人工智能教育的发展

当前各国都高度重视人工智能技术的应用,视其为提升国家竞争力的重要力量,并开始逐步在基础教育阶段开展人工智能人才培养。

(一)国际视野的中小学人工智能教育

英国是较早开设人工智能课程的国家,基础教育必修课程"计算机科学"分为"计算"和"信息系统"两部分,"计算"部分包含了人工智能基础知识,"信息系统"部分包含了人工智能技术应用。学校通过开展相关教育竞赛活动的方式来激发学生的兴趣,并提高学生的问题解决能力和信息素养。欧盟在2013年启动"人脑计划",并在2016年公开发布了人工智能六大平台,将人工智能教育内容从知识拓展到系统平台的支撑。

自2010年起,美国长期支持人工智能在各领域的应用。着重在K12(6—18岁)学段开展人工智能教育,从幼儿园到高中各学段都配置了计算机科学课程,高中学段开设人工智能概论,介绍人工智能的意义及其应用。在美国国家科学基金会的资助下,2018年5月,美国人工智能促进协会联合美国计算机科学教师协会和卡耐基梅隆大学计算机科学学院组成了联合工作组,启动了美国K-12人工智能教育行动,为人工智能教育提供课程体系、资源等指导支持。

日本注重人工智能教育课程体系的顶层设计,由多职能部门协同,高科技企业共同参与,建立符合学习者认知特点的人工智能教育分层课程实施步骤。2019年,日本文部科学省公布了新版教科书的评估结果,要求日本所有小学自2020年起使用新版教科书,编程正式成为日本小学必修内容。日本的中小学人

工智能教育体系,以编程教育为核心,根据学生的年龄和认知能力分为不同阶段,相互关联,环环相扣,逐步提升学生人工智能的认知能力与技术能力。日本将人工智能教育课程加入中小学新教学大纲,渗入中小学课堂。

德国中小学人工智能课程内容的选择和编排遵循个体的认知发展规律,具体可以分为"感知体验"的低阶人工智能课程和"自主探究"的高阶人工智能课程两类。其中小学阶段的人工智能活动主要面向小学一到四年级的学生,中学生的人工智能课程则更加强调理论与实践的融合。

(二)我国中小学人工智能教育的发展

我国在 2003 年 4 月颁布的《普通高中技术课程标准(实验)》首次在信息技术课程中设立"人工智能初步"选修模块。2012 年版《中小学信息技术课程标准》中,首次将机器人科普和入门级开发作为选修内容纳入小学和初中信息技术教学。国内人工智能教育起步并不晚,但受限于人工智能技术支持,在 2000 年初全国很少有学校开展人工智能教育,2010 年之后人工智能教育大多依托信息技术课程、STEAM 课程、创客课程开展。

2017 年 7 月,我国国务院《新一代人工智能发展规划》提出"实施全民智能教育项目,在中小学阶段设置人工智能相关课程,逐步推广编程教育"。同年,《普通高中信息技术课程标准》提出计算思维的核心素养目标,并将"人工智能初步"作为选择性必修课程,分为"人工智能基础""简单智能系统开发""人工智能技术的发展与应用"三部分内容。之后,人工智能教育发展迅猛。教育部陈宝生部长在国际人工智能与教育大会上进一步明确走好人工智能普及之路,指出应"根据大中小学生的不同认知特点,让人工智能新技术、新知识进学科、进专业、进课程、进教材、进课堂、进教案、进学生头脑,让学生对人工智能有基本的意识、基本的概念、基本的素养、基本的兴趣",在教育方式、教育内容上对人工智能普及教育提出了具体要求。2021 年中国教育学会中小学信息技术教育专业委员会发布了《中小学人工智能课程开发的标准(试行)》。[1]2022 年,义务教育阶段信息科技新课标发布,在第四学段(7—9 年级)纳入人工智能与智慧社会的内容,为义务教

---

[1] 中国教育学会中小学信息技术教育专业委员会.中小学人工智能课程开发标准[EB/OL]. 2022-7-1. http://www.ttbz.org.cn/StandardManage/Detail/51978/.

育阶段课程内容提供了课标依据,实现了我国初高中学段的全覆盖。2018年教育部印发《高等学校人工智能创新行动计划》,强调"构建人工智能多层次教育体系,在中小学阶段引入人工智能普及教育"。针对中小学开设的人工智能课程,陆续有十几种新教材读本出版。

《新一代人工智能发展规划》一经提出,各省市、各地区就开始了人工智能教育进校园的试点。福建省从2018年开始要求各学校在义务教育阶段开展人工智能教育试点,推动并支持福建师大附小、福州实验小学、福州市鼓楼区钱塘小学首批开展人工智能教育校本课程开发和实践探索工作。2019年又遴选确定2个省级义务教育阶段人工智能教育实验区以及17所试点校。2019年,成都市青羊区32所中小学首批开展人工智能教育,建立示范校人工智能实验室,辐射周边的学校。2020年,浙江省杭州市余杭区发布《关于开展余杭区人工智能教育进校园项目的实施意见》(余教〔2020〕22号),构造"标准校实验室＋中心校实验室＋基地实验室"的三级体系,打造区域人工智能教育品牌。南京市在多个中小学设立人工智能选修课,从技术培训、专题论坛和竞赛三方面推动人工智能教育的发展。

除了各地自主性地在部分学校部分年级部分学生中开展人工智能教育试点外,2019年教育部在北京召开"中小学人工智能教育"项目发布会,确定北京、广州、深圳、武汉和西安五个城市作为第一批人工智能教育试点落地城市,3—8年级的学生全面开展试点。2020年上海市浦东新区入选"基于教学改革、融合信息技术的新型教与学模式"国家级实验区,其中一项实验内容就是在区域一百所学校开展人工智能教育教学。中小学的人工智能教育已经从兴趣课程和社团等形式的开设,逐步融入学校的学科教学之中。中小学人工智能教育在具体教育内容、路径、方法上呈现出开放性、多元性的特点,[1]展现了旺盛的发展动力。

二、中小学人工智能教育生态研究现状

中小学人工智能教育研究及教学实践在全国各地开展得如火如荼,有教师

---

[1] 钟柏昌,刘晓凡.人工智能教育教什么和如何教——兼论相关概念的关系与区别[J].中国教育科学(中英文),2022,5(03):22—40.

的自主探索,有学校的整体要求,有区域的全面推进。在这样一种如火如荼的研究与实践氛围下,从生态视角出发思考人工智能教育应然的实施路径,这方面的研究与实践较少。

(一)人工智能教育生态相关文献分析

基于中国知网(CNKI)数据库,对"人工智能教育生态"主题的学术关注度、相关文献关键字及摘要进行分析,综述人工智能教育生态话题的研究趋势及热点。

1. 学术关注度情况

基于中国知网(CNKI)数据库进行知识元检索,分析"人工智能教育生态"主题的整体研究趋势,如图 1-2-1 所示,可以看出国内人工智能教育生态研究前期缓慢发展,2017 年之后,受国内外政策以及人工智能技术本身进步的影响,文献有了明显的增长,教育领域学者纷纷开始关注这个话题并开展研究。2021 年人工智能教育生态中文相关文献发表最多,数量达到 40 篇。

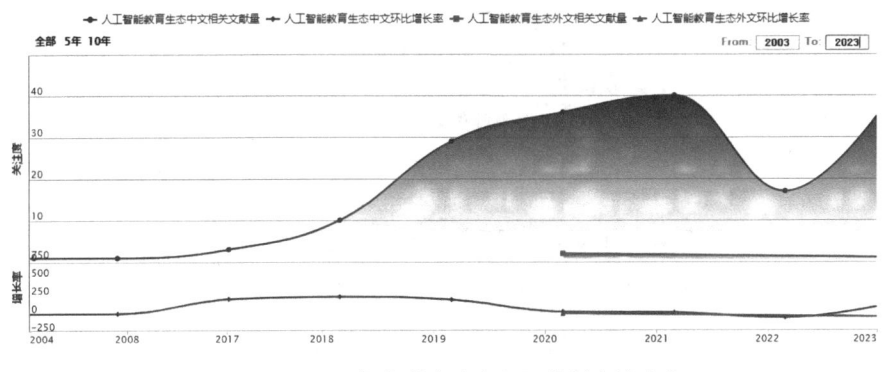

图 1-2-1 人工智能教育生态主题的学术关注度

2. 主题相关文献分析

基于中国知网(CNKI)数据库,以"人工智能教育生态"为主题,搜索在 2004 年 1 月至 2023 年 12 月期间发表的学术期刊论文,共检索到主题相关论文 177 篇。去掉其中非"核心期刊"文献,共得到文献 100 篇,发表年份及数量分布情况见表 1-2-1。2007 年该话题已经出现,但是受限于技术发展,并未成为研究热点,最终将 2017 年至 2023 年间发表于核心期刊的 99 篇文献确定为研究样本。

表 1-2-1　样本文献发表年份及数量分布情况

发表年份	论文数量	发表年份	论文数量
2007	1	2020	15
2017	2	2021	22
2018	8	2022	12
2019	18	2023	22

使用 CiteSpace6.2.R6 对样本文献的关键词进行共现关系可视化，如图 1-2-2 所示，圆圈大小代表关键词出现的频数，出现次数越多，圆圈越大。可以看到，属于第一梯队的关键词分别是人工智能、智能教育、教育生态，属于第二梯队的关键词分别是智慧教育、智能技术、人才培养、技术哲学、未来教育、教育伦理、人机协同、生态系统、智能时代、大数据、教育治理、数字孪生、教育公平、教师角色、区块链等。这些关键词一定程度上反映了人工智能教育生态相关文献的研究关注点。

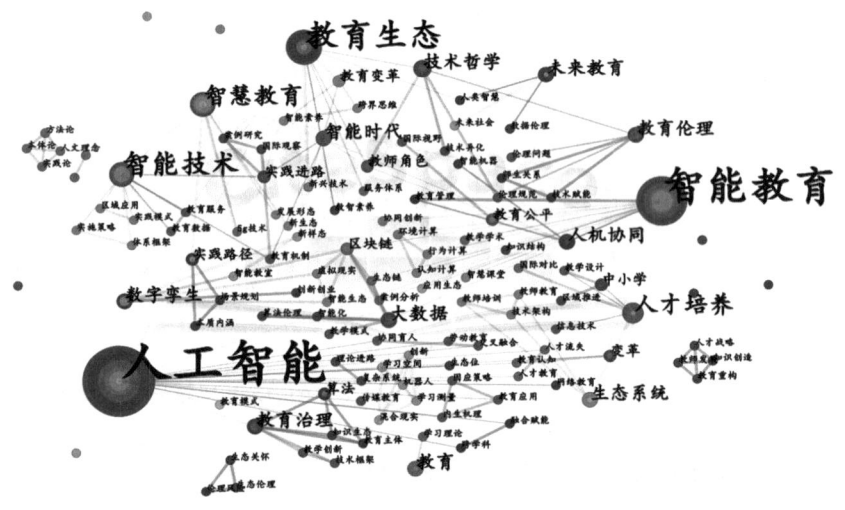

图 1-2-2　样本文献关键词共现关系图谱

为进一步挖掘分析人工智能教育生态样本文献的研究热点，对样本文献关键词进行聚类分析，将相关性较高的关键词聚为一类，共形成 15 个聚类，聚类标签及对应类别关键词见表 1-2-2。由此可以看出，人工智能教育生态系统主题相关文献覆盖面较广，既有侧重人工智能技术方面的研究，如数字孪生、算法、生成式人工智能等；又有侧重人工智能教育在教育中运用的研究，如智能教育、人工智能教育应用等；还有侧重教育形态的研究，如未来教育、创新等；更有关注教育中教师与学生两大主体发展规律的研究，如教师角色、教育规律、人才战略等。同时聚类标签也及时反映出新一代人工智能技术的发展对教育领域的影响，2023年以ChatGPT为代表的生成式人工智能技术的崛起引发了社会各界的广泛关注和激烈讨论，也成为教育界研究的热点话题。

表1-2-2　样本文献关键词聚类分析

聚类标签	对应类别关键词
#0 人工智能	思想政治教育生态;交叉融合;未来教师专业发展;研究生培养｜教育生态系统;技术生态位;劳动教育;教育生态学
#1 教师角色	教师角色;海德格尔;技术哲学;新兴技术｜教育生态;新兴技术;教育信息化;教育变革;服务体系
#2 智能教育	智能教育;人工智能;应用生态;智能教育应用;智慧课堂｜计算教育学;环境计算;认知计算;行为计算
#3 教育规律	教育规律;教育科学;认知神经科学;教育机制;智能时代｜实践模式;区域应用;总体架构;案例研究
#4 数字孪生	数字孪生;虚拟现实;智能技术;智能生态｜系统文献综述法;融合发展
#5 生态系统	生态系统;教师教育;技术架构;教师培训｜STEAM教育;教学设计;人才培养
#6 人工智能教育	人工智能教育;运作规律;场景规划;本质内涵;实践路径｜智能技术;智慧教育;发展路径;发展形态
#7 算法	算法;教育权力关系;教育主体;知识生态;教育治理
#8 未来教育	未来教育;未来社会;液态社会;田园教育;教育现代化;人工智能;学习型社会
#9 创新	创新;学习测量;学习空间;混合现实;机器人;自适应学习
#10 人工智能教育应用	人工智能教育应用;人工智能与教育;本体论;认识论;实践论;方法论;人文理念
#11 人才战略	人才战略;个性化学习;知识创造;教师发展;教育重构
#12 教育	教育;可视化分析;研究热点;研究趋势
#13 生成式人工智能	生成式人工智能;生态关怀;生态伦理;伦理风险
#14 多主体仿真	多主体仿真;复杂系统;理论前瞻;理论进路

通过分析每个聚类模块的关键词以及进一步阅读样本文献摘要发现：

（1）样本文献中基于生态视角关注人工智能技术本身的发展，或者人工智能技术在教育中的应用的论文占多数。如吴永和等学者以生态的视角，构筑"人工智能＋教育"的生态系统，从孕育条件、特征、作用三方面阐述了"人工智能＋教育"的内涵，以应用形态、技术架构、业态趋向等要素构建了"人工智能＋教育"的生态系统，并阐述了"人工智能＋教育"的人才培养体系。[①]朱珂等学者从技术哲学和技术生态位的视角出发，运用理论分析法揭示技术竞争机制，构建微观、中观、宏观三个层次的"人工智能＋教育"的生态系统模型。[②]袁磊等学者立足于教育生态学视角，指出教育发展的内在需求、技术革新、社会文化变迁和政策支持正在推进教育生态变革，构建了技术赋能、以人为本的智能教育生态系统框架，提出升级教育基础设施建设、完善政策引导、促进教学系统提质增效等路径推动教育高质量发展。[③]

（2）部分论文围绕人工智能教育本身展开，但是研究点多聚焦讨论课堂教学生态、资源建设、教师发展、学生培养方面。学者李天宇从融合视角、项目视点、人文视域三个维度，构建了基于 STEAM 教育的中小学人工智能教育模式。[④]学者罗强构建了智能时代教师知识结构的发展框架与实现路径，拓展了教师 TPACK 知识结构。[⑤]郭炯等学者提出智能时代下的教师角色从教育教学、学习服务、技术应用、主体属性层面均需有相应的转变与发展，亟待教师具备技术认知、创新教学、人机协同、资源整合、数据应用、伦理安全等方面的素养。[⑥]

（3）从区域推进、整体规划等视角讨论人工智能教育实施的论文仅有个位数，鲜有论文阐释如何基于生态视角实施中小学人工智能教育。张珊珊等学者在研究中提出中小学人工智能教育可以将课程资源建设、教育生态圈建设、

[①] 吴永和,刘博文,马晓玲.构筑"人工智能＋教育"的生态系统[J].远程教育杂志,2017,35(05):27—39.

[②] 朱珂,张斌辉,宋晔.技术生态位视阈下"人工智能＋教育"的融合逻辑与模型构建[J].电化教育研究,2023,44(01):13—19.

[③] 袁磊,雷敏,徐济远.技术赋能、以人为本的智能教育生态:内涵、特征与建设路径[J].开放教育研究,2023,29(02):74—80.

[④] 李天宇.基于 STEAM 教育的中小学人工智能教育研究——以"机器会思考吗"一课为例[J].现代教育技术,2021,31(01):90—97.

[⑤] 罗强.智能时代教师知识结构的发展框架及其实现路径[J].现代教育技术,2022,32(07):31—39.

[⑥] 郭炯,郝建江.智能时代的教师角色定位及素养框架[J].中国电化教育,2021(06):121—127.

智能化校园、人工智能技术的价值引导等作为实施重点。①丁世强等学者立足中小学人工智能教育的区域推进,阐述中小学人工智能教育区域推进的突破机理,基于潍坊市中小学人工智能教育实践,从政府引领、主体协同、生态搭建、课程开发、教师培训五个维度提出中小学人工智能教育区域推进的实施路径。②

人工智能教育作为初生事物,如何系统有序地推进,需要一定的理论指导。相关研究中虽未对人工智能教育实施的生态如何构建展开阐述,但都提及实施人工智能教育会受到各方面因素的影响。教育生态理论是以教育为研究对象,从生态学的维度,采用生态学的方法来剖析教育的内外部系统,从而分析教育的生态功能并揭示教育生态基本规律的理论。③生态系统的基本特征是整体关联、协同演化和动态平衡。基于生态学视角系统思考和规划中小学人工智能教育实施,对实现全盘统筹人工智能教育资源的优化配置,形成可持续发展的中小学人工智能教育生态系统,整体提升学生人工智能素养,具有重要的意义和价值。

(二)市区校人工智能教育实施的探索

全国不少地方都已经开始探索在义务教育阶段开展人工智能教育,但各地基础和条件各不相同,采取的推进方式和发展态势也有所不同。

1. 部分区域通过行政发文明确中小学人工智能教育推进目标,但是大部分地区仍处于零星推进状态

已有一些省市、地区推出了加强人工智能教育的政策意见,积极布局人工智能教育。如2021年湖南省湘潭市发布《推进中小学人工智能教育的工作方案》,将人工智能教育纳入信息技术、科学、通用技术、综合实践活动课程。开展中小学人工智能教育实验区、实验校创建工作,引领中小学智能教育研究、课程建设、师资培训与应用示范整体推进。同年深圳市南山区发布《区域中小学人工智能普及教学安排及要求》,宣布将人工智能正式纳入小学五年级、初中一年级、高中

---

① 张珊珊,杜晓敏,张安然.中小学开展人工智能教育的挑战、重点和策略[J].中国电化教育,2020(11):67—72+96.
② 丁世强,马池珠,魏拥军等.中小学人工智能教育区域推进的困境与突破[J].现代教育技术,2022,32(11):76—83.
③ 周光明,谢美航.教育生态学视阈下的高校发展性教学评估理论[J].湖南社会科学,2008(04):159—161.

一年级、高中二年级的必修课,保障每学期5个课时的学习,探索人工智能与教育融合应用。2022年浙江省温州市发布《中小学推进人工智能教育实施方案》,启动实施温州市中小学人工智能教育"五个一"工程,即打造"一校一AI课程、一校一AI团队、一校一创新项目、一校一智能空间、一校一品牌活动"的人工智能教育生态体系,推动人工智能与基础教育深度融合。

同时,仍有很多省市及地区公共资源匮乏、师资力量不足,依旧面临人工智能应用与人工智能教育相脱节的矛盾。人工智能教育区域推进涉及不同层级、不同类型的部门机构,这些机构互不隶属,责任边界模糊,形成"多中心"态势,导致区域人工智能教育推进主体的执行力弱化,区域统筹协作的管理机制缺乏,人工智能教育只能零星开展。

2. 中小学校自主探索人工智能教育校本化实施途径,但受制于资源等多方面困境,难以长效推进

部分学校以创新实验室为载体,开展人工智能研究性学习。例如浙江大学附属中学联合浙江大学智能系统安全实验室、计算机辅助设计和图形学国家重点实验室、光学国家重点实验室、天学网等,开发相应选修课程并建设人工智能创新实验室,通过智能机器人比赛、VR创客、3D建模等项目开展研究型学习。学校层面积极探索各种教育理论支撑下的教学模式,将项目化学习、游戏化学习、探究式学习等应用于中小学人工智能教学实践。一些学校依托于STEM教育、创客教育、编程教育等载体,通过聘请校外教师、引入人工智能企业资源等形式推进人工智能教育发展。

张志新等学者在对某"新一线"城市中小学人工智能课程实施的调研中发现,多数学校开设了人工智能课程,在课程内容的丰富度以及教学方法的选择方面做得相对较好,但存在师资力量不够、课时量不足、与教材配套的教学资源不足、教学环境不完善等问题。[①]也有学校开设的人工智能课程,只是将原有的机器人课程或编程课程稍加修改,其课程内容和实践活动基本未作改变甚至完全一样。

由于面临制度、资源、师资等多方面现实困境,从学校层面开展人工智能教

---

① 张志新,杜慧,高露等.发达地区中小学人工智能课程建设现状、问题与对策——以某"新一线"城市为例探讨[J].中国电化教育,2020(09):40—49.

育存在较大局限性,如缺乏协同机制、平台资源支撑力不足等,导致学生人工智能素养培育难以形成长期的机制效应。

3. 以项目课题研究引领中小学人工智能教育的创新实施,探索边研究边实践的人工智能教育推进方式

从政策要求到落地实施,需要建立行之有效的推进路径,路径的探索过程既需要教研的力度,又需要科研的深度。在开展人工智能教学实践的同时,不少地区同步加大对人工智能教育专题专项研究的重视和投入。例如,在教育部和中央电化教育馆的指导和支持下,中国人民大学附属中学牵头,联合全国20多家学校和单位,于2020年正式启动"基于在线课程平台的横向跨学科纵向分层次的中小学人工智能课程建设与实践项目",以实践共同体组织形式,协同开展了中小学阶段人工智能教育实践探索。山东省《青岛市人工智能教育实施意见》(青教通字〔2020〕66号)中明确在2020年实施人工智能教育领域专项课题申报与研究。河南省建立中小学人工智能教育专家团队,以高校人工智能教育专家为指导、中小学优秀教师为核心、优质社会资源为辅助,加大中小学人工智能学科专业建设、课题研究、师资培训与教学指导。

三、中小学人工智能教育发展面临的挑战

回顾十几年来中小学人工智能教育的诸多探索实践,其教学主题与内容围绕机器人及编程教育居多,研究热点主要聚焦在课程开发、教学设计和教育模式等方面,而对于人工智能教育系统属性的关注较少,由此也使得在具体推进的过程中,因为某个或者某些方面因素短板阻碍了人工智能教育教学的顺利实施,影响了人工智能课堂教学的效果。事实上,人工智能教育是一项复杂的系统工程,从系统可持续发展的视角出发,中小学人工智能教育仍存在着一些痛点,其发展面临着诸多挑战。

(一)零星探索,缺少自上而下的顶层设计

放眼全国各省市区、各级各类学校正在积极推动的中小学人工智能教育教学,在教学内容、教学模式等方面进行了一定的尝试和探索,积累了一些经验和做法。但是影响人工智能教育实施的因素是多方面的,部分因素的短板会成为制约人工智能教育有效落地的瓶颈,如何统筹协调人工智能教育教学所需各类

资源,保障中小学人工智能教育的开展,成为各地人工智能教育实施面临的共性困难和挑战。有研究表明,从区域层面推进人工智能素养培育具有更独特的优势,如促进资源共享、形成集合效应等。[1]这就需要站位区域高度,从全局的角度,深刻理解人工智能教育的育人目标,准确把握中小学人工智能教学实施的困难问题,深入探索人工智能教学实施的多方影响要素,对区内中小学开展人工智能教育所需的软硬件信息技术环境、适切的人工智能教学模式、胜任的人工智能教学师资等相关要素及关联关系进行系统思考、整体设计,统筹人工智能教育相关资源的优化配置与机制保障。

(二)场域局限,缺乏企业科研等多方协同

人工智能教育是一门实践性很强的学科,高度依赖企业的软硬件产品,仅仅局限在教育领域,靠教育行政部门和学校、教师自身的力量,无法提供充分的人工智能教与学设备及资源,人工智能教育将变为传统的讲授教学,无法真正实现学生运用人工智能技术原理解决问题的能力提升和素养培养。目前人工智能教育体系尚未形成"政企校社多方协同"参与,各自优势联动的人工智能教育推进运作机制。而想要真正使得人工智能教育达成育人目标,实现素养培养,需要整合包括政府、企业、社会机构、学校等在内的社会各界力量,形成协同推进的机制与合力。为更好地开展中小学人工智能教育,卢宇等学者建议政府相关部门可以联合高校专家团队、行业协会、科技企业、一线中小学等共同组成工作组,发挥各方优势,从课程内容设计、资源平台开发、教师培养培训等方面进行规范化与系统化建设。[2]

(三)缺乏支撑教学的课程、资源以及平台

作为一门综合性新学科,人工智能教育尚未形成成熟的课程体系与内容。虽然市面上各类人工智能教材和读本内容丰富,但教师拿到之后并不能立刻开展教学。《2022人工智能教育蓝皮书》(腾讯研究院联合华东师范大学、中国教育科学研究院开展全国人工智能教育现状调研并编写)数据显示,学校管理层普遍积极推进人工智能课程,教师能力培养和课程体系完善是当务之急。因此,需要

---

[1] 张志新,杜慧,高露,等.发达地区中小学人工智能课程建设现状、问题与对策——以某"新一线"城市为例探讨[J].中国电化教育,2020(09):40—49.

[2] 卢宇,汤筱玙,宋佳宸等.智能时代的中小学人工智能教育:总体定位与核心内容领域[J].中国远程教育,2021(05):22—31+77.

为教师提供相对统一的人工智能教与学主题及内容，研制与之匹配的、指导教师上课使用的教学指南、教学设计、教案、教学资源、学习工具等资源。而且人工智能教育原理性理解、实践性操作方面的教学内容很多，更加需要丰富多元的数字资源来帮助学生理解、体验和实践人工智能，如原理理解的动画或微视频、操作讲解的微视频、交互实验软件、模拟仿真软件以及项目实践活动相关资料等。同时人工智能教育所具有的较强协同性、实践性、活动性的学科特点，使得其开展需要有一个较为综合性的技术平台，为教学提供贯通课程内容、开展原理体验、动手操作实践、多样活动设计的支持，设计合理的课程教学活动，才能充分发挥引领性课程的良好效果。

（四）师资薄弱，亟待培养教学胜任的教师

目前在学校开设人工智能教学主要依靠信息技术学科教师。信息技术教师多是师范类院校的计算机专业和教育技术专业毕业，人工智能又是一门新兴技术，很多教师也是第一次接触，对人工智能专业知识了解有限，自身的人工智能素养尚待提升，难以直接把教材转化为教学。此外，满足课标要求面向核心素养培养的教学模式方法也需要探索。因此在教学实施上，中小学的人工智能教育师资还存在较大缺口。联合国教科文组织于2022年发布了《K-12阶段人工智能课程：对政府认可的人工智能课程的摸底》，报告数据显示，对于人工智能课程实施所需要的支持，最需要的是教师资源开发和师资培训（89%）。中小学教师人工智能教育的胜任力一定程度上影响着学生所能获得的人工智能能力与素养，为了能够设计和组织有助于培养学生人工智能素养的教学活动，首先教师自身在人工智能意识、知识、思维、能力、态度伦理方面要有充足的储备。因此，能够胜任人工智能教学的教师队伍亟待培养。

四、对中小学人工智能教育生态构筑的启示

结合文献分析、国际与国内中小学人工教育实施现状，要进一步推进我国中小学人工智能教育发展，可以着重考虑以下几点。

（一）关注人工智能教育的系统性，区域整体规划可持续发展路径

人工智能教育是一个系统性工程，这里面影响要素非常多，有课程、硬件、资源、平台、学情、师资、教学实施等，要素之间是相互依赖的，并且共同作用影响人

工智能教育质效。要想使人工智能教育真正有效,需要从如何保障人工智能教育这个系统良好有序、可持续地发展这个视角进行整体的规划与设计。生态学强调关注系统属性、组成要素以及要素之间有序联动的观点,为这个问题的解决提供了新的研究视角。运用生态学理论来规划区域人工智能教育,有助于定位人工智能教育各驱动要素的角色和优势,厘清各要素之间的联结关系,准确把握人工智能教育的痛点,从而有效地保证其规划的科学性,实现区域人工智能教育的可持续发展。

(二)形成政企校社多方协同、优势联动的人工智能教育联接体系

研发课程、开发资源、建设平台、采购硬件这些往往都需要较大人力、财力投入,也需要协同人工智能企业、高校及研究院所等组织机构充分发挥各自的优势,不适合从单所学校或教师层面进行解决。由此更加凸显区域整体推进中小学人工智能教育的必要性。区域推进中小学人工智能教育需要整合包括政府、企业、社会机构、学校等在内的社会各界力量,形成多主体协同联动、开放共生的运行机制与合力。政府制定好上中下相衔接的人工智能教育推进策略和实施方案,建立有效的协调机制,做好人工智能教育的顶层设计;企业面向人工智能教育发展的现实需求和未来趋势开展研发工作,为其提供多样化的、高品质的产品和服务;社会机构围绕国际动态、发展策略、关键技术、运营模式等组织专题研究,为政府、企业和学校提供人工智能教育咨询和评估服务;学校则开展人工智能与教育教学的融合应用,积极探索人工智能教育情境中的教学创新模式,积累典型案例,并鼓励广大教师、学生、家长参与到人工智能教育的推进中来。

(三)加强中小学人工智能课程框架、内容、资源及平台设计开发

目前国际上虽然有一些中小学人工智能课程的参考框架,但还不是很成熟,同时国际人工智能课程的参考框架是否适合我国本土实践也有待进一步验证。国内已有的研究与实践中,鲜少有同时关注到中小学人工智能贯通培养的体系化课程学习主题与内容,与教学内容匹配的丰富多元的数字化教育资源,可以让学生体验、实践人工智能技术的综合性平台这几方面。而课程内容、教学资源、实践平台之间具有很强的一致性,因此建议省市、地区开展课程框架、内容、资源、平台的整体规划和系统设计,以保证人工智能教育课堂

教学实施的连贯性及有效性，实现素养导向的育人目标。同时，也提倡各学校在省市、区域课程的基础上探索一些人工智能校本课程建设和实施的创新路径。

（四）关注教师人工智能教学胜任力，全方位多途径开展师资培养

人工智能师资短缺是一个比较突出的问题，培养能够胜任人工智能教学的教师队伍十分紧迫。需要为教师提供人工智能专业知识和人工智能教学方法等多方面的培训。通过培训帮助教师系统掌握人工智能知识体系，提升人工智能素养，提高人工智能教育教学水平，以创造更多人工智能教育创新实践成果。在培养方式上，除了加强人工智能教学的常态化教学研讨、讲座报告、企业参观学习、人工智能项目实践外，还可以通过在线资源建设为教师提供有关人工智能教育国际动态、人工智能教育课堂案例、人工智能教学工具包、人工智能学习项目等方面的信息和支持。同时，还要指导教师做好学生学习结果的监测和评估，围绕学生人工智能素养发展，从知识、技能和价值观与态度等方面对学生进行定期监测评估，根据评估结果为人工智能教学的改进提供有效支持，推动中小学人工智能教育向深入发展。

第三节　中小学人工智能教育的影响因素分析

人工智能教育尚处于起步探索阶段，还没有积累形成较成熟的体系化课程。同时人工智能是一门原理性与实践性很强的学科，教学实施需要大量的人工智能相关的教育资源，需要一定的人工智能硬件支撑，需要借助平台让学生真实感受、体验、理解和使用人工智能技术，需要为学生提供人工智能编程的操作空间等。同时胜任人工智能教学需要具备一定的人工智能知识和技能的储备，这对教师而言，也提出了更高的要求。这些方方面面的资源保障涉及的组织机构除了行政部门和学校外，往往还需要借力 AI 科技企业的技术优势、高校专家的智慧力量等。根据木桶原理，只有诸多要素齐头并进，人工智能教育方能真正落地实施，其中任意一个要素出现短板都会导致人工智能教育整体质量的止步不前。因此，区域在规划中小学人工智能教育整体实施时，深入分析各影响因素的层序

关系及特点十分必要。

一、研究方法介绍

（一）解释结构模型的原理及依据

解释结构模型（ISM）是一种系统分析方法，用于得到要素之间复杂的相互关系和层次。其思想是先通过调查或者技术手段找出问题的组成要素或影响因素，然后通过矩阵模型分析各要素之间的联系，得到一个多级递阶结构模型。解释结构模型在处理非结构化、复杂化、层次化问题时，具有较强的逻辑分析效力，可以形成系统的解释性框架体系，且在处理探索性问题时，具有较强的信度和效度。[1]

本研究采用ISM作为分析方法的依据主要有以下几点：一是中小学人工智能教育区域推进是一项需要多部门协同治理、多元供给主体互动的复杂系统工程。ISM适用于变量众多、关系复杂且结构模糊的动态系统的解释分析，能够借助研究者的实践经验和专业知识将复杂的系统分解为若干子系统。二是中小学人工智能教育区域推进的探索与实践受到诸多制约因素的影响，如人工智能课程体系缺乏、人工智能教学资源不足、人工智能教学的师资短缺等。ISM能够将影响中小学人工智能教育区域推进的关键因素进行归类、识别与甄选，能够深入分析各关键因素的特征与层级关系。[2]

（二）解释结构模型的应用步骤

使用ISM分析中小学人工智能教育区域推进的影响因素及其层序关系的主要步骤如下：

首先，甄别并遴选中小学人工智能教育区域推进的关键影响因素，构建要素集合；其次，在确定关键影响因素之后，构建邻接矩阵，利用关联矩阵原理和计算机技术，对关键因素及其相互关系进行信息化处理，得到可达矩阵；然后，分解可达矩阵，建立关键影响因素多级递阶有向图，化繁为简地厘清各关键影响因素之间的层序关系；最后，进行结果分析，解读各关键影响因素之间的层

---

[1] 冯旭芳,白玲.基于解释结构模型的职业院校教学名师成长影响因素探析[J].教育理论与实践,2021,41(12):19—24.

[2] 沈圳,胡孝乾,仇军.健康中国战略下"体医融合"的关键影响因素:基于解释结构模型的分析[J].首都体育学院学报,2021,33(01):31—39.

序关系。

二、中小学人工智能教育影响因素 ISM 模型构建

(一) 识别与选择关键影响因素

1. 关键影响因素的识别

通过查阅相关文献、分析人工智能教育实施相关报告、访谈区校实践者三种方式识别中小学人工智能教育区域推进的影响因素。

(1) 通过查阅文献识别影响因素

中小学人工智能教育区域推进是人工智能教育进入中小学的一种组织模式。从区域推进的客观规律来看,影响因素主要包括政策导向、投入资金、技术支持、领导支持、制度机制、区位情况、人员队伍等。人工智能教育最终需要落到课堂教学,从课堂教学组织与实施的必要条件来看,影响因素主要包括学习者、指导者、课程资源(含课程内容)、课堂环境、教学交互等。[1]

(2) 通过分析人工智能教育报告识别影响因素

2022 年腾讯研究院联合华东师范大学、中国教育科学研究院开展全国人工智能教育现状调研并编写《2022 人工智能教育蓝皮书》,书中对人工智能课程教学受限因素进行了调查分析,认为技术支持、专业师资、学生基础、经费支持等因素影响了人工智能教育活动的开展。

(3) 通过访谈区校实践者识别影响因素

在已经开展和尚未开展人工智能教育活动的中小学中进行访谈,了解校长和一线信息科技教师对学校开展人工智能教育活动影响因素的认识和理解。综合受访者反馈结果,教学平台、课程资源、教学工具、师资力量对人工智能教育活动组织实施至关重要,且是目前人工智能教学实践的短板。同时,受访者表示,不同学校的学情存在明显差异,同一学校内不同学生的人工智能基础也呈梯度分布。

综合上述三种方法得到的结果,初步识别出中小学人工智能教育区域推进的 16 个影响因素,见表 1-3-1。

---

[1] 艾雨兵,张世波,汪明.SPOC 有效教学影响因素及提升策略[J].职业技术教育,2018,39(11):45—49.

表 1-3-1　中小学人工智能教育区域推进的可能影响因素表

序号	影响因素	序号	影响因素	序号	影响因素
1	政策	7	教师	13	政府
2	技术	8	课程内容	14	学校
3	资金	9	课程资源	15	AI 企业
4	社会	10	课程环境	16	科研院所
5	机制	11	教学活动		
6	学生	12	教学平台		

2. 关键影响因素的选择

运用德尔菲法，将初步识别出的 16 项影响因素作为备选的影响因素提供给中小学人工智能教育方法论及实践应用领域的 5 位专家。各位专家根据专业经验对备选的影响因素进行逐一评估，根据少数服从多数的原则，对其进行合并、保留、补充或者删除，最终确定 11 项关键影响因素，并进行编号，见表 1-3-2。

表 1-3-2　中小学人工智能教育区域推进的关键影响因素

编号	关键影响因素	编号	关键影响因素
F_1	学生	F_7	教学活动
F_2	教师	F_8	学校
F_3	课程内容	F_9	教育部门（政策、资金、机制）
F_4	课程资源	F_{10}	AI 企业（技术）
F_5	硬件设备	F_{11}	科研院所（专业力量）
F_6	教学平台		

（二）构建邻接矩阵与可达矩阵

1. 构建邻接矩阵

基于文献梳理、报告查阅、区校实践者及专家学者的访谈结果，确定各要素之间的关系。经过多轮研讨和修改，使用二元关系图表示中小学人工智能教育区域推进影响因素两两之间的逻辑关系，并以矩阵的方式进行呈现，得到基于各影响要素关系的邻接矩阵。邻接矩阵中各要素之间的关系通过如下方式确定：

$$F_{ij} = \begin{cases} 1（从因素\ i\ 到因素\ j\ 有连线） \\ 0（从因素\ i\ 到因素\ j\ 无连线） \end{cases} (i, j = 1, 2, 3, \cdots, 10, 11)$$

如果要素 i 与要素 j 之间有关系，那么取值为 1，反之则为 0。要素 i 和要素 j 之间有相互作用关系，若相差较小，则在 F_{ij} 和 F_{ji} 上同时赋值 1；如果相差较大，在大的一方赋值 1，小的一方赋值 0。根据上述各个要素之间的关系，建立中小学人工智能教育区域推进影响因素的邻接关系矩阵。由于每个要素之间的作用都可能是相互的，有直接关系与间接关系，在分析过程中，为避免重复计算，我们只考虑直接关系，忽略间接关系。最终形成关键影响因素 11 阶矩阵——邻接矩阵 F，见表 1-3-3。

表 1-3-3　中小学人工智能教育区域推进影响因素的邻接矩阵 F

$$F = \begin{array}{c|ccccccccccc} & F_1 & F_2 & F_3 & F_4 & F_5 & F_6 & F_7 & F_8 & F_9 & F_{10} & F_{11} \\ \hline F_1 & 0 & 1 & 0 & 0 & 0 & 0 & 1 & 0 & 0 & 0 & 0 \\ F_2 & 1 & 0 & 0 & 0 & 0 & 0 & 1 & 0 & 0 & 0 & 0 \\ F_3 & 0 & 0 & 0 & 0 & 0 & 0 & 1 & 0 & 0 & 0 & 0 \\ F_4 & 0 & 0 & 0 & 0 & 0 & 0 & 1 & 0 & 0 & 0 & 0 \\ F_5 & 0 & 0 & 0 & 0 & 0 & 0 & 1 & 0 & 0 & 0 & 0 \\ F_6 & 0 & 0 & 0 & 0 & 0 & 0 & 1 & 0 & 0 & 0 & 0 \\ F_7 & 1 & 1 & 0 & 0 & 0 & 0 & 0 & 0 & 0 & 0 & 0 \\ F_8 & 1 & 1 & 0 & 0 & 0 & 0 & 0 & 0 & 1 & 1 & 1 \\ F_9 & 0 & 0 & 1 & 0 & 0 & 0 & 0 & 1 & 0 & 0 & 1 \\ F_{10} & 0 & 0 & 0 & 1 & 1 & 1 & 0 & 1 & 0 & 0 & 0 \\ F_{11} & 0 & 0 & 0 & 0 & 0 & 0 & 0 & 1 & 0 & 0 & 0 \end{array}$$

2. 计算可达矩阵

根据构建的邻接矩阵，利用布尔运算法则确立可达矩阵 M，其中 F_{ij} 表示要素 i 和 j 之间是否存在可达路径。其生成方法为，邻接矩阵 F 与单位矩阵 I 求和，即 $F+I$，并对 $F+I$ 做幂运算，采用布尔矩阵运算法则计算，直到满足下列公式：

$$M = (F+I)^{n+1} = (F+I)^n \neq (F+I)^{n-1}$$

最终计算生成上述邻接矩阵的可达矩阵 M，见表 1-3-4。

表 1-3-4　中小学人工智能教育区域推进影响因素的可达矩阵 M

$$M = \begin{pmatrix} & F_1 & F_2 & F_3 & F_4 & F_5 & F_6 & F_7 & F_8 & F_9 & F_{10} & F_{11} \\ F_1 & 1 & 1 & 0 & 0 & 0 & 0 & 1 & 0 & 0 & 0 & 0 \\ F_2 & 1 & 1 & 0 & 0 & 0 & 0 & 1 & 0 & 0 & 0 & 0 \\ F_3 & 1 & 1 & 1 & 0 & 0 & 0 & 1 & 0 & 0 & 0 & 0 \\ F_4 & 1 & 1 & 0 & 1 & 0 & 0 & 1 & 0 & 0 & 0 & 0 \\ F_5 & 1 & 1 & 0 & 0 & 1 & 0 & 1 & 0 & 0 & 0 & 0 \\ F_6 & 1 & 1 & 0 & 0 & 0 & 1 & 1 & 0 & 0 & 0 & 0 \\ F_7 & 1 & 1 & 0 & 0 & 0 & 0 & 1 & 0 & 0 & 0 & 0 \\ F_8 & 1 & 1 & 1 & 1 & 1 & 1 & 1 & 1 & 1 & 1 & 1 \\ F_9 & 1 & 1 & 1 & 1 & 1 & 1 & 1 & 1 & 1 & 1 & 1 \\ F_{10} & 1 & 1 & 1 & 1 & 1 & 1 & 1 & 1 & 1 & 1 & 1 \\ F_{11} & 1 & 1 & 1 & 1 & 1 & 1 & 1 & 1 & 1 & 1 & 1 \end{pmatrix}$$

（三）划分影响因素层级

根据可达矩阵 M，归纳整理各影响因素之间的关系，确定所有要素的先行集 $A(F_i)$ 和可达集 $R(F_i)$，并一层一层确定先行集与可达集之间的关系。所有影响要素的可达集和先行集见表 1-3-5。

表 1-3-5　各影响要素分级迭代的过程

要素	可达集 $R(F_i)$	先行集 $A(F_i)$
F_1	F_1、F_2、F_7	F_1、F_2、F_3、F_4、F_5、F_6、F_7、F_8、F_9、F_{10}、F_{11}
F_2	F_1、F_2、F_7	F_1、F_2、F_3、F_4、F_5、F_6、F_7、F_8、F_9、F_{10}、F_{11}
F_3	F_1、F_2、F_3、F_7	F_3、F_8、F_9、F_{10}、F_{11}
F_4	F_1、F_2、F_4、F_7	F_4、F_8、F_9、F_{10}、F_{11}
F_5	F_1、F_2、F_5、F_7	F_5、F_8、F_9、F_{10}、F_{11}
F_6	F_1、F_2、F_6、F_7	F_6、F_8、F_9、F_{10}、F_{11}
F_7	F_1、F_2、F_7	F_1、F_2、F_3、F_4、F_5、F_6、F_7、F_8、F_9、F_{10}、F_{11}
F_8	F_1、F_2、F_3、F_4、F_5、F_6、F_7、F_8、F_9、F_{10}、F_{11}	F_8、F_9、F_{10}、F_{11}
F_9	F_1、F_2、F_3、F_4、F_5、F_6、F_7、F_8、F_9、F_{10}、F_{11}	F_8、F_9、F_{10}、F_{11}
F_{10}	F_1、F_2、F_3、F_4、F_5、F_6、F_7、F_8、F_9、F_{10}、F_{11}	F_8、F_9、F_{10}、F_{11}
F_{11}	F_1、F_2、F_3、F_4、F_5、F_6、F_7、F_8、F_9、F_{10}、F_{11}	F_8、F_9、F_{10}、F_{11}

在此基础上,需要确定各个要素所处的层级,当 $R(F_i) \cap A(F_i) = R(F_i)$,则要素 i 是最高级要素;得到该元素后,将其划掉,再用同样方法求得剩下要素的层级分布情况。多次迭代得到各影响要素层级划分结果,见表 1-3-6。

表 1-3-6　各影响要素层级划分结果

层　级	影响要素
第 1 层	F_1、F_2、F_7
第 2 层	F_3、F_4、F_5、F_6
第 3 层	F_8、F_9、F_{10}、F_{11}

(四)建立解释结构模型

根据影响因素层级划分,得出中小学人工智能教育区域推进影响因素的解释结构模型,如图 1-3-1 所示。从整体来看,中小学人工智能教育区域推进影响因素的解释结构模型是一个有向三层模型。箭头自下而上,表示下一层级影响因素对上一层级影响因素的直接影响,每个下层的因素分别是上一层因素的原因。三层模型中的 11 项因素对中小学人工智能教育的区域推进发挥着大小不同的作用。根据解释结构模型的一般划分过程将其分为表象层、中间层和根源层。

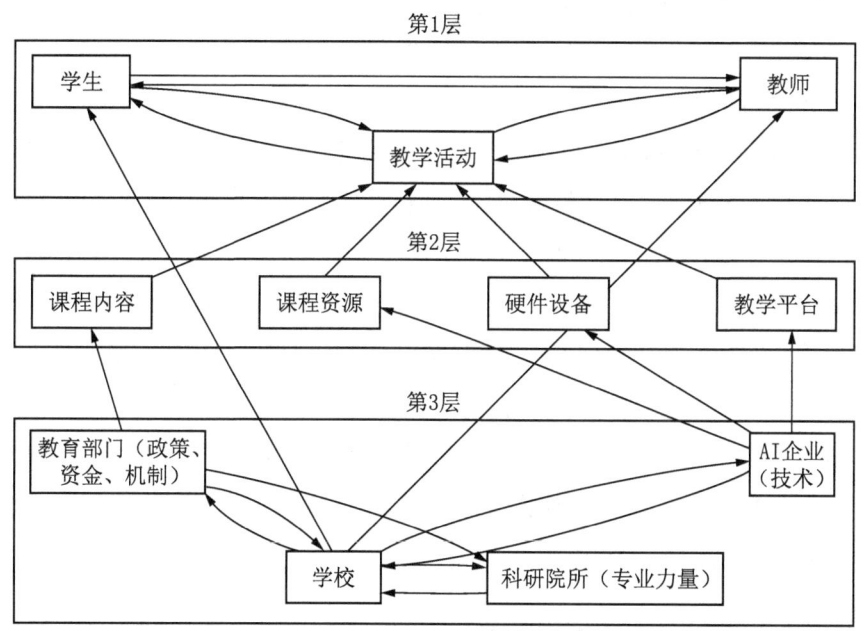

图 1-3-1　中小学人工智能教育区域推进影响因素的解释结构模型

三、中小学人工智能教育影响因素 ISM 模型分析

基于研究构建的中小学人工智能教育影响因素 ISM 模型,分析表象层、中间层、根源层三个层级中关键影响因素的特点。

(一)表象层关键影响因素分析

处于模型顶部第一层的为表象因素,包括学生、教师及教学活动,构成了中小学人工智能教育的直接影响因素。

1. 学生与教师

教师与学生是实践人工智能教学的两大教育主体,学生人工智能素养提升是区域人工智能教育生态构建的价值指向,因此课程教学必须要关注学情。每个学生的知识背景、学习能力、兴趣爱好都不尽相同。考虑学生的学情,教师可以更好地了解学生的特点,从而根据学生的实际情况进行教学设计和调整,选择合适的教学方法、手段和策略,引导学生发现自己的学习问题和需求,使教学更加符合学生的需求,实现因材施教。同时,中小学教师人工智能教育的胜任力一定程度上影响着学生的人工智能能力与素养,为了能够设计和组织有助于培养学生人工智能素养的教与学活动,教师自身要在人工智能意识、知识、思维、能力、态度伦理方面有充足的储备。此外,学生和教师的互动和合作也是提升教学效果的关键。

2. 人工智能教学活动

教学离不开活动的组织与设计,因此教学活动(或教学模式)也是人工智能教育生态的组成要素。人工智能教学活动包括但不限于课堂教学活动,还可以包括人工智能相关的探究实验、挑战竞赛等,旨在通过多种方式激发学生的学习兴趣和动力。丰富多元的、面向真实问题解决的教学活动能够让学生在实践中体验、学习和应用 AI 技术,提升他们运用人工智能相关技术原理解决现实问题的能力。

(二)中间层关键影响因素分析

处于模型第二层的影响因素为中间因素,包括课程内容、课程资源、硬件设备以及教学平台。中间层的因素有着影响与被影响的特点,在整个解释结构模型中起着"承上启下"的作用。[1]

---

[1] 宋雪雁,王少卿,邓君.数字时代档案文献编纂成果质量影响因素解释结构模型分析[J].图书情报工作,2020,64(03):4—11.

1. 人工智能课程内容

开展人工智能教学,首先要知道"要让学生学什么",即明确课程框架与内容要求。人工智能教育的目的既不是为了开展人工智能科普,也非培养人工智能专家,而是为了通过系统完整的人工智能课程体系,帮助学生系统地、科学地认识和理解人工智能,帮助学生具备对人工智能的鉴赏能力、理解能力、应用能力和创新能力,让未来这些孩子能够更好地适应技术普适性大众化的智能时代,具备运用人工智能技术解决实际问题的能力,提升人工智能素养。基于这个目标确定的人工智能课程框架应该包括从基础原理知识到高级应用实践的一系列课程,内容涵盖了机器学习、深度学习、自然语言处理、计算机视觉等多个方面。同时,不同学段学生生理、心理发展阶段不同,学习主题及具体学习内容的确定应基于中小学生认知发展规律,既体现跨学段的课程衔接,又体现不同学段的课程差异,同类学习主题下的初中课程内容较小学在宽度和深度方面也要有所延伸。

2. 人工智能课程资源

中小学实施人工智能教育是一个新生事物,再加上人工智能的技术特点,迫切需要有与课程配套的教与学资源支持教师设计有助于学生进行体验、理解、实践操作的学习活动。这些教与学资源除了常规学科教学中所需要的教材、教案、课件、学习单等外,还应重点突出微视频、互动实验、实践操作类的数字化资源,这些是可以让学生模拟原理发生过程、体验知识运用、经历问题解决的数字化教与学资源,能帮助学生理解、内化和迁移应用比较抽象的 AI 技术及原理。同时,丰富多元的教与学资源也为教师提供了丰富的教学手段,拓展了人工智能教学活动设计的灵活性和适切性。

3. 人工智能硬件设备

人工智能教育是一门实践性很强的学科,AI 硬件在人工智能课程教学实施中的作用越来越重要,学生可以直接给硬件编写人工智能程序指令,让硬件设备按照人工智能程序指令实现人工智能功能。配备集成度高的人工智能硬件,如 AI 实验室、传感器、机器人等,可以为学生提供更好的人工智能技术原理学习和实践的环境。这些设施允许学生外显学习成果,研判评估问题解决方案的优劣,支持学生实践操作各种 AI 实验和项目,为学生提供做中学的环境,让学生在实际操作中学习和成长。

4. 人工智能教学平台

人工智能教学平台也是人工智能教学实施的影响要素之一。一方面,教学平台应提供学生体验人工智能技术应用、模拟人工智能技术原理发生过程的实验环境,如 AI 开发工具、数据集、模拟环境等,帮助学生更好地理解 AI 技术的运作原理,提升实践能力。另一方面,基于平台的学习过程可以使学生的学习过程留痕,伴随式采集学习过程中的数据,通过数据采集、处理、分析精准定位学生的 AI 学习需求,使得大规模的人工智能个性化学习成为可能。

(三)根源层关键影响因素分析

位于模型底层的第三层为根源层,是最深层的影响因素,也是决定性因素。根源层影响因素包括学校、教育部门(政策、资金、机制)、AI 企业(技术)、科研院所(专业力量)。

回顾处于模型中间层的影响要素,研发课程、开发资源、建设平台、采购硬件往往都需要较大人力、财力投入,因此不适合从单所学校或教师层面进行解决。这些问题的解决需要协同人工智能企业、高校及研究院所等组织机构,因此更适合区域进行主导,建立多主体协同联动、开放共生的运行机制,通过机制保障实现人工智能教学实施支撑要素资源的统筹协调,共建共享共创。

在多方协同的联结体系中,政府(教育行政部门)发挥主导作用,制定政策制度,推动 AI 教育的发展,提供资金和资源支持。学校作为 AI 教育实施的主阵地,提供场所和资源,开展素养导向的人工智能教学实践。AI 企业在人工智能技术和资源方面具有明显的优势,在区域人工智能教育整体推进过程中可以为学校提供 AI 产品与技术服务。高校及人工智能科研机构优势在于进行 AI 研究,积极发挥专业引领作用,为学校人工智能教育教学提供专业指导。

综上,研究构建的 ISM 模型有助于区域管理者全面、直观地审视中小学人工智能教育区域推进各影响因素的层序关系及特点。人工智能教育是一个系统性工程,真正达成教育质效需要统筹协调好全部影响要素。一方面,要确保每个要素角色定位清晰,各要素自身应成为人工智能素养内涵的外化载体,在课程内容、教与学资源、硬件设备、软件平台、教学活动的设计、选型、开发、实施等一系列过程中思考如何渗透并呈现人工智能素养这一内隐价值取向。另一方面,各要素之间需要有充分的联结和协同,无论是各类资源要素本身的协同一致性体现,如教与学资源应该与课程主题及内容相匹配,教学活动需要按需使用人工智能硬件、软件平台等,还是提供各类资源的组织机构之间的优势联动,如人工智能硬件、软件对技术有强依赖性,人工智能科技企业应发挥在此方面的技术优势,为教学实施提供多样化的人工智能硬件、软件产品选型,教育行政部门及学校再结合区域人工智能实施的整体构想和学校特色确定哪些产品更能满足人工智能教学的实际需要。

通过角色定位、协同联结,打造一个良好有序的中小学人工智能教育生态,方能有效地在中小学开展人工智能教育,为未来社会人才培养打好人工智能普育基础,践行人工智能创新人才的早期培养。

第四节 中小学人工智能教育生态系统的构筑

中小学人工智能教育生态系统的构筑,体现了区域整体推进中小学人工智能教育的顶层设计。这是一种具有系统和全局观的设计理念,旨在站位区域教育质量整体提升的高度,从生态系统发展视角出发,全面思考在推进人工智能教育这一新兴事物落地过程中,如何制定区域人工智能教育发展方向及目标、如何管理和实施人工智能教育、如何通过组织结构的设计保障人工智能教育实施质效等一系列问题。通过构筑区域中小学人工智能教育生态系统,将影响中小学人工智能教育的所有驱动因素纳入全面思考和规划,从根本上避免由于整体架构设计不当造成的教学实施混乱、无序和低效。

一、生态学理论与区域中小学人工智能教育的关系

海克尔首次为生态学下了定义,即生态学是研究有机体与其周围环境(包括非生物环境和生物环境)相互关系的科学。生态学理论是研究生物与其环境之间相互作用的规律和机理的科学理论。[1] A. G. Tansley 提出了生态系统的概念,并强调生态系统结构与功能之间的相互联系和相互作用以及自我调节

---

[1] 刘贵华,朱小蔓.试论生态学对于教育研究的适切性[J].教育研究,2007(07):3—7.

机制。[1]生态学理论包含许多生态原理、法则,用于研究和解释生态系统的各种现象和过程。

生态学理论的核心观点包括整体观、系统观和协同进化观。整体观认为生态系统是由不同的生物有机体和无机环境要素构成的整体,系统各要素相互联系、相互影响,共同完成系统整体功能。系统观强调研究各组成部分间、各层次间的作用与反馈的调控,以指导实际系统的科学管理。协同进化观则认为各生命层次及各层次的整体特性和系统功能都是生物与生物、生物与环境长期协同进化的产物,协同进化是生态系统普遍存在的现象。生态学理论强调生态系统内各个组成部分之间的相互依存和相互作用,以及系统与外部环境之间的交互。通过运用生态学理论的观点和方法,教育行政部门以及教育者可以更好地理解教育生态系统的构成和运行规律,制定科学合理的教学策略,促进中小学人工智能教育的健康发展。

首先,生态学理论可以为区域中小学人工智能教育提供整体性的视角。在教育生态系统中,学生、教师、教学内容、技术工具等各个组成部分相互关联,共同构成一个动态平衡的系统。生态学理论有助于教育者全面了解教育生态系统的构成要素,从而制定更全面、更具针对性的教学策略。其次,生态学理论强调适应性和多样性。在人工智能教育中,由于技术的发展迅速和应用场景的多样性,教育者和学生需要不断适应新的技术和应用场景。生态学理论鼓励教育者关注学生的个性化和差异化需求,采用多样化的教学方法和手段,以满足不同学生的学习需求。此外,生态学理论还可以指导区域中小学人工智能教育的可持续发展。在教育生态系统中,资源的利用、技术的更新、教师的培训等方面都需要考虑可持续性。生态学理论可以帮助教育者合理规划和使用资源,确保人工智能教育的长期稳定发展。

二、区域中小学人工智能教育生态构筑的理论依据

创新生态系统理论孕育于20世纪90年代,是一种基于生态学的理论基础和方法,应用于创新领域的理论思想。该理论以生态系统的关系隐喻各创新主体与创新环境之间的复杂关系。在创新生态系统中,各个组织和个人相互作用,

---

[1] 王志恒,刘玲莉.生态系统结构与功能:前沿与展望.植物生态学报,2021,45(10):1033—1035.

形成一个互相依存、互相影响的系统。这个系统通过不断的创新和适应变化,实现了持续的演化和发展。国内外学者们从不同角度提出对创新生态系统的理解,目前尚未形成统一界定。但是对于创新生态系统的特征有一些共性的说法,认为创新生态系统具有联动、开放、共生、演化等生态特征,既关注系统的属性与构成要素,又强调各要素的相互依赖与有机互动,以最大程度发挥整体效能。[1]

创新生态系统理论强调创新是一个复杂的、系统性的过程,需要各种组织和个人之间的合作和互动。在这个系统中,不同的组织和个人扮演着不同的角色,这些角色之间相互合作,通过资源共享、风险共担和知识传递等方式,共同推动创新的产生和发展。创新生态系统理论还强调创新环境的重要性,一个良好的创新环境可以提供必要的资源和支持,促进创新的产生和发展。这包括政策支持、法律保障、基础设施建设、人才培养等方面。同时,创新环境也需要具备开放性和包容性,允许不同的观点和思想相互碰撞和交融,从而激发出更多的创新火花。

创新生态系统理论强调"主体之间相互依赖"和"主体与环境的相互作用",按层次结构分为微观、中观和宏观三个层面。微观层次侧重于分析系统中的个体行为;中观层次强调某种集合思想,形成面向用户的解决方案;宏观层次往往站在国家或更高层次上,关注系统的结构性问题,为系统的创新活动营造良好外部环境。[2]

以创新生态系统理论指导区域中小学人工智能教育生态系统构筑,需要关注中小学人工智能教育诸多驱动要素内在的运作机制,思考中小学人工智能教育生态系统的微观、中观和宏观三个层级的组织结构与层级间的信息、物质、能量传递。本研究团队聚焦在学生人工智能素养提升的过程中形成开放、共享、协同、共生、不断演化的育人模式,构建了区域中小学人工智能教育生态系统 1.0 模型,并在实践推进中不断思考深化生态系统模型的学理性和实践性,经历生态系统 2.0 和 3.0 模型的迭代升级,引领整个区域中小学人工智能教育的落地实施。

---

[1] 梅亮,陈劲,刘洋.创新生态系统:源起、知识演进和理论框架[J].科学学研究,2014,32(12):1771—1780.
[2] 赵放,曾国屏.多重视角下的创新生态系统[J].科学学研究,2014,32(12):1781—1788+1796.

三、区域中小学人工智能教育生态系统 1.0 模型

对于青少年而言,技能与工具的学习是短期的,但思维与素养的培养却能广泛应用于学习和生活,长期受益。人工智能素养已然成为一种公民适应智能社会的基本能力,人工智能教育需要引导学生经历从启蒙认知、思维训练、动手实践到融合创新的递进过程,其价值取向应指向中小学生人工智能素养的培养与提升,这也是人工智能教育生态系统实现可持续发展的目标追求。

上一节中构建了中小学人工智能教育区域推进影响因素解释结构模型,分析了中小学人工智能教育实施三个层级的影响因素,并对每个方面因素的内容进行了剖析,在此基础上,基于创新生态系统理论思想构筑的区域中小学人工智能教育生态系统 1.0 模型如图 1-4-1 所示。区域中小学人工智能教育生态系统 1.0 模型包括了微观圈层、中观圈层和宏观圈层三个层次结构,分别呼应了解释结构模型中表象层、中间层、根源层三个层级。其中微观圈层为课堂教学层,包

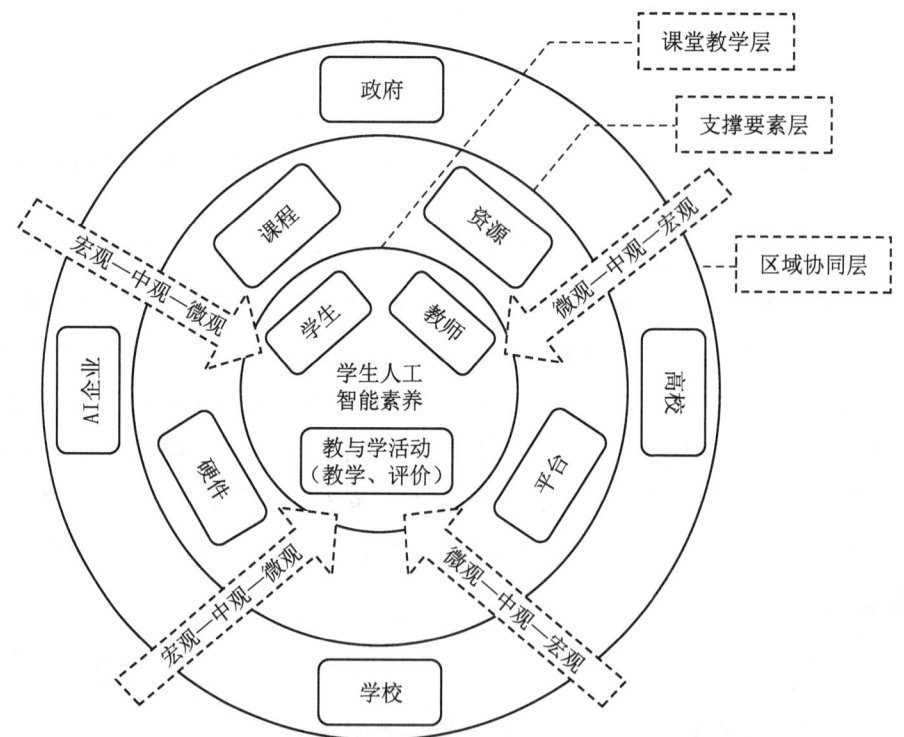

图 1-4-1　区域中小学人工智能教育生态系统 1.0 模型

括学生、教师以及教与学活动;中观圈层为支撑要素层,包括课程、资源、硬件、软件、平台等教学活动开展的支撑要素;宏观圈层主要为协同环境层,包括政府、学校(教育主体)、AI企业和高校多元协同主体。

生态系统1.0模型将区域人工智能教育的影响因素按照与学生人工智能素养培养的教育实践关系的远近进行了分层,在模型实践应用过程中,我们发现宏观的区域协同层和微观的课堂教学层影响因子主要是人、组织、机构这样一些主体,但是中观支撑要素层中的影响因子主要是支持教学开展的环境和资源要素,三个圈层影响因子划分视角的一致性需要进一步优化。基于此,研究团队对1.0版本的生态系统进行了改进完善,形成了区域中小学人工智能教育生态系统2.0模型。

四、区域中小学人工智能教育生态系统 2.0 模型

区域中小学人工智能教育生态系统 2.0 模型如图 1-4-2 所示。其中生态发

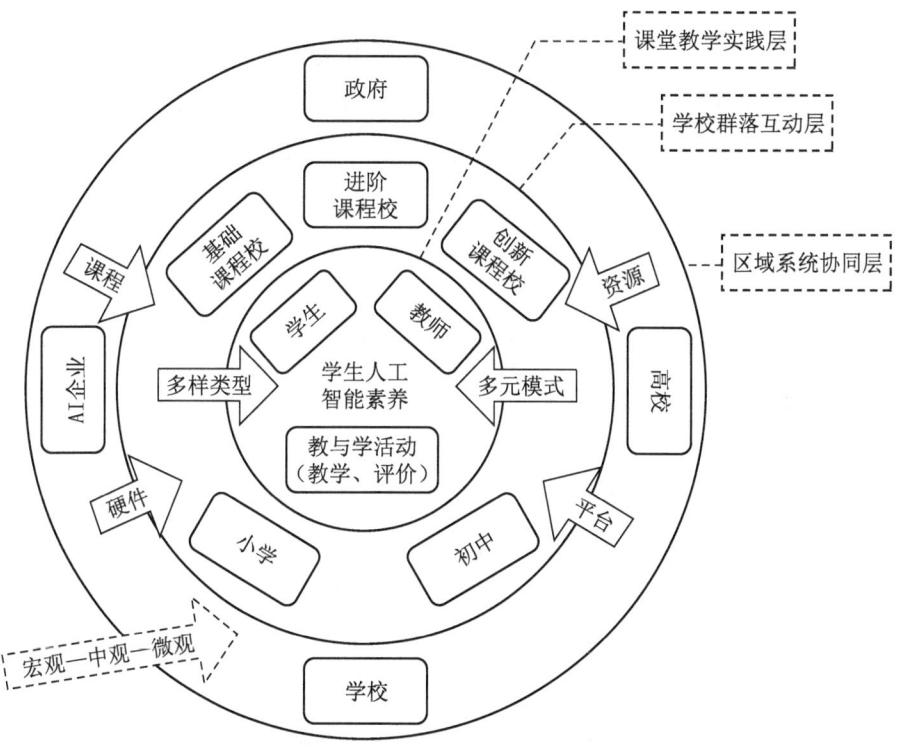

图 1-4-2　区域中小学人工智能教育生态系统 2.0 模型

展的目标指向不变,宏观和微观圈层的影响因子不变,中观圈层影响因子从主体组织视角出发,更新为学校群落互动层;在小学和初中分别设置了基础课程校、进阶课程校、实验创新校三类学校群落;同时将生态系统 1.0 模型中的课程、资源、硬件、平台这些要素作为区域系统协同层可以为学校群落互动层提供支撑,而学校群落互动层可以为课堂教学实践层提供多种类型、多元模式的教师研修支撑。

区域中小学人工智能教育生态系统 2.0 模型相较 1.0 模型而言,统一了三个生态圈层影响因子划分维度的一致性,补充了宏观圈层向中观圈层、中观圈层向微观圈层传输和流动的信息资源。随着理论研究与实践推进的不断深入,研究团队对生态模型中如何更好地体现具体单个圈层内影响因子之间良好、有序的联动、共生和演化进行了迭代升级,形成了目前的区域中小学人工智能教育生态系统 3.0 模型。

五、区域中小学人工智能教育生态系统 3.0 模型

如图 1-4-3 所示,区域中小学人工智能教育生态系统 3.0 模型对区域系统协同层内部因子间的优势联动、互动共生进行了演化,对学校群落互动层中不同类型的学校群落如何联动、实现学段贯通、层级进阶的培养进行了演化。并通过立体呈现、色彩差异的方式对三个圈层之间信息资源如何有机互动、传输、交流进行了升级。

在区域系统协同层,构建了政校研企多方协同机制,形成开放共享的区级场域。形成由区教育局牵头,实验学校主体实施,高校、研究院专业引领,企业协同参与的"政—校—研—企"协同机制,研发区域课程,协同企业部署人工智能硬件、平台资源等。在学校群落互动层,部署了分层进阶的学校群落,实现学生人工智能素养的贯通培养。根据学校基础分层,开展进阶的人工智能素养提升,形成人工智能教育群落,组建计算机视觉、语音等人工智能实验中心,探索分层群落的人工智能教育互动机制、推进策略等。在课堂教学实践层,面向真实问题解决,实践素养导向的人工智能教学新模式。转变传统教学方式,突出学生主体,面向真实问题解决实施"体验—理解—实践"主环节的教学模式,内化人工智能意识与思维,培育人工智能能力和道德伦理,提升学生人工智能素养。

第一章 中小学人工智能教育的驱动因素与生态 | 37

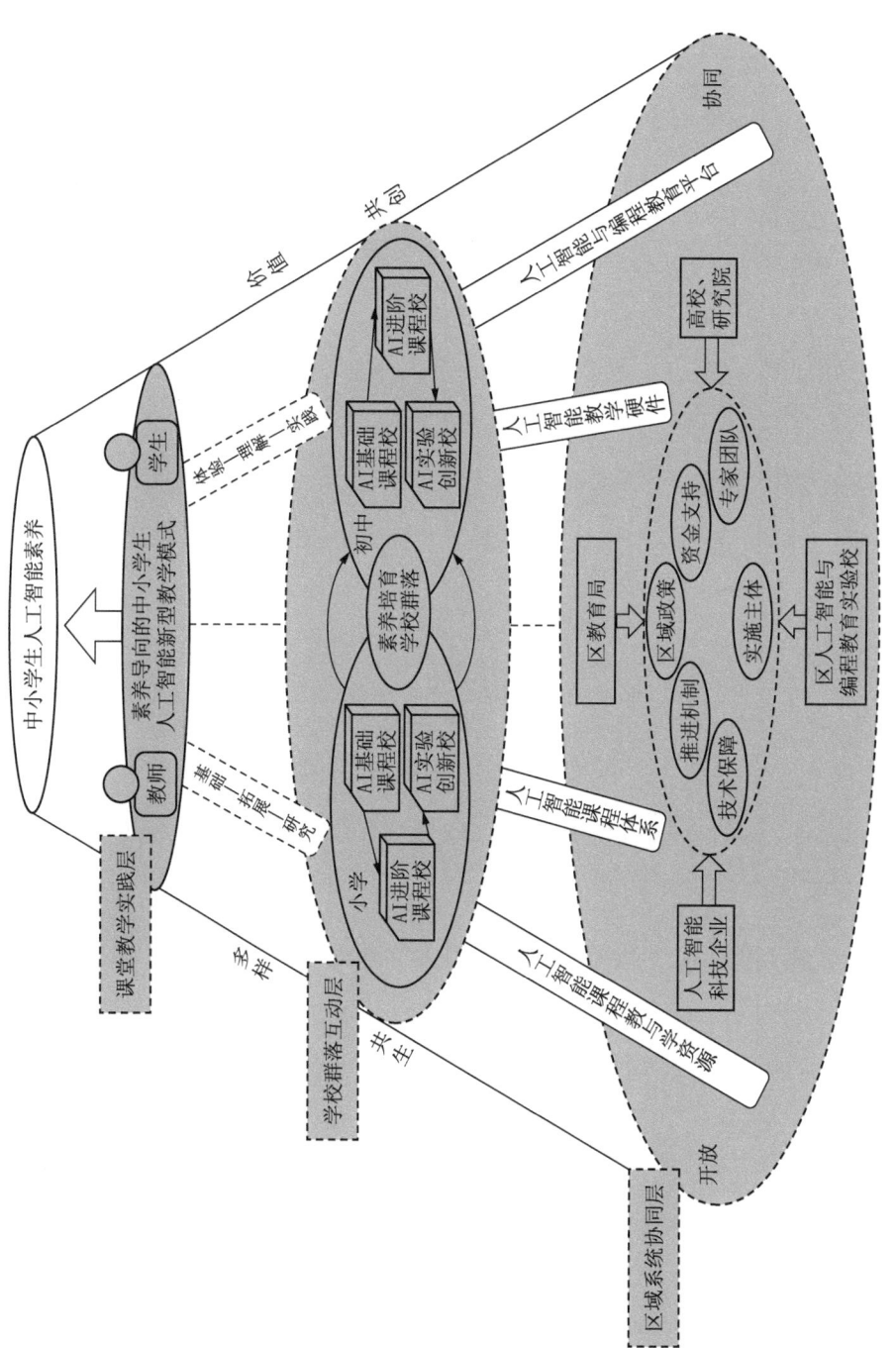

图 1-4-3 区域中小学人工智能教育生态系统 3.0 模型

第二章　中小学生人工智能素养的内涵

随着大数据、物联网、云计算、VR等新兴技术的迅猛发展,人类社会逐渐步入智能时代。人类由人工智能移民转变为人工智能原住民,在人工智能时代生存和发展所需的能力正日益成为一项必要的技能。研究人工智能素养内涵,构建相应的人工智能素养模型与框架,是时代赋予的重要任务,也是在教育教学实践中落实学生人工智能素养培育的基础与前提。本章阐述人工智能素养提出的背景与意义,对中小学生人工智能素养相关概念进行辨析,同时系统梳理现有的中小学生人工智能素养框架,并基于胜任力视角构建中小学生人工智能素养结构模型。

第一节　人工智能素养提出的背景与意义

"人工智能素养"是基于人工智能时代背景衍生而出的新概念。学科核心素养作为基础教育课程教学改革的重要内容,逐渐成为研究者和一线教师关注的焦点。理解核心素养背景下人工智能素养提出的意义与价值,是开展素养导向的人工智能教育研究与实践的前提。

一、核心素养背景下的人工智能素养

《普通高中信息技术课程标准(2017)》和《义务教育信息科技课程标准(2022年版)》相继颁布,不仅明确将人工智能纳入信息科技/信息技术学科的课程体系,同时提出要关注学科核心素养(包括信息意识、计算思维、数字化学习与创新、信息社会责任)。信息科技课程作为学生接触智能技术的主要场所,是义务教育阶段培养未来公民人工智能素养的重要载体。在这个层面上,人工智能素养与信息科技学科核心素养有相互关联之处。然而,这两者并非完全等同。尽管学科核心素养已成为广大教育者开展研究与实践的出发点与落脚点,并且上述四大核心素养在信息科技学科中也已形成共识,但无论从人工智能教育的目标或是内容来看,人工智能素养都应视为一个更为专业和独立的素养体系。

从目标来看,学科核心素养指在特定学科或领域中,学生应该具备的基本知识、技能和思维方式,包括学科基本概念的理解、学科问题解决能力等,其目的是使学生能够应对相关学科领域的问题和挑战。中小学人工智能教育的目标并非培养人工智能领域的专业人才,而是旨在培养学生更好地理解、适应并积极参与人工智能社会。作为一名交叉学科,人工智能不仅具有学科属性,还涉及科学、技术、工程、数学等不同学科,这意味着相较于信息科技学科核心素养,人工智能素养兼具领域特定性和领域一般性双重属性[①]。当前,以 ChatGPT 为代表的新

---

① 钟柏昌,刘晓凡,杨明欢.何谓人工智能素养:本质、构成与评价体系[J].华东师范大学学报(教育科学版),2024,42(01):71—84.

一代人工智能技术再次加速了人类社会的演化,在信息科技学科核心素养背景下,面对生成式人工智能浪潮,有必要进一步深入探讨和研究人工智能与人类的关系,提升人工智能素养。

从内容来看,新课标虽明确将人工智能纳入信息科技学科的课程体系,但小学阶段并未设置独立的人工智能教学内容,而是将其内隐于各模块之中,难以为人工智能教学落地提供实践指导。另一方面,信息科技学科的核心素养和人工智能教育的培养需求是"不重合的交集",不能简单地等同概之。以"计算思维"素养举例:计算思维是人工智能领域实践的核心,但人工智能教育中对计算思维的要求不同于一般的信息技术应用领域中的简单要求[①];并且人工智能教育的素养培育内容也并非局限于计算思维,还包括对方案进行辨证分析的批判性思维、利用人工智能创造性解决问题的能力等。所以,对于人工智能课程而言,需要一个更加具体、深入、有针对性的素养实践框架,从而准确地了解与评估学生在人工智能学习中的表现,为其提供更有针对性的支持和指导。因此,人工智能素养需要基于信息科技学科核心素养的四大维度进行延伸、拓展和具体化,以更好地满足人工智能学习的需求。

二、人工智能素养提出的价值意蕴

人工智能已成为社会变革的重要推动力,重塑了人类社会的生产、工作和生活方式,也为人工智能素养的提出带来了契机。无论是从个人、学校以及社会等各个层面来说,研究、培养和提升学生人工智能素养都具有深远的价值。

(一)促进个体智能化时代的生存与发展

人工智能技术的迅猛发展使得社会结构、经济模式、文化传承等各方面都发生了深刻变革,个体需要具备适应、理解和与人工智能技术协同工作的能力。在智能时代,社会对人才类型的需求将逐渐由"操作型人才""知识型人才"向"综合型人才""创新型人才"转变。《人工智能与2030的生活》报告中指出,未来人工智能将逐渐取代简单重复劳动的职业工作,具备与机器协同、合作创新的人将在

---

① 沈书生,翁子凌.人工智能课程中促进计算思维培养的场景设计研究[J].远程教育杂志,2023,41(06):94—103.

工作中获得更可预见的竞争优势。联合国教科文组织发布的《K-12 人工智能课程：政府认可的人工智能课程蓝图》也明确提出，世界公民都需要具备人工智能素养，了解人工智能能做什么和不能做什么、何时有用以及何时应该质疑其使用、可能产生哪些影响以及如何产生更有益的影响，从而更好地享受智能化时代的便利。

由此可见，培育人工智能素养对个人发展具有积极意义，有助于个体更好地适应和参与到智能时代，为其生存和发展提供必要的支持，从而更好地应对未来的社会和职业挑战。

(二) 提供契合人工智能课程的评价依据

人工智能课程是学生人工智能素养培育的重要土壤，而人工智能课程学习成果的达成需要科学框架的指引。当前人工智能教育存在重知识轻素养、重技术轻理论、重讲解轻实践等问题，学生的计算思维、问题解决能力等得不到有效提升。其中重要的原因可能在于人工智能课程评价环节的缺乏或失误。一些研究认为人工智能是信息科技学科的分支，直接套用信息科技课程目标（主要是计算思维）开展评价，忽视了人工智能课程独特的教育使命；另一些研究片面地将学生编程作品、项目成果等作为人工智能课程评价依据，并未考虑到素养的达成情况。Wang 等人指出[1]，人工智能素养研究对中小学人工智能教育至关重要，其原因在于：第一，人工智能素养有利于解释学习者与 AI 互动时的行为变化；第二，人工智能素养能帮助量化学习者使用人工智能的能力；第三，人工智能素养为人工智能课程大纲与内容设计提供了全面的框架。Ng 等人的研究也表明[2]，人工智能素养更高的学生能提供更具意义的人工智能驱动解决方案。

由此可见，探索与研究人工智能素养内涵，构建一个完整、统一的人工智能素养框架，不仅有利于人工智能课程目标设计、学习内容组织、学习资源开发及教学模式构建，也将为人工智能课程评价的实施提供依据。

---

[1] Wang B, Rau P L P, Yuan T. Measuring user competence in using artificial intelligence: validity and reliability of artificial intelligence literacy scale[J]. Behaviour & Information Technology, 2022:1—14.

[2] Ng D T K, Luo W Y, Chan H M Y, et al. An examination on primary students' development in AI Literacy through digital story writing[J]. Computers & Education: Artificial Intelligence, 100054, 2022.

（三）满足 AIGC[①] 背景下新的人才培养需求

生成式人工智能的问世改变了人类原有的生活与工作方式，驱动知识生产方式、社会连接形态等发生一系列变革，同时也对教育生态产生冲击性的影响，对人才培养的需求、目标与标准带来新的要求与挑战。第一，随着生成式人工智能在识别、理解、推理和判断上的能力增强，其深度模仿人类的学习逻辑与创造过程逐渐走向现实，人机共生成为智能时代的应然选择。在人工智能由"赋能者"转型为"协作者"的进程中，人机协作越发成为学生必备的关键能力。第二，AIGC 等新一代人工智能技术突破了因知识分化而形成的领域壁垒与科层藩篱，实现对知识的重新获取、鉴别、筛选、储存、整合及推送。机械化文本写作或知识记忆已不再是个体能力的体现，教育应更加关注学生高阶思维能力的培养。第三，新一代人工智能技术的迅猛发展使得学术诚信、隐私侵犯、算法偏见、产权保护、虚假信息等技术伦理问题愈发复杂和突出，学生更加迫切地需要意识到运用智能技术或工具在应用时存在的伦理风险。

由此可见，培养能够主动适应人工智能背景下的各种环境变化的创新型人才，提升人工智能素养水平，是顺应智能时代发展的必然选择，也是 AIGC 背景下人才培养要求的具体体现。

第二节　中小学生人工智能素养的内涵解读

素养教育与社会发展及公民需求密切相关，其内涵随着不同的时代背景而不断地变化、发展、延伸。为深入解读与定义人工智能素养内涵，需梳理"素养"概念的历史变迁，对素养相关概念进行辨析，并对已有人工智能素养内涵的相关研究文献进行综述。

一、信息技术"素养"的历史衍化

"素养"来源于对传统阅读、口语、写作等读写能力的整体性描述。随着计算机科学技术的发展，"素养"一词逐渐拓展到新的领域，被赋予了更加鲜明的时代

---

① AIGC，即 AI Generated Content，是指利用人工智能技术来生成内容。

特点,如信息素养、数字素养、数据素养、ICT素养[①]等。尤其是第三次、第四次工业革命催生信息技术的迭代,引发了社会对信息技术素养的需求变迁。为回应时代需求,国内外研究者先后提出了诸多信息技术素养概念(如图 2-2-1)。

素养反映出人类对技术及技术营造环境的认知与调适。从图中可以看出,不同阶段的主流技术对人们的能力素质提出差异化、进阶性要求,人类个体素养的内涵与外延也随之变化。人工智能技术作为信息技术革命的最新成果,人工智能素养也成为当前最具研究潜力的能力素质议题,如何更开放坦然地面对人工智能的冲击,认识和理解人工智能原理,学会主动适应人工智能带来的各种环境变化,成为智能时代素养研究的重要内容。

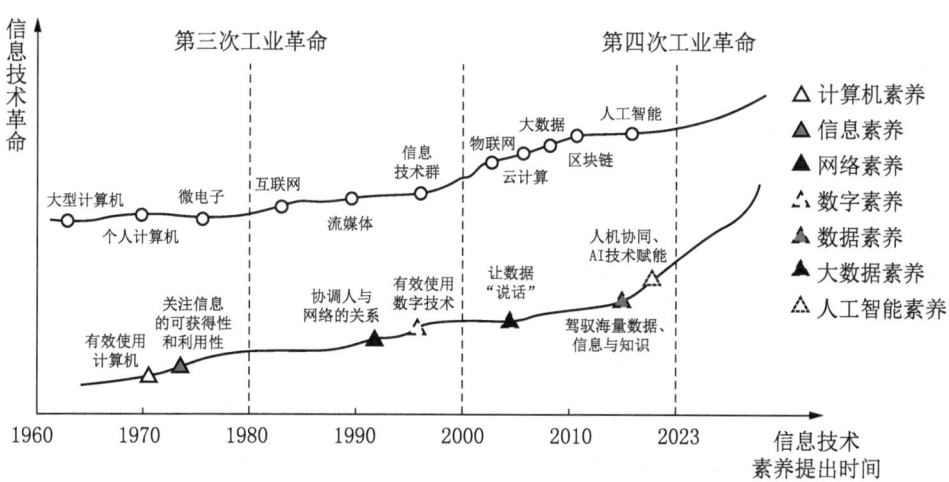

图 2-2-1　信息技术革命与信息技术素养议题的变迁

二、"素养"相关概念的对比辨析

作为新型的信息技术素养,人工智能素养不可避免地与既有的信息素养、数字素养、数据素养等存在关联。由于不同学科领域和研究视角的差异,不同的素养概念界限逐渐模糊。为确立人工智能素养与邻近概念的边界与范畴,有必要厘清其与既有相关概念(尤其是信息素养和数字素养)的异同。表 2-2-1 对信息

---

① ICT(Information Communications Technology)是信息技术与通信技术相融合而形成的一个新的概念和新的技术领域。

素养、数字素养以及人工智能素养进行了对比分析。

表 2-2-1　三类信息技术素养的比较

	信息素养	数字素养	人工智能素养
定义	利用信息工具获取信息以及使用信息来解决实际问题的技能	数字信息获取、制作、使用、评价、交互、分享、创新等的集合	适应人工智能时代生存发展所必备的关键能力
信息技术	计算机技术	5G、区块链、大数据、云计算、物联网等各类数字技术	AI 技术
核心	信息的可找到和可利用	数字资源、工具、服务的使用与评估	人工智能技术的理解与应用

信息素养最先指在图书馆进行文献检索的能力，后续逐渐扩展至基于问题解决的信息发现、组织、评价和使用等过程。信息素养强调具有利用大量信息工具来解决问题的能力，其核心是信息的可找到与可利用，即能够检索和获取信息，并合法合理地使用检索到的信息来解决实际问题。

随着 5G、大数据、云计算、物联网等数字技术的发展，各类电子化和数字化工具逐渐嵌入人们的生活和工作。在数字环境中，利用各类数字媒体、软件、设备等解决生活和工作问题成为人们必备的关键能力，"信息素养"逐渐整合发展为"数字素养"。数字素养强调正确地使用与评估数字资源、工具和服务，其不仅仅关注信息本身，而是扩展到数字化的生产和生活，是信息素养在数字化时代的升华与延伸。因此，数字素养具有多维性，不仅包括专业知识与技能，还包括应用知识的能力与思维（如批判性思维、创新思维等）。现有研究对数字素养的概念描述也包含丰富的语义，认为其是信息素养、数据素养等各素养的要素聚合。

随着人工智能技术的发展，尤其是近年来生成式人工智能的兴起，具备人工智能知识与技能、理解并有效利用人工智能技术，逐渐成为个人生存发展的重要素质，这也呼唤出人工智能素养。人工智能素养既具有自身的独特性，也与数字素养密切相关（图 2-2-2）。

一方面，人工智能素养是人工智能技术在数字素养范畴下的具象表征。人工智能是数字技术的核心内容，包括语音识别、图像识别、自然语言处理等内容的人工智能技术在各类数字化资源与工具中占据重要的地位。具备良好的人工智能素养也是数字化时代不可或缺的能力。因此，人工智能素养是一种更为具体、独特的数字素养。另一方面，数字素养是人工智能素养的先决条件。首先，

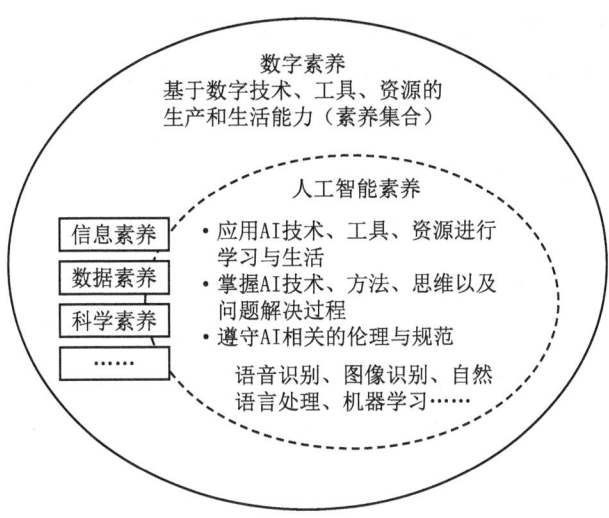

图 2-2-2 人工智能素养与数字素养的关系

数字素养是建立现实世界与计算机世界的重要连接，个体通过与各类数字化技术及设备的交互过程，基于数字技术提供的大量数据与信息，进一步体验、理解人工智能，从而形成学习人工智能的兴趣。同时，数字素养是一个广泛的概念，包括数据素养、信息素养、科学素养等。其中，数据素养本身与人工智能子领域（如机器学习）密切相关，而科学素养所涉及的科学能力与创新意识也映射出人工智能技术实践，因此数字素养各要素在一定程度上也与人工智能素养相互交融。

三、人工智能素养的概念界定

在已有的文献中，对人工智能素养概念的界定大体可分为能力视角和素质视角两类。其概念分野的关键特征是：能力视角的人工智能素养强调时代大背景下对个人生存与发展的能力要求，如了解智能、应用智能和开发智能等；而综合素质视角下的人工智能素养不仅关注人工智能知识与技能，还考虑到个体心理层面因素，如对人工智能的情感态度、思维意识等。

概念提出伊始，人工智能素养便被描述为一种理解人工智能驱动性技术背后所涉及的基本知识和概念的能力。除了理解与学会使用人工智能之外，Long[①]认

---

① Long D, Magerko B. What is AI literacy? Competencies and design considerations[C]//Proceedings of the 2020 CHI conference on human factors in computing systems. 2020:1—16.

为人工智能素养还包括批判性地评估人工智能技术,与人工智能进行有效的沟通和协作,运用智能技术解决现实问题等一系列关键能力。这种观点也得到了郑勤华等研究者[1]的认可。与此同时,许亚锋等人[2]也将智能素养概括为个体在智能时代背景下,适应工作、生活、学习等方面的能力体现。Ponce[3]则进一步详细指出,智能社会的劳动者必须"人工智能化",具备智能素养,能够处理数据,识别人工智能复杂的逻辑思维。

而另一类研究则认为,为了适应智能社会发展,智能素养不仅应包含人工智能知识与能力,还要学会与人工智能协同,即与人工智能共同解决问题,并遵守一定的伦理和道德规则。因此,综合素质视角下的人工智能素养是关注人认识、利用、创造、管理人工智能以适应智能社会发展所需要的知识、能力、情意等各方面基本品质的总和。例如,汪明[4]等研究者倾向于将智能素养理解成集智能知识、智能能力、智能情意与智能伦理为一体的复合结构,指出智能素养是人与机器智能协同工作、生活和学习中具备的情感意识、知识技能、思维品质和道德规范,是智能时代人适应、改变和发展社会环境的一种综合品质。

相较于知识或能力视角,从综合性视角定义人工智能素养更符合时代背景及人工智能的技术属性。因此,本书将学生人工智能素养内涵界定为了解一些人工智能的基础知识,具有利用人工智能解决问题的意识和思维,掌握利用人工智能解决问题的能力,并能在人工智能相关活动中自觉遵守与之相关的法律规定和道德规范。

第三节　中小学生人工智能素养框架的比较分析

人工智能素养到底包含哪些要素与内容?这是中小学人工智能教育与人工

---

[1] 郑勤华,覃梦媛,李爽.人机协同时代智能素养的理论模型研究[J].复旦教育论坛,2021,19(01):52—59.
[2] 许亚锋,彭鲜,曹玥,杨小峻.人机协同视域下教师数智素养之内涵、功能与发展[J].远程教育杂志,2020,38(06):13—21.
[3] Ponce A. Artificial intelligence: A game changer for the world of work[J]. ETUI Research Paper-Foresight Brief, 2018:1—11.
[4] 汪明.基于核心素养的学生智能素养构建及其培育[J].当代教育科学,2018(02):83—85.

智能素养研究的关键问题。通过对学术和实践领域提出的诸多人工智能素养框架的梳理,本书从提出者、框架要素、结构特点等方面归纳了具有代表性的人工智能素养框架(见表2-3-1)。不难看出,不同研究者提出的人工智能素养具体内容不尽相同,但深究其要素间的性质可以鉴别出两种人工智能素养框架的建构思路。

一类人工智能素养框架以人工智能实践为取向,关注学习者对人工智能时代的适应过程,因此其框架要素也体现了学习者与人工智能知识、技术、系统实现等内容的互动,强调学习者从认识人工智能、理解人工智能、在不同场景中应用人工智能到评估和创造人工智能的认知与能力变化。例如,Long从基本认识、功能与应用、工作原理等维度提出了五个有关人工智能的问题,并归纳分析了学生需要掌握的一组能力,进而形成了人工智能素养框架。Ng[1]梳理了K12阶段学生人工智能素养所包含的基本要素,进一步提出了包含认识、理解、使用、评估和创造等要点的人工智能素养框架。Kim[2]构建了包含六个维度的人工智能素养指标体系,重点关注利用人工智能问题解决的过程与能力发展。中央电化教育馆颁布的《中小学人工智能技术与工程素养框架》从四个领域设计了中小学人工智能课程学习内容,旨在让学生正确处理人工智能与人类的关系,理解人工智能对社会发展的影响,掌握人工智能基础技术与原理,为适应智能社会的学习与生活做好准备。

另一类则归属于综合型人工智能素养框架,此类观点借鉴了传统素养研究的经验,关注学习者知识、能力、态度、特质、价值观等因素的集合。如张银荣等人[3]构建了人工智能素养三维框架,并设计了相应的人工智能素养关键指标,同时对不同学段的人工智能素养进行了分级描述。在三维结构模型的基础上,研究者对人工智能素养框架的内容要素进行了增加与补充,进一步提出了人工智

---

[1] Ng D T K, Leung J K L, Chu K W S, et al. AI literacy: Definition, teaching, evaluation and ethical issues[J]. Proceedings of the Association for Information Science and Technology, 2021, 58(1): 504—509.

[2] Kim S W, Lee Y. The Artificial Intelligence Literacy Scale for Middle School Students[J]. Journal of the Korea Society of Computer and Information, 2022, 27(3): 225—238.

[3] 张银荣,杨刚,徐佳艳,曾群芳,陈际焕.人工智能素养模型构建及其实施路径[J].现代教育技术,2022, 32(03): 42—50.

能素养多维结构模型。例如,Ryu[①]基于体验和问题解决的视角,设计了涉及AI经验、AI理解、AI应用发展等六个维度的人工智能素养框架。郑勤华等人[②]结合加涅的学习结果分类理论,构建了包含智能知识、智能能力、智能思维、智能应用、智能态度五个维度的智能素养理论模型,并细化了16个二级维度要素。侯贺中等人[③]立足于人工智能课程的内容,构建了智能素养金字塔模型,并将人工智能素养的要素分层到意识态度、知识技能、核心思维、创新创意四个层级。中小学信息技术教育专业委员会[④]则基于信息科技学科核心素养和中国学生发展核心素养,构建了包含人工智能意识、智能技术应用、实践创新思维、智能社会责任的四维框架。

表2-3-1 已有的人工智能素养框架及其比较

作者	时间	名称	框架要素	结构特点
Long	2020	人工智能素养	什么是人工智能、人工智能能做什么、人工智能如何工作、如何使用人工智能、人类如何感知人工智能	以人工智能实践为取向,强调从认识、理解、在不同场景中应用、评估人工智能的认知与能力
Ng	2021	人工智能素养	了解并理解AI、使用和应用AI、评估和创造AI、AI伦理	
Southworth	2023	人工智能素养	适应人工智能、知道并理解人工智能、使用和应用人工智能、评估和创造人工智能、人工智能伦理	
Kim	2022	人工智能素养	人工智能的社会影响、人工智能的理解、人工智能执行计划、用人工智能解决问题、数据素养、人工智能公平问题	
中央电教馆	2021	人工智能技术与工程素养	人工智能与人类、人工智能与社会、人工智能技术、人工智能系统设计与开发	

---

① Ryu H, Cho J. Development of artificial intelligence education system for K-12 based on 4P[J]. Journal of Digital Convergence, 2021, 19(1):141—149.
② 郑勤华,覃梦媛,李爽.人机协同时代智能素养的理论模型研究[J].复旦教育论坛,2021,19(01):52—59.
③ 侯贺中,王永固.人工智能时代中小学生智能素养框架构建及其培养机制探讨[J].数字教育,2020,6(06):50—55.
④ 中小学人工智能课程开发标准(试行)[S]. 2021-10-20. https://13115299.s21i.faiusr.com/61/1/ABUIABA9GAAgmcWzjQYoqr2Xxwc.pdf.

续 表

作者	时间	名称	框架要素	结构特点
张银荣	2022	人工智能素养	AI知识、AI能力、AI伦理	将人工智能素养视为一种综合素质,关注人工智能知识、能力、态度等内容
Wong	2020	人工智能素养	AI概念、AI应用、AI伦理	
Zhang	2022	人工智能素养	AI概念、AI态度、AI职业未来	
Ryu	2021	人工智能素养	AI经验、AI理解、AI和数据、AI和学习、AI伦理、AI应用发展	
郑勤华	2021	智能素养	智能知识、智能态度、智能能力、智能思维、智能应用	
侯贺中	2020	智能素养	智能知识、智能意识、智能态度、智能伦理、智能技能、智能思维、智能与创新	
中小学信息技术教育专业委员会	2021	人工智能课程核心素养	人工智能意识、智能技术应用、实践创新思维、智能社会责任	
朱莎	2023	人工智能核心素养	人工智能意识、人工智能知识、人工智能能力、人工智能思维、人工智能社会责任	

总体而言,无论是三维框架,还是四维框架,抑或五维框架,都强调了人工智能在意识、知识与技能、思维与能力、态度与伦理等不同维度的内容,这与新课标所倡导的学科核心素养高度相似,为本研究提供了重要启示。同时从分析中也可以发现,现有人工智能素养研究已经形成了一定的理论成果,但仍旧存在可以深入拓展的学术与实践空间:第一,关于人工智能素养框架体系的研究虽日渐丰富,但尚未形成一个统一共识,其所用术语也并未统一;第二,现有人工智能素养框架的构建重点关注对人工智能知识技能的培养,对人工智能情感态度、伦理等内容缺乏详实的阐释;第三,现有的素养框架相对较为宏观,没有提供具体、可操作的素养指标,且各要素间层次关系并不明晰。

作为一个动态、开放、多层面的概念体系,人工智能素养框架对中小学人工智能课程教学发挥着"导向标"的作用。因此,需借鉴成熟的理论框架,构建学生人工智能素养模型,以更好地在教育教学实践中落实学生人工智能素养培育。

第四节 中小学生人工智能素养的结构模型

胜任力指个人动机、特质、态度/价值观、认知/行为/技能等要素的集合。自McClelland提出"胜任力"概念以后,Terrence[①]等诸多学者进一步对其内涵与特征做了深入探讨与分析。近20年来,作为一种与职业岗位密切相关的综合能力,"胜任力"已逐渐被学界和各类行业所广泛接受。

一、分析视角:胜任素质模型的适切性

围绕胜任素质模型的构建,研究者从不同视角(如职业特征、应用情境、胜任目标等)进行了广泛而深入的探讨,其中最具代表性的是"冰山模型"和"洋葱模型"。冰山模型将胜任素质的构成要素分为"冰面以上"和"冰面以下"两个部分。其中,"冰面以上"包括知识、经验和技能,可通过观察和测量等方式进行分析与评估;"冰面以下"侧重自我概念、特质和动机,难以触及和改变。而洋葱模型则是对冰山模型的进一步细化,其根据构成要素发展的难易程度,将胜任素质理解为由外向内、由表及里的三层空间结构,各要素自外向内依次表现为知识与技能、态度和价值观、特质与动机。相比于冰山模型,洋葱模型具有更强的层次逻辑,其层层递进的图例既能反映不同特质的差异,也能体现培育和评估各类特质的难易程度,并被广泛应用于政府干部培训、教师培训、企业人力资源管理等各个领域。本文基于素质洋葱模型构建学生人工智能素养框架,从方法论角度而言,其优势主要体现在两个方面(图2-4-1)。

一方面,学生人工智能素养与胜任力在内容上具有一致性。胜任力是一种与具体职业或领域相关的、复杂、高级、综合的能力特质,关注符合个体角色的核心与关键能力,而这种能力与具体的工作岗位、职业需求等密切相关。因此,胜任力也更常用于成人教育或职业培训部门。相比于胜任力,素养指向通用的、基础的能力素质,是个体所需知识、技能、态度和能力等要素的集合。对于学生而

---

① Terrence H. The meanings of competency[J]. Journal of European Industrial Training, 1999, 23(06):275—285.

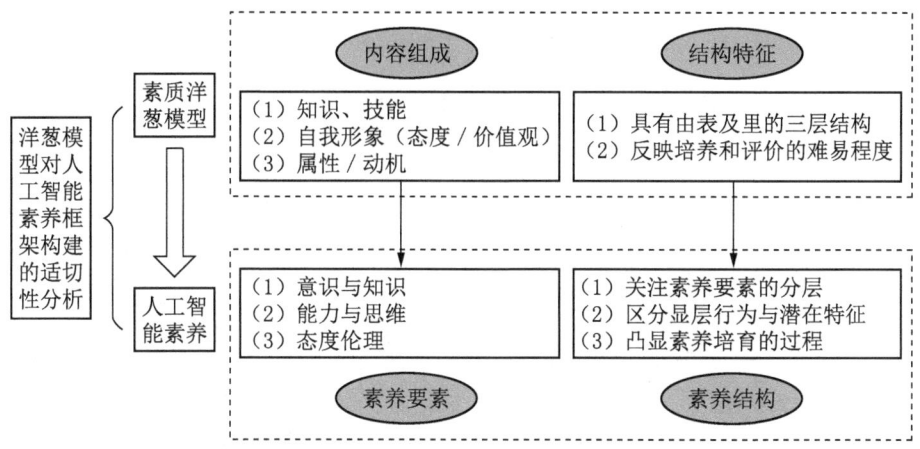

图 2-4-1 基于洋葱模型的人工智能素养框架适切性分析

言,由于不涉及具体的职业属性,可以将两者合一而谈。也就是说,学生人工智能素养与人工智能胜任力在内容上具有一致的理解。而按照范建丽等人[①]的观点,人工智能胜任力指在智能环境中学习者对 AI 所持的积极态度、AI 知识与技能的掌握、遵守 AI 伦理道德,利用 AI 技术创造性解决问题,并科学应对人机协同挑战的能力。因此,学生人工智能素养也应包括人工智能知识与技术、人工智能态度、人工智能伦理、问题解决能力等多个要素。

另一方面,胜任素质的属性特征为构建学生人工智能素养框架提供了一个较为契合的分析视角。现有研究对于胜任力的理解,主要包括两个层面的含义:第一个层面是个体的知识、经验与技能,是一种显性行为;第二个层面是个体的动机、态度、价值观等,是一种与个体属性相关的"隐性特质"。究其本质,学生人工智能素养也属于素质范畴,具有一般素质的属性特征。因此,在人工智能素养分层上,可以借鉴洋葱模型的层次结构,关注各素养要素间的层次关系,从而更全面、更完整地衡量学生的人工智能素养。

二、模型构建:基于洋葱模型的人工智能素养模型

基于既有人工智能素养概念与框架的启发,结合浦东新区人工智能教育项目要求,以素质洋葱模型为理论基础,构建了学生人工智能素养模型,如图 2-4-2 所示。

---

① 范建丽,张新平.大数据+智能时代的教师数智胜任力模型研究[J].远程教育杂志,2022,40(04):65—74.

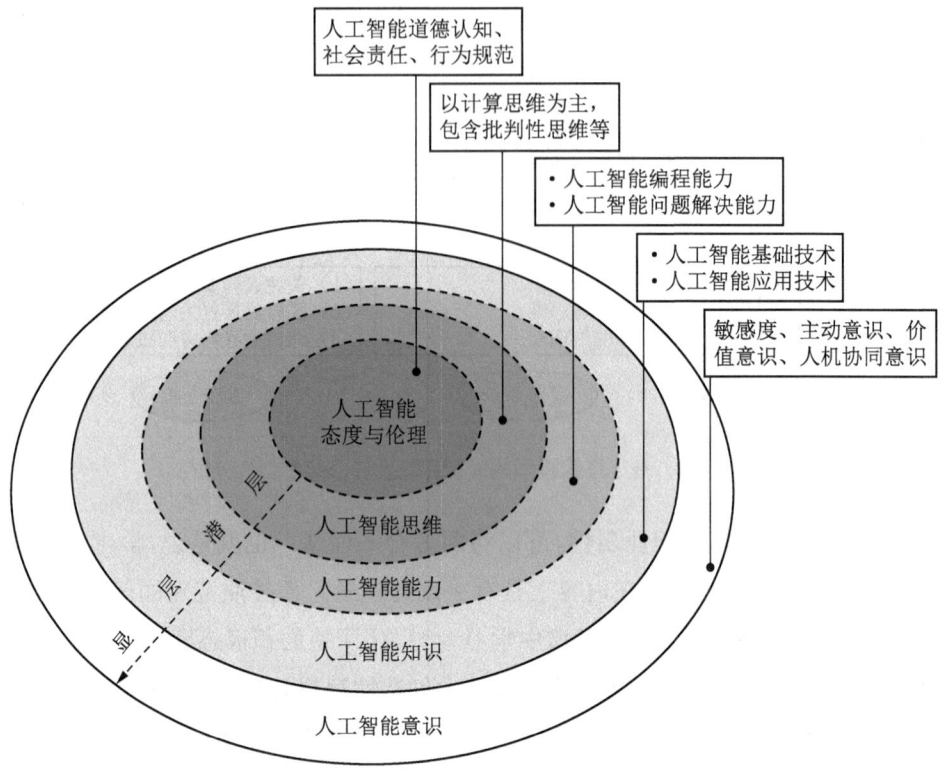

图 2-4-2　学生人工智能素养洋葱模型

该模型按照可察觉性和培养的难易程度将学生人工智能素养分成了五层结构，由外至内依次为人工智能意识、人工智能知识、人工智能能力、人工智能思维、人工智能态度与伦理。人工智能意识关注学习者对人工智能的感知与价值认同，是人工智能素养的前提；人工智能知识是学习者对学习内容与行动经验的汇聚，是人工智能素养的基础；人工智能能力体现学习者参与人工智能实践的成效，是人工智能素养的关键；人工智能思维强调学习者参与人机协同任务时的思维水平及监控过程，是人工智能素养的核心；人工智能态度与伦理则涉及如何与人工智能和谐相处，也影响学习者的行为倾向与效能体验。

同时，这五大要素还存在"显层"和"潜层"的结构关系。其中，显层素养（图2-4-2实线所形成的层级圈）指人工智能意识、知识与技能，而潜层素养（图2-4-2虚线所形成的层级圈）包括能力、思维、态度与伦理等内隐特质。

（一）人工智能意识

人工智能意识指对人工智能的存在、价值、作用等内容的基本认识。在人工智能时代，学生的智能意识对其行为表现发挥着主观的能动作用，浓兴趣、高价值、乐探索是人工智能知识、能力的习得与积累的前提。人工智能意识不仅仅体现在对人工智能的感知，更表现在对人工智能技术及其应用的判断，以及进行积极的探索与体验的主观倾向。结合已有研究，将人工智能意识概括为四个层面（如表 2-4-1）：敏感度、价值意识、主动意识以及人机协同意识。

敏感度关注对人工智能的感知，具体表现为能够感受到人工智能的存在，发现生活中的人工智能应用，理解人工智能对社会的正面和负面影响。价值意识指对人工智能产品与技术的价值认同，具体表现为意识到人工智能给生活带来的便利，关注人工智能的未来发展，对人工智能具有兴趣，并有在该领域内继续深造和研究的志向。主动意识着眼于对人工智能技术发展与应用的深化创新，包括勇于探究人工智能新技术、新产品与新用途。人机协同主要聚焦人机角色关系，关注学生是否具备与人工智能构建优势互补的主体意识，这包括两层含义：第一个层面侧重对人工智能的认知，即不盲目推崇或抵制人工智能；第二个层面强调与人工智能的互动，即在充分调配人工智能的基础上，结合自身智慧共同完成任务。

表 2-4-1　人工智能意识的主要内容

维度指标	具体含义
敏感度	敏锐地感受到人工智能在生活中的应用及其发展
价值意识	了解人工智能产品和技术的价值所在，意识到人工智能给生活带来的便利，关注人工智能发展趋势
主动意识	主动了解、体验新的人工智能产品，主动应用人工智能产品和技术解决生活中遇到的问题
人机协同意识	将人的"智慧"和机器"智能"相互协同的意识，不盲目崇拜或抵制人工智能

（二）人工智能知识

人工智能知识指学习、使用和管理人工智能所应具备的基本认知。Ng 等人指出，学习者不应仅仅是人工智能应用的用户，而应了解人工智能的基本概念、技术和工作原理。通过对现有人工智能素养框架的梳理也能发现，人工智能知识是其他人工智能素养要素的基础,学生必须掌握一定的人工智能相关知识,才能在知识习得的基础上迁移应用,达成高阶思维的培养。因此,结合人工智能领域的核心观点、研究进展等,将人工智能知识概括为两大部分(表 2-4-2):人工智能基础知识和人工智能应用技术。

人工智能基础知识指与人工智能学科领域相关的学习内容及概念名词,包括人工智能的核心概念、起源与发展、主要特征、核心要素、技术体系等。学生需储备一定容量的人工智能知识,才能有效应对人工智能时代带来的各种挑战。具体而言,学生需了解人工智能的发展史,辨别人工智能技术的具体应用,知道算法、数据与算力三大核心支撑要素,掌握机器学习、大数据等技术原理,理解人工智能的社会影响。人工智能应用技术指与人工智能具体应用相关的技术,主要包括计算机视觉、语音识别、语音合成、自然语言处理等。人工智能应用技术是各类人工智能产品与服务的基础,学生需了解人工智能的主要应用技术,理解几种常见的人工智能应用技术的原理与实现过程。

表 2-4-2　人工智能知识的主要内容

维度指标	具体含义
人工智能基础知识	事实性知识:了解人工智能的起源、发展、流派等;概念性知识:理解人工智能的技术体系、主要特征、三大支撑要素等
人工智能应用技术	原理知识:掌握计算机视觉、语音识别、语音合成等技术的基本原理;技能知识:知道各技术的应用场景及具体实现

(三) 人工智能能力

人工智能能力指运用人工智能技术、方法、工具等解决问题的能力,涉及协作、编程、数据检索、问题解决等多种技能。正如 Deursen[1] 所指出的,获取技能的过程不仅包括获得技术与专业知识,还包括应用这些知识的能力。对于人工智能能力维度而言,关注的是具体的实践与操作,即将人工智能知识有效应用到不同情境与场景的动态过程。在这个过程中,最核心的是人工智能编程能力与问题解决能力,如表 2-4-3 所示。

人工智能编程能力象征着对智能的理解以及实现智能的本领。学生要具备

---

[1] Deursen A, Helsper E J, Eynon R. Measuring digital skills: from digital skills to tangible outcomes project report[J]. London School of Economics University of Twente Oxford Internet Institute, 2014.

一定的人工智能编程知识,包括程序的概念与方法、编程的基本思想、主要的算法结构以及典型人工智能模块(如语音识别、图像识别、人脸识别)的简单调用等。同时,在掌握基本的编程知识基础上,学生也要知道如何通过编程工具自主编写人工智能相关程序,从而达成让计算机实现人类各种创造性想法的目标。人工智能问题解决能力指根据实际问题选择合适的人工智能工具,制定合理的方案,设计并开发相应的人工智能系统或作品来解决问题,强调创造性的问题解决思路与人工智能作品的应用开发。在很多情况下,编程与问题解决密不可分:学生编程主要经历分析问题、设计方案、编写代码、测试调试以及迭代优化等步骤,这本身便在参与问题解决的过程;而编程则为问题解决提供了方法和技术支持。

表 2-4-3　人工智能能力的主要内容

维度指标	具体含义
人工智能编程能力	具备一定的人工智能编程知识,能通过编程(图形化编程工具)编写人工智能相关程序
人工智能问题解决能力	设计与开发人工智能系统作品来解决生活与学习中的实际问题

(四)人工智能思维

人工智能思维指在实践中运用人工智能科学的思想方法与推理规则,处理与解决问题的思维方式,包括计算思维、批判性思维、创造性思维等,是促进知识掌握与技能形成的基础。人工智能思维层面的主要要素与含义如表 2-4-4 所示。

计算思维关注个体运用计算机科学领域的概念、思想和方法来解决现实生活中的问题,在许多场景中都被认为是人工智能时代的必备素养。2019 年,联合国教科文组织提出,计算思维已经成为学习者在人工智能时代必须掌握的关键能力之一,并将其列入数字化能力框架。彭绍东[①]指出,计算思维是智能素养的核心要素,具备计算思维的人,能够采用计算机处理的方式界定问题、抽取特征、建立模型、组织数据、选用算法、形成问题解决方案,并将总结的问题解决过程与方法进行迁移推广。

---

① 彭绍东.人工智能教育的含义界定与原理挖掘[J].中国电化教育,2021,(06):49—59.

批判性思维指个体对事物或问题的解释、分析、评价、推理的综合能力。许多国家与组织将批判性思维定为学生培养的关键能力之一，并将其作为一种素质教育，在课程体系中设置批判性思维教学内容。在人工智能时代，学生需要具备批判性思维素养，能够合理地分析、选择与使用人工智能技术，并批判性地评估人工智能应用及其结果，以确保人工智能服务于人类最佳利益。此外，在人工智能化的当下，与任何知识和技能相关的活动都有可能被人工智能所取代，而只有具备创造性思维的人才能更好地适应未来人工智能时代的发展。因此，创造性思维也是人工智能教育十分重要的培养内容。

表 2-4-4　人工智能思维的主要内容

维度指标	具体含义
计算思维	运用计算机领域的思想方法去求解问题，并通过抽象、分解、算法、评估等步骤解决问题
批判性思维	能够批判性地评估与使用人工智能技术
创造性思维	能创新性地使用人工智能技术解决问题，能使用人工智能相关工具形成创新产品

（五）人工智能态度与伦理

人工智能态度与伦理指对如何规范、合理地开发 AI 技术、使用 AI 产品，以及如何应对人机交互过程中可能出现的社会问题的一种态度和价值观。研究指出，人工智能在日常决策中发挥着重要作用，滥用或设计不当的人工智能可能会对人类和社会造成无法弥补的伤害。Gong 等人[1]发现，仅有不到 10% 的学生会关注人工智能安全与道德问题（如人工智能偏见、人工智能法律责任、知识产权等）。随后，Zhang 等人[2]从多个维度阐述了将人工智能伦理融入 K12 人工智能教育中的必要性，并进一步强调教师不仅要培养学生的人工智能能力和兴趣，还要帮助学生认识到人工智能的社会影响与伦理问题。

按照伦理结构的概念，人工智能态度与伦理维度可以从道德认知、社会责任

---

[1] Gong X, Tang Y, Liu X, et al. K-9 Artificial Intelligence Education in Qingdao: Issues, Challenges and Suggestions[C]//2020 IEEE International Conference on Networking, Sensing and Control(ICNSC). IEEE, 2020(pp.1—6).

[2] Zhang H, Lee I, Ali S, et al. Integrating Ethics and Career Futures with Technical Learning to Promote AI Literacy for Middle School Students: An Exploratory Study[J]. International Journal of Artificial Intelligence in Education, 2022:1—35.

以及行为规范三个层面进行分析(表 2-4-5),即在心理层面形成人工智能伦理认知,具有通过人工智能技术造福人类的社会参与和使命感,并能合理、合规、合法地使用人工智能。首先,人工智能伦理涉及不同的以人为中心的考虑与讨论(如公平性、真实性、问责制、透明度、隐私等),一个懂人工智能的人必须能够正确理解、判断使用人工智能技术相关的责任、风险与伦理问题规范。其次,以人工智能为核心的技术变革将促使社会不断进化与发展,要充分利用人工智能技术去解决社会发展中的问题。最后,学生也需要学习如何明智地使用人工智能技术,在遵守法律法规和人工智能道德伦理准则的基础上,正确地开发与使用人工智能。

表 2-4-5 人工智能态度与伦理的主要内容

维度指标	具体含义
道德认知	在心理层面形成人工智能伦理认知
社会责任	通过人工智能技术造福人类的社会参与和使命感
行为规范	合理、合规、合法地使用人工智能

总体而言,项目团队基于洋葱模型构建了五层素养结构模型,从意识、知识、能力、思维到伦理,由显层渐入潜层,构成了相对完整的面向中小学生的人工智能素养框架,能够为人工智能教育教学设计、课堂实施以及课程评价等提供理论与实践指导。

第三章　生成式人工智能背景下的中小学人工智能课程内容

随着人工智能时代的到来,越来越多的国家和地区开始重视人工智能教育,并以"课程"的形式推进人工智能教育进入中小学教育领域。本章聚焦于新一代人工智能背景下中小学人工智能课程的构建与发展。概述国内外中小学人工智能教育的现状,探讨不同国家和地区在这一新兴领域中的教育实践和发展趋势。其次,阐述中小学人工智能课程内容设计的原则,包括如何确保课程内容既符合学生的认知发展阶段,又能激发他们的创新精神和解决问题的能力。最后,通过提供内容样例,展示如何在教学中融入人工智能的基本概念、技术原理和应用实践,旨在为教育者提供实用的教学资源和策略,以培养学生面向未来的技术素养和综合能力。

第一节　国内外中小学生人工智能课程内容的现状

随着人工智能时代的到来,越来越多的国家和地区开始重视人工智能教育,并以课程的形式推动人工智能教育进入中小学教育领域。了解国内外中小学人工智能课程内容的现状与趋势,不仅有助于我们把握教育领域的最新动态,也有助于为未来的人工智能教育提供有价值的参考。

一、国外中小学人工智能课程内容现状与分析

美国的基础教育阶段中,人工智能课程常常与计算机科学教育相互融合。美国《K-12 计算机科学教育标准》要求学生能够描述人工智能的工作原理,以及运用人工智能算法解决一个简单问题。[1]早在 20 世纪 80 年代,英国就将人工智能课程设为中小学信息与通讯技术(ICT)课程的选修课。为了适应快速发展的时代和培养人才的需求,英国教育部于 2013 年用计算机(Computing)课程替换了信息与通讯技术(ICT)课程。新的课程要求学生掌握信息和计算的基本原理,学习设计和编程等技能,并提升数字素养。[2]日本要求在小学阶段设置编程教育、科普教育等与人工智能相关的基础课程为必修课。然而,在实施过程中,由于缺乏优秀的师资,这些课程的成效受到了负面影响,教师对编程技术、教学方法的培训需求非常高。[3]芬兰是欧盟中的领军者,率先在国家层面实施了人工智能战略。为了提升国民的编程技能,他们主张在新一轮的国家基础教育课程中融入编程教育,使其与数学、手工等课程相互交叉进行,形成了一种新颖且独特的国家课程模式。[4]同时,法国教育界也紧随其后,在全球人工智能的发展浪潮中展现出了迅速且有力的行动。2018 年,法国共和国前进党议员韦拉尼提交了《法国人

---

[1] CSTA.K-12 Computer Science Stantards, Revised 2017[EB/OL]. https://www.csteachers.org/page/standards,2020-01-05.

[2] SQA.NQ Review Investigation Report: Computing and Information Systems[DB/OL]. http://www.sqa.org.uk/sqa/28.139.html.

[3] 孙立会,刘思远,李曼曼.面向人工智能时代儿童编程教育行动路径——基于日本"儿童编程教育发展必要条件"调查报告[J].电化教育研究,2019,40(08):114—120+128.

[4] Ministry of Economic Affairs and Employment of Finland. (2017, October 23). Finland's age of artificial intelligence. Retrieved October 21, ficial-intelligence/.

工智能发展战略研究报告》，强调了从小培养孩子对信息技术的兴趣的重要性，并建议加强对中小学信息技术课的重视[1]。澳大利亚已经将编程教育贯彻到小学阶段，并将其融入《数字技术》课程中[2]，引导学生逐步进入数字虚拟世界，了解和掌握编程技能。

综上所述，美国和英国等国家在基础教育阶段的人工智能教育起步较早，积累了丰富的教育实践经验。随着人工智能战略逐渐上升至各国国家战略高度，日本、芬兰和法国等国也开始关注小学阶段的人工智能教育。然而，通过文献分析可知，由于中小学生的认知水平有限，上述国家开展的人工智能教育主要通过基础的编程教育展开，并不是真正意义上的人工智能课程。与编程教育的融合虽然可以加快人工智能教育的普及速度，但也给人工智能课程自身如何进行定位带来了困扰。

斯坦福大学的蒋里博士在中国教育三十人论坛第六届年会上发表了《人工智能——未来教育的机遇与挑战》的演讲。在演讲中，蒋里博士指出，斯坦福大学提出了包含三方面内容的人工智能思维：首先，了解人工智能的运作方式，掌握其工作原理并探索如何使其更好地帮助人类；其次，具备区分人工智能与人类智能的能力，如想象力、创造力、共情力和问题解决能力等；最后，学会如何与人工智能协作，让人工智能成为我们的工具，发挥人的智能潜力，从事更高级和复杂的活动。斯坦福提出的人工智能教育的目标指向人工智能素养的培养，与编程教育目标指向的计算思维进行了区分。这种区分可以帮助人们更好地理解人工智能教育和编程教育的教育本质，也可以为本研究提供参考依据，为设置人工智能课程目标提供参考。

二、国内中小学人工智能课程内容现状与分析

国务院于 2017 年发布了《新一代人工智能发展规划》[3]，提出 2030 年国家

---

[1] 杨进,许浙景.(2018).法国加快人工智能领域人才培养:思路与举措.世界教育信息,2018,31(14):8—11.

[2] Falkner, K., Vivian, R., & Falkner, N.(2014). The Australian Digital Technologies Curriculum: Challenge and Opportunity. Paper presented at the 16th Australasian Computing Education Conference, ACE, Auckland, New Zealand.

[3] 国务院.新一代人工智能发展规划[EB/OL].(2017-08-24)[2021-07-20] http://www.gov.cn/zhengce/content/2017-07/20/content_5211996.htm.

新一代人工智能发展的战略目标,并指出要实施全民智能教育项目,在中小学阶段设置人工智能相关课程。教育部于2018年发布了《教育信息化2.0行动计划》[①],明确提出要进一步完善课程方案和课程标准,确保中小学的人工智能和编程课程内容能够充分适应信息时代、智能时代的发展需求。各地根据实际情况,在中小学积极开展相应课程,并积极探索人工智能教育的实施与工作。

本书探索近二十年来中小学人工智能课程整体发展的动态和演变路径,从文献计量和可视化分析的角度出发,主要从科研合作网络、文献、突显词和关键词等层面进行信息整合和数据挖掘,深入剖析中小学人工智能课程研究的现状,总结出我国中小学人工智能课程的发展特征,以及人工智能课程实践层面的动态和焦点问题,并提出相应的改进建议,为完善中小学人工智能课程以及未来的研究方向提供参考。

(一)数据来源与分析工具

以中国知网CNKI核心数据库为数据来源平台,检索条件为:标题=(主题%='人工智能课程'or题名%='人工智能课程'),文献的时间跨度为2003—2024年,主要主题为"人工智能课程""人工智能教育""计算思维""教学模式""思维培养",学科为中等教育、初等教育、教育理论与教育管理。共筛选出学术文献450篇。通过对文章的阅读,筛选删除不适合主题的文章,最终选择出366篇文献。

本研究采用知识图谱可视化分析软件CiteSpace6.2.R4作为研究工具,通过文献关键词的可视化分析,同时结合文本信息提取法和定性与定量结合法,深入挖掘当前国内中小学人工智能课程研究与应用的热点,以便快速掌握人工智能课程领域的最新发展趋势和热门话题。

(二)研究结果

1. 中小学人工智能课程研究现状分析

(1)总体趋势分析

将筛选的与人工智能课程研究具有较高相关度的366篇中文文献按发表年

---

① 中华人民共和国教育部.关于印发《教育信息化2.0行动计划》的通知[EB/OL]. http://www.moe.edu.cn/srcsite/A16/s3342/201804/t20180425_334188.html, 2017-04-18.

份、发表量进行分析,得到年发文量变化趋势图(图 3-1-1)。

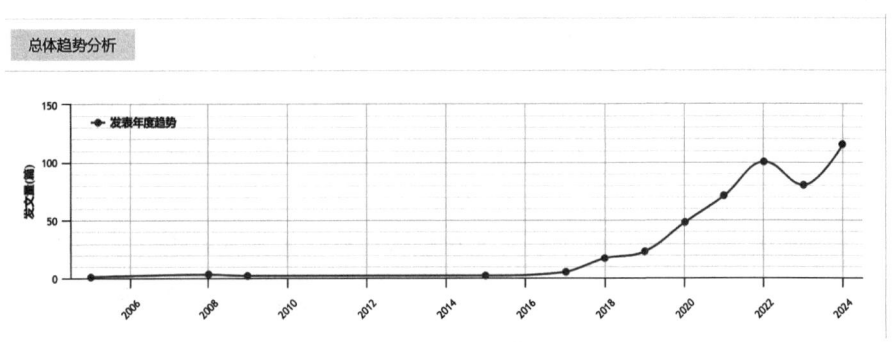

图 3-1-1 中小学人工智能课程研究总体趋势分析

从中小学人工智能课程研究总体趋势分析图可以看出,2003—2023 年中小学人工智能课程研究领域相关文献量总体呈现逐年增加趋势,2018 年至今中小学人工智能课程研究文献呈两倍急速上升趋势。国务院 2017 年发布了《新一代人工智能发展规划》,人工智能课程研究已经兴起。教育部于 2018 年发布了《教育信息化 2.0 行动计划》,在 2018 年迎来了"中小学人工智能课程研究"的发展拐点,相关论文数目猛增。自此以后中小学人工智能课程研究的研究成果在数量和影响力上都有了明显的提升,随着时间的推移,人们对中小学人工智能课程研究的关注度不断提高,但是核心期刊的发文量占比较少。

(2) 研究机构分析

运行 CiteSpace6.2.R4 工具,对文献的研究机构进行分析,得到发文机构的分布图(图 3-1-2)。

分布图中较大的圆代表有较多研究结果的组织,中小学人工智能课程研究成果排名较前的组织有华中师范大学、上海市浦东教育发展研究院、华东师范大学、南京师范大学教育科学学院、华南师范大学教育信息技术学院、南京师范大学教育科学学院、中国人民大学附属中学、中央民族大学等。但是机构合作图谱呈现出较为分散的状态,表明这些机构之间的合作相对较少。这可能是因为这些机构分别属于不同的领域、地区或者研究主题,导致它们之间的联系不够紧密。这种分散的合作模式可能限制了跨机构、跨领域的合作与交流,不利于知识的传播和应用。因此,为了促进机构间的合作,需要加强不同机构之间的联系和

第三章 生成式人工智能背景下的中小学人工智能课程内容 | 67

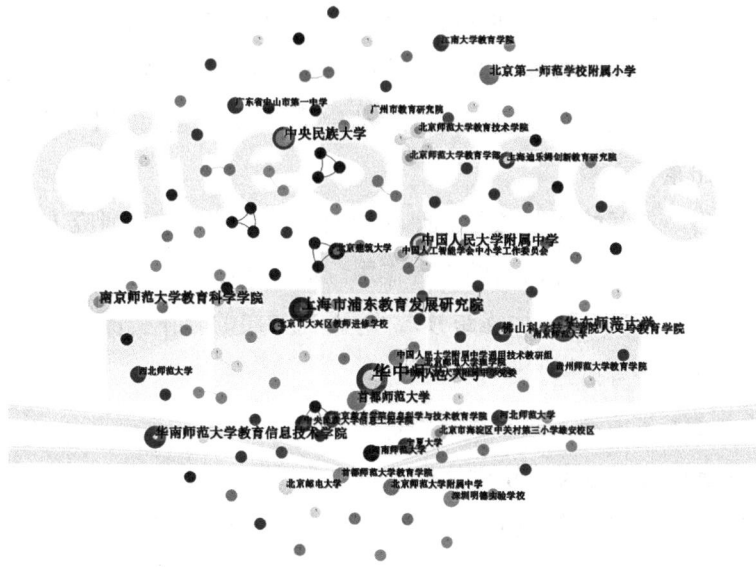

图 3-1-2　研究机构分布图

交流，建立跨学科、跨领域的合作机制，以推动知识的创新和发展。

（3）研究作者分析

对研究的核心作者进行分析，得到发文机构的分布图（图 3-1-3）。一般而言，发文数量越多、被引次数越高的作者，其学术影响力越大。通过对作者的发

图 3-1-3　研究核心作者分布图

文数量和被引次数进行排序,可以筛选出核心作者。图谱中从节点大小可以看出谢忠新、于晓雅、秦朋绪等人的发文数量和被引数量相对较多,他们对于人工智能课程建设的探索与实践,形成了系列研究成果,为推进我国中小学人工智能课程发展作出重要贡献。

但是作者节点间的合作密度较低,可能是由于研究领域和研究方向的差异、地域和机构的隔离等多种因素的综合作用。加强作者之间的合作,推动学术研究的创新和发展,可以采取加强跨领域、跨研究方向的合作交流,建立地域和机构之间的合作网络等措施。

2. 人工智能课程研究热点及趋势分析

(1) 关键词共现与聚类分析

研究热点是该研究领域研究重心和研究趋势的集中体现,对于梳理该领域的发展脉络具有不可忽视的作用。关键词作为文献中研究热点的关键标识符,能够清晰地揭示中小学人工智能课程研究领域的研究热点及研究趋势。通过将关键词设定为节点进行可视化分析,我们可以得到关键词的共现网络(图 3-1-4)。

图 3-1-4　关键词共现网络图谱

图 3-1-4 中出现了人工智能、中小学、课程设计、计算思维、教学模式、教学设

计、核心素养、校本课程、课程开发等字号较大的关键词,表明这些关键词在 366 篇文献中出现的频率最高。其他小一点字号的关键词,如机器学习、人脸识别、信息素养、教学策略、内容设计等,也是中小学人工智能课程研究学者关注的热点和话题。

在关键词共现分析的基础上,借助 CiteSpace 中 LLR 算法(对数极大似然率算法)对中小学人工智能课程研究的热点进行关键词聚类分析(见图 3-1-5),从而获取该领域研究热点的 9 个主题。

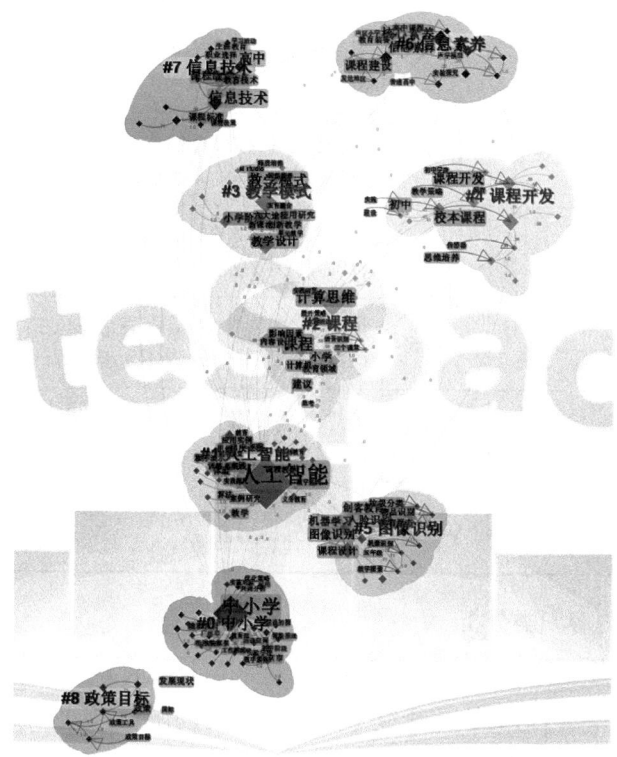

图 3-1-5 关键词聚类分析

在关键词聚类表(表 3-1-1)中,中小学人工智能课程研究共形成 9 个有效聚类标签。聚类标签的节点数量较多的有人工智能、中小学、计算思维、教学模式等,各聚类标签值的紧密程度均在 0.8 以上,说明聚类效果很好,形成相对应的研究主题。

表 3-1-1　中小学人工智能课程研究的关键词聚类情况统计

聚类号	聚类名称	节点数量	紧密程度	LLR 对数极大似然标签值的对应频次较高关键词
0	人工智能	30	0.982	人工智能(38.5);教育(12.32);课程教学(12.32);人工智能课程(11.47);人工智能教育(9.72)
1	中小学	30	0.918	中小学(40.64);人工智能技术(9.15);人工智能(8.74);人工智能课程(8.27);国务院(8.1)
2	课程	19	0.862	课程(22.71);计算思维(16.36);小学(13.46);影响因素(8.94);内容设计(8.94)
3	教学模式	18	0.897	教学模式(30.96);教学设计(14.94);中小学阶段(14.94);新课标(6.27);创新能力(4.94)
4	课程开发	15	0.934	课程开发(15.25);初中(12.53);教学策略(11.21);校本课程(8.94);建设(5.58)
5	图像识别	14	0.947	图像识别(16.23);人脸识别(16.23);机器学习(10.77);手写数字识别(10.77);课程设计(10.77)
6	信息素养	13	0.835	信息素养(17.47);核心素养(11.58);教育装备(11.58);课程建设(9.47);语音识别技术(5.76)
7	信息技术	12	0.893	信息技术(17.31);课程改革(13.14);生涯教育(6.52);职业选择(6.52)
8	政策目标	6	0.997	政策目标(9.66);政策工具(9.66);公共政策分析(9.66);政策(9.66);人工智能(1.21)

(2) 文献内容归类分析

共现图谱分析能较为直观地反映中小学人工智能课程研究的主要方向，由于是关键词呈现，对具体的研究了解有一定的局限性，所以笔者以 CiteSpace 的聚类分析结果为参考，结合共现图谱，详细研读高频词对应的研究文献，对目前的研究主题进一步分类，共分为课程建设研究(包含课程目标定位和课程内容建设等)和课程实施研究(包含课程实施路径和教学模式策略等)两大类。

① 课程建设

在国家相关政策目标的推动下，许多学者将注意力集中在中小学人工智能课程的建设上，并就如何设定人工智能课程的宗旨，如何建设课程内容，以及应用哪些教学方法等问题展开了深入讨论。人工智能课程目标方面应该注重培养学生的创新思维、计算思维、批判性思维等能力,以及帮助学生掌握人工智能的基本知识和技能,了解人工智能技术的应用和未来发展趋势。王本陆等人[①]认为,人工智能课程应该注重学生的全面发展,不仅培养学生的技术能力,还要关注学生的创新思维、问题解决能力、团队协作能力等方面的培养。陈凯泉等人[②]认为,在人工智能时代,学生的信息素养应包括编程能力、计算思维以及对智能化社会的深度认知,这些已成为信息素养的重要内容。谢忠新等人[③]以皮亚杰认知发展规律为基础,对小学、初中、高中三个学段的人工智能课程内容进行了详细分析与阐述,旨在培养学生的智能时代的思维方式与能力。于勇等人[④]通过对日本中小学人工智能教育体系及其特征的分析,为我国人工智能课程建设提供了重要的启示。他们认为,人工智能课程应以跨学科融合的方式进行设置,实现与现有课程的深度融合,并且课程实施应符合学生的认知发展特点。这些观点对于我国人工智能教育的推进具有重要的指导意义。

② 课程实施

人工智能课程的实施路径尚未形成固定的模式。大多数中小学以学校为教学实验基地,研发符合学校特色的 AI 课程。目前小学生人工智能课程的实施路径灵活多样,主要有与信息技术(科技)课程结合、有机融合 STEM 教育和创客教育等方式。赵苏亚[⑤]设计并开发的一款用于人工智能教育的机器人小车,面向小学五年级的学生进行语音识别、图像识别、机器学习等内容的授课。赵飞龙等人[⑥]构建了一种人工智能科普教育教学模式,并将其应用于初中一年级的"语音合成"课堂教学中。该教学模式旨在普及学生对人工智能知识、相关技能、社会伦理等方面的认识,提高他们对人工智能领域的了解和认识水平。郑妍等人[⑦]总结了目前人工智能课程的两种实施模式:讲授式和项目式教学。他们分析了这

---

① 王本陆,千京龙,卢亿雷,张春莉.简论中小学人工智能课程的建构[J].教育研究与实验,2018(04):37—43.
② 陈凯泉,何瑶,仲国强.人工智能视域下的信息素养内涵转型及 AI 教育目标定位——兼论基础教育阶段 AI 课程与教学实施路径.远程教育杂志,2018,36(01):61—71.
③ 谢忠新,曹杨璐,李盈.中小学人工智能课程内容设计探究[J].中国电化教育,2019(04):17—22.
④ 于勇,徐鹏,刘未央.我国中小学人工智能教育课程体系现状及建议——来自日本中小学人工智能教育课程体系的启示[J].中国电化教育,2020(08):93—99.
⑤ 赵苏亚.小学人工智能教育机器人的设计与应用研究[D].武汉:华中师范大学,2019.
⑥ 赵飞龙,钟锟,刘敏.人工智能科普教育探究——以初中"语音合成"课为例[J].现代教育技术,2018,28(05):5—11.
⑦ 郑妍,周倩,王惠欣.基础教育阶段人工智能课程的有效教学模式探析[J].中国教育信息化,2019(16):10—14.

两种模式的优缺点,并提出了"有意义讲授+项目式学习"的教学模式,以培养学生的适应性,应对智能时代的需求。李天宇[①]提出了基于STEAM教育的中小学人工智能教学模式,该模式分为三个维度和六个步骤。他以"机器会思考吗"这节课为例,进行了实践探索。中小学生人工智能课程普遍采用探究式教学、项目式教学、基于问题或融入游戏化机制的教学策略。

尽管中小学人工智能教育的课程内容正在逐步丰富,教学方法也在不断创新,但仍然面临着许多挑战。这些挑战包括课程内容过于偏重理论,缺乏统一的课程标准,课程实施过于形式化,实践应用环节不足以及课程评价方式缺乏多样性等。首先,课程内容过于理论化,缺乏实践应用环节,导致学生难以真正掌握人工智能技术的实际应用。为了解决这个问题,可以增加实践应用环节,让学生通过实际操作来巩固所学知识。其次,缺乏统一的课程标准,各个学校自行其是,导致课程质量参差不齐。为了解决这个问题,可以建立统一的课程标准,确保各个学校的教学质量达到一定的水平。此外,课程实施过于形式化,对实践应用环节不足,导致学生无法真正掌握人工智能技术的实践应用。为了解决这个问题,可以加强实践应用环节的教学,让学生能够更好地理解和应用所学知识。最后,评价方式单一化,只注重考试成绩,忽略了学生的综合素质和实践能力。为了解决这个问题,可以采用多元化的评价方式,包括考试、作业、项目等多种形式,全面评估学生的学习成果和能力发展。

本研究将中小学人工智能课程的366篇相关文献作为研究对象进行可视化分析,结果显示,人工智能课程研究总体呈现逐年增加趋势,2018年至今中小学人工智能课程研究文献呈两倍急速上升趋势。但是研究机构之间的合作相对较少,缺乏紧密的合作关系。核心研究作者之间的联系较弱。在研究内容上看,中小学人工智能课程的研究主要有课程建设研究、课程实践研究两类,虽然中小学人工智能教育的课程内容正在不断丰富,教学模式也在持续创新,但仍存在诸多挑战,如课程定位模糊,课程教育目的不明确;课程内容较散,没有统一的内容体系和标准;课程实施表面化;实践应用环节不足及课程评价方式单一化等。

笔者认为各机构可以通过建立协同合作机制,相互学习、借鉴先进的教学方

---

① 李天宇.基于STEAM教育的中小学人工智能教育研究——以"机器会思考吗"一课为例[J].现代教育技术,2021,31(01):90—97.

法和经验，共同完善人工智能课程体系，提高教学质量。通过明确课程定位和教育目的，建立统一的内容体系和标准，加强实践应用环节，完善课程实施方式和多元化课程评价方式等措施的实施，有效地提高人工智能课程的教学质量和学生的学习效果。

在制定人工智能课程时，应明确课程的定位和教育的目的，确保课程内容和教学目标的针对性和实用性。上级部门应制定统一的人工智能课程内容体系和标准，确保教学内容的连贯性和系统性。同时，应根据人工智能技术的发展和市场需求，尤其是生成式人工智能的发展，不断更新课程内容，与时俱进，以满足时代的需求。应在课程中增加实践应用环节的比例，让学生能够通过实际操作加深对人工智能技术的理解和掌握。例如，可以组织学生进行人工智能项目实践，参加人工智能竞赛等活动，提高其实践能力和创新意识。为了解决课程实施表面化的问题，应完善课程实施方式，注重教学的互动性和学生的参与度。可以采用多种教学方法，如案例分析、小组讨论、研究性学习等，以激发学生的学习兴趣和主动性。同时，应注重与实际应用的结合，使学生能够更好地理解和应用人工智能技术。为了客观评价学生的学习成果和教师的教学效果，应采用多元化的课程评价方式。除了传统的考试成绩评价外，还应考虑学生的项目成果、课堂表现、小组讨论表现等因素，以全面评估学生的学习能力和教师的教学质量。同时，应注重评价反馈机制的建立，及时调整教学策略和方法，以不断提升教学质量。

第二节　中小学人工智能课程内容设计原则

课程设计是教育过程中的重要环节。课程设计是系统化地规划和产生课程计划、课程标准和教材等活动的过程，其目的是使学生在学校环境中获得知识，促进其迁移应用，推动学生的全面发展。

中小学是学生学习的基础阶段，在这个阶段开设人工智能教育系列课程，重在以人工智能思维方式转变和思维能力提升为培养目标，以激发探索兴趣、理解基本思想为出发点，通过系统、科学的课程内容设计，让学生在小学、初中和高中接受体系化的、符合其认知发展规律的人工智能教育,使学生在建立兴趣的基础上,提高运用人工智能相关技术思想来分析和解决问题的能力、动手实践能力及创新创造能力。

在中小学开展人工智能教育,旨在培养适应智能化社会需求的、具备良好素质与能力的新型人才。一方面帮助中小学生了解人工智能对现代社会的影响,关注相关前沿知识,发展人工智能意识和信息伦理道德;另一方面帮助他们增长技术应用技能,激发利用人工智能技术创建美好世界的情感。

本研究认为,中小学人工智能课程应具有教育性、实践性、综合性、发展性。

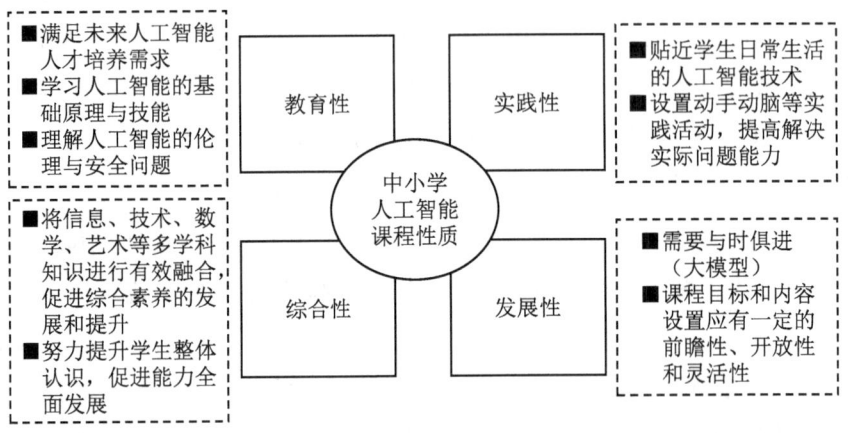

图 3-2-1 中小学人工智能课程性质

教育性是指课程体系应满足我国未来人工智能人才培养需求,提升学生对智能技术发展的敏感度与智能社会的适应性,帮助其学会有效利用智能社会中的技术、工具与服务,提高未来参与智能社会的能力;引导学生学习人工智能的基础原理与技能,感悟人工智能学科方法与学科思想,理解人工智能的伦理与安全问题。

实践性是指在中小学人工智能课程的实施中,需要从贴近学生日常生活的人工智能技术出发,让学生通过动手动脑等实践活动,了解和掌握人工智能技术的原理、方法和技能,尝试提出新问题、新思路、新办法,达到发展创新意识和提高解决实际问题能力的目的。

综合性是指人工智能课程的学习,需要将信息、技术、数学、艺术等多学科知识进行有效融合,运用观察、体验、实践等多样化的学习方式,促进综合素养的发展和提升。

发展性是指人工智能课程内容是动态发展的,人工智能蕴含着旺盛的生命力,并带来无限可能。因此中小学人工智能课程需要与时俱进,课程目标和内容设置应有一定的前瞻性、开放性和灵活性。

一、中小学人工智能课程内容设计原则

在设置课程内容时应遵循相应的设计原则,以保证课程内容的科学性与合理性。本研究认为设计原则应包括:基于认知发展规律设计中小学人工智能课程,关注人工智能最前沿的发展来设计人工智能课程,课程设计强调基础性和普及性,立足学生知识与技能的实际来设计人工智能课程,关注伦理和社会责任这五方面。

（一）基于认知发展规律的中小学人工智能课程目标设计

皮亚杰的认知发展理论指出,小学阶段的学生可以将感知动作内化,并能在具体内容的支持下进行简单的抽象逻辑思维;初中阶段开始,学生能够摆脱具体内容进行抽象逻辑,并能进行假设—演绎推理。基于此,中小学人工智能课程建议分为认知、理解、应用、实践、创新五步走,人工智能思维方式和思维能力的课程培养目标将与这五步有机融合。

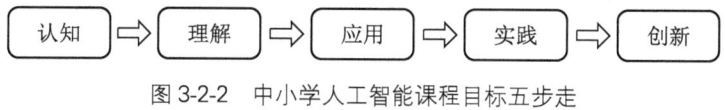

图 3-2-2　中小学人工智能课程目标五步走

1. 认知阶段:开启 AI 之旅

刚接触人工智能知识阶段,学生的认知能力主要停留在感知动作阶段。因此,课程目标应注重学生对人工智能的初步认知和兴趣培养。可以通过简单的机器人互动、智能语音助手等体验活动,让学生直观感受人工智能的魅力,激发他们对 AI 的好奇心。

2. 理解阶段:探索 AI 原理

学生的认知能力逐渐提升,开始能够将感知动作内化,并能在具体内容的支持下进行简单的抽象逻辑思维。此时,课程目标应转向对人工智能基本原理的

讲解。可以通过图文并茂的教材、动画视频等形式，帮助学生理解机器学习、深度学习等基本概念，以及它们在人工智能领域的应用。

3. 应用阶段：体验 AI 技术

学生的抽象逻辑思维能力得到进一步发展，能够摆脱具体内容进行抽象逻辑思考。因此，课程目标应聚焦于让学生体验并应用人工智能技术。可以设计一些实践性强的课程项目，如利用编程工具开发简单的智能应用、使用机器学习算法进行数据分析等，让学生在实践中加深对 AI 技术的理解和应用。

4. 实践阶段：解决现实问题

随着学生对人工智能技术的掌握和应用能力的提升，课程目标应进一步拓展到解决现实问题的层面。可以引导学生关注社会热点问题，如环境保护、医疗健康等，鼓励他们运用所学的人工智能技术提出解决方案并进行实践。这一阶段的目标旨在培养学生的综合实践能力和社会责任感。

5. 创新阶段：引领未来变革

在中小学人工智能课程的最高阶段，课程目标应聚焦于培养学生的创新精神和领导能力。可以鼓励学生参加各类人工智能竞赛和挑战活动，激发他们的创新意识和团队协作能力。同时，通过组织研讨会、讲座等活动，让学生接触前沿的人工智能技术和思想，培养他们的战略眼光和未来领导力。

通过科学合理的课程目标设计，我们可以为中小学生打下坚实的人工智能基础，培养他们的创新思维和实践能力，为国家的科技发展和人才培养做出贡献。

(二) 关注人工智能最前沿的发展来设计人工智能课程

人工智能领域是一个快速发展的领域，新的技术和模型不断涌现。因此，中小学人工智能课程的设计应该关注人工智能最前沿的发展，及时更新教学内容和方法，使学生能够了解和掌握最新的技术进展。

在设计中小学人工智能课程时，关注人工智能最前沿的发展是非常重要的。生成式人工智能（特别是大语言模型）是一种引领创新的技术，它通过学习大量数据模拟人类的创造力，从而生成全新的、独特的内容。大语言模型作为人工智能领域的重要分支，其在自然语言处理方面的应用越来越广泛。因此，将大语言模型引入中小学人工智能课程中，可以帮助学生更好地了解人工智能技术的最新进展和未来发展趋势。首先,我们需要关注大语言模型的技术进展。随着技术的不断发展,大语言模型的应用场景越来越广泛,例如机器翻译、智能客服等。因此,我们需要将这些最新的技术进展引入课程中,让学生了解大语言模型的原理和应用。其次,我们需要将这些知识与实际问题相结合。通过设计一些与实际生活相关的项目,让学生运用大语言模型解决实际问题,例如智能写作等。这样可以帮助学生深入了解大语言模型的应用和实际效果,同时也可以培养他们的创新思维和实践能力。另外,大语言模型的应用需要学生具备一定的思维能力和分析能力,例如对文本的理解、分析和归纳等。因此,我们需要注重培养学生的思维能力和分析能力,让他们更好地理解和应用大语言模型。最后,我们还需要关注人工智能技术的伦理和安全性问题。大语言模型的应用也涉及一些伦理和安全性问题,例如隐私保护、数据安全等。因此,我们需要强调这些问题的严重性,让学生了解在应用大语言模型时应遵循的道德和法律规范。

中小学人工智能课程的设计需要关注人工智能最前沿的发展,及时更新教学内容和方法。将大语言模型引入课程中,可以帮助学生更好地了解人工智能技术的最新进展和未来发展趋势,同时也可以培养他们的创新思维和实践能力。

(三)强调基础性和普及性

随着人工智能技术的飞速发展,越来越多的国家和地区开始重视中小学阶段的人工智能教育。然而,在课程设计的过程中,我们需要明确一个核心问题:中小学人工智能课程的目标是什么?是为了培养专业的技术人员,还是为了提高学生的人工智能素养和创新能力?答案显然是后者。因此,我们认为中小学人工智能课程的设计应强调基础性和普及性。

1. 基础性是核心

基础性强调的是课程的深度和广度。在中小学阶段,我们不需要学生深入人工智能的每一个细节,但需要他们掌握基本的概念、原理和方法。例如机器学习的基本原理、深度学习的基本模型、自然语言处理的基本技术等,这些都是学生需要了解和掌握的基础知识。只有当学生建立了扎实的基础,他们才有可能在未来的学习和实践中继续深入探索。

为了确保课程的深度和广度,应精选教学内容。选择具有代表性的技术和模型进行深入讲解，使学生能够从中了解人工智能的基本原理和方法。同时，我们也需要关注教学内容的更新，确保学生学到的是最新、最前沿的知识。

2. 普及性是目标

普及性强调的是课程的受众范围。中小学人工智能课程不是为了培养少数专业技术人员，而是要提高所有学生的素养和能力。因此，课程的设计需要考虑到学生的年龄、知识背景和兴趣爱好等因素，使课程内容既有趣又有用。

为了实现普及性的目标，应采取多样化的教学方式。例如，通过设计趣味性的实验和项目，让学生在实践中学习和掌握知识；通过组织讨论和分享活动，让学生之间的知识和经验得以交流和共享；通过引入生活中的实际案例，让学生了解人工智能技术在日常生活中的实际应用。

同时，普及性也要求我们关注课程的可及性和公平性，确保所有学生都有机会接触和学习人工智能的知识和技能，而不是只限于少数有特权的学生。为此，我们需要提供足够的教学资源和支持，如教材、软件、硬件等，以确保所有学生都能够顺利地学习。

所以，中小学人工智能课程应强调基础性和普及性。通过注重基础知识的传授和普及性教育的方式，我们可以培养学生对人工智能的兴趣和热情，提高他们的人工智能素养和创新能力。这不仅有助于他们在未来的学习和职业生涯中更好地适应和利用人工智能技术，还有助于推动人工智能技术的普及和社会的发展。因此，我们在设计中小学人工智能课程内容时，应始终牢记基础性和普及性的原则，确保课程的质量和效果。

（四）立足学生知识与技能的实际来设计人工智能课程内容

中小学阶段是知识和技能打基础的关键时期。对于学生来说，这个阶段的学习将直接影响他们未来的发展方向和潜力。因此，中小学人工智能课程内容的设计，必须充分考虑学生的实际需求，确保课程内容与学生的认知发展相匹配，同时还要满足他们对于新知识和技能的探索欲望。

1. 了解学生的基础，设计合适的课程内容

首先，我们要深入了解学生的已有知识和技能基础。不同年级和年龄段的学生，对于人工智能的认知程度是不同的。例如，低年级的学生可能对人工智能只有一个模糊的概念，而高年级的学生可能已经对某些技术有所了解。因此，我

们需要根据学生的实际情况,设计不同难度和深度的课程内容,确保课程内容与学生实际相符,逐步引导他们深入了解人工智能。

2. 关注学生个性化需求,设计进阶方案

每个学生都有自己的兴趣点和擅长的领域,我们在设计课程时需要充分考虑这一点。可以根据学生的兴趣和发展需求,设计个性化的进阶方案。例如,对于喜欢编程的学生,可以引导他们深入学习算法和编程语言;对于喜欢机器人的学生,可以引导他们学习传感器技术和机器人控制等。这样的个性化设计不仅可以满足学生的个性化需求,还能进一步激发他们的学习兴趣和潜力。

3. 课程内容实用化、生活化

为了更好地吸引学生,提高他们的学习兴趣和积极性,我们还需要注重课程内容的实用性和生活化。选取与学生生活密切相关的案例和问题,例如智能家居、智能交通等,让学生能够亲身体验到人工智能技术在实际生活中的应用。同时,通过引导学生解决实际问题,可以培养他们的创新思维和实践能力。

4. 关注学生个体差异,采用多样化教学方式

每个学生都有自己的学习方式和节奏,因此我们需要关注学生的个体差异。为了满足不同学生的学习需求,我们可以采用多样化的教学方式和手段,例如分层教学、个性化辅导等。这样不仅可以确保每个学生都能得到合适的教学资源,还能进一步促进他们的个性化发展。

立足学生知识与技能的实际是中小学人工智能课程内容设计较为重要的原则。只有充分考虑学生的实际需求和发展潜力,才能真正设计出符合学生需求的优质课程,为他们的未来发展打下坚实的基础。

(五)关注伦理和社会责任

关注伦理和社会责任是中小学人工智能课程内容设计的必要维度。随着人工智能技术的迅猛发展,人工智能已经深入到我们生活的方方面面,为我们的生活带来了诸多便利。与此同时,人工智能技术所引发的伦理和社会问题也逐渐凸显出来。因此,在中小学人工智能课程内容设计中,我们不仅要教授技术和应用,更要关注伦理和社会责任的培养,使学生能够全面了解和应对这些挑战。

1. 道德认知:技术与道德的双重教育

道德认知是培养学生社会责任和道德意识的基础。在中小学人工智能课程

中,我们需要引导学生明白人工智能技术虽然强大,但必须受到一定的道德和伦理规范的约束。因此,课程应包括对隐私权、数据保护、公正和公平等方面的探讨,使学生了解技术的道德边界和潜在的伦理风险。

2. 社会责任:培养有担当的新一代

社会责任是每位公民应尽的义务。在中小学人工智能课程中,我们需要强调学生作为未来社会的一员,应当承担起与人工智能相关的社会责任。通过案例分析,让学生了解企业或组织在面对伦理挑战时的决策和行动,从而培养他们的社会责任感和道德判断力。

3. 行为规范:引导正确的技术应用

为了确保人工智能技术的正确应用和发展,我们需要制定相应的行为规范。在中小学人工智能课程中,我们需要教授学生一些基本的行为规范,如尊重他人隐私、遵循数据安全原则、避免歧视等。同时,还要培养他们的批判性思维和独立思考能力,使他们能够在面对复杂的伦理问题时做出正确的判断和决策。

4. 案例分析:深入了解伦理问题

为了使学生更加深入地了解人工智能技术所带来的伦理问题,我们需要引入实际案例进行分析。这些案例可以涉及隐私泄露、算法歧视、机器人权利等各个方面,通过案例分析,学生可以了解技术背后的伦理考量和社会影响,培养分析和解决实际问题的能力。

5. 实践探索:参与解决伦理挑战

实践是检验真理的唯一标准。在中小学人工智能课程内容中,我们需要鼓励学生参与解决实际伦理挑战的实践探索。可以设计组织一些项目或活动,让学生在实际操作中体验和应对伦理问题。例如,让学生设计一个遵循伦理规范的人工智能系统,或者模拟一个涉及伦理决策的场景,通过实践来培养他们的伦理敏感性和责任感。

通过道德认知、社会责任、行为规范的培养以及案例分析和实践探索的结合,我们可以为学生打下坚实的伦理基础,使他们更好地应对未来的人工智能时代。同时,也为社会的和谐发展做出积极的贡献。

二、中小学人工智能课程内容设计

随着知识的增加,小学和初中学生的认知能力与对知识的接受能力有很大的不同,两个学段人工智能课程的开设在普及人工智能知识的基础上,内容的侧重点应有所不同。

(一)小学人工智能课程,重在感悟

小学人工智能课程应重在让学生感悟人工智能对生活和学习的影响,体验生活中的人工智能,直观地了解人工智能的特点,激发探究的热情和积极性。例如,通过播放科幻片、人工智能"人机大战"等相关视频让学生对人工智能的应用领域等建立直观的认识,让学生知道人工智能可以做什么、不可以做什么;从认知视角体验人工智能的用途,学习如何与人工智能机器人合作,如何利用简单的人工智能工具来提高工作效率,让生活更加美好等。小学人工智能课程内容可以从三个主要方面来展开。

1. 认识人工智能

本模块通过一系列人工智能认知的小故事,让小学生直观认识什么是人工智能。例如可以通过经典的"人机大战"故事的讲述让学生感受人工智能;也可以从生活中经常应用到的智能小工具让学生感受科技的发展以及人工智能给生活带来的改变。

2. 感悟人工智能

本部分课程内容可以分为五部分来展开,每个维度对应生活中实际应用的例子,分别从人如何让机器学会看、听、说、想、动,模仿人的认知,使学生来初步体验人工智能的用途。本模块不强调技术,侧重点是让学生明白人工智能的实际应用。

通过使用各种人工智能产品,例如识别花朵的 App 能够识别各类花草,让学生感受人工智能可以让机器"看";通过语音识别技术感受人工智能可以让机器"听";通过与智能机器助手对话感受人工智能技术可以让机器"说";通过让机器按照自己的指令来执行相应的任务感受人工智能技术可以让机器"想";通过让智能遥控器来控制电视、操纵智能小车等感受人工智能可以让机器"动"。通过这些智能工具和技术,建立小学生对人工智能的认识和感悟。

3. 尝试人工智能

小学人工智能课程不只是单纯的体验和感知,而是在体验和感知中培养学生的计算思维。计算思维能够帮助学生理解问题、高效解决问题。在小学阶段引入图形化编程工具,对学生进行编程及算法思想的启蒙与渗透。

让学生通过简单的图形化编程或者更改某些参数，完成人工智能相关作品。在这个过程中主要让学生思考做什么、如何分步骤做等，培养学生的计算思维及动手实践能力。例如可以为学生设计编程任务"听话的灯"。当听到语音"请开灯"，灯亮，机器同时语音输出"您好，灯已打开"；当听到语音"请关灯"，灯灭，机器同时语音输出"您好，灯已关闭"。选择合适的图形化编程工具，让学生思考，如果要完成，需要哪些器件，怎样分步骤完成。教师可以给出每一个步骤，并把步骤打乱，让学生自己排序，实践完成该功能。

（二）初中人工智能课程，重在体验

初中阶段，通过了解、体验以及创作等一系列活动让学生在亲身参与中感受人工智能技术的无穷魅力，并在体验中基本理解人工智能的原理，知道人工智能怎么"做"。培养学生交叉学科的创新思维，进而思考如何利用人工智能解决问题。初中阶段的人工智能课程，可以设计体验类和简单的创作类活动，让学生感受到人工智能课程的"好玩"及"可玩"。

1. 认识人工智能

通过介绍生活中常见的人工智能应用，激发学生对人工智能的兴趣，让学生在故事中理解人工智能是什么，能说出人工智能的定义；知道人工智能的三要素，并能说出每个要素的作用；了解人工智能的发展历程，能用辩证的眼光来看待人工智能。

2. 体验人工智能（理解简单基本原理）

体验人工智能（理解简单基本原理）模块是让学生通过体验，并从技术角度了解基本的人工智能原理，从机器会看（图像识别等技术）、听（语音识别等技术）、说（人机对话技术）、想（机器人技术、深度学习等技术）等多个维度来学习体验人工智能的用途。了解技术简单的基本原理，在此基础上学习人工智能重要的原理之一机器学习（深度学习）。体验人工智能（理解简单基本原理）模块的学习过程设计如图 3-2-3 所示。

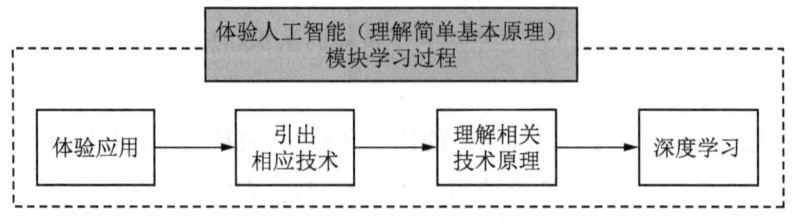

图 3-2-3　体验人工智能（理解简单基本原理）模块的学习过程设计

以机器"听"为例说明学习过程如图 3-2-4 所示：

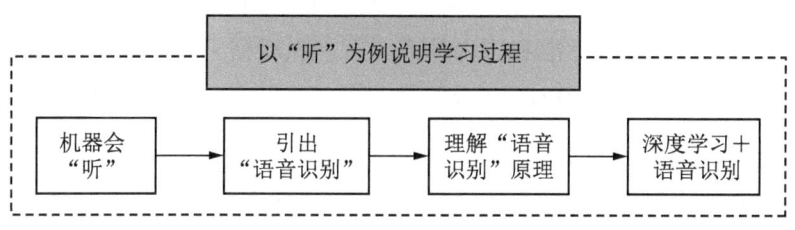

图 3-2-4　以"听"（语音识别等技术）为例的学习过程设计

3. 实现人工智能

结合学生的认知特点，本阶段学生的编程是基于人工智能某一点的编程。在编程的过程中，一方面巩固所学人工智能知识，另一方面培养学生计算思维及实践能力。对初中学生计算思维的培养，图形化编程是一种表达方式，也是一种新的开发方式。图形化的编程语言，本质上是可视化的思维，使得计算思维的培养和训练简单方便。

通过图形化编程，初步设计稍微复杂一些的人工智能作品（包含人工智能的多个功能点），最终通过整体对人工智能的学习完成制作。比如：仍然可以为学生设计编程任务"听话的灯"。这里就需要学生了解语音控制电灯系统的信息流，会用可视化编程软件编写蓝牙通讯 apk，并掌握接收串口数据并控制端口的方法等相关技术。

第三节　中小学人工智能课程的内容模块与示例

人工智能的学习是一个由浅入深的系统过程。通过对人工智能的感性介绍，引导学生入门并引发想象力；通过对人工智能技术的实验，培养学生的动手设计能力；通过人工智能的创意实践，培养学生解决问题的综合能力和对人工智能的创新体验。

一、中小学人工智能课程的内容模块

课程设计基于人工智能的核心理念，提炼人工智能核心素养，以促进学生的

人工智能意识、人工智能思维、人工智能应用与创造和人工智能社会责任为宗旨,把素养教育落实到课程设计的每一个环节和要素中。人工智能课程设计是参考现有信息技术课程标准和国内外人工智能教育研究最新成果,考虑中小学阶段学生的认知特征和知识结构,并以项目式学习为主要学习形式,以有效提升学科核心素养为主要目的。

依据国内外人工智能教育研究最新成果,梳理当前各国人工智能课程内容主要包括人工智能基础、理解使用和开发人工智能以及伦理与社会影响三大类别。

表 3-3-1　人工智能课程内容类别

类　别	目　的
人工智能基础	旨在促进学生理解人工智能,并使其具备解决现实或社会问题的设计思维
理解使用和开发人工智能	旨在帮助学生理解和使用与人工智能相关的技术与工具,并利用所学技能开发新型人工智能应用
伦理与社会影响	旨在引导学生树立正确的人工智能价值观,增强道德意识并厘清其可能造成的社会影响

人工智能技术的快速发展,特别是大模型应用的日益普及,已经对教育领域产生了深远影响。因此,本研究在中小学人工智能课中增加了大语言模型的相关内容,以适应这一发展趋势。大语言模型是一种基于深度学习技术的人工智能算法,可以处理自然语言文本,并从中提取语义信息和语言规律。课程内容补充了大语言模型的相关内容,可以更好地帮助学生了解和掌握人工智能技术的最新进展和应用。同时,通过大语言模型的应用,学生还可以在实践中提高自己的算法设计和实现能力,培养创新思维和实践能力。

中小学人工智能课程中增加大语言模型的相关内容,可以更好地满足学生对人工智能技术的需求,帮助他们更好地适应未来的社会发展。基于此,笔者对课程内容类别进一步扩充,增加了前沿技术大语言模型(大模型)这个类别,具体的人工智能课程内容类别扩充如表 3-3-2 所示。

表 3-3-2 人工智能课程内容类别扩充

类别	领域
人工智能基础	人工智能概念与历史 算法与编程 数据素养
理解使用和开发人工智能	体验与了解自然语言处理、智能语音、计算机视觉、 虚拟现实/增强现实、人机交互等关键领域技术的 应用场景与基本原理 理解和使用基本技术
前沿技术（大模型）	学会使用大模型 初步理解大模型的原理 应用大模型（调用）
伦理与社会影响	人工智能伦理道德 人工智能社会影响等

基于课程设计理念和人工智能课程内容类别，根据中小学生认知发展水平，笔者设计了中小学人工智能课程框架。小学人工智能与编程教育课程中的人工智能基础部分包含生活中的人工智能、有趣的数据、神奇的算法和趣味编程的学习主题，对应人工智能概念与历史、算法与编程及数据素养的领域；理解使用和开发人工智能类别部分，包含了计算机视觉、人机对话、聪明的智能机器人和听话的虚拟人物（VR 和 AR）四个主题，旨在让学生体验与了解自然语言处理、智能语音、计算机视觉、虚拟现实/增强现实、人机交互等关键领域技术的应用场景与基本原理，理解和使用基本技术；前沿技术包含了大模型的应用主题，让学生体验使用大模型，理解大模型，会调用大模型接口编程实践，在实践中遵守一定的伦理道德（设计大模型需要遵循的规则）；在伦理与社会影响类别中，包含了人工智能与未来社会这一主题，让学生知道 AI 存在的风险与挑战，以及在使用人工智能技术中应遵守的伦理与道德。具体对应的学习主题和进一步细化的内容如表 3-3-3 所示。

表 3-3-3 小学人工智能与编程教育课程内容框架

类别	序号	学习主题	内容
人工智能 基础	一	生活中的 人工智能	无处不在的人工智能（体验大模型应用等） 揭开人工智能的神秘面纱 人工智能的发展历史（发展阶段，了解当前大模型的发展） 对人工智能的思考（树立应对人工智能技术潜在风险的意识）

续表

类别	序号	学习主题	内容
人工智能基础	二	有趣的数据	走进大数据 大数据技术 大数据实验 数据集
	三	神奇的算法	体验机器人应用 机器学习技术的原理
	四	趣味编程	编程基本知识 编程实现作品(使用大模型优化程序)
理解使用和开发人工智能	五	计算机视觉——人脸识别	计算机视觉的原理功能及应用 大模型在图像处理中的应用 计算机视觉应用程序的设计与实现
	六	人机对话——能听会说	智能语音的功能及应用 智能语音技术原理 大模型在智能语音中的应用 智能语音技术应用程序的设计与实现
	七	聪明的智能机器人	综合实践(编程实现,完成特定任务,使用大模型优化程序)
	八	听话的虚拟人物(VR和AR)	生活里的 VR 和 AR,体验交互(大模型在虚拟现实中的应用) 虚拟主持人(利用大模型技术,训练一个虚拟主持人)
前沿技术(大模型)	九	大模型的应用	体验使用大模型 理解大模型 编程实践(调用大模型接口) 伦理道德(设计大模型需要遵循的规则)
伦理与社会影响	十	人工智能与未来社会	AI 风险 AI 伦理与道德

初中人工智能与编程教育课程中的人工智能基础部分在小学学习内容上进一步进阶,包含人工智能应用与概述、数据与信息智能推送、机器学习初探和人工智能编程,对应人工智能概念与历史、算法与编程及数据素养的领域;理解使用和开发人工智能类别部分,包含图像识别与文本识别、语音识别与自然语言处理、语音合成、知识表示与智能推理以及虚拟与增强现实技术五个主题;前沿技术包含了大模型的应用主题,让学生体验使用大模型、理解大模型、会调用大模型接口编程实践、在实践中遵守一定的伦理道德(设计大模型需要遵循的规则);在伦理与社会影

响类别中,包含了人工智能与未来社会这一主题,让学生知道 AI 存在的风险与挑战,以及在使用人工智能技术中应遵守的伦理与道德(例如设计大模型需要遵循的规则等)。具体对应的学习主题和进一步细化的内容如表 3-3-4 所示。

表 3-3-4　初中人工智能与编程教育课程内容框架

类别	序号	学习主题	内容
人工智能基础	一	人工智能应用与概述	主要应用领域(体验大模型应用等) 基本概念、基本特征 发展历史和未来趋势(了解当前大模型的发展阶段)
	二	数据与信息智能推送	数据、数据管理 数据集、数据偏见
	三	机器学习初探	人与机器的学习 无监督学习、有监督学习 强化学习
	四	人工智能编程	编程基本知识(使用大模型优化程序) 调用大模型 API
理解使用和开发人工智能	五	图像识别与文本识别	图像识别体验与应用 图像识别原理 大模型在图像处理中的应用 编程实践
	六	语音识别与自然语言处理	语音识别、自然语言处理与语音合成的体验与应用 语音识别、自然语言处理与语音合成的原理 大语言模型的应用
	七	语音合成	编程实践(使用大模型优化程序)
	八	知识表示与智能推理	机器大脑 知识图谱
	九	虚拟与增强现实技术	生活里的 VR 和 AR,体验交互(大模型在虚拟现实中的应用) 虚拟主持人(利用大模型技术,训练一个虚拟主持人)
前沿技术(大语言模型)	十	大模型的应用	体验使用大模型 理解大模型 编程实践(调用大模型接口) 伦理道德(设计大模型需要遵循的规则)
伦理与社会影响	十一	人工智能社会影响与伦理	AI 风险 AI 伦理与道德(设计大模型需要遵循的规则)

二、中小学人工智能课程的内容示例

人工智能的学习是一个由浅入深的系统过程。通过对人工智能的感性介绍，引导各位初中生入门并发挥想象力；通过对人工智能技术的实验，培养初中学生的动手设计能力；通过人工智能的创意实践，培养学生解决问题的综合能力和对人工智能的创新体验。以初中智能语音模块 "'听'——让机器听懂人说话"为例，结合设计原则，从体验与思考—学习与讨论—拓展与练习来设计这一模块的课程内容。

体验与思考

领先一步的中国"听见"

近年来，我国一些企业的智能语音类产品在国内外市场上崭露头角。如"讯飞听见"，它可以实现语音实时转化成文字，并且正确率达到98%。更"牛"的是，它还能够同时进行智能的语音数据转写，实现中、英、俄在线实时翻译。在国内外一些重要的会议上，听见智能会议系统获得广泛应用，中国"听见"获得较高评价。

1. 查阅资料，思考并回答："讯飞听见"是如何听懂人说话的？要用到哪些技术？

———————————————————————————

2. 有兴趣的同学，还可以了解一下我国还有哪些智能语音类产品，为人们的生活带来哪些便利。

———————————————————————————

这部分内容从基础知识和技能入手，通过简单的体验活动，帮助学生了解语音识别技术的基本原理和应用，提高学生对人工智能的认知和兴趣，引导学生主动思考和学习，符合小学阶段的认知发展规律。通过介绍"讯飞听见"这一智能语音类产品，让学生了解人工智能的最新应用和前沿技术。以上"体验与思考"的设计遵循了认知发展规律，关注前沿技术，强调基础性和普及性，立足学生知识与技能的实际等原则，旨在帮助学生了解人工智能的最新应用和基础知识，提高他们的学习兴趣和思维能力。

学习与讨论

一、机器如何"听到"人说话

让机器听懂我们人类说的话,这是人们长期以来梦寐以求的事情。要让机器能听懂人说话,首先要让机器听到人说话,在此基础上才能让机器理解人说的话的意思。语音识别技术可以让机器"听到"人说的话。(图 3-3-1)

图 3-3-1　语音识别技术声音转换文字

语音识别技术是让计算机能够识别接收到的声音信号,并把声音信号转变为文字或者指令的技术。自然语言理解技术所做的事就是如何让计算机能够像人一样理解人类世界中的自然语言。在语音识别的基础上才能进行自然语言理解,语音识别技术相当于人的耳朵,负责信息获取,自然语言理解技术相当于人的大脑,负责信息处理。

语音识别就是将麦克风采集到的自然声音转化为文字的过程。语音识别分为两个阶段,第一阶段是准备工作,即让机器学习,机器通过数据训练形成相关模型。第二阶段是对输入的语音进行识别。(图 3-3-2)

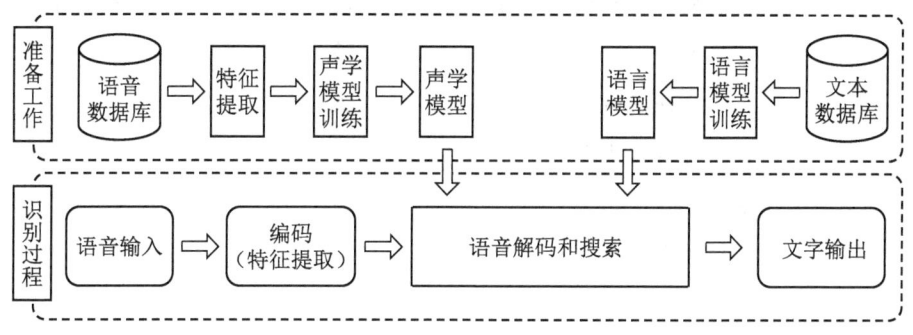

图 3-3-2　语音识别过程

1. 准备工作

(1) 建立声学模型

声学模型可以理解为是对发声的建模,能够把语音输入转换成声学表示的输出。

对于同一个单词或汉字，由于不同人的发音、语调、语速等各不相同，为了让机器能够识别尽量多的人，声学模型建立过程需要录入大量的原始用户声音，以从中提取特征建立声学模型数据库。

声学模型中有大量的声音模型数据，这些数据记录着什么语音相对应的发音。例如，说"人工智能"，声学模型可以根据语音，对应声音模型，找到"ren gong zhi neng"（图 3-3-3）。

声学模型需要用大量的语音数据来训练。

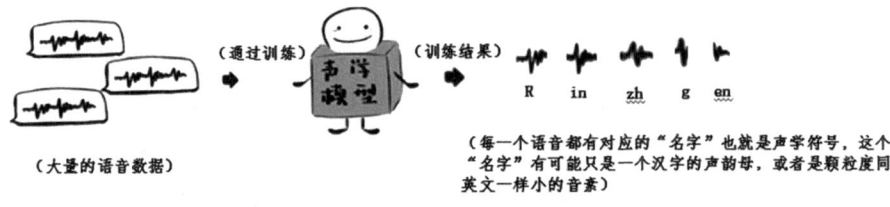

图 3-3-3　声学模型

(2) 建立语言模型

用大量的文本数据训练出一个语言模型（图 3-3-4），为声学符号找到可能的文字表达。

语言模型中有大量的语言模型数据，这些数据记录着什么发音对应的文字表达。例如，说"ren gong zhi neng"，语言模型可以根据发音，找到可能的文字表达，"任功智能""人工智能""人工只能"等。

语言模型可以调整声学模型所得到的不合逻辑的字词，使识别结果变得正确通顺。

语言模型也需要用大量的语言数据来训练。

图 3-3-4　语言模型

互联网的发展,让语音能够在电脑上得到分享,让大量的语音数据存储起来,另外随着GPU等硬件的发展,机器的计算能力得到大大提高。因此通过语音大数据、人工智能芯片与深度学习算法,使得训练出的声学模型与语言模型质量更高,从而提高了语音识别的准确率。

大型语言模型(Large Language Model)是当前自然语言处理领域的研究热点之一。它们基于深度学习技术,通过对大量文本数据进行训练,获得了对语言的深入理解和生成能力。与传统的语言模型相比,大语言模型具有更强的上下文理解能力、生成能力和跨领域泛化能力。这种技术的出现,不仅推动了自然语言处理领域的进步,也为各种应用场景提供了强大的语言处理能力。

2. 语音识别的过程

语音识别大致分为以下几个步骤(图 3-3-5):

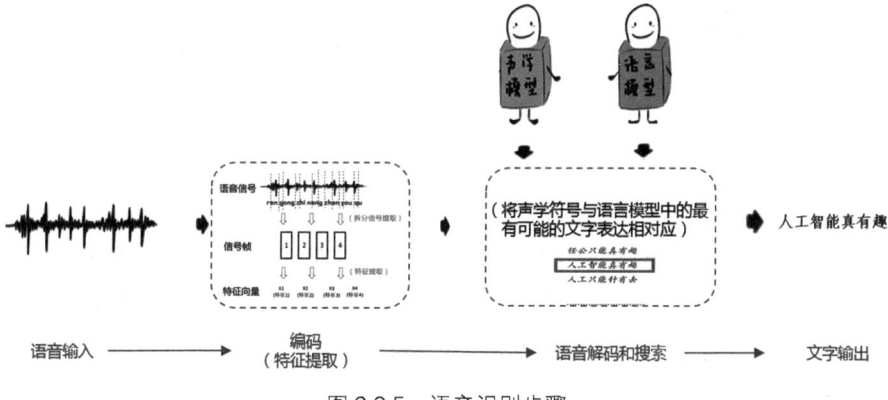

图 3-3-5　语音识别步骤

(1)语音输入。语音识别的输入是声音,也就是通过麦克风等声音采集设备采集人说的话,获得的是声波,声波是一种声音的模拟信号,将声波输入到计算机当中转成数字信号。

(2)编码(特征提取)。将输入的语音进行编码和特征提取,具体是将声音信号按照很短的时间间隔(ms级别)切成一个个小段,称为帧。对于得到的每一帧,可以通过某种规则,提取信号中的特征,将其变成一个多维向量。向量中的每一个维度可以看作描述了这帧信号中的一项特征。

(3)解码(语音解码和搜索)。解码则是将编码得到的向量变成文字的过程,将提取到的特征拿到声学模型库中去比对,得到单个的单词或汉字;

然后再拿到语言模型库中去比对,得到最匹配的单词或汉字。

(4)文字输出。通过解码得到的单词或汉字输出。

二、机器如何"听懂"人说话

语音识别可以认为是机器的"耳朵",帮助机器获取人说话的文字信息,那么自然语言理解可以认为是机器的"大脑",负责对听到的信息进行识别与理解。自然语言是指人类日常交流所使用的语言,自然语言理解主要研究如何使计算机能够理解自然语言。

人机交互的方式越来越多,机器往往需要能够完成"听到——理解——作出回应"这样的步骤,其中自然语言理解是让机器"理解"文字的过程(图3-3-6)。

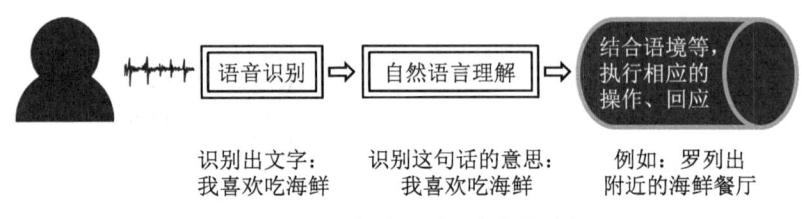

图3-3-6 让机器"理解"文字的过程

在比较简单的人机交互系统中,首先是将听到的语言识别成文字,然后理解文字表示的意思。理解文字所表述的含义主要通过分词、词性标注、特征提取与分类检索这几个过程(图3-3-7)。

图3-3-7 理解文字所表述的含义步骤

(1)分词

许多自然语言处理技术是以词为单位进行处理的,因此需要把文本句子划分为一个个的词。英语句子中单词之间用空格分开,所以计算机很容易把单词从句子中分出来,一般不需要分词。而中文句子的每个字是连在一起的,中文的词可以是一个字,也可以是多个字。计算机对中文句子进行文本分词有多种方法,有基于词典的分词、基于统计的分词、基于规则的分词等。

例如基于词典的分词中有一种正向最大匹配法。

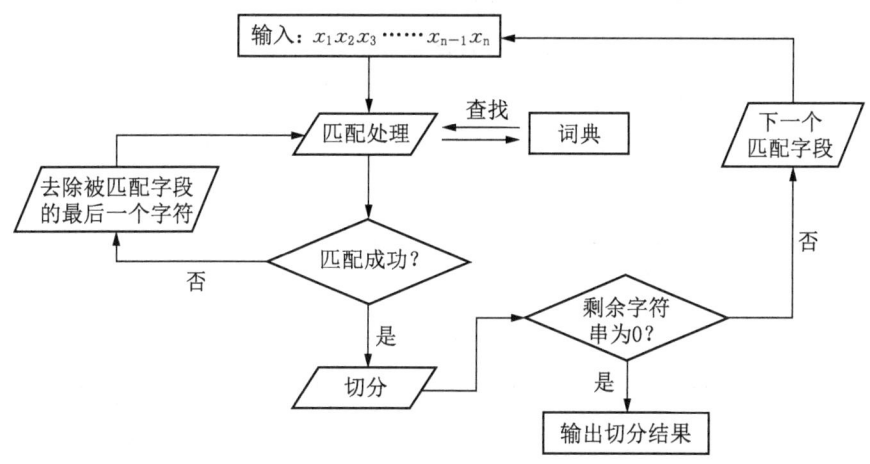

图 3-3-8　正向最大匹配法分词

首先把句子最左边的几个字当作一个词(字数根据需要确定,可以是句子中的总字数,也可以是最长词的字数),然后查词典,如果在词典中没有找到,那么把这个词最右边的字去除,剩下的部分继续查词典。如果还查不到,继续去掉最右边的字,直到在词典中查到词为止。然后从句子中切分掉找到的词后,对句子的剩余部分继续用同样的方法处理,直到将句子中所有的词都分出来。

例如,我喜欢吃海鲜,分词后是由词或短语组成的序列:我|喜欢|吃|海鲜。

(2) 词性标注

通过分词获得词语序列后,就需要通过标注模型,来标注这些词语的词性。词性标注是指根据文本句子中的上下文信息,给通过文本分词分出来的每个词确定一个最合适的词性,也就是确定词是名词、动词、形容词或其他。我们可以借助机器学习的方法,从大量的文本中学会如何根据句子的上下文选择正确的词性。

例如:我(代词)|喜欢(动词)|吃(动词)|海鲜(名词)。

(3) 特征提取

特征提取是将文字序列变成向量的过程。基于分词与词性标注的结果,可以根据某种规则来提取文字序列的若干个特征,组成一个向量;向量的每个分量则描述了文字序列的一种特征。文字序列变成了机器擅长处理的向量形式后,即可进行后续的分类与检索。

(4) 分类检索

分类与检索通过分类器与检索系统(储存着很多"问题"与对应"答案"的数据库)来完成。

问题	答案
吃海鲜	附近有海鲜餐厅
……	……

这就是简单的人机交互系统中自然语言理解部分的大致原理,识别过程中包含大量的算法和复杂的技术。

在探索如何实现更高级别的人机交互时,我们发现单一的语句理解已经不能满足需求。为了让机器更好地理解人类,我们需要一个能够处理整个对话上下文、理解人类情感和意图的强大工具。这个工具就是大语言模型。

大语言模型,又称为大规模语言模型,是通过深度学习技术构建的,基于大量文本数据训练而来。它不仅理解语言的语法和语义,还能理解语境和对话的进程,甚至能推断出说话者的意图和情感。这种模型的核心原理在于其庞大的参数规模和深度学习架构,使其能够从大量文本数据中学习到语言的复杂模式。

大语言模型的工作原理可以概括为以下步骤(见图3-3-9):

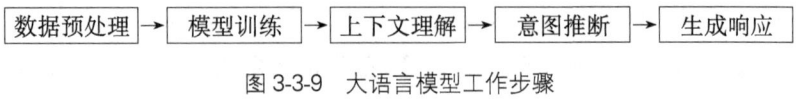

图3-3-9　大语言模型工作步骤

(1) 数据预处理:首先,需要收集大量的文本数据,并进行预处理,如分词、去除停用词等。

(2) 模型训练:使用这些文本数据来训练深度学习模型。这个过程需要大量的计算资源和时间。

（3）上下文理解：大语言模型通过捕捉文本中的上下文信息来理解语言的复杂性。例如，一个句子中的词可能根据前文或后文的语境有不同的含义。

（4）意图推断：大语言模型能够推断出说话者的意图，从而更好地理解输入的语义。

（5）生成响应：基于对输入的理解和对上下文的考虑，大语言模型生成合适的响应。

大语言模型的强大之处在于它能够理解和生成复杂的语言结构，而不仅仅是单个的词或短句。这使得机器能够进行更自然、更流畅的对话，更好地理解人类的情感和意图。随着技术的不断发展，大语言模型有望在人机交互领域发挥越来越重要的作用，为人类带来更加智能、更加人性化的交互体验。

三、会"听"的机器能帮人类做什么

在当今数字化时代，人机交互的方式正在经历深刻的变革。语音识别与自然语言理解技术作为这场变革的核心驱动力，正在开启人机交互的新篇章。它们赋予机器"听觉"能力，使人类摆脱传统输入方式的束缚，实现更加自然、便捷的交流。在这篇文章中，我们将探讨语音识别与自然语言理解技术如何助力会"听"的机器更好地为人类服务，以及大语言模型在其中的关键作用。

首先，语音识别技术使得机器能够识别和理解人类语音。通过将语音转化为文字，机器得以解读其中的要求、请求、命令或询问，从而作出相应的响应。这不仅克服了人工键盘输入速度慢的局限性，还缩短了系统的反应时间，使人与机器的交流变得更为顺畅。例如，语音拨号、语音导航、设备控制、语音文档检索以及口语水平测评等功能，都得益于语音识别技术的支持。

然而，仅仅识别语音是不够的。要让机器更好地理解人类，还需要借助自然语言理解技术。自然语言理解使得机器能够理解语言的复杂结构和含义，而不仅仅是单个词或短语的简单组合。这使得机器能够更深入地理解人类的意图和情感，从而提供更贴心、更个性化的服务。

在这其中，大语言模型发挥着至关重要的作用。大语言模型是一种深度学习模型，能够处理复杂的语言结构和语境，理解并生成自然语言文本。它们基于海量数据训练而来，通过分析大量的文本数据来学习语言的模式和结构。随着数据规模的不断扩大和算法的持续优化，大语言模型的语言理解和生成能力也在不断提升。

大语言模型在智能助手、智能客服、机器翻译等领域发挥着关键作用。智能助手和智能客服能够通过自然语言与用户交流，提供准确的信息、安排日程、回答问题等。它们基于大语言模型，能够理解用户的意图和需求，提供个性化的服务。在机器翻译领域，大语言模型能够实现快速、准确的跨语言翻译，打破语言障碍，促进全球范围内的交流与合作。

此外，大语言模型在内容创作、情感分析等领域也有广泛应用。通过分析大量的文本数据，大语言模型能够学习到语言的复杂模式和写作技巧，从而辅助内容创作。同时，它还能识别和理解人类的情感，为心理辅导、心理健康监测等领域提供有力支持。

随着技术的不断发展，语音识别与自然语言理解技术也取得了长足进步。从简单的语音识别到自然语言理解，机器的"耳朵"越来越敏锐。正是由于语音识别技术的不断进化，大语言模型得以蓬勃发展。大语言模型以其强大的语言理解和生成能力，在智能助手、智能客服、机器翻译等领域发挥重要作用。随着数据规模的不断扩大和算法的持续优化，大语言模型将在更多领域展现其巨大潜力，为人类带来更高效、智能的语言交互体验。

该内容的设计遵循了基于认知发展规律的中小学人工智能课程目标设计原则，关注了人工智能最前沿的发展，强调了基础性和普及性，并立足学生知识与技能的实际。首先，语音识别技术的介绍符合中小学生的认知发展规律，通过形象化的图解和流程，帮助学生理解机器如何"听到"人说话。其次，内容中关注了人工智能最前沿的发展，引入了大型语言模型等当前的研究热点，使学生能够接触到最新的技术趋势。同时，强调基础性和普及性，通过简单易懂的语言和实例，使更多的学生能够理解和掌握语音识别和自然语言处理的基本原理。最后，立足学生知识与技能的实际，根据学生的实际情况和需求，设计适合他们的学习内容，帮助他们更好地理解和应用所学知识。因此，该课程内容设计有助于培养学生的创新思维和实践能力,为他们的未来发展打下坚实的基础。

拓展与练习

1. 闻声识人——声纹识别

语音识别的目标是机器自动将人类的语音内容转换为相应的文字,还有一种对人类说话声音的识别叫声纹识别,它是生物识别技术的一种,也称为说话人识别,包括说话人辨认和说话人确认。未见其人,先闻其声,人们可以靠声音判断对方是谁,声音同样可以被用来证明"你是你"。和面容、指纹一样,人类的发声器官千差万别,发出的声音也不尽相同。人声的这种特质被称为声纹。声纹识别有如下应用场景:

(1) 银行、证券

鉴于密码的安全性不高,可以用声纹识别技术对电话银行、远程炒股等业务中的用户身份进行确认,实现密码和声纹双保险。如随机提示文本用文本相关的声纹识别技术进行身份确认(随机提示文本保证无法用事先录好的音去假冒),甚至可以把交易时的声音录下来以备查询。

(2) 公安司法

对于各种电话勒索、绑架、电话人身攻击等案件,声纹辨认技术可以在一段录音中查找出嫌疑人或缩小侦察范围;声纹确认技术还可以在法庭上提供身份确认(同一性鉴定)的旁证。

(3) 保安和证件防伪

声纹识别确认可用于信用卡,银行自动取款机,门、车的钥匙卡,授权使用的电脑,声纹锁以及特殊通道口的身份卡。把声纹存在卡上,在需要时,持卡者只要将卡插入专用机的插口上,通过一个传声器读出事先已储存的暗码,同时仪器接收持卡者发出的声音,然后进行分析比较,从而完成身份确认。同样可以把含有某人声纹特征的芯片嵌入证件中,通过上面所述的过程完成证件防伪。

2. 大语言模型

大语言模型(Large Language Model, LLM)是一种深度学习模型,通过使用大量的文本数据训练而成。它具备对自然语言进行理解、生成和处理的能力，能够在多种自然语言任务中表现出高水平的性能，如文本分类、问答、对话等。大语言模型的作用如下：

（1）文本生成与摘要：大语言模型能够根据已有的文本内容生成语义上相关的输出，或者对长篇文档进行摘要提取，有助于快速理解文章内容。

（2）对话系统：大语言模型可以作为对话系统的核心组件，通过分析用户的输入，生成相应的回复或者问题，帮助维持对话的进行。

（3）机器翻译：结合翻译算法和大规模语料库，大语言模型可以自动翻译各种语言的文本内容，实现跨语言沟通。

（4）信息检索与推荐：通过对大量文档的语义理解，大语言模型可以快速找出与查询相关的文档，或者为用户推荐相关的内容。

（5）智能写作助手：大语言模型可以帮助创作人员生成文章的初稿，或者提供写作的灵感和方向，提高写作效率。

（6）情感分析：通过分析文本中的词汇和语境，大语言模型可以判断文本所表达的情感倾向，用于舆情监控、产品评价等方面的分析。

（7）语音识别与合成：结合语音技术，大语言模型可以实现语音到文字的转换，或者生成语音内容，如语音合成、语音克隆等。

（8）智能客服：大语言模型可以帮助企业自动回答用户的问题，提高客户满意度。

（9）教育领域应用：在教育领域，大语言模型可以对学生的口语进行测评，帮助他们提高发音和语言表达能力。

（10）医疗领域应用：在医疗领域，大语言模型可以帮助医生快速分析病历资料，提高诊断的准确性和效率。

总之，大语言模型作为一种通向人工智能的重要途径，在各个领域都有广泛的应用前景。它能够极大地提高人们的工作效率，改善生活品质，并推动人工智能技术的进一步发展。

声纹识别和大语言模型的内容设计符合中小学生的认知发展规律。通过形象化的实例和实际应用场景，帮助学生理解声纹识别和大语言模型的基本原理和应用。声纹识别和大语言模型都是当前人工智能领域的前沿技术，通过介绍这些技术，可以让学生了解人工智能的发展趋势和未来应用前景。声纹识别和大语言模型的介绍采用了简单易懂的语言和实例,使得更多的学生能够理解和掌握这些技术的基本原理和应用。这种设计方式有助于提高人工智能技术的普及程度,让学生更加了解人工智能在日常生活和工作中的应用。通过设计与学生生活相关的应用场景和实例,可以激发学生对人工智能技术的兴趣和热情,促进他们的学习和发展。

第四章 中小学人工智能教与学平台设计与实现

人工智能课程是一门知识与技能并重的学科，同时又是一门处于生成之中的学科。在中小学人工智能教学实施过程中，教与学平台及相关配套资源的提供和应用是教学目标达成的重要支撑。本章对当前国内外中小学人工智能教与学平台现状进行分析研究，指出了目前人工智能教与学平台设计与应用中存在的主要问题，基于平台功能定位，创新设计中小学人工智能教与学平台功能模块，并通过平台功能实现和相关应用描述，为中小学人工智能教与学平台建设与应用提供有益的参考。

第一节　中小学人工智能教与学平台现状

人工智能教育具有技术性、动态性和生成性特质，其学习过程涉及理论和实践的多次循环，故而深度依赖外部学习条件。当前，为人工智能类教材提供相应的学习平台是普遍做法，也有少数教材未提供此类配套。通过审视当前的人工智能教材及其相应平台，可以发现不同的平台功能体现了开发者不同的人工智能教育理念，这些平台都在一定程度上为学生掌握人工智能基本内容提供了支持。

一、国内外中小学人工智能教与学平台建设现状

随着人工智能技术的迅猛发展，国内外教育领域对中小学生的人工智能教育给予了高度关注。目前，国内外已涌现出一批面向中小学生的 AI 教学平台，这些平台为学生提供了丰富的学习资源和实践机会。

在国外，Coursera、Udacity、edX 等大型在线教育平台均推出了大量高质量的人工智能课程，这些课程由知名大学和机构精心设计，具有很高的教育价值。此外，还有诸如 Code.org、Scratch 等专门针对中小学生的人工智能教学平台，它们通过富有创意和趣味性的教学方式，使孩子们在轻松愉快的氛围中了解 AI 的基本概念和应用。一些 AI 教育平台还采用了虚拟现实、增强现实等技术，为孩子们提供更加沉浸式的学习体验。

在国内，随着政府对人工智能发展的重视和相关政策的推动，中小学人工智能教与学平台建设也取得了长足进展。例如，阿里巴巴、腾讯、百度等大型科技企业纷纷推出面向中小学生的 AI 学习计划和平台，提供从基础知识到实践应用的全方位学习资源。如腾讯 AI、阿里云 AI 学、百度 AI、讯飞 AI 学、KittenBot 等人工智能教与学平台不仅提供了全面而系统的人工智能课程，还特别注重实践和应用，通过各种实际操作和项目实践，使学生们能够深入理解和掌握人工智能知识。

二、国内外中小学人工智能教与学平台应用现状

人工智能课程的学习高度依赖于优质的课程平台，而平台的建设则与对课

程内容、教学方式和活动组织的理解密切相关。当前，人工智能教与学平台主要包括两种形式：一种是以 App 或微信小程序形式提供人工智能感知与体验服务，如百度 AI 体验中心、讯飞 AI 体验栈、旷世 AI 体验中心等，这些应用具有便捷的操作性和强大的实用性，然而，由于它们主要侧重于用户体验，因此其适用范围相对较为有限；另一种是通过网页版为师生提供技术体验、代码或图形化编程等整合式应用服务，如商汤科技、科大讯飞等结合课程套件自主开发配套的人工智能教与学平台，此类平台对课程内容、教学方式以及教学活动形式进行了设计，具有一定的普适性。

通过调研和梳理当前比较流行的人工智能教与学平台，包括畅言智 AI、SenseStudy、Ucode、KittenBot、Mind＋等，我们基于课程体系、教学资源、师生互动、知识共享、教学评价、专用套件等多个维度，形成不同平台间的对比分析，如表 4-1-1 所示。

表 4-1-1　中小学人工智能教学平台应用对比

平台	畅言智 AI	SenseStudy	Ucode	KittenBot	Mind＋
课程体系	人工智能概念、大数据、深度学习、智能语音、计算机视觉、自然语言处理等	人工智能概念、大数据、深度学习、智能语音、计算机视觉、自然语言处理等	AI 认知类、AI 操作类、编程入门等课程	图形化编程课、Python 编程课以及其他视频课	与图形化编程相关的系列教程
教学资源	对于教师：提供课件、视频、教学设计等资源；对于学生：提供丰富的人工智能体验活动、动手实验以及学习任务单等	提供课件、视频、教学设计等备课资源	提供各种实验视频与教程	提供各种视频教程	提供文档性操作说明等资源内容
师生互动	主要体现在班级管理和项目活动中	不支持	主要体现在社区活动模块	不支持	不支持
知识共享	学课例、成功资源管理、师训中心等模块	主要体现在教研中心	包括圈子、论坛、百科百答、社区等模块	包括共建知识库、工具与网站、脑洞集市等模块内容	主要体现在论坛模块

续 表

平台	畅言智 AI	SenseStudy	Ucode	KittenBot	Mind+
教学评价	不支持	主要是作业/实验情况分析	不支持	不支持	不支持
专用套件	平台设置有专用套件,且很多课程需要基于套件展开	可根据实情选择需要套件的内容与不需要套件的内容	可根据实情选择需要套件的内容与不需要套件的内容	在线编程,也可配套硬件进行教学	可在线软件编程,也可配套硬件进行教学

从上表可见,已有人工智能教与学平台从课程体系、教学资源、师生互动等维度对人工智能课程教学进行了一定的探索与研究,不同平台提供的功能各有侧重。部分平台的功能设计和实现已经初步展现了对学习者个性化学习的深度思考和优化。对这些平台进行深入分析,可以为后续设计中小学人工智能教与学平台提供有力的依据和参考。

三、当前中小学人工智能教与学平台存在的主要问题

人工智能教学需要合理的学习环境支撑,教与学平台应充分考虑不同阶段学生的学习需求,创设学习过程中的技术支持。然而,随着相关人工智能教与学平台的研发,其功能不断完善的同时,问题也逐渐显现。

第一,较少提供完整的教学资源和全过程教学指导服务。这些平台通常将人工智能教育泛化为通过编程开展教学活动,如 Ucode、KittenBot、Mind+等,而未能涵盖人工智能课程的全部内容和全过程教学环节。

第二,不利于学生高阶思维的培养。由于当前的人工智能教与学平台大多由公司或企业开发,缺乏系统性的教学研究视角,并且通常侧重人工智能技术的讲解及简单技术的应用,通过提供统一的套件和学习路径来引导学生完成学习任务,这导致学生高阶思维和问题解决能力的培养不足。

第三,缺乏科学有效的人工智能课程教学评价。已有的人工智能教与学平台大都不具备对学生人工智能课程学习行为与效果进行测评的功能,少数平台支持对学生实验作品或作业进行评价,但也以简单的打分为主,缺乏对学生学习行为的深度追踪与分析。

第四,弱化师生、生生间的交流互动。从现有的平台调研来看,当前人工智

能教与学平台的教学系统与学习系统相互分割,学生学习数据与教师教学数据融贯性弱。同时,平台的协同与共享功能匮乏,对学生协作学习与共享学习支持度不够,导致学生互动感、参与感不强。这些问题使得人工智能教与学平台在很大程度上沦为"视频播放器"或"体验小插件"。

可见,在中小学大力推进人工智能教育的背景下,结合人工智能教育内容,设计和开发面向中小学的人工智能教与学平台正逐渐成为各人工智能教育公司、研究团队的关注重点。针对现有人工智能教与学平台存在的问题,需要充分考虑学生的知识水平、认知能力和培养目标,将人工智能技术的发展理念、技术原理和最新成果进行有机整合,设计与之相匹配的教学系统、教学工具和实验平台。

第二节 中小学人工智能教与学平台的功能定位

人工智能的教学是一个由浅入深的系统过程,作为学校实施人工智能教学的重要载体,人工智能教与学平台应该为教师提供由浅入深地体验、理解、运用人工智能技术的相关资源、工具和环境,辅助师生开展人工智能教与学相关活动,提升全龄段学生对人工智能技术的认识和兴趣。

一、提供人工智能感知和体验的工具

人工智能时代,师生对人工智能了解较多的是以用户的角色体验或使用一些人工智能产品,但是很少探究其背后的技术原理和思想方法。中小学人工智能课程教学,可以让学生以体验的方式探索人工智能领域的更深处,从技术角度了解基本的人工智能原理,从机器会看、会听、会说、会想等多个维度来学习和体验人工智能技术的广泛应用。因此,人工智能教与学平台应该为师生提供相关的人工智能感知与体验服务。例如:提供一些图像识别、语音合成、语音识别等体验和训练工具;允许学生从中模拟人工智能技术原理的发生过程,直观感受技术运用的效果,在模拟中理解人工智能技术原理和机器如何通过学习具备智能的过程。

二、提供人工智能编程和实践的环境

学习的目的是学以致用。这里的"用",一方面是指我们可以用掌握的人工

智能技术原理和思想方法解释现有人工智能的相关应用；另一方面是指我们可以运用所学的人工智能技术原理和思想方法解决真实问题和任务，在问题和任务的解决中巩固相关知识和技能，提升能力和素养。因此，人工智能教与学平台应该为师生提供可动手操作的编程实践环境，为不同编程水平的学生提供够得上、可操作的学习环境。通过项目化学习的方式，使学生逐步掌握一些编程的基本能力，通过解决一个个子问题或子任务，逐步逼近问题的核心，最终成功解决问题并完成任务。

三、提供丰富优质的人工智能资源包

人工智能教与学平台还应该成为教师和学生学习人工智能的资源库。结合人工智能技术的发展历程、技术原理、最新成果、场景应用等各个视角，基于学生已有的知识水平和认知能力水平，提供与不同学情基础的学生培养目标相匹配的、开放优质的人工智能资源包，使得教师可以基于特定主题选择适合的学习资源，灵活地设计有针对性的分层教学活动，学生可以按需选择适合自己的学习资源包开展进一步的学习和拓展活动。

四、模拟临场感的双师课堂直播教学

当前，人工智能领域的师资力量相对匮乏，许多教师尚不具备直接开展人工智能教学的能力。因此，采用线上线下双师教学的方式开展人工智能教学，是一种折中且有效的实践路径。基于人工智能教与学平台，通过线下课堂的线上直播、双师管控，可以提供课堂教学互动、远程视频直播互动等支持，为知识传递、师生互动、教学反馈等提供支撑。线上的学生可以紧跟主讲教师的教学节奏，通过微视频学习、人工智能在线体验、编程平台、接口调用、网络论坛等方式开展项目实践及作品展示交流，实现自主学习和个性化学习。线下的学生能够在本班教师的辅助下，与同伴和教师进行面对面的对话，从而获得知识学习、思维发展、问题解决等方面的引导和帮助。

五、记录师生教与学行为及结果数据

师生基于平台开展人工智能教与学活动会产生各种各样的数据，人工智能

教与学平台可以及时采集和记录学生的学习轨迹，并对学习过程数据和结果进行关联分析和深度挖掘，对分析结果进行可视化呈现。这一方面有助于教师直观地了解学生的学习状态、学习投入、学习进度、学习效果，以便针对性地进行教学改进、教学干预和教学策略调整；另一方面，有利于学生及时了解自己的学习情况，并客观评估自身学习成长路径及轨迹。

第三节 中小学人工智能教与学平台的模块设计

基于对人工智能教与学平台的梳理与分析，结合平台的应用特点，充分考虑当前人工智能教与学平台存在的问题与不足，我们对中小学人工智能教与学平台进行了系统设计，其功能模块主要包括人工智能教与学模块、编程模块以及统一管理模块三个部分，中小学人工智能教与学平台的功能设计图如图 4-3-1 所示。

一、人工智能教与学模块

人工智能教与学模块主要包含课前备授课、课中教师教学与学生学习、课后学生拓展学习、课程评价四大功能模块，每部分的具体功能点如下所述。

（一）课前教师备授课

教师课前备授课模块主要包括备授课和学习活动设计功能，其中学习活动设计包括体验理解活动设计和实践活动设计。（如图 4-3-2 所示）

在备授课方面，备课中心提供统一的 AI 知识体系管理以及资源共享管理服务，支持教师和学生进入备授课系统后在线查看各种类型的课程资源，包括教学设计、课件、教师手册、学生手册、学习单、视频等。支持教师直接在线进行备授课的准备，或者下载相关资源修改调整后再授课。同时，平台提供丰富的与课程关联的编程样例供教师选择使用，以实现资源的流动、交换和共享，满足新时期教师的 AI 教学、研修和自主学习、研究性学习、协作式学习等各种需求。

在体验理解活动设计方面，提供个人成果中心、个人资源中心、编程样例设计、AI 训练平台等功能。围绕人工智能某一具体理论，支持体验理解活动管理、活动开展、活动交流展示以及活动评价。支持教师新建课程或者根据班级的实

第四章 中小学人工智能教与学平台设计与实现 | 109

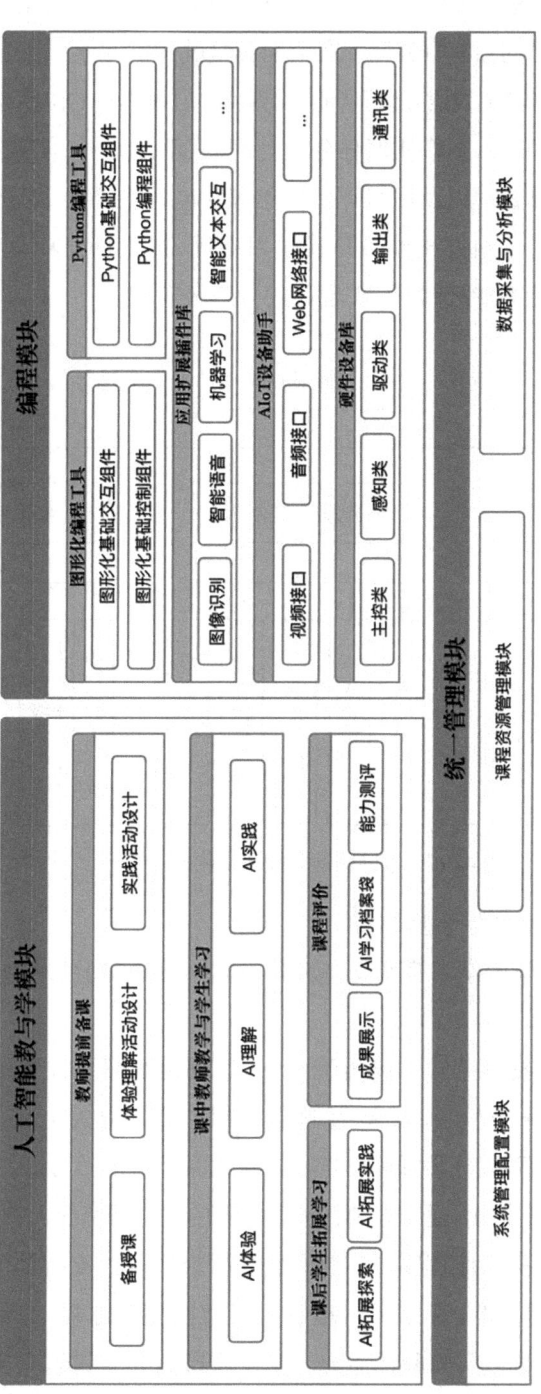

图 4-3-1 中小学人工智能教学平台的功能设计图

际教学情况,编辑体验理解活动内容(支持课程基本信息编辑、活动内容编辑及活动目标编辑),形成自己的独有资源库。在个别实验设计中,支持同班同学之间的代码共享,学生实验页面提供"代码互传"功能,以支持项目过程中的协作与成果共享。

在实践活动设计方面,提供实践任务设计、实践活动设计、实践任务发布、学生项目管理、班级情况管理以及项目评价反思等功能。在开展 AI 人工智能实践活动时,支持组建学生小组并构建项目式学习空间,提供创建项目、管理项目以及发布项目等服务,并支持教师对 AI 项目进行班级管理。

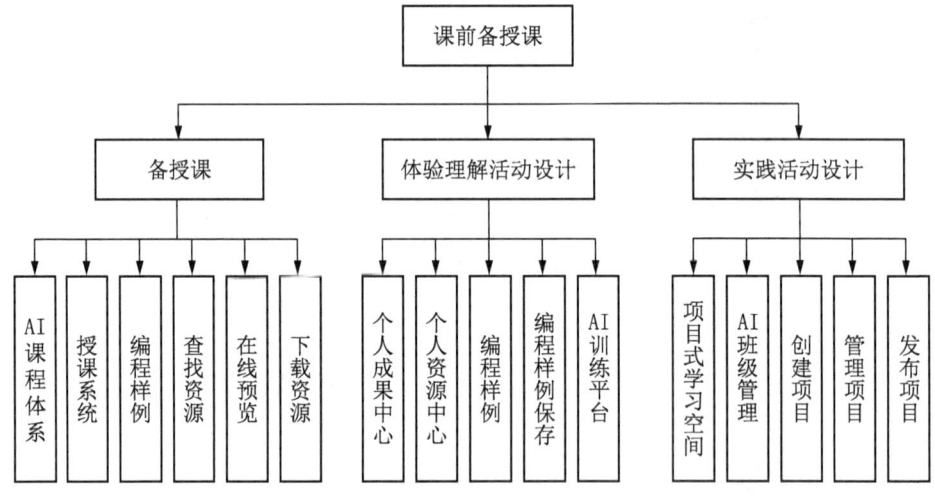

图 4-3-2　教师课前备授课功能设计图

(二)课中教师教学与学生学习

课中教师教学与学生学习模块支持教师与学生按照体验、理解、实践三阶梯式开展教学活动。(如图 4-3-3)

在 AI 体验方面,提供感知体验实验,以 MG 动画视频形式展示人工智能的主流知识领域(包含 AI+生活、语音、图像等),用体验的方式实现感知提升。此类 AI 体验实验一方面可以让教师和学生在碎片化时间自由学习,另一方面也可以作为补充资源在课堂上使用,便于教师在教学过程中进行情境导入和问题探究。

在 AI 理解方面,提供原理验证实验和创新探究实验。支持师生通过简单的数据输入、参数修改等实验,帮助学生理解人工智能相关原理,并从原理认识到创新探究全流程提升学生实验验证能力。支持教师为学生讲解人工智能技术的简单原理、技术思想、伦理道德,以可视化和交互形式引导学生探索相关知识点和技术原理，从而帮助学生更好地理解这些内容。提供原理理解类应用操作手册等配套资源，以程序的操作流程说明、知识原理介绍为支撑，支持教师说明相关技术原理、阐述活动过程，引导学生将生活中的经验与知识原理建立连接，对知识进行更深入的分析。

在 AI 实践方面，借助语音合成、唤醒、人脸识别、特征检测、物体识别、语音撰写、翻译等 AI 功能以及传感器电路仿真模拟等功能，创设各类 AI 场景及实践项目；提供实践活动操作手册等配套资源，以实践工具的操作步骤为主，支持对实践过程及过程中关键点的说明、对实践的结果和原理的阐述，引导学生更深入地理解模型训练等实践活动的原理，对知识进行更深入的学习。

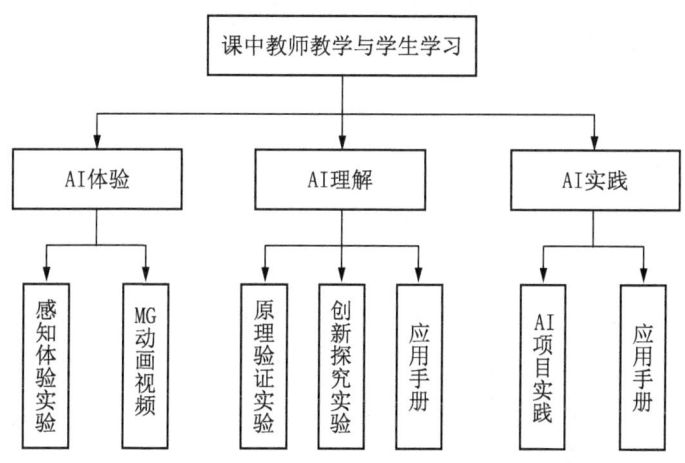

图 4-3-3　课中教师教学与学生学习功能设计图

（三）课后拓展学习

平台支持师生进行课后拓展学习，提供 AI 拓展探索与 AI 拓展实践功能（如图 4-3-4）。学生可在课后根据教师布置及设计的任务，进行自主学习。

在 AI 拓展探索方面，构建 AI 师训中心。支持以学校或区域为单位，共享教师的优秀示范课、公开课等真实课例，并支持专家名师对这些优秀课例进行评价和点评。教师们可以随时在线观摩这些教学视频，学习更多的 AI 课程授课技巧，并分享优秀的课堂教学实例，以此提升 AI 专业素养，增强课程实践能力。

在 AI 拓展实践方面，提供小组创建功能，支持教师结合项目情况和学生情况进行 AI 拓展实践；提供项目进度监控服务，支持教师查看学生自主实践活动成果情况；同时，支持学生查看小组活动进展，学生可随时查看每个项目活动环节的小组成果以及各环节中小组成员的参与度,生成个性化的项目成果。

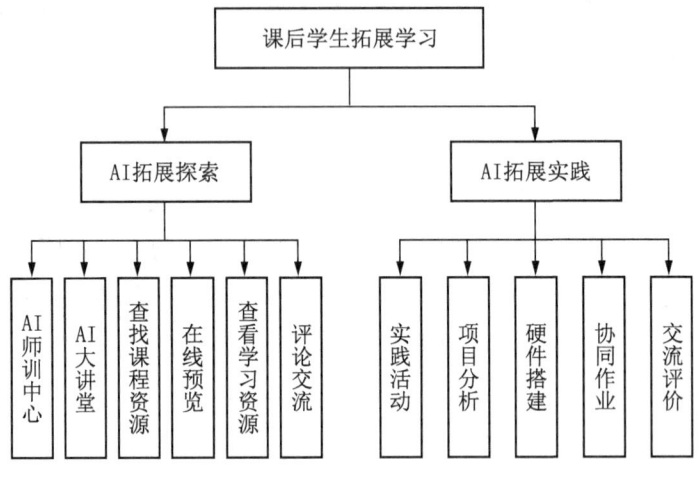

图 4-3-4　课后学生拓展学习功能设计图

（四）课程评价

实践成果可以集中体现学生的学习经验、价值、优势、潜质和素质,在校验学习成效、提高学生的学习自觉性和主动性、科学合理地安排学习进度与练习层次等方面具有重要作用。学生档案是在学校学生管理活动中逐步形成的,它记录和反映了学生的个人经历、德才能绩、学习表现等信息。这些信息以学生的个人为单位进行集中保存,以备后续的查阅和参考。学生档案主要包括文字、表格和其他各种形式的记录,它是学生档案系统的重要组成部分。科学有效的能力测评可全面地反映学生个体的综合素质状况,通过对不同的学生给予恰如其分的评价,让学生能够确切地了解自己与评价目标的差距,以促使其自我调适和不断改进。因此中小学人工智能教与学平台从成果展示、AI 学习档案袋以及能力测评三个维度对课程进行评价,通过收集学生自我学习数据、成果数据、学习的过程性数据、班级管理相关的成果及数据等开展相应评价。

针对成果展示评价,平台可提供成果管理列表,支持教师和学生随时查看自己的所有编程成果。按照时间倒序方式排列,支持依据图形化编程和 Python 编程进行区分,并支持随时修改和删除。针对 AI 学习档案袋,通过系统自动收集学生个人活动档案、班级活动档案、学习过程性数据、学习统计数据等,自动生成个性化 AI 学习档案袋,为教师全面分析学生 AI 成长轨迹提供依据。针对能力测评,平台可提供学生智能素养测评,同时支持基于学习过程数据、综合评价记录、自主探究数据等对学生进行整体评价。

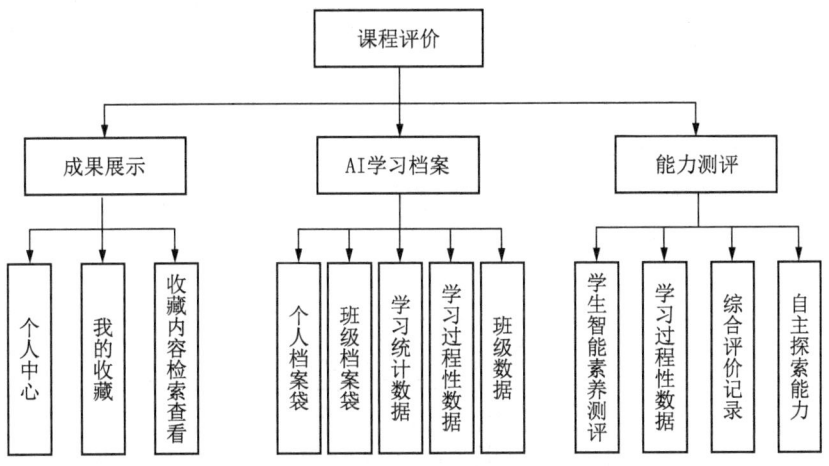

图 4-3-5　课程评价功能设计图

二、编程模块

编程系统主要包括图形化编程和 Python 编程两大功能，每部分的具体功能点如图 4-3-6 所示。

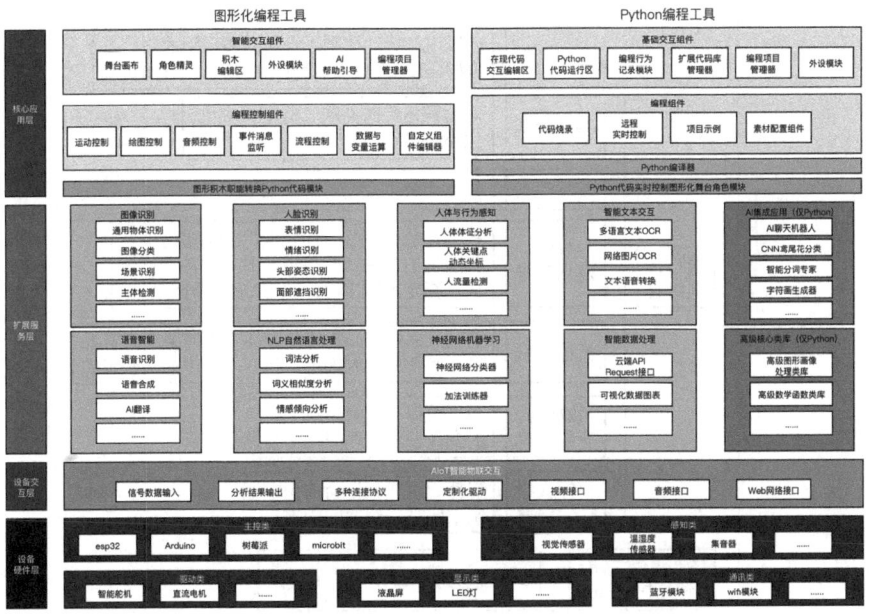

图 4-3-6　编程系统功能架构图

（一）图形化编程

图形化编程服务包括基础交互组件、编程控制组件和图形积木智能转换Python。基础交互组件包括舞台画布、角色精灵、积木编程区、外接模块、AI编程助理和项目管理器，支持设计舞台背景、添加角色、拼接和移动积木指令等功能，并提供外接设备和AI编程助理的编程支撑服务。编程控制组件支持将编程代码转换为可拖拽的图形块，学生通过拖拽和拼接图形块来编写程序，实现文本编辑代码到直观具象的积木图形化指令的转换，控制角色或设备的外观、造型、

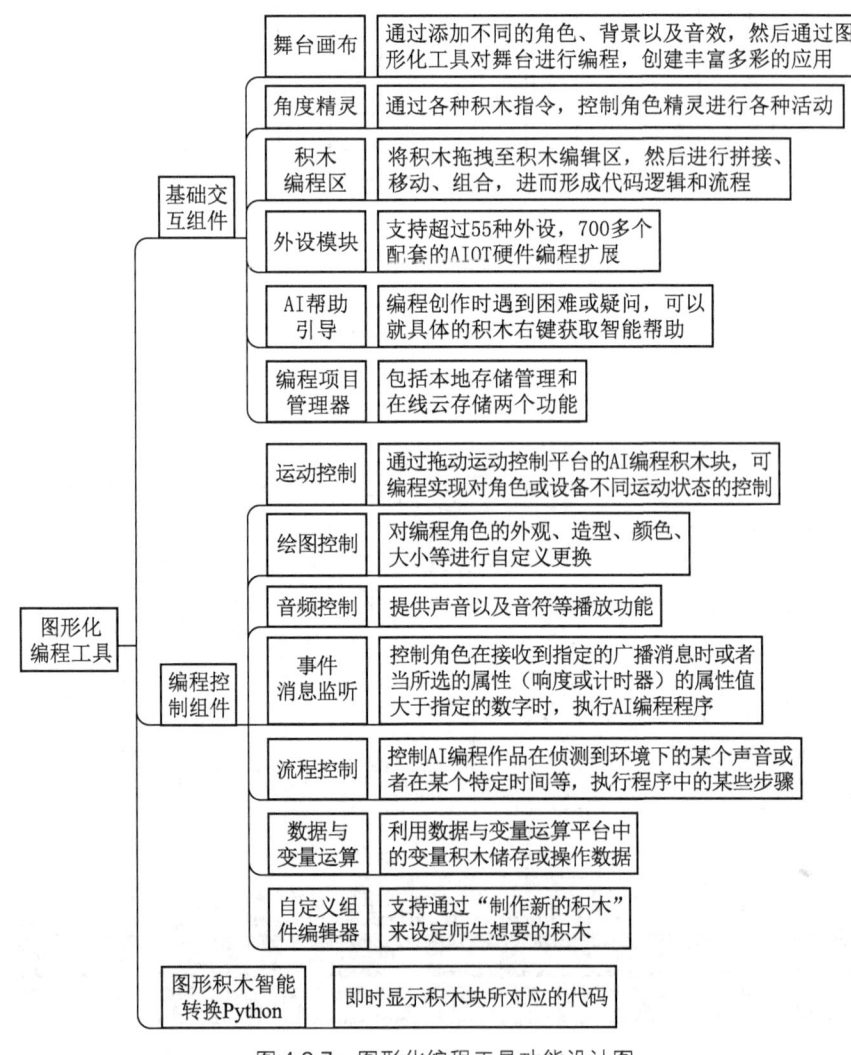

图 4-3-7　图形化编程工具功能设计图

颜色、大小等状态。学习过程中，学生通过在线图形化控件、编程游戏启蒙、可视化积木编程和 AI 智能编程助理等模块学习编程基础知识和思想，按照自己的编程思路搭建积木流程，在活动中拆分任务、拖拽积木指令模块和控制进度，深度理解"并行""事件处理"和"目标实现"等基本概念。图形积木智能转换 Python 支持积木转代码的功能，即时显示积木块对应的代码，实现代码与积木的无缝衔接，如图 4-3-7。

（二）Python 编程

Python 编程服务，内含基础交互组件、编程组件、Python 编译器、Python 代

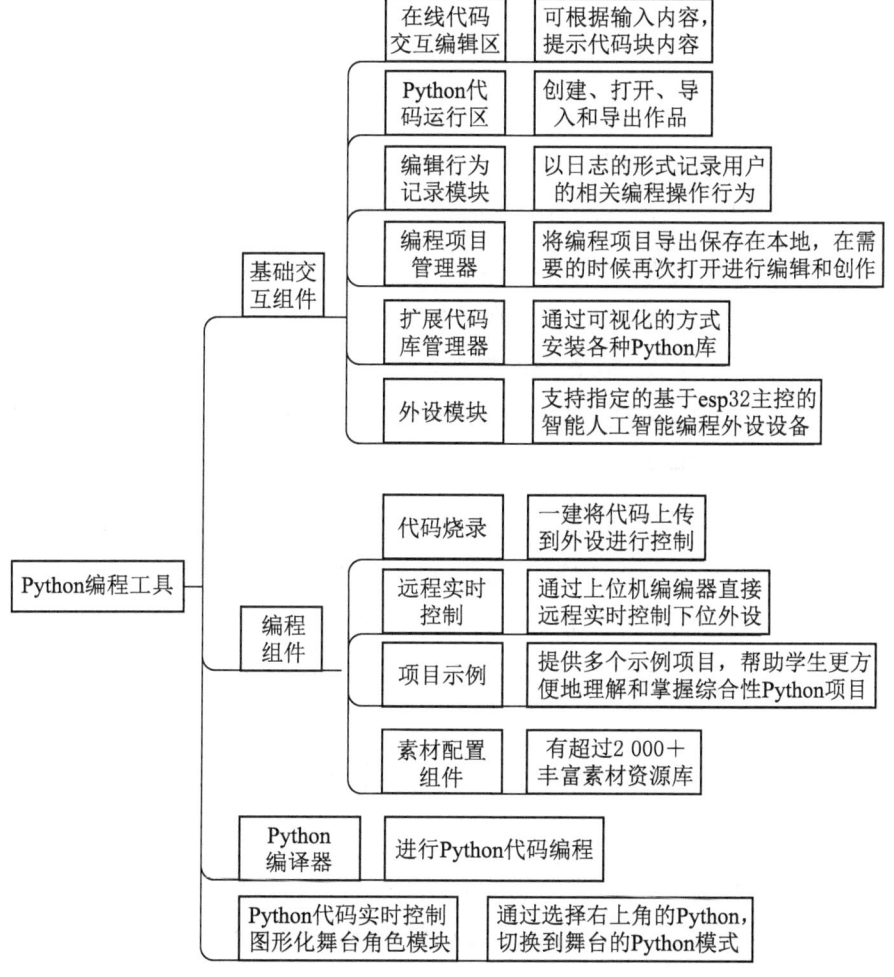

图 4-3-8　Python 编程工具功能设计图

码实时控制图形化舞台角色等内容，如图 4-3-8。在基础交互组件方面，提供在线代码交互编辑区、Python 代码运行区、编程行为记录模块、编程项目管理模块、扩展代码库管理器以及外设模块，支持在线编辑代码、创建与导出 Python 作品、编程操作行为记录等功能。在编程组件方面，提供了多种 AI 接口，支持通过上位机编辑器直接远程实时控制下位外设；提供多个示例项目，帮助学生更方便地理解和掌握综合性 Python 项目；提供素材资源库，支持师生通过资源库创作动画、游戏、剧本等；加入各种各样的 AI 应用案例，支持通过编程控制硬件设备等进行程序设计，与物理世界进行互动；支持师生对资源库中的素材进行自定义编辑，对资源进行二次创造。

三、统一管理模块

统一管理模块包含教师（管理员）管理和学生管理，通过统一登录界面与门户为教师、学生以及区域管理员提供应用与管理服务，如图 4-3-9。支持对教师最近授课、关联实验数据的存储与记录，对教师和学生在平台上的行为数据、成果数据等信息进行统计，并在工作台首页展示教师用户累计备授课数据、参与线上视频学习培训数据、管理的学生人数、班级内学生的成果数量、使用实验中心内感知实验及验证实验等次数、发布及完成过的实践活动次数，宏观了解教师平台应用情况和学生的学习情况。支持对学生项目任务的过程管理，对学生的学习行为数据、成果数据等进行统计，呈现学生在人工智能学习过程中的成果总数、学习 AI 探索知识次数、使用实验中心内感知实验和验证实验等的次数，以及完成教师发布的实践活动个数，从宏观层面上给学生数据参考，让学生了解自己对平台的应用情况和学习情况，全面客观评估自身学习成长路径。

同时，提供实验管理，支持新建、上传、发布、下架、编辑与删除各类感知、验证和探究实验，后台管理员可按类别、内容关键字等对每个实验进行管理编辑。提供授课资源管理，支持管理员创建不同学段、年级、学期、类型的主题，并创建不同主题下的课程，在课程内填充授课资源。同时，可根据实际教育教学课程体系修改主题、课程属性以及层级归属。

第四章 中小学人工智能教与学平台设计与实现 | 117

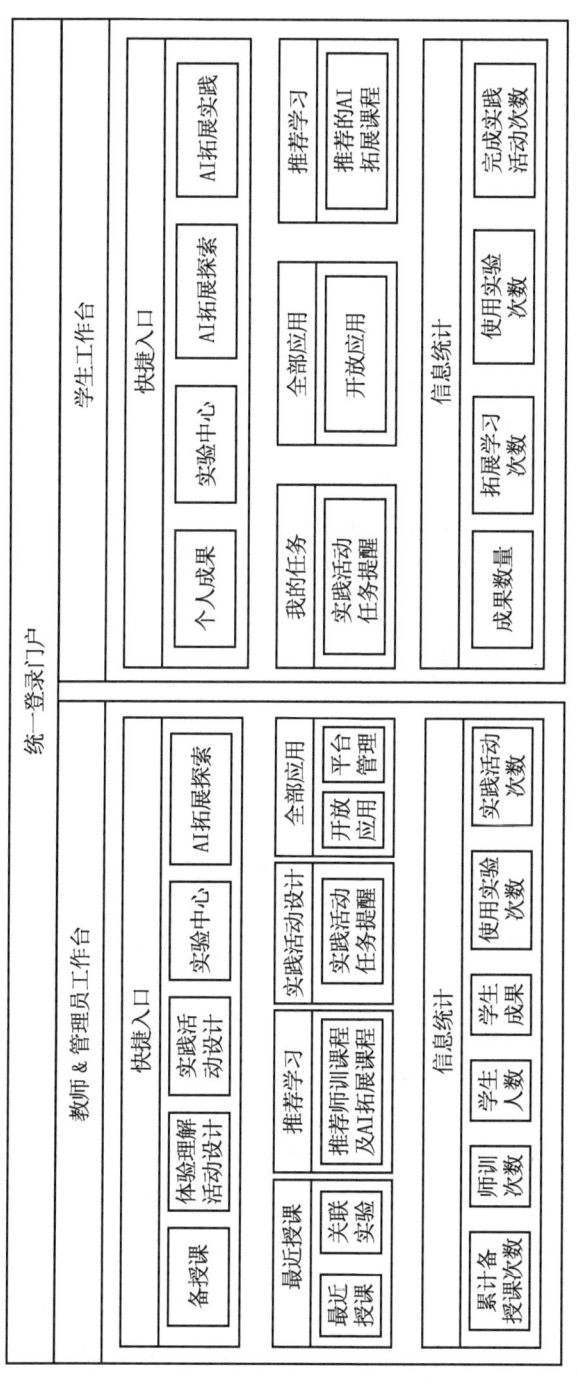

图 4-3-9 统一管理系统功能架构图

第四节 中小学人工智能教与学平台的功能实现

基于上述中小学人工智能教与学平台功能模块及具体功能点设计构想,本节具体描述平台的功能实现。

一、人工智能教与学模块

(一)功能模块一:教师课前备授课

在资源管理方面,人工智能教与学模块将资源按照同步教材与综合知识点的结构进行划分。同时,将资源按使用场景进行分类,如课件、教案、导学案、素材、习题、视频等。资源由内部上传,建立资源管理体系,对通过多方途径获取的资源进行分析与分类,并为资源提供多种方式的应用,包括翻转课堂、混合教学、项目式教学、STEAM 教学等。资源可由用户上传,上传之前用户可对资源进行评估,使用资源的用户可以对资源进行评价。针对部分授课资源、课件、视频等多媒体资源提供评价,包括对资源的贡献教师进行评价,对整个资源体系的建设进行评价。结合资源应用模块,为用户提供自主资源权限管理和相关配置,对资源进行各个维度的整合及管理。

在体验理解活动的管理方面,其内容编辑主要包含富文本内容编辑、体验理解资源选取、实验项目选取、课堂作业制作等内容。富文本内容包含了常见的字体设置、图片以及一些内容排版设置等。资源主要包含音视频媒体文件、Office 文件(WORD、EXCEL、PPT)、PDF 文件以及其他类型文件,其中音视频、Office 文件、PDF 文件、图片文件支持在线预览,所有资源文件

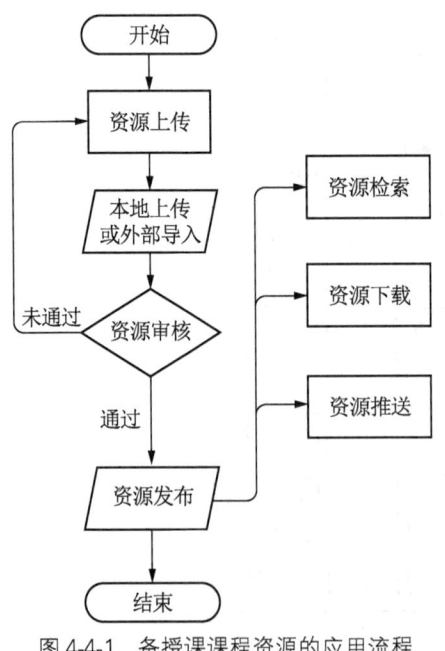

图 4-4-1　备授课课程资源的应用流程

支持下载、重命名、删除等。实验项目选取支持选择公开项目和个人项目，选定项目后，需要再选定项目版本，用户也可以对选择的实验和项目进行别名设置。

在实践活动的管理方面，教师点击工作台的"STEAM 学习空间"进入相应界面。在学习空间中，教师可创建 STEAM 项目、发布 STEAM 项目、发布双师课堂、查看发布过的项目完成情况、查看双师课堂进行情况，以及对某项目进行提问解答交流。在工作台中教师可以通过快捷窗口查看发布过的项目情况，点击左右箭头进行不同项目的简单查看，点击可进入班级情况页面。进入班级详情页面后，可通过班级、发布时间定位到班级，查看班级情况，了解此班内的学生小组、每组项目完成度。在学生活动的编程实践环节，教师点击编程成果缩略图可进入详情页观看；成果分享环节，教师可查看学生的成果分享作品。此外，教师在浏览"推荐项目"里的项目时，如果想要借鉴推荐项目设计，可翻转出"使用模板创建 STEAM 项目"功能快速创建项目，并根据自己的课程需要，重新选择适用年级、关联课程、可使用的编程硬件、需要关联的实验等信息，对项目内信息

图 4-4-2　体验理解活动界面

做针对性的修改。

图 4-4-3　实践活动界面

（二）功能模块二：课中教师教学与学生学习

针对人工智能发展背景、人工智能核心技术、智能语音、智能图形、自然语言处理、人脸识别等不同人工智能知识点，课中可以通过感知实验、验证实验以及探究实验等不同类型的实验开展 AI 体验、AI 理解、AI 实践等学习活动。

（三）功能模块三：课后师生拓展学习

课后学生通过 AI 拓展探索与 AI 拓展实践进行自主学习。在师训中心，

图 4-4-4　实验中心界面

图 4-4-5　原理验证实验界面

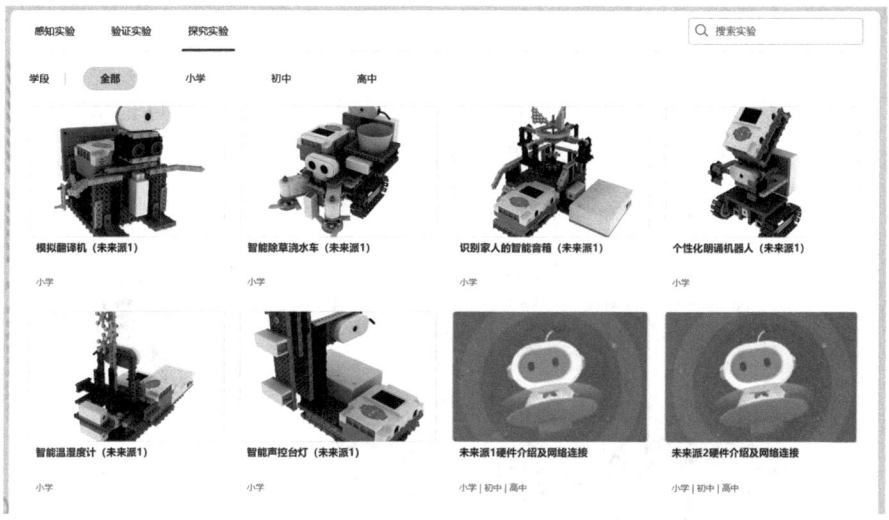

图 4-4-6　探究实验界面

教师可在师训课程列表页进行视频研修课例的筛选,定位到不同的课程类型,如专家讲座、AI知识培训、示范课等,可根据学段、是否正在直播等信息进行筛选,或通过关键字迅速筛选到需要的课程。在师训课程详情界面,教师可查看该师训课程的教学设计、实际教学课堂视频及平台用户对该课程的评价与建议。

图 4-4-7　师训中心之查看课例视频列表

在 AI 大讲堂中引入 100 节以上的课程，课程内容覆盖领域包括智能硬件、AI＋生活、大数据、AI＋体育、AI＋游戏、AI＋医疗、AI＋金融等，技术有语音识别、语音转写、语音评测、机器翻译、人脸识别等。教师和学生登录平台后，可以根据类型、技术、领域、难度四个维度来选择感兴趣的课程学习。根据浏览记录和学习记录，平台会自动推荐相关的课程给教师和学生，挖掘更多有意思的课程。没有学习完的课程，也可以先收藏后，在个人中心—我的收藏中找到该课程继续学习。

图 4-4-8　AI 大讲堂

此外，平台 AI 拓展实践功能为不同项目类型（如方案选择类、详细设计类、问题清单类、编程实践类、成果分享类等）提供设计与实践支持，允许学生课后开展充分的项目实践，并为其提供电子化存储支持。

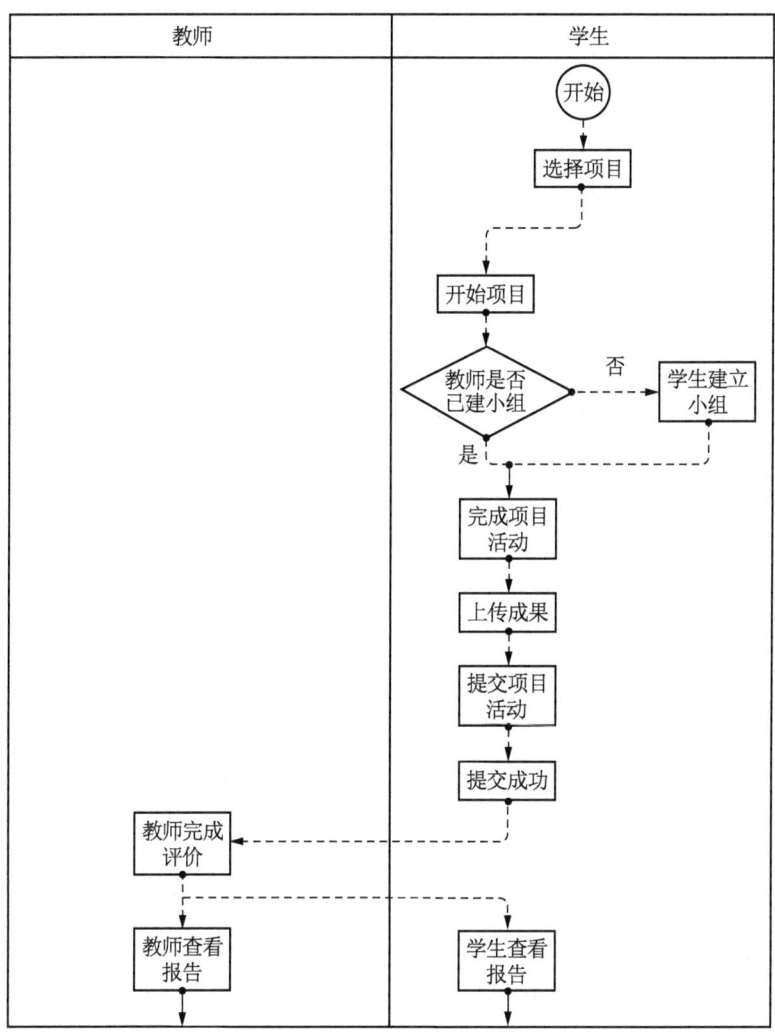

图 4-4-9　AI 拓展实践功能

（四）功能模块四：课程评价

每次小组完成项目提交后，小组情况处将展示该组的状态为"待评价"，教师点击"评价"可对该组进行评价。同时，学习空间会将学生的成果、各个环节的小组参与情况、教师评价情况自动汇总成为项目的报告内容。教师和学生均可以查看小组的报告。报告的组成包括项目最终评价（优、良、努力）、项目起止时间、小组成员、成果汇总、AI能力云统计、实物搭建元器件统计、小组参与度排行、单个学生的参与环节统计、教师详细评价等。

图 4-4-10　项目评价界面

二、编程模块

人工智能教与学平台的编程模块包括图形化编程与可视化编程两大部分。在图形化编程中，学生可以添加不同的角色、背景以及音效，然后通过图形化工具对舞台进行编程，创建丰富多彩的应用。Python 代码的编辑区域，内置丰富的语法提示，可根据输入内容，提示代码块内容。同时，Python 编程支持补全可见区域的类、方法、关键词代码，且使用此功能时会分析补全使用情况，并提供当前位置可能的选择。如果是对空间、参数或变量声明进行补全，则会基于类别提供一系列可能的命名；当出现已经定义的类、函数、模块和变量时，补全功能会自动启动。学生在工作区拖拽积木块编写程序后，通过点击软件右侧的图标，可以切换到积木块的 Python 模式，在此模式中，可以即时显示积木块所对应的代码。

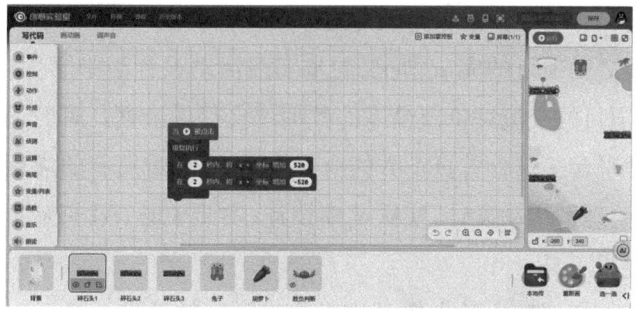

图 4-4-11　可视化编程界面(左)和 Python 编程界面(右)

三、统一管理模块

统一管理模块涉及统一登录门户、新闻动态管理、学习空间管理、字典管理、管理员管理、角色管理、课程管理、实验管理和授课资源管理等一系列功能,为教师教学、学生学习以及系统后台管理提供支持。

对于教师而言:第一,教师登录进入人工智能教学平台之后,会进入教师工作台首页,可以调用功能模块完成一系列教学活动。第二,人工智能教学平台将收集教师备授课的数据,将教师备授课阶段查看的相关主题、课程内容展示出来。同时,最近授课当中还包含课程体系下相关联的体验理解互动实验等,保证课程资源及相关联的拓展学习资源、实践活动在展示层面的完整性。同时,教师进行在线授课时,平台将自动记录授课历史,教师可在下次直接进入所定位的授课位置,从而快速进入备授课状态,根据备授课节奏及进度继续备课阶段的工作。第三,教师可以在人工智能教与学平台的工作台首页快速查看学生实践活动。作为教学环节中重要的动手实践探索环节,教师需要了解学生的情况以进行针对性的指导。工作台首页为教师提供快速查看入口,展示不同班级内、不同小组学生实践活动项目的完成情况,同步实践活动设计当中学生对每一步骤的操作情况,为项目的交流评价及最终的教师评价提供依据。第四,教师可以在人工智能教与学平台工作台首页下方的全部应用中,查看所有的应用入口,涵盖课前备授课、体验理解活动设计、实践活动设计、实验中心、AI拓展探索、AI班级、个人中心等应用工具。

对于学生而言:第一,学生登录进入人工智能教学平台之后,会进入学生工作台首页,可以调用功能模块完成一系列人工智能相关的学习活动。根据学生在学习过程中的学习目标及操作习惯,工作台首页为学生提供四个快捷入口——实验中心、AI拓展实践、个人成果、AI拓展探索。第二,学生可以在工作台首页快速查看需要完成的实践活动。作为教学环节中重要的动手实践探索环节,学生需要跟随教师的授课节奏,协调小组成员完成项目任务的实践探索。工作台首页为学生提供快速查看入口,展示不同班级内的实践活动项目的完成情况。平台会记录学生在实践活动设计当中的操作步骤及环节,为学生提供实践活动的任务提醒。第三,学生可以在工作台首页下方的全部应用中,查看所有的应用入口,涵盖学生自我学习的相关课程资源、个人成果、AI拓展实践、实验中心内的关联实践、AI拓展探索、个人中心等应用工具。

同时,平台在教师工作台的基础功能模块之上,提供平台管理的入口。第一,管理人员可通过管理员工作台,实现对平台进行统一的系统管理配置管控。第二,管理员可以对新闻动态、字段展示字典管理、相关课程体系资源等进行统一的业务信息系统管理。第三,管理员可以进行角色的管控,为平台用户创建不同账号、分配不同角色。第四,管理员可选择对不同的用户账号类型开放不同类型的资源,让教师、学生由于其不同的角色特性,分配使用不同的功能模块及资源,保证教学活动和学习活动的高效进行。

第五章　中小学人工智能课程资源设计与应用

在中小学人工智能教育中,课程资源是支撑人工智能教学的必要条件,是影响人工智能教育教学质量和效果的主要因素之一,是实现素养目标的重要载体。本章对当前中小学人工智能课程资源现状进行分析研究,剖析现有的人工智能课程资源存在的问题。基于相关教育教学理论,构建人工智能课程资源设计框架和素养导向的人工智能课程资源应用模式,为人工智能素养的培养与资源的应用实践的耦合提供路径,为中小学人工智能教学的有效开展提供有益的参考。

第一节　中小学人工智能课程资源的研究现状

人工智能作为第四次工业革命的引领性技术,是世界各国提升综合实力的重要引擎,亦是催生全球教育变革的新生力量。在全球范围内,推行中小学人工智能教育已成为必然趋势。在中小学人工智能教育中,人工智能课程资源是基础支撑,是不可忽视的关键要素。众多国家不仅在宏观层面加强中小学人工智能教育顶层设计,还从课程资源方面采取了系列行动。

一、国内外中小学人工智能课程资源发展现状

(一)国外中小学人工智能课程资源现状

国外许多国家在建设多样化人工智能课程资源方面的相关研究和实践应用都比较成熟。新加坡早在 2017 年便发起了国家人工智能计划——新加坡人工智能(AI Singapore,AISG),根据学生年龄阶段及其对人工智能的掌握程度,提供不同的课程资源:在学前教育阶段,通过提供科技玩具让孩子较早地接触到人工智能相关知识;在基础教育阶段,面向小学生推出 AI4K(AI for Kids)课程,将在线视频资源和线下课堂相结合,利用 Scratch、Azure 等编程工具普及编程相关知识,培养学生对人工智能的兴趣,帮助学生构建出人工智能基础认知框架;面向中学生设计 AI4S(AI for Students)课程,通过线上慕课的在线视频资源和"编码乐"(Code for Fun)等实践性课程资源,培养学生的人工智能素养,帮助学生熟知人工智能和数据科学。

2018 年 5 月,美国人工智能促进协会联合美国计算机科学教师协会和卡耐基梅隆大学计算机科学学院启动了美国 K-12 人工智能教育行动(AI4K12),制定了 K-12 人工智能教学指南,为 K-12 教师开发了一套人工智能资源目录,并给出实例与资源链接。资源目录汇集了各类 AI 科普资源,根据不同类型资源的教育特点进行了系统的梳理和分类,标注了适用主题、年段、应用功能等。从媒体类型上,分为专业著作和报告、竞赛、课程材料、演示软件(Demos)、教师职业发展在线课程、K-12 学生在线课程、软件包和视频七类资源;从教学功能上,分为黑

盒演示软件、玻璃盒演示软件、AI 编程框架、不插电活动、视频、硬件、正式课程七类资源。这些资源或是高校 AI 科研院所(代表研究者)开发,或是谷歌等知名高新技术企业(代表实践者)开发,其设计与制作都是专业而规范的。不仅有助于教师快速成长,学生也能获得专业、规范的指导,在一定程度上确保了教学的质量。

印度中等教育中央委员会为支持人工智能课程的实施,与 IBM、英特尔和微软等行业供应商合作共同开发培训、支持性材料和内容,并安排了教师和导师培训,编制了一系列材料,包括针对 8 年级到高中 3 年级的辅导员指南、多学科教案和教材。

澳大利亚政府于 2021 年发布了《澳大利亚人工智能行动计划》(Australia's Artificial Intelligence Action Plan),和澳大利亚教育服务局共同建立数字技术中心(Digital Technology Hub),在数字技术中心专门设置了人工智能主题资源,帮助教师掌握人工智能的基础知识,了解如何对人工智能课程进行创造性设计。

塞尔维亚等国家开发了各种支持人工智能课程的视频、演示文稿和包含互动任务功能的在线工具,来优化人工智能课程的实施。

在各国对人工智能课程资源日益重视的背景下,联合国教科文组织 UNESCO 与爱立信公司共同推出了面向 K-12 教育阶段所有教育工作者和学生的"连接学习"(Connect to Learn)人工智能教育资源库,集成各国各类人工智能教育平台和工具。该人工智能教育资源库包含多种语言,并向教育工作者和学生免费开放,每种语言的资源内容、形式以及教育目的各不相同,形式大致包括视频、平台、文档、软件或程序、集成性平台五大类。教师可在该资源库中快速找到所需资源,在课堂中应用人工智能技术以不同的呈现方式讲解课程内容,学生也能够通过不同的途径学习人工智能知识,并将其转换为实用的技能,实现知识架构的自主建设。

由此可见,国际上多以政府部门、学术机构、高科技企业联合的方式来开发人工智能课程资源,将研究和实践进行结合并应用于教学。相关的课程资源向公众开放,鼓励一线教师和不同年龄段学生直接使用。这都是我国在开展人工智能课程资源研究时可以借鉴的宝贵经验。但也存在大多数资源都是以 AI 科普为目的而开发,并不是针对中小学人工智能教育而设计,资源的系统性和针对性存在不足,无法完全满足中小学人工智能教育的需求等问题。

(二)国内中小学人工智能课程资源现状

我国也高度重视中小学人工智能教育。2017年,国务院发布《新一代人工智能发展规划》,提出在中小学阶段设置人工智能相关课程。2021年,中央网络安全和信息化委员会发布的《"十四五"国家信息化规划》明确指出要推动人工智能技术与教育教学相结合,促进教育教学改革。目前,人工智能课程已逐渐纳入中小学课程体系,在《普通高中信息技术课程标准(2017年版2020年修订)》中,无论是必修还是选择性必修模块中均增加了人工智能相关课程内容;《义务教育信息科技课程标准(2022年版)》中也包含了人工智能逻辑主线相关学习内容。在此战略布局的推动下,我国中小学人工智能教育发展进入快车道。

伴随着人工智能教育的深入推进,课程资源的需求爆炸式增长。各省市区和各级各类学校都积极开展了人工智能课程资源探索。山东省潍坊市开发了多样化的线下教材和线上配套学习资源(根据资源内容,划分为认知类、体验类、实践类、竞赛类等不同类型),通过项目式教学、问题式教学和案例式教学促进不同学科知识的有效融合。温州市在信息技术、通用技术、综合实践等已有课程和教学创新活动中适当增加人工智能教学内容,开发项目化学习资源;并依据浙江省编信息技术教材人工智能模块内容,开发各级段普及类课程辅助资源包和创新教具,促进人工智能教育在K-12年级的普及化、常态化开展。深圳龙华区依托高科技企业在人工智能领域的核心技术,开发了人工智能课程资源在全区普及应用;并依托学校特色类课程,整合、优化教学资源,开发基于校本的人工智能项目化学习资源。北京师范大学于2020年启动"青少年人工智能创新计划"(元卓计划),提供基础启蒙视频并开展人工智能项目学习,培养青少年对于人工智能技术的兴趣并帮助其掌握知识技能,同时将优质的人工智能算法案例转化为符合学生认知水平的人工智能教育案例,供教育工作者在教学中使用。中国人民大学附属中学通过构建"实践共同体"推动人工智能教学资源的共建共享。

相对而言,我国学者目前对于中小学人工智能课程资源的研究较少。以中国知网期刊总库为例,截至2024年1月,用"中小学人工智能+资源"为主题进行搜索,共570条结果。文章大部分是围绕人工智能课程建设、教学模式总结、学生人工智能素养评价和教师师资培养等方面,针对人工智能课程资源的设计与应用策略的仅3篇。其中,李伟斌基于顺德区中小学人工智能教育现状,提出人工智能教育资源建设策略;陈琳调查了杨浦区高中学校人工智能课程资源开发利用现状,提出推进人工智能课程资源与高中"双新"实施融合的举措;吴靖提炼了高中人工智能课程实验类别,提出高中人工智能实验教学资源的建设方案。目前,还没有关于如何用好人工智能课程资源推动学生素养的生成与发展的相关研究。因此,本书针对国内外中小学人工智能课程资源现状,吸收国内外的成功经验,基于教育教学理论,构建人工智能课程资源设计框架和素养导向的人工智能课程资源应用模式,以解决利用人工智能课程资源促进学生素养培育问题。

二、我国中小学人工智能课程资源面临的问题

我国人工智能教育属于新兴学科,尚未成为独立设置的国家课程,缺少专门的课程标准,各地区主要基于当地已有的资源条件进行课程资源的设计、开发,并非依据统一的标准,从而导致人工智能课程资源种类繁杂、良莠不齐。多位学者也高度关注中小学人工智能课程资源的现状,陈琳认为"当前优质人工智能课程资源不足,现有资源亟待增加实践性及生本性";卢宇指出"目前所采用的教学资源迥异,普遍缺乏整体性的课程体系设计与系统性的教学资源建设";巫雪琴指出"人工智能教育走进中小学课堂在实施层面存在教学支撑不到位,感知容易探究难等问题"。本书通过对国内已有的人工智能相关课程资源进行搜集、整理,发现人工智能课程资源设计与应用过程中存在资源教学适应性不强、应用效果不佳等诸多问题,这些问题制约着人工智能教学成效,影响了学生人工智能素养培养的落实推进。

(一)课程资源缺乏系统性

课程资源是课程内容的载体,单个资源所承载的知识信息是有限的,且零散而不成体系。人工智能课程具有完整的知识体系,知识与知识之间存在一定的逻辑关系,故作为知识载体的课程资源也应存在同样的逻辑关系。但目前大多人工智能课程资源的逻辑体系不清、连接关系松散,不利于学生系统地学习、理解和应用。资源之间不应该是完全独立的,人工智能课程资源的设计应该体现教学活动之间的有效连接与动态组织,引导学生循序渐进进行认知建构和迁移应用。

(二)课程资源缺乏教育性

现有的人工智能课程资源的开发多来自优秀教育科技企业,这种企业主导的资源建设模式一定程度上保证资源的科学性与前沿性,但对教学的实际需求关照不足,没有从教与学活动的视角设计和组织课程资源,缺乏对人工智能课程资源与教师活动、学生活动深度融合的思考,无法很好地适配日常教学。人工智能课程资源在设计时应以满足教师和学生的教与学需求为逻辑起点,在应用资源时须实现与教学环节深层次融合。

(三)课程资源无法满足素养培育需求

目前大多数人工智能课程资源偏重于提升学生的操作技能,利用既定步骤的人工智能程序或软件辅助学生完成任务,学生更多地是去理解程序提供的人工智能相关内容,资源更倾向于产品使用指南,忽视对学生思维品质、道德伦理和问题解决能力等人工智能素养的培养。部分人工智能课程资源缺乏对学情的了解和分析,内容设计难度较大,与学生认知水平存在较大的差距;抑或资源设计缺乏针对性,偏向科普教育,无法满足学生人工智能能力及其思维培养的需求。

总体而言,虽然当前人工智能课程资源研究取得较大的进展,但真正适合师生需求、能够有效利用的资源数量实际并不多。人工智能课程资源须坚持需求驱动、实践育人的基本原则,重点关注学生需要什么样的资源、如何用好人工智能课程资源推动学生素养的生成与发展。因此,如何以教育教学理论为指导,把人工智能课程资源与课堂教学融合起来,提升课程资源的应用效果成为亟须解决的问题。

三、素养导向的中小学人工智能课程资源的思考

中小学人工智能教育的核心是培养学生的人工智能素养,人工智能课程学习不仅是让学生认识人工智能、会用人工智能,更重要的是在遇到复杂问题时,能够想到并能够用人工智能思维方法和人工智能技术解决问题。人工智能问题解决能力的培养是学生人工智能素养培育的重点,而培养中小学生人工智能问题解决能力须以学习活动为依托,问题解决能力是在解决实际问题中表现出来的,这一过程须在学习活动中才能得以进行。而学习活动离不开学习资源的支

持,学生和教师、学生和学生以及学生和内容之间的交互,这些都需要通过学习资源进行。

人工智能课程资源应以学习活动为中心,以人工智能素养培养为方向,带出人工智能课程内容。课程资源不是简单的数字化加工处理,而是基于学习活动设计资源的呈现方式和交互方式,内容的组织满足学习活动的要求,通过学习活动的实施达成预期教学目标,落实学生人工智能素养的培养。人工智能资源与人工智能素养培养之间的统一是通过学习活动的转换来完成的,如图 5-1-1 所示。

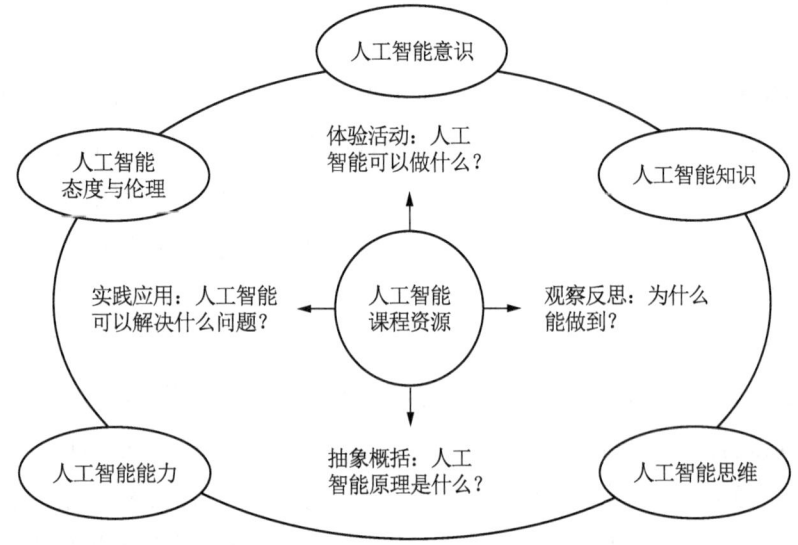

图 5-1-1 人工智能课程资源、学习活动与人工智能素养

图中内圈是人工智能课程资源,是开展人工智能教学的基础条件;中间是学习活动,利用学习资源开展学习活动、提供学习路径;外圈是人工智能素养,是人工智能课程资源的应用目标,依托学习活动落实学生人工智能素养培育。

人工智能课程资源遵循"以学生为中心"的教学理念,以学生为主体,使其经历"人工智能可以做什么、为什么能做到、人工智能的原理是什么、人工智能可以解决什么问题"这四段递进式学习活动,促进人工智能素养的形成。学生依托资源获得有关人工智能应用的亲身体验,形成"人工智能可以做什么"的直观认识,在此过程中培养价值意识、敏感度等人工智能意识;依托资源进行人机交互,反思"为什么能做到",为进一步探索人工智能知识打下基础;依托资源模拟人工智能技术实现过程、解释复杂的原理知识,进一步理解"人工智能原理是什么",形成人工智能知识和思维;依托真实情境的问题资源,设计开发人工智能作品解决实际生活问题,在问题解决过程中形成人工智能能力;依托这一系列学习活动合理合规合法使用人工智能,形成人工智能伦理认知。

第二节 素养导向的中小学人工智能课程资源的设计

缺少教育教学理论指导的人工智能课程资源设计,往往无法满足教与学的需求,实践应用价值有限。因此,本书从教学需求出发,以心流理论为指导,将课程资源设计与学习活动融合,探索促生心流体验的人工智能资源设计策略。

一、理论基础:心流理论

美国心理学家米哈里·希斯赞特米哈伊于20世纪70年代提出心流理论,心流是指人们全身心投入一项活动时的整体感觉。[1]心流是一种情绪体验,当人们进行某项活动过程中达到心流体验后,会产生满足感与愉悦感,在态度、意愿、行为等方面会发生一定的变化。心流理论将心流分为心流前因、心流状态、心流结果,如表5-2-1所示。

表5-2-1 心流理论的三个阶段

心流前因	清晰且明确的目标	能力与挑战相匹配	即时且有效的反馈
心流状态	高度集中的注意力	行为与意识融合	潜在的控制感知
心流结果	逐渐失去自我意识	时间感的变化	发自内心的参与体验

心流状态和心流结果源于心流前因的准备,而前因阶段的变量取决于三个前提条件:能力与挑战相匹配、清晰且明确的目标、即时且有效的反馈。其中能力与挑战相匹配是心流产生的重要因素,当二者达到平衡时,才有利于心流的产

---

[1] 杨心月,任利民.基于心流理论的健身类App设计研究[J].设计,2022,35(11):119—121.

生,只有当三个前提条件同时具备时,才能引起心流状态的产生。在心流状态下,学习者对学习维持较高的兴趣,积极投入学习,并有较好的学习表现。经历心流体验后,学习者会为了再次获得心流体验而主动投入到下一次学习活动中,持续学习的意愿由此产生。

已经有许多学者探究论证了心流体验与学习的关系,如 Nadelson 结合心流理论与学习理论优化教学活动设计,改善了学习体验;Buil 等关注心流与学习效果的关系,发现处于心流状态的人能学到更多的内容,提升了学习效果;Mulik 等关注心流体验对学习意愿的影响,发现心流体验有助于形成持续学习的意愿。由此可见,将心流理论应用于教学领域不仅是可行的,而且具有重要的实践指导意义。[1]

二、基于心流理论的人工智能课程资源设计思路

人工智能课程主要通过感知、互动体验、动手实践等形式开展学习活动,注重学生的学习体验,学生在体验中反思、总结、进行迁移应用。在人工智能课程学习过程中,学生达到心流状态后,对学习维持较高的兴趣,会有较好的学习表现,有利于人工智能态度、意识、能力等素养的形成。由此可见,心流理论与人工智能素养的培养需求相吻合,心流理论对于人工智能课程资源的设计具有理论指导意义。

(一)基于心流理论的人工智能课程资源设计策略

基于心流的特点,可以在人工智能课程资源设计层面引入心流理论,通过对心流前因进行调控来促进人工智能学习心流体验的发生,改善学生的学习体验,从而提高学习效果。

1. 清晰明确的目标

要想进入心流状态,清晰明确的目标至关重要。首先,人工智能课程资源的设计应面向具体的人工智能素养培养目标,可以是为了帮助学生掌握人工智能知识,可以是形成人工智能伦理认知,等等,目标可以面向一个或多个人工智能素养核心要素。其次,基于目标遴选适合的资源内容,并通过设计学习任务单等

---

[1] 刘哲雨,周继慧,周加仙.教育神经科学视角下促进心流体验的智慧教学活动设计[J].现代教育技术,2022,32(07):14—21.

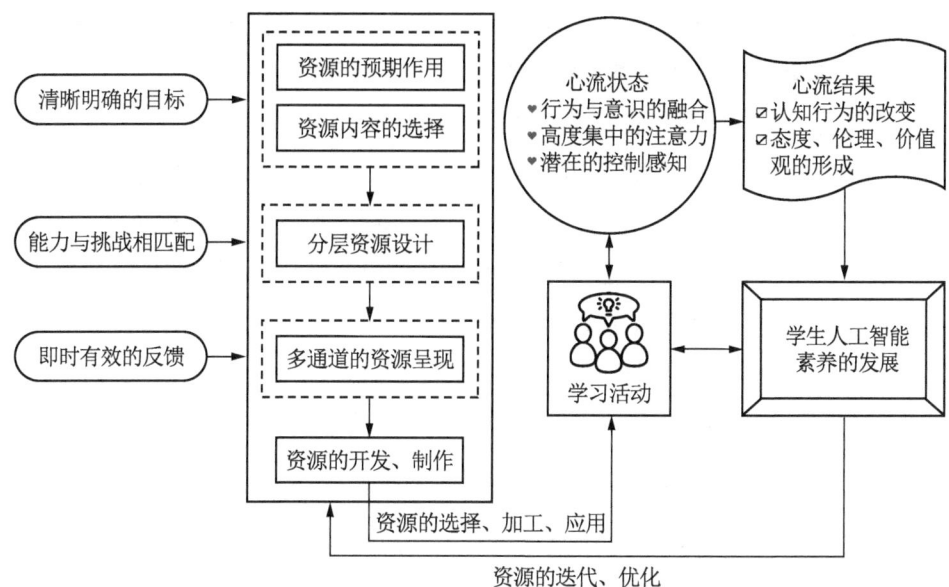

图 5-2-1 基于"心流理论"的人工智能课程资源设计思路

形式将目标清晰地呈现给学生,同时面对不同学情的学生可以进行差异化目标设计,资源设计含有明确学习内容的目标可以激发学生内在的学习兴趣和积极的学习态度,强烈的学习动机会促发心流体验。

2. 能力与挑战相匹配

当学生能力与学习活动挑战相平衡时,学生更容易注意力高度集中、全身心投入,在完成活动挑战时,更易获得成就感和满足感。人工智能课程资源的设计要遵循学生身心发展规律,与学生认知发展水平相契合,符合学生的最近发展区;同时应考虑到学生的不同发展程度,设计与递进式学习活动相配套的学习资源,以适应多样化的学习需求。从感悟人工智能在生活中某一个场景的应用,到动手探索进行小测试,再到实验模拟理解人工智能技术背后的原理,最后应用原理开发小程序解决实际问题。从初阶到高阶,学生可以根据自身能力水平选择任意学习活动进行挑战,当挑战与自身能力水平相当时,才更容易获得心流体验;为维持心流体验,学生可以参与到更复杂的问题解决活动中,提升人工智能素养,进而促进自我发展。

3. 即时且有效的反馈

反馈影响着学生的学习体验,及时的操作反馈和结果反馈能为学生带来更全面的掌控感，促进学生的自主学习。设计多样化的人工智能课程资源，提供多通道交互体验，加强学生与学习资源之间的交互，促进学生进行深层次的意义建构。如设计人工智能课程资源时可以提供动画/视频、互动小程序、智能机器人、智能小车等资源，通过资源和学生之间的互动，为学生带来视觉、听觉、触觉等多感官实时反馈，为学生提供真实、沉浸式交互体验。此外，还可以依据不同类型学习资源对学生意义建构产生的影响，解释并预测学习的最佳资源组合与路径。

（二）人工智能课程资源设计分类

结合上述分析，本书对中小学人工智能课程资源进行了立体化分层设计，如表 5-2-2 所示。

表 5-2-2　人工智能课程资源设计分类

资源分类	清晰明确的目标	能力与挑战平衡	即时有效的反馈
	学习目标	学习活动	资源呈现和交互形式
感知类人工智能课程资源	发现人工智能，认识人工智能	真实情境，具体体验	动画/视频、智能设备、智能应用、学习任务单等
互动体验类人工智能课程资源	会用人工智能，初步理解人工智能	人机交互，测试反思	人工智能测试程序、人工智能训练工具、学习任务单等
理解类人工智能课程资源	动手模拟实验，深入理解人工智能原理	模拟解析，推理建构	人工智能编程工具、人工智能实验程序、学习任务单、动画/视频等
动手实践类人工智能课程资源	拓展迁移应用，解决实际问题	实践检验，问题解决	人工智能编程工具、学习任务单、学习评价表、人工智能作品等

1. 感知类人工智能课程资源

创设生活情境，让学生在具体的场景中学习，产生较强的参与感，获得人工智能可以做什么的直观认识，感悟其对生活和学习的影响，激发探究的热情和积极性。例如，运行 AI 绘画小程序，输入关键词得到 AI 创作的画作，形成人工智能在艺术设计中的应用的直观认识。如果条件受限，无法进行亲身体验，可以利用视频等资源间接向学生展示有意义的现实情境。例如，提供"人机大战"等相关视频，让学生从认知视角体验人工智能的用途，反思如何与人工智能机器人合作。

2. 互动体验类人工智能课程资源

让学生与资源进行简单交互，引导学生对体验过程进行复盘："刚刚观察到了什么？你觉得它是怎么实现的？如果改变条件结果会怎样？"通过人工智能软件或程序等进行测试，尝试调整参数观察效果，反思原因，鼓励学生对其实现过程进行大胆推理猜测，使学生建立对人工智能基本概念的初步理解。例如，提供语音合成实验资源，引导学生体验波形拼接法语音合成技术，通过验证了解机器语音合成的魅力，反思背后的实现过程。

3. 理解类人工智能课程资源

为理解人工智能技术原理，规划相应的学习活动，通过模拟实验、视频解析等方式帮助学生理解人工智能技术实现过程，完成意义建构。例如，学习人脸识别背后的原理时，引导学生一步步进行图像采集、人脸检测、特征提取、人脸识别等实验，让学生了解数据库、特征模型库等的建立和匹配，探索光线、角度、背景等与人脸识别的关系，从而深层次地理解人脸识别的技术工作原理。

4. 动手实践类人工智能课程资源

以学生为主开展学习，面对复杂问题，引导学生进行分析，将人工智能技术思想迁移到实际问题中，形成解决方案。例如，基于人工智能技术给予垃圾分类的反馈和指导，综合图像识别、语音识别、机器学习等技术训练机器识别出各种垃圾的类别，实现输入文字、语音或图片自动给出对应的垃圾类型，帮助人们正确辨识和投放各种生活垃圾。

通过多样化、全面化的资源设计，形成一个立体式的课程资源服务体系，支持教师的备授课、体验理解活动设计、实践活动设计，以及学生的 AI 体验、AI 理解、AI 实践、AI 探索。

第三节 素养导向的中小学人工智能课程资源的应用

只有将人工智能课程资源与恰当的教学模式、方法结合起来才能更好地发挥其作用。因此，为了推进学生的人工智能素养培养，必然要探索新的应用模式。

一、理论基础：体验学习圈

人工智能的学习需要学生了解一些人工智能基本概念，体验技术应用，对技术应用背后的原理、技术思想有所体悟，并能迁移应用到问题解决中。具有人工智能素养的学生，在遇到实际复杂问题时，能够想到并能用计算思维与人工智能技术与方法来解决。大卫·库伯在1984年提出体验学习圈理论，他认为学习应该是由"具体体验、观察反思、抽象概括与主动检验"所组成的一个完整过程，[1]学习是体验的转换并创造知识的过程。体验学习圈理论认为，获取体验有两种不同的方式：一种是感知（即具体体验），另一种是领悟（即抽象概括）。[2]体验的转换有两种不同的加工方式：内涵缩小（即观察反思）与外延扩大（即主动检验）。学生通过具体体验与抽象概括，感知或领悟知识；通过反思观察与主动检验，内化或迁移知识；在获取经验和转换经验的过程中促进思维向更高层次发展。

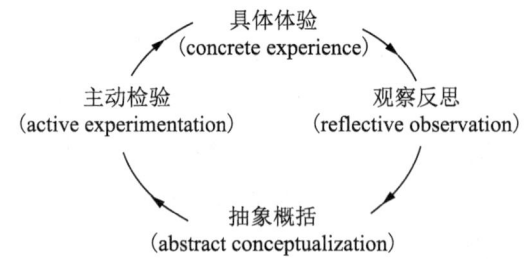

图 5-3-1 大卫·库伯"体验学习圈"理论

体验学习圈理论所揭示的学习过程与素养导向的人工智能教与学过程不谋而合，都强调不仅要关注学生的学习体验，还要将学习体验转化为知识建构的过程，引导学生进行能力的迁移，实现体验、理解与实践的有机结合。体验学习圈理论为人工智能课程资源的应用提供了新思路，可按照"体验——反思——理解——实践"层层递进的结构应用人工智能课程资源，如表5-3-1所示，通过资源应用开展多样化学习活动逐步提升学生人工智能核心素养。

---

[1] 朱理鸿.体验学习与高职思想政治理论课程实践教学探讨[J].教育教学论坛,2015(12):224—225.
[2] 李盛聪,韩忆娟,李宜芯.社区教育游学课程的价值与重构[J].现代远程教育研究,2021,33(03):81—90.

表 5-3-1　人工智能课程资源的重组应用

学习过程	学习活动	人工智能课程资源	学习反馈
具体体验	体验	感知类资源	亲身经历/发表意见
观察反思	反思	互动体验类资源	测验/思考
抽象概括	理解	理解类资源	实验模拟/模型建构
主动检验	实践	动手实践类资源	作品/行为

引导学生基于具体的生活场景进行人工智能应用体验,获得直观的价值认知;然后通过编程测试进行人机交互,通过调整参数观察效果,大胆猜测人工智能技术实现过程;通过实验模拟或者视频解析,进一步理解人工智能背后的技术原理,完成自我认知建构;最后,将人工智能的思想精髓迁移到生活中解决实际问题,在体验、反思、理解、实践等一系列学习活动中逐步实现人工智能素养的培育。

二、基于体验学习圈的人工智能课程资源应用教学流程

在体验学习圈理论指导下,结合人工智能素养培养,本书构建了基于体验学习圈理论的人工智能课程资源应用的教学流程,如图 5-3-2 所示。

（一）提供真实情境的"具体体验"

创造生活情境,利用感知类资源触发学生的具体体验;学生借助学习资源感受人工智能给生活带来的变化,形成对人工智能的直观认知,培养人工智能意识、伦理与态度。一方面,可以通过和智能设备（如智能机器人、语音助手）、人工智能程序等多种资源交互使学生产生直接、真实的亲身体验;另一方面,如果条件受限,在不能让学生亲身体验的情况下,可以利用视频等资源间接向学生展示有意义的现实情境。当然,如果学生已经有了相关的体验则可以直接进入观察反思环节,并非每一次学习都从体验开始。[①]

（二）引导"观察反思"的方向

为学生提供封装好的人工智能程序等交互体验类资源,学生尝试去修改部分参数,观察应用效果;体验结束后,教师提供问题链等学习支架,学生对已经经

[①] 居津.指向核心素养的事例类物理概念"体验课堂"教学案例分析——以"曲线运动"教学案例为例[J].物理教师,2023,44(04):23—27.

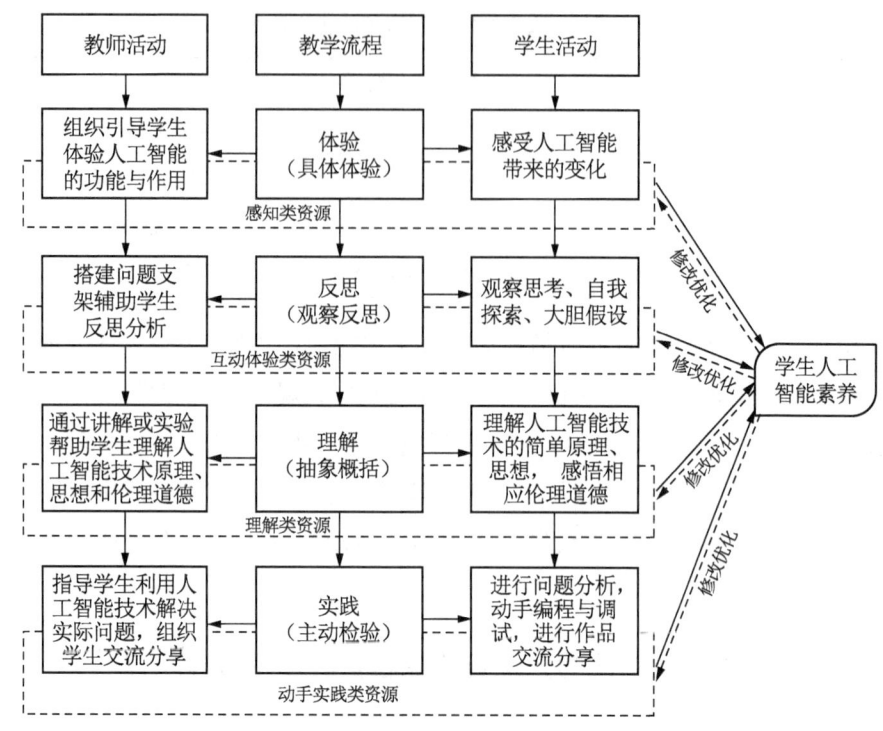

图 5-3-2 基于"体验学习圈"的人工智能课程资源应用教学流程

历的体验进行反思分析,"刚刚看到的是什么?它是怎么实现的?"引导学生对体验过程进行复盘,对其实现过程进行大胆推理猜测。观察反思是推动感知体验上升为理性思维的加速器,无反思的体验仅仅停留在"看了"或"听过"而已,学习并未发生。[①]这个过程也是对学生人工智能思维的训练。

(三)外显"抽象概括"的思维过程

通过实验模拟或者视频讲解等资源对人工智能技术实现过程进行深度剖析,演绎解释人工智能原理思想;学生基于理解类资源,结合自身初步的反思猜测,通过比较、分析、综合概括等思维方式进行人工智能知识的认知建构,形成对人工智能技术原理的理解,在此过程中进一步提升人工智能的伦理与态度。

(四)创设"主动检验"的问题情境

提供真实的生活问题等动手实践类资源,指导学生将人工智能思想投入

---

① 高艳冰.基于"体验学习圈"理论的地理核心素养培养教学设计——以"地理信息技术及其应用"为例[J].地理教学,2020(05):26—28.

到问题解决中,利用人工智能技术解决实际复杂问题;学生对问题进行分析,动手编程并调试优化,最后形成最优解决方案,并进行分享交流。这个过程,学生可以验证自我认知构建,学以致用,在应用和检验过程中发现新问题,也是开启新一轮体验学习圈的契机,在问题的解决中不断发展人工智能素养。

该教学流程中,学生可以通过自主学习和协作探究等形式对资源进行发掘和利用,最终达到人工智能知识学习和内化应用的目标。而教师的主要作用体现在资源的设计、资源的提供和引导、活动的组织、学习的评价和反馈等方面,结合学生人工智能素养的评估,再进一步迭代优化完善资源的设计。

第四节 素养导向的中小学人工智能课程资源实践案例

现以初中人工智能课程中的"机器学习(第一课时)"为例,说明基于体验学习圈的人工智能课程资源应用教学流程的实践过程。

一、人工智能课程资源教学应用案例

机器学习是人工智能的基础,是实现人工智能的一种方法。"机器学习(第一课时)"的学习,主要是让学生认识机器学习的发展及应用,理解其技术原理,知道机器学习的一般过程以及理性看待人工智能所引发的信息社会责任问题。依据此目标,参考基于体验学习圈的人工智能课程资源应用教学流程,设计了"机器学习(第一课时)"的具体教学过程。

(一)设计猫兔识别体验环节

引导学生类比人类学习的过程,理解机器学习的过程。教师利用幼儿学习认识动物的视频间接地向学生展示人类学习的现实过程,而人工智能是机器模拟人类智能的技术,借助猫兔识别机程序和内置图像集,组织学生体验机器是否可以像人类一样正确识别出动物。学生结合已有经验,根据教师设计的学习任务单归纳人类认识动物的一般过程,并基于猫兔识别机(如图5-4-1),探究机器能否识别出动物,反思识别过程。

图 5-4-1　利用猫兔识别机探究机器能否识别动物

设计意图:学生观察幼儿学习认识动物的视频,结合自身经验,增强关于人类学习过程的"具体体验";通过运行猫兔识别机程序得到直接反馈,感受人工智能能做什么;对比人类学习过程,进一步反思机器能正确识别出动物的原因。该阶段为机器学习的具体体验阶段,是整个学习过程的准备和基础。

(二)引导反思猫兔识别过程

反思能够促使直接经验与思考、学习产生关联。教师引导学生更换图像集中的图片,观察程序运行结果的变化(如图 5-4-2),反思结果不一样的原因是什么,如何解决这个问题。教师组织学生小组讨论,给予各小组充足的思考和讨论时间,提供更新的动物图片集辅助学生重新验证。学生在与资源交互、生生交互、师生交互中获得反馈,进行头脑风暴,构思问题解决方案。例如,A 组同学提出猫兔识别机中的图像集太少,可以增加数据量提高识别正确率;B 组同学提出还可以对程序本身进行优化,进行图像的相似度分析,提高判断的精准性。

设计意图:对体验内容进行反思、内化,才能促进有意义学习的发生。让学生测试猫兔识别机程序,调整参数观察运行结果,调动学生自身的知识经验,反思原因,大胆猜测机器识别动物的过程,为进一步领悟抽象的间接经验提供帮助。

(三)抽象概括机器学习过程

在前期体验猫兔识别机、修改参数、测试反思的基础上,进行归纳和整理,教师引导学生将反思的过程与结果加以具体描述,学生梳理自己的观点并从他人

图 5-4-2　修改程序参数观察运行结果的变化

的表述中获得有效信息,完善自己的认知建构。教师利用图表支架资源,阐释机器学习原理中的线性分类,学生对比人类学习认识动物过程,推演机器识别动物的过程,完成学习任务单(如图 5-4-3)。

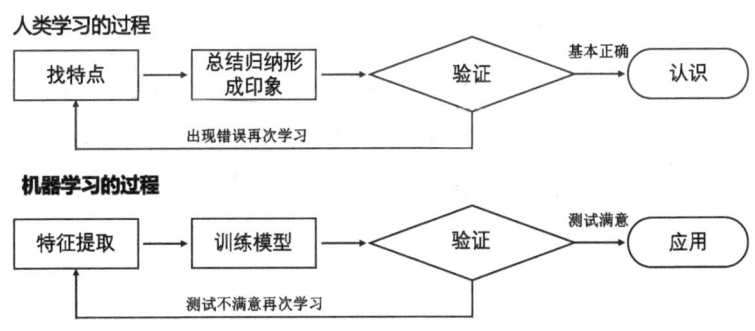

图 5-4-3　抽象概括机器学习过程的学习任务单

设计意图:引导学生认识机器学习的"线性分类"问题,从而将动物识别的分类过程抽象、建模;通过对比人类的学习过程,帮助学生完成机器学习的一般过程的认知建构,在此过程中让学生掌握人工智能知识,训练人工智能思维。

(四)换脸技术的应用反思

经历以上三个阶段,学生的经验实现了层层递进,最终形成对机器学习过程的深刻认识,掌握设计特征、训练模型等方法。特征不仅能让机器学会分类,还可以将特征反向应用,机器会基于总结的规律,生成形似数据,实现创作。在主动检验阶段,通过换脸小程序将理性认识和生活实际结合起来,组织学生讨论、推理、总结 AI 换脸的实现过程,与此同时引导学生辨析人工智能技术所带来的人类伦理道德问题。

设计意图:将习得的机器学习原理进行迁移应用,并将 AI 换脸与侵权等问题结合起来,引导学生自觉遵守相关法律规定和道德规范,促进学生人工智能态度和伦理认知的形成。

二、人工智能课程资源教学应用反思

这节课以学生幼时学习认识动物的生活经验为切入点,通过"幼儿认识动物视频"感知类资源、"猫兔识别机"测试程序交互体验类资源、"线性分类演绎图表、人工智能训练工具"理解类资源、"人工智能编程工具、人工智能换脸视频"实践类资源以及其他辅助资源,给予学生大量有关机器学习的亲身体验和应用实践,充分调动学生的学习积极性,让学生在体验中学,在实践中检验和解决新问题。引导学生经历"体验、反思、理解、实践"的学习全过程,帮助其实现从体验者到思考者再到实践者的有效转变。

学生通过与资源的交互,动态参与到机器学习过程的观察、反思与应用检验的学习活动中。首先,学生通过运行猫兔识别机程序得到及时反馈,观察猫兔识别机识别动物的程序设计框架,增强对机器学习应用的"具体体验",并通过观看幼儿认识动物视频与自身先前经验进行联结,获得人工智能应用的感知。其次,在"反思观察"阶段,学生对猫兔识别机的程序参数进行修改调整,观察程序运行结果的变化,反思原因,大胆猜测机器识别动物的过程,形成对机器学习的初步理解,促进人工智能思维的发展。随后,在"抽象概念"阶段,学生借助线性分类演绎图表阐释机器学习原理中的线性分类,通过对比、分析人类学习过程,对机器学习的一般过程进行抽象建模,训练人工智能思维,掌握人工智能知识。最后,学生在资源提供的迁移情境中"主动检验",可将猫兔识别思想迁移应用到多种动物的识别问题中,培养人工智能能力;反思人工智能换脸技术的现实应用,促进人工智能态度和伦理认知的形成,从而形成对机器学习更加全面深刻的理性理解。

传统的人工智能课程学习，学生通过教师设置的虚拟情境获得抽象的经验结论，学生与学习资源之间似乎存在一定的"距离"；素养导向的人工智能课程资源的设计与应用，弥补了在传统教学中难以获取直接体验的缺憾。基于体验学习圈的人工智能课程资源应用教学流程，能够较好地组织人工智能课程学习内容，有机整合了人工智能素养各个要素，让学生在体验、反思、理解、实践的过程中自然开展学习，以实现思维锻炼和素养提升。

第六章　素养导向的中小学人工智能教学模式

随着ChatGPT、文心一言等人工智能大语言模型的爆火,人工智能作为新一轮科技革命和产业革命的驱动力量,正在深刻改变着我们的生活工作方式。在中小学开展人工智能教育,培养适应未来社会的创新型人才已形成共识。人工智能作为一门新生学科,具有综合性、实践性等特点,给学生的学习、教师的教学都带来比较大的挑战。本章节内容聚焦人工智能教学,综述人工智能教学研究现状,从理论结合教学经验的角度总结人工智能的教学模式,最后辅以具体的教学案例实践。

第一节　国内外中小学人工智能教学的研究现状

随着信息科技的不断发展,人工智能已逐渐渗透到社会生产生活各个领域,有了普遍的应用。在教育领域中,中小学人工智能教育问题也逐渐受到关注。当前世界各国普遍启动中小学人工智能教育,开启未来社会创新人才培养战略。人工智能教学的发展可以追溯到 20 世纪 80 年代,当时专家系统被引入教育领域。随着信息技术的不断发展,人工智能教学越来越受到重视,很多国家和地区开设人工智能课程,建立人工智能教学支撑体系。

一、国外中小学人工智能教育教学开展情况

（一）英国及欧盟较早开设人工智能课程

英国基础教育必修课程"计算机科学"分为"计算"和"信息系统"两部分,"计算"部分包含了人工智能基础知识,"信息系统"部分包含了人工智能技术应用。学校通过开展相关教育竞赛活动的方式来激发学生的兴趣,并提高学生的问题解决能力和信息素养。欧盟在 2013 年启动"人脑计划",并在 2016 年公开发布了人工智能六大平台,将人工智能教育内容从知识拓展到系统平台的支撑。

（二）美国开展 K-12 人工智能教育行动

自 2010 年起,美国国防部高级研究计划局长期支持人工智能在各领域的应用。他们着重在 K-12(6—18 岁)学段开展人工智能教育,从幼儿园到高中各学段都配置了计算机科学课程,高中学段开设人工智能概论,介绍人工智能的意义及其应用。在美国国家科学基金会的资助下,2018 年 5 月,美国人工智能促进协会联合美国计算机科学教师协会和卡耐基梅隆大学计算机科学学院组成了联合工作组,启动了美国 K-12 人工智能教育行动,为人工智能教育提供课程体系、资源等指导支持。

（三）日本注重人工智能教育课程顶层设计

日本多职能部门协同高科技企业参与人工智能教育课程体系的顶层设计,

建立符合学习者认知特点的人工智能教育分层课程实施步骤。2019年,日本文部科学省公布了新版教科书的评估结果,要求日本所有小学自 2020 年起使用新版教科书,编程正式成为日本小学必修内容。日本的中小学人工智能教育体系,以编程教育为核心,根据学生的年龄和认知能力分为不同阶段,各阶段相互关联,环环相扣,逐步提升学生人工智能的认知能力与技术能力。日本将人工智能教育课程加入中小学新教学大纲,渗入中小学课堂。一方面,希望可以培养孩子在信息应用方面的基本能力和逻辑思维能力;另一方面,培养 IT 人才,弥补国际竞争激烈的 IT 行业人才缺口。

二、我国中小学人工智能教育飞速发展

(一)人工智能教学研究文献情况

以"中小学人工智能教学"为主题,在中国知网进行文献检索,搜到相关文章 392 篇,见图 6-1-1。由文章的发表时间可以看到,自 2019 年起,相关研究呈爆发式增长,在 2021 年达到一年 86 篇文章的顶峰后稍有回落。但是基于现有的研究趋势,根据中国知网的预测模型分析,2024 年文献发表量将再次达到顶峰。由此可见,中小学人工智能教学仍是当今研究的热点,我们都应该积极投身到人工智能教育的研究与实践中。

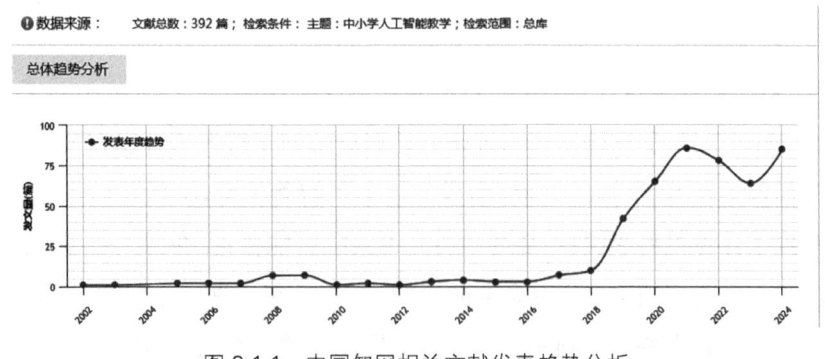

图 6-1-1 中国知网相关文献发表趋势分析

从已发表文章的主题来看(见图 6-1-2),除了最主要的"人工智能""中小学""人工智能教育"三个关键词之外,排名比较靠前的主题是"人工智能课程"(41 篇)、"机器人"和"智能机器人"(38 篇)、"机器人教学"(15 篇)、"教学中的

应用"和"教学模式"(各有 13 篇),其他依次是"信息技术""教学设计""计算思维""教学实践"等。中小学人工智能教学相关文章的主题分布情况说明人工智能课程是教学中首先要关注的因素,教学是跟课程建设、课程内容密切相关的。其次是机器人教育相关内容,机器人教育是在人工智能教学兴起之前很重要的创新实践能力培养的教育形式,因此机器人教学的教学方法、教学模式对人工智能教学具有一定的参考作用。另外,可以注意到,已有学者、教师关注到人工智能教育中计算思维的培养、教学模式的建立,以及如何更好地进行教学设计。

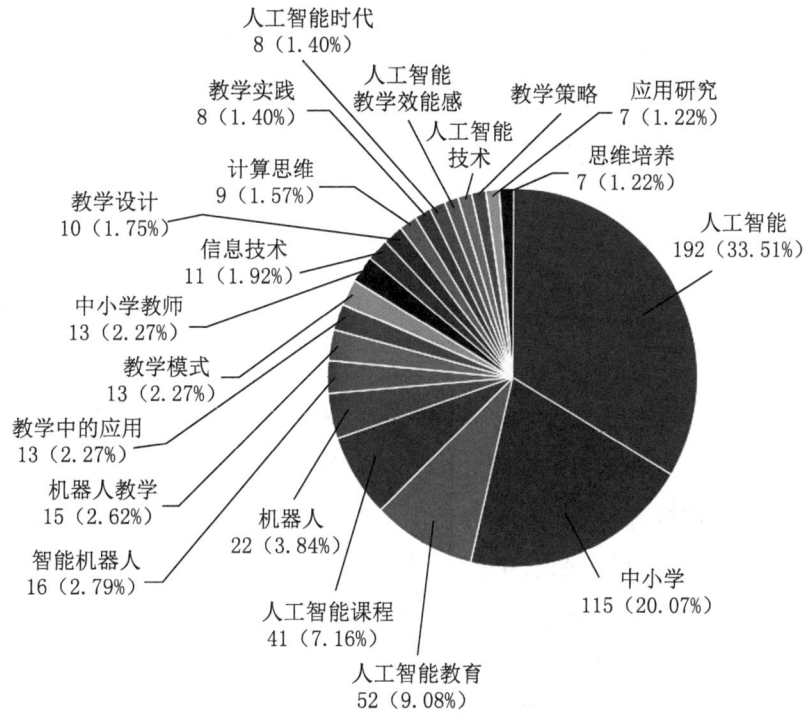

图 6-1-2　中国知网人工智能教学文献主要主题分布饼图

在次要主题分布的可视化分析中,我们可以看到有学者关注人工智能教师(11 篇)、创客教育(9 篇)、项目式学习(9 篇),项目式学习作为人工智能教学的一种具体学习模式,已经在课堂教学中有所实践。

(二)人工智能教学进信息科技课标情况

我国在 2003 年 4 月颁布的《普通高中技术课程标准(实验)》首次在信息技

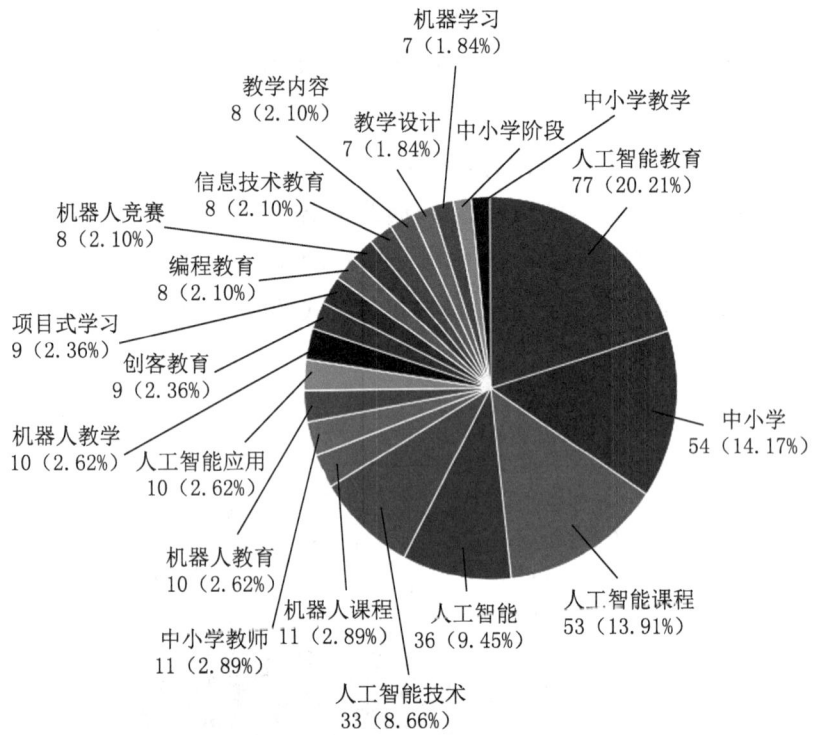

图 6-1-3　中国知网人工智能教学文献次要主题分布饼图

术课程中设立"人工智能初步"选修模块，受技术等原因限制，当时还少有学校开展教学实践。2012 年版《中小学信息技术课程标准》中，首次将机器人科普和入门级开发作为选修内容纳入小学和初中信息技术教学，人工智能教育开始依托信息技术课程、STEAM 课程、机器人课程开展，这也与文献分析中主题的分布情况相呼应。2017 年，《普通高中信息技术课程标准》提出学科计算思维等核心素养目标，在必修科目中加入"人工智能初步"的内容，并将"人工智能初步"作为选择性必修课程，分为"人工智能基础""简单智能系统开发""人工智能技术的发展与应用"三部分内容。随后教科版、人教版、浙教版和粤教版的人工智能初步教材陆续出版，这些教材均涵盖人工智能的概念特征、历史发展、核心算法、典型应用等内容。2022 年 4 月，《义务教育信息科技课程标准（2022 年版）》发布，在第四学段（7—9 年级）纳入人工智能与智慧社会的内容，为义务教育阶段课程内容提供了课标依据。由此，人工智能教育进入中小学，从机器人编程教育的兴趣综合实践课到高中信息技术必修课，再到初中信息科技课程，实现了我国初高中学段的全覆盖。义务教育课程标准对信息科技四个核心素养的学段目标有着具体的指导,提出了"未来智能场景畅想"微项目场景,指引了人工智能教育的项目化实施方式,必将引起新一轮人工智能项目化的设计与基于核心素养开展评测的思考。

（三）人工智能教学现状

随着技术不断发展,各级教育部门对人工智能教育的不断重视,各省市开始逐步探索推进中小学人工智能课程建设。但从实际情况来看,人工智能课程的实施存在着一定的困难。一线教师对课程内容较为陌生,因此在进行教学设计时思路较为单一,对如何落实核心素养存在困惑[①]。随着人工智能教育的发展,人工智能课程在发展的过程中内容不断丰富,例如图形化编程、儿童编程等。同时,也有许多课程开始尝试寻找与人工智能相关的联系点,创客教育就是一个典型的内容。各位专家学者也努力尝试将人工智能课程与各项课程相结合,发挥人工智能课程的优势。此外,也有专家学者尝试将机器人教育理念与人工智能课程相联系,更好地实现两者之间的融合。高峰等人(2019)的论文《人工智能与教育的研究进展与挑战》系统回顾了近年来国内人工智能与教育研究的进展,并提出了未来的挑战与发展方向。张丹等人在《中小学阶段的人工智能教育研究》中,梳理了人工智能教育的发展历程和关键技术,提出了中小学人工智能教育实施的框架。

这些综述文献提供了关于人工智能教学在国内外的研究与实践情况的概览,对人工智能教育的发展具有重要的参考价值。然而,由于领域的快速发展,还有很多新的研究成果和实践案例值得关注和探索。

三、人工智能教学的挑战与趋势

中小学的人工智能教育已经从兴趣课程和社团等形式,逐步进入学校的学科教学之中。尽管中小学人工智能教学已取得了一定的进展,但仍面临着一些挑战和问题。目前人工智能教育主要在信息技术课程中开展,信息技术教师通常具有师范类院校的计算机专业和教育技术专业的教育背景,很多教师也是第

---

① 张志新,杜慧,高露等.发达地区中小学人工智能课程建设现状、问题与对策——以某"新一线"城市为例探讨[J].中国电化教育,2020(9):40—49.

一次接触人工智能,专业知识匮乏,缺乏足够的人工智能素养,尤其是课标要求的计算思维核心素养,急需探索满足核心素养培养需要的教学模式方法。从学生学习角度,由于缺乏必要的技术环境和学习策略,学习活动难以组织,学生参与度低,深度体验不足,人工智能原理性知识难以理解。如何在人工智能课程中系统设计多元有效的体验式学习活动,从心理层面上满足学生的需求,从而促进他们对人工智能原理知识的理解,培育计算思维,成为当前信息技术教师面临的挑战。

当前中小学人工智能课堂教学受到传统教学模式的束缚。传统的课堂教学通常是以教师为中心,学生被动接受知识,这种模式不利于培养学生的创新思维和解决问题的能力。而在人工智能时代,知识更新速度加快,需要学生具备自主学习和终身学习的能力,因此需要打破传统教学模式的束缚,采用更加灵活、开放、互动的教学模式。每一位学生都有自己的兴趣、特长和需求,传统的教学模式难以满足个性化教学的需求。在人工智能教学中,需要针对不同学生的需求和能力,采用个性化的教学方法和策略,以更好地激发学生的学习兴趣和潜力。另外,在人工智能教学中还需要注重培养学生的合作精神和合作能力。

在人工智能教学中,需要采用新的评估和评价方法,以更好地反映学生的学习成果和能力。然而,新的评估和评价方法也需要教师具备较高的教学能力和技术水平,同时也需要制定科学、合理的评估标准和方法。

综上所述,中小学人工智能课堂教学在教学模式上面临的挑战主要来自传统教学模式的束缚、个性化教学的需求、合作学习、实验和实践教学以及评估和评价等方面。为了应对这些挑战,需要教师不断提高自身的教学能力和技术水平,同时也需要学校、家庭和社会的支持和配合,共同推进中小学人工智能教育的健康发展。

第二节 人工智能教学模式的理论基础

为了有效地构建中小学人工智能教育教学模式,需要深入理解其理论基础。

本节将探讨构建中小学人工智能教育教学模式的理论基础。

一、教学模式的内涵

教学模式是在一定的教学思想或教学理论指导下，为实现特定的教学目标而设计或发展起来的相对稳定的教学流程及其方法体系。教学模式可以定义为是在一定教学思想或教学理论指导下建立起来的较为稳定的教学活动结构框架和活动程序。结构框架突出了教学模式从宏观上把握教学活动整体及各要素内部之间的关系和功能；活动程序则突出了教学模式的有序性和可操作性。

乔伊斯和韦尔在《教学模式》一书中认为："教学模式是构成课程和作业、选择教材、提示教师活动的一种范式或计划。"实际上，教学模式并不是一种计划，因为计划往往显得太具体，太具操作性，从而失去了理论色彩。将"模式"一词引入教学理论中，是想以此来说明在一定的教学思想或教学理论指导下建立起来的各种类型的教学活动的基本结构或框架，表现教学过程程序性的策略体系。

教学模式是一种在教学过程中整合各种要素的方法，以便更有效地促进学生的学习。教学模式的设计关注几个关键方面。教学目标：明确设定学生在特定学科或技能方面应达到的期望水平。教材与资源：选择和组织适合达成教学目标的教材、辅助材料和其他资源。教学方法：采用适当的教学方法，如讲授、启发式教学、自主学习、合作学习等，以激发学生的兴趣和参与度。教学活动：设计各种互动性强、形式多样的教学活动，如小组讨论、案例分析、实验探究等，帮助学生运用所学知识和技能。学习策略：引导学生掌握有效的学习策略，如时间管理、笔记整理、思维导图等，以提高学习效果。评价与反馈：通过形成性评价和总结性评价，定期检查学生的学习进度和成果，提供及时的反馈，以便及时调整教学方法和策略。教师角色：教师在教学过程中起到引导、支持、激励和评估的作用，与学生建立良好的互动关系。

教学模式可以根据教学目标、学科内容和学生需求进行调整和优化。教育工作者需要关注教育研究的最新成果，以便将最有效的教学方法应用到实践中。

二、人工智能教学的特点

人工智能是模拟和增强人类智能的一种技术工具。它从大量的历史数据中学习，并不断优化其模型和算法，从而帮助人类更好地理解信息、做出决策，并解放他们的时间用于更具创造性的活动。人类智能则是人类通过直接经验、观察、交流、试错等方式学习，涉及感知、认知、社交互动和情感等多个层面，是一种更加复杂、多样化的学习过程[①]。

在中小学阶段，人工智能教学主要强调基础知识和基本概念的掌握，如机器学习、深度学习、自然语言处理等。这些知识和概念是学生学习人工智能的重要基础。人工智能是一门跨学科的综合性学科，因此人工智能教学具有教学内容综合性的特点。人工智能是一门实践性和应用性相结合的学科，人工智能技术具有很强的应用性价值。在中小学人工智能教学中，应该注重实践环节，通过设计实验、编写代码、调试算法等实践活动，让学生亲身体验人工智能技术的魅力，加深对理论知识的理解。例如，让学生使用语音识别技术、图像识别技术等，体验人工智能的应用和效果。中小学人工智能教学不仅要求学生掌握基本知识和技能，还强调培养学生的创新能力和思维，培养解决生活中实际问题的能力。在人工智能教学中，还应注重培养学生的创新思维，通过引导学生自主探究、实践和创新，激发学生对人工智能的兴趣和热情，培养他们的创新思维和解决问题的能力。随着人工智能技术的广泛应用，伦理和社会责任问题日益凸显。在中小学人工智能教学中，应强调伦理意识和社会责任感，引导学生正确看待人工智能技术的发展和应用，培养他们的道德判断力和负责任的态度。

三、支撑人工智能教学模式的教学理论

（一）做中学理论

做中学（Learning by Doing）是一种以实践为基础的学习理论，由美国教育家 John Dewey 于 20 世纪初提出。该理论强调学生通过实践活动来学习知识和

---

① 俞俭，杨斌.AIGC赋能服装结构设计课程混合式教学模式改革[J].西部皮革，2023，45(24)：144—146.

技能，认为学习应该是一个主动、探索、发现的过程，而不是被动地接受知识。

做中学的学习理论主要包括以下几个方面：

1. 实践是学习的基础。Dewey 认为，学习应该从实践开始，学生在实践中遇到问题、解决问题，从而获得知识和经验。实践是学习的源泉和动力。

2. 主动学习。做中学强调学生的主动参与和自主学习，鼓励学生通过自己的探索和实践来发现知识和理解概念。这样可以帮助学生更好地掌握知识和技能，同时也有助于培养学生的独立思考和创新能力。

3. 探究式学习。做中学倡导探究式学习，即学生在教师的引导下，通过观察、实验、调查等方式，对问题进行深入研究和探讨。这种学习方式有助于培养学生的科学素养和研究能力。

4. 合作学习。Dewey 认为，学习应该是一个社会性的过程，学生应该在合作中学习。通过小组合作、讨论、交流等方式，学生可以互相学习、互相帮助，共同进步。

5. 反馈和调整。做中学强调学生在学习过程中应该及时得到反馈，以便调整自己的学习方法和策略。教师应该关注学生的学习进度和反馈，为学生提供及时的指导和支持。

人工智能技术具有很强的实践性和探究性，需要学生在实际操作中理解和掌握相关知识和技能。而"做中学"理论正是强调实践和探究的学习理论，能够很好地满足人工智能教学的需求。人工智能技术是为了解决实际问题而产生的应用，因此需要学生具备问题解决的能力。而"做中学"理论关注问题解决，强调在实践中发现问题、分析问题和解决问题，这与人工智能教学的目标相一致。人工智能技术的发展需要不断地创新和探索，需要学生具备创新思维和创新能力。而"做中学"理论注重创新能力的培养，鼓励学生通过实践和探究来发现新知识和新方法，有助于培养学生的创新思维和创新能力。因此，做中学理论强调实践和探究，关注问题解决，注重创新能力的培养，对人工智能教学具有支撑作用。

（二）基于理解的教学设计

基于理解的教学设计（Understanding by Design，简称 UbD）是一种以目标为导向、以学生为中心的教学设计理论和框架。它由教育学家 Wiggins 和

McTighe 于 20 世纪 90 年代提出，旨在帮助教师更好地设计课程、教学活动和评估方式，以提高学生的理解能力和学习效果。

UbD 理论的核心理念包括以下几点：

1. 明确学习目标。UbD 强调在教学设计之初就明确学生的学习目标，这些目标应该具体、可测量、可达成，并且与课程标准、学科核心概念和学生的需求相一致。

2. 设计先于教学。UbD 主张在设计教学活动之前，先设计学习目标和评估方式。这样可以帮助教师更好地安排教学内容，确保教学活动的针对性和有效性。

3. 以学生为中心。UbD 强调学生的主动参与和自主学习，鼓励教师采用多种教学策略和活动，帮助学生建立概念、发展技能和培养态度。

4. 理解优先。UbD 认为，理解是学习的核心目标。教师应该设计教学活动，帮助学生深入理解学科知识，而不仅仅是记忆事实和公式。

5. 评估促进学习。UbD 强调评估在教学过程中的重要作用。教师应该设计有效的评估方式，不仅检查学生的知识掌握情况，还应该评估学生的理解程度和应用能力。

UbD 理论为教师提供了一个全面、系统的教学设计框架，有助于提高人工智能教学质量和学生学习效果。

基于理解的教学设计理论要求教师明确学生的学习目标，强调学生的主动参与和探究，确定学生需要达到的理解层次和水平。这种理论注重学生的主体性，能够激发学生的学习热情和积极性，有助于学生在人工智能学习中发挥自己的主观能动性。基于理解的教学设计要求教师创设真实的、有意义的情境，让学生在实际问题中理解和应用知识，从而有助于学生在人工智能学习中深入理解和掌握相关知识和技能，提升学习效果。基于理解的教学设计理论要求教师为学生提供必要的支持和指导，如提供学习资源、引导探究方向等，帮助学生建立知识联系和实现深度理解。这种理论能够帮助学生在人工智能学习中克服困难和挑战。基于理解的教学设计理论注重学生的反思和评估，要求教师引导学生反思自己的学习过程和结果，评估自己的理解程度和水平，及时调整学习策略和方法，从而有助于学生在人工智能学习中及时发现自己的不足和问题，及时调整学习方向和方法,提升学习效果。

因此,基于理解的教学设计理论要求教师确定明确的理解目标,创设理解的情境,提供理解的支架,注重评估等实践策略有助于学生在人工智能学习中整合不同学科的知识和资源,更好地理解和掌握相关知识和技能。

(三)促进深度学习的体验式学习圈

在杜威、勒温、皮亚杰等人研究的基础上,大卫·库伯创造性地提出四阶段的体验学习圈环形结构模型。大卫·库伯把体验学习阐释为一个体验循环过程:具体体验——反思观察——抽象概括——行动检验,再到具体的体验,如此循环,形成一个贯穿的学习经历,经历一个认知螺旋上升的学习过程,在体验中认知。体验式学习是一种在真实情境中进行反思而获得直接体验的学习方式,基于直接经验感知、思考、领悟、行动,被认为是一种特殊的学习方式,可以帮助学生通过自身经验来构建知识,提高解决问题的能力。

传统的讲授式教学——教师讲学生听的方式,无法触及学生的亲身体验和深度理解,不适合培养学生人工智能的核心素养和实践能力。"体验学习圈"理论超越了一直以来经验与理性对立的二元论,将直接经验与间接经验辩证统一,以学习者自身体验为核心,能够高效调动学习者对人类自身已有的认知经验进行人工智能概念原理学习,对人工智能教学具有重要的指导意义。体验式学习包括感知、反思、抽象及实践的过程,特别适用于综合性、实践性较强的人工智能学习,对应计算思维核心素养的培养。体验式学习首先让学习者投入一种新的体验,再停下来从对人类自身智能的观察中反思,领悟理解所体验的内容,然后到了实践检验解决实际问题的阶段,再来新的体验循环。通过学生的体验与领悟,实现人工智能知识的吸收,能力的提升,思维的锻炼,在行动检验中也提高了解决问题的能力,非常符合人工智能计算思维核心素养培育的要求。

第三节 素养导向的中小学人工智能教学模式构建

人工智能作为信息科技课标中的重要内容,学科知识覆盖面广、内容抽象、概念繁多、原理性内容比较晦涩难懂，学生也缺乏长期学习的基础，理解起来有诸多困难。现有的教学模式更多的是以教师为中心的"讲授"式教学模式，学生是被动刺激接受者，而面向计算思维培育的人工智能教育，更注重知识的体验性、动手的实践性、思维的发展性。在教学策略中，应该以学生为中心，开展游戏化、项目化、体验式学习，创新开展知识感知、问题解决式教学策略。在长期理论研究和实践总结的基础上，我们研究实践了三种常用的适用素养导向，尤其是计算思维培养的人工智能教学模式。

一、人工智能游戏化教学

游戏深受儿童喜爱，游戏化教学能够激发和维持孩子的学习兴趣。我们研究出一种以学习者为中心，以计算思维素养培养为目标，将插电或不插电游戏元素和游戏机制融合进教与学的过程当中，通过互动有趣的教育游戏激发学生的兴趣和专注力的教学模式。游戏化教学模式可以分为不插电和电子游戏教学，可以概括为图 6-3-1 的七步骤。

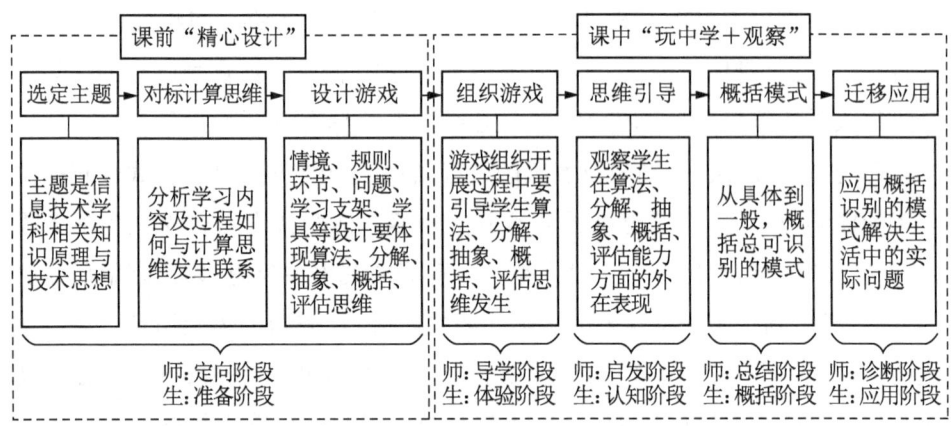

图 6-3-1 面向计算思维的不插电计算机科学游戏化教学模式

（一）不插电的人工智能游戏化教学

不插电的游戏是指不借助任何电子设备，通过完成一系列任务或游戏让学生理解抽象的人工智能概念。人工智能系统知识中包含着大量的知识理解类的知识，如何在"知识理解"为特征的教学中培养学生的计算思维，一直是教师教学设计和实施的困难点。研究构建的面向计算思维培养的不插电计算机科学游戏化教学模式,在七步走的过程中,通过预先设计好的游戏环节和细节,关注学生内在的思维过程及思维变化,帮助学生学习如何描述问题,确定解决该问题所需的关键,并将其分解为细微的逻辑步骤,以便他们随后可以创建解决该问题的流程,然后评估此过程。

人工智能是计算机进行数据处理来模拟人类智能的技术,设计不插电的游戏来深入探究人类智能的作用机制,有助于理解计算机处理数据的过程。如在"计算机视觉"的教学模块中,教师设计"人脸识别"游戏探究人眼对人脸的识别过程,让学生在这个过程中感受人眼对人脸信息的分辨,对人脸整体模式的识别,从而迁移理解计算机对人脸的处理原理。这个过程涉及计算思维中分解、抽象、模式识别要素的培养。

表 6-3-1　面向计算思维的人脸识别不插电游戏设计

教学环节	教学过程	计算思维培养
探究人脸识别过程	教师设计人脸识别游戏,引导学生"画像"合作探究人脸识别过程。 1. 组织五官猜人游戏(可以是公众人物或者班级同学),引导学生思考人类如何通过人脸辨识不同的人; 2. 组织学生两人一组观察彼此脸部特点,填写学习任务单的同桌"画像",不强调画画技能,能够抽象表现面部特征即可; 3. 回顾游戏过程,小组讨论人类人脸识别过程。 观察面部 → 分析特征 → 与记忆特征比对 → 结果反馈 4. 引导学生小组合作讨论计算机人脸识别过程。 图像采集 → 人脸检测 → 特征提取 → 特征比对 → 结果反馈	借助五官猜人和同桌"画像",引导学生发现人眼如何采集特征进行人脸识别,并迁移到计算机的人脸识别中。 分解:将人脸通过提取、比对等步骤进行分解; 抽象:能够将面部主要特征抽象表达,如大眼睛、厚嘴唇等; 模式识别:将人脸对人脸的识别过程迁移到计算机对人脸的识别过程。

该教学模式成本低,对软硬件设备的要求较低,尤其适用理解人工智能原理性的知识。

(二)数字化的人工智能游戏化教学

人工智能教学涉及众多抽象的技术概念,将游戏作为教学环节的支持工具,在教学活动中利用电子游戏,将概念所蕴含的基本流程和思想通过游戏表现出来。例如：通过试玩基于机器学习技术实现的"剪刀石头布"的游戏，使学生体验到机器学习的完整流程，帮助其理解"模型""标注""相似度""监督学习"等概念，教学环节如表 6-3-2 所示。

表 6-3-2 "石头剪刀布"理解机器学习的人工智能游戏设计

教学环节	教学过程	计算思维培养
教机器识别"石头剪刀布"手势的实验	教计算机识别"石头""剪刀""布"手势实验，由 3 名同学互相配合，带着问题做实验。 问题：这个"剪刀石头布"实验是如何实现机器学习的？ 引导学生总结"剪刀石头布"实验的流程：先采集关于手势的数据图片→对手势图片进行标注→训练手势模型→输入新的手势验证模型。 观看微视频，理解计算机是如何提取特征并训练模型的。	通过教计算机识别"石头""剪刀""布"手势实验，来学习监督学习解决分类问题的基本思想。 通过对实验结果的问题追问，引导学生思考使用监督学习思想解决手势分类问题的流程。
认识监督学习	基于实验步骤中的"数据标注"操作引出监督学习。 基于实验步骤，引导学生总结监督学习的流程：采集数据—标注数据—训练模型—验证模型。 学习的样本数据都有____？ 通过猫狗分类的例子，强调监督学习的特点：数据标注（有标签）。 计算机会将特征进行数字化表示，表示成特征向量，放在二维空间中，根据特征点分布，构建数学模型（分类器）。问题越复杂，提取的特征会越多，构建的模型（分类器）会更复杂。	从具体到一般，概括使用监督学习解决问题的基本过程。以例子强化学生对监督学习特点以及计算机提取特征训练模型过程的认知。

该教学方法对软硬件设备的要求较低。学生在游戏中对概念进行了解，使得教学变得更加有趣，学生进一步提高对人工智能技术的学习兴趣，为后面更深层的学习打下基础。

二、人工智能项目化学习

人工智能教学中，项目化学习的内涵主要是指基于真实的生活场景，让学生思考并设计方案，综合运用人工智能技术，借助机器人、智能硬件等设备，通过编程完成特定的任务。如让学生利用智能硬件搭建垃圾桶，并在垃圾桶设计过程中植入语音合成、语音识别和图像识别技术，实现对垃圾的自动分类和自动语音提示功能。这种模式适用于复杂抽象的知识的学习,使学生在解决实际问题的过程中习得知识。

问题驱动中小学人工智能项目化学习。基于问题的人工智能项目化教学模式以问题为中心组织教学,并把问题作为学习的驱动力,把真实的/劣构的问题作为发展学生解决问题能力的手段,学生以小组的形式进行学习,教师作为学生的辅助者和引导者。该模式旨在通过解决问题提高学生的自主学习能力,以小组合作的形式提高学生的人际交往和团队合作能力。

基于问题的项目化教学模式,围绕如何利用相关技术解决问题,构建了在人工智能教学中面向计算思维培养的教学实践模式。该教学方法将生活问题与人工智能技术相结合,能够培养学生计算思维等学科素养,培养学生动手能力,激发学生的创造能力。该模式目前已初步应用于浦东新区几所初中的信息技术学科教学,例如正在开展的"智能手环与数据分析""智能音箱与人机对话""机器巡线与程序设计"等探究项目实践,学生的学习积极性高涨,计算思维的能力明显提高。

(一)人工智能项目化学习的实践 1——以"算法与编程"为例

"算法与编程"是人工智能教学中的难点问题,初中以 Scratch 和 Python 编

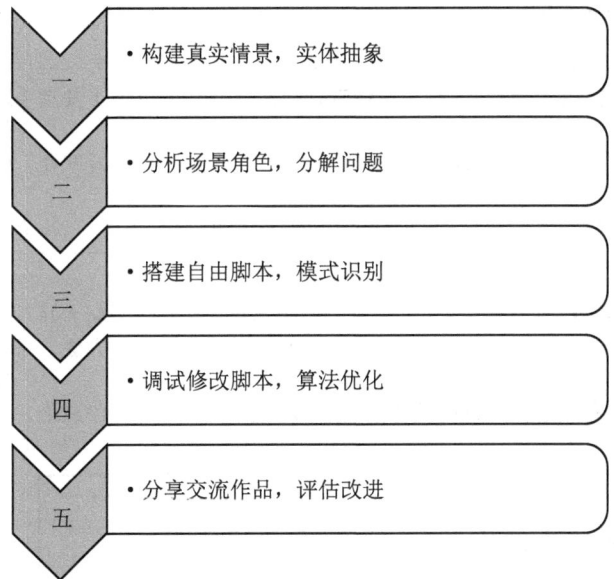

图 6-3-2　面向计算思维的算法与编程项目化教学模式

程工具为载体,设计相应的人工智能项目。在编程项目中,通过"构建真实情景,实体抽象——分析场景角色,分解问题——搭建自由脚本,模式识别——调试修改脚本,算法优化——分享交流作品,评估改进"的五步探索学习,让学生体验一个程序的完整开发过程。融入计算思维五大要素,培养学生自主创新、思考、解决问题的能力。如图 6-3-2 所示。

某学校开展了"智能社会与我"基于单元化的项目设计,如表 6-3-3 所示。教师们普遍认同该教学模式为"算法与编程"教学中计算思维的培养提供了抓手,成效明显。以该单元第二节《好评 or 差评——人工智能情感分析算法初探》为例,开展了教学公开展示活动。

表 6-3-3 "智能社会与我"项目内容学习安排

项目	项目任务	学习内容	课时
智能社会与我	初识人工智能	人工智能应用,人工智能发展历程	1
	好评 or 差评	基于词典的文本情感分析算法	1
	手写字识别	图像二值化与机器学习	2
	出行方式预测	数据采集与预测	2

表 6-3-4 基于词典的文本情感分析算法教学环节设计

教学环节	教学活动	计算思维培养
情景导入 以疑启思	学校做了一个线上的满意度调查,收集了 1000 多条关于食堂的文本评价信息。 想要较为准确且快速获得好评和差评的情况,你有什么好的办法吗? 好评 or 差评——人工智能情感分析算法初探	以真实情境和问题吸引学生注意,引发学生兴趣,明确探究主题。
做出假设 算法设计	【明确目标,分解问题】 在解决这个问题之前,我们先来看看人是如何将句子判断为好评和差评的,继而依据人的分析方法设计计算机的分析方法。 问题1:人如何分析好评差评? 说一说:请观察学案活动 1 表格中的评论,填一填是好评还是差评。 | 评论	好评|差评
---	---
1. 我对餐厅很满意。	
2. 菜很难吃,汤也没味道。			以问题为导向,层层推进。初步确定问题中包含的知识内容及其相互关系。 从人对语句的分析方法抽象出计算机对语句的分析方法。

续 表

教学环节	教学活动	计算思维培养
做出假设 算法设计	【抽象计算机分析步骤】 问题2：计算机如何分析好评差评？ 视频演示，学生说出视频中演示时的六个步骤的名称。 (1)组建情感词库　(2)输入评价内容　(3)分词　(4)匹配情感词库　(5)统计分析　(6)得出结果 【算法设计向编程实践的转换】 计算机识别好评差评的步骤和算法结构图设计完成后，需要通过程序来进行编写实现，六个步骤对应程序编写需要解决的六个问题。 子问题链： | 问题 | 关键程序 | |---|---| | ① 如何建立情感词库？ | | | ② 如何输入要评价的内容？ | | | ③ 如何分句？ | | | ④ 如何匹配情感词库？ | | | ⑤ 如何统计分析？ | | | ⑥ 如何得出结果？ | |	抽象统计过程中需要用到的变量及统计规则。 【抽象化表示数据与算法设计】 将项目的工作模式抽象为计算机操作步骤，表征对问题的理解。 【编程实现的方式】 结合计算机的分析步骤，将其设置为对应数字化产品时，每个步骤应该用哪些关键程序进行实现。

续 表

教学环节	教学活动	计算思维培养
编写程序 验证设想	【算法编程实践】 【再次发现问题优化程序】 练习1:尝试批量导入需要评价的文本信息,导入积极词库、消极词库,按下空格键一键处理后,导出结果,并查看结果。 (播放如何一键导入、处理、导出的视频) 问题1:这些判断错误的评价有哪些规律,该如何优化程序算法使判断结果更精确? 小组讨论,并思考解决方案。 规律:情感词汇前都有否定词。 练习2:按下空格键添加否定词库,并重新处理原来的数据,查看原来评价有误的内容,判断是否正确。	【算法实现】 结合流程图使用具体的编程脚本实现作品的创作,培养学生的算法转化实现和动手实践能力。 【算法优化】 通过测试,发现不足之处(情感词库不全面)并思考优化解决方案。

(二)人工智能项目化学习的实践 2——以"智能机器人"为例

机器人教育与人工智能教育有着不可分割的紧密联系,面向计算思维培养的机器人项目化教学模式如图 6-3-3 所示。其中在分析问题阶段由项目情境引

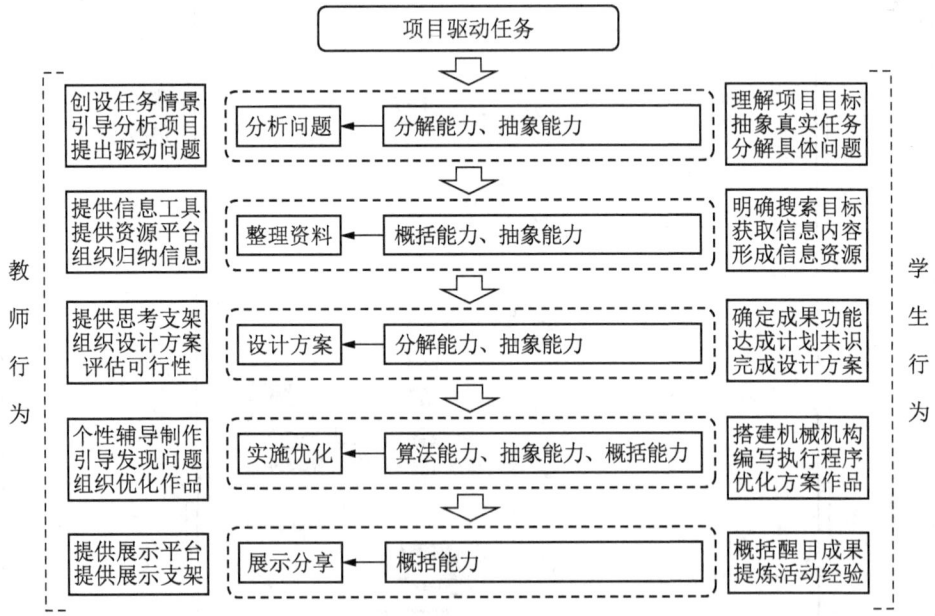

图 6-3-3 面向计算思维的机器人项目化教学模式

入并形成可实施的驱动任务,让学生通过分解和抽象将复杂的真实问题转化为更具体的学科问题。在整理资料阶段学生运用信息技术工具收集和整理信息,并对信息进行筛选和归纳。在设计方案阶段学生除了借助学习支架梳理思路形成方案外,还要对方案进行评估。在实施优化阶段学生需要综合运用技术方法和学科知识开展制作,并对方案进行调整优化。最后在展示分享阶段对项目成果进行综合性描述、展示以及评价。

基于该教学模式,以小学高年级"交通红绿灯"人工智能教学实践案例为例,充分展现学生计算思维等人工智能素养在机器人项目化教学各个环节中的渗透。

表 6-3-5 "交通红绿灯"机器人教学环节设计

教学环节	教学过程	计算思维培养
一、明确任务	1. 教师回顾:在之前的活动中,我们已经通过编程,控制 Arduino 使 LED 彩灯能够发出不同颜色的亮光。 2. 明确任务:今天,我们继续编写程序,使用彩灯模块模拟交通信号灯的功能。 3. 出示课题"交通信号灯"。	真实的生活情境激起学生探究的兴趣,学生基于已经掌握的彩灯模块的基本使用方法,能够使用程序控制彩灯发出不同色彩。
二、综合实践	1. 出示一段程序流程。 2. 教师提问:这段程序能否实现交通信号灯的效果?为什么? 3. 教师小结:Arduino 的执行速度非常快,如果要使信号灯保持状态,需要使用等待或其他流程控制程序。 4. 互动交流:交通信号灯的亮灯流程有什么规律?红灯和绿灯的持续时间对于交通信号灯的功能起到什么意义? 5. 编写程序:根据交通信号灯的工作流程,设计程序,实现功能。 要求: ① 正确使用函数模块程序,优化程序流程; ② 根据交通信号灯的工作规律,编写程序; ③ 调试程序参数,实现交通信号灯的功能。 6. 展示交流:学生展示完成的作品。	关注对学生计算思维能力的培养,经过课程活动,使学生感受使用电子芯片和软件编程的方式设计制作与生活相关的作品,从而解决基于实际的问题。学生通过自主探究、材料探究、小组合作等方式,逐步在试错的过程中解决问题,体验探究与项目活动的真实过程,培养沟通、合作、批判思维、评估等综合技能。

三、人工智能课程体验式学习

人工智能是计算机进行数据处理来模拟人类智能的技术,计算思维是人类个体运用计算机科学领域的思想方法,在形成问题解决方案的过程中产生的一系列思维活动。[①]因此,人工智能的教学内容天然具有培养计算思维的优势。基于"体验学习圈"的教学,注重学生的具体体验,引导学生循序渐进观察反思,抽象领悟原理,以行动检验研制的教学模式适用人工智能原理性内容和程序算法相关内容的理解。学生自主建构教学内容,亲历解决问题的全过程,理解算法设计,培养了计算思维核心素养。面向计算思维核心素养培养,基于库伯体验学习圈的人工智能学习模式如图 6-3-4 所示。

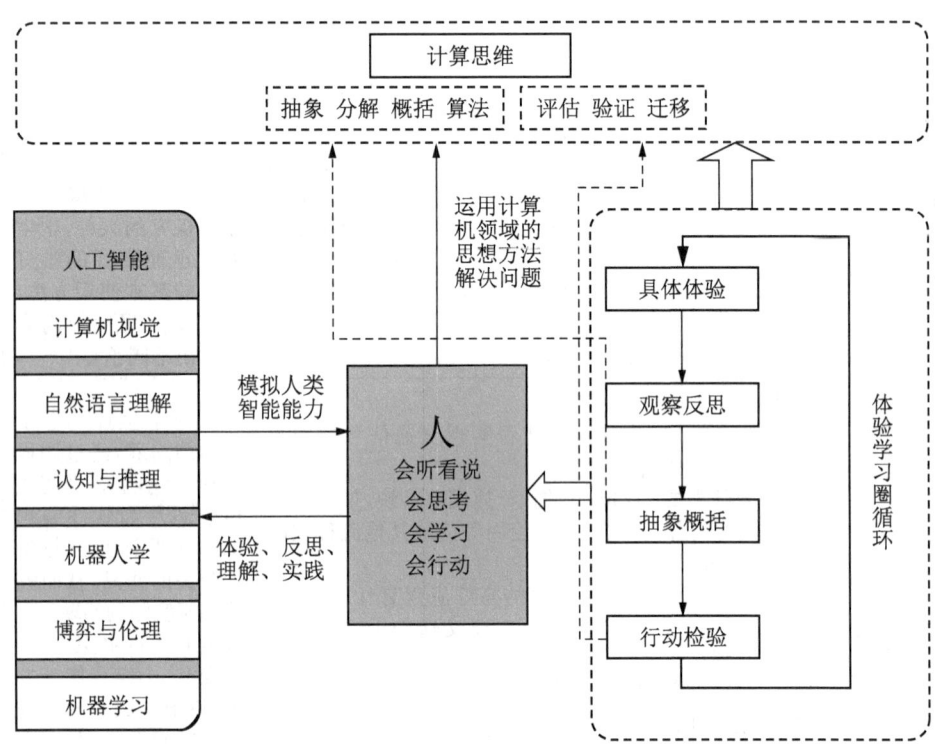

图 6-3-4 面向素养培育的人工智能体验式学习循环模式

(一)人工智能体验式学习活动类型设计

学习活动是学习者以及与之相关的学习群体为了达到预定的目标而进行的

---

① 谢忠新,曹杨璐.中小学信息技术学科学生计算思维培养的策略与方法[J].中国电化教育,2015(11):116—120.

所有操作的总和。①学习活动设计包括学习目标、学习资源、学习任务、学习支持、学习评价等要素。②学习活动类型的设计根据教学环境、教学内容、学习对象的不同而多种多样,常见的有情境游戏、场景体验、头脑风暴、合作探究、自主反思、小组交流等。由于人工智能学科互动性、操作性强,因此人工智能体验式学习活动的设计需要一定的智能化设备和软件支撑,也可以是来自已经普及进入人们生活中的人工智能产品。如计算机视觉人脸识别设计照相机框出人脸的体验,人工智能语音处理中利用智能音箱的对话体验,机器学习中与ChatGPT的问答体验,都能够让学生依靠自己的感官取得直接的经验,激起对自身智能的经验认知,为之后的观察反思、抽象概括等奠定学习基础。

（二）面向素养的人工智能体验式学习流程及对应策略

体验学习圈的四个要素对应了人工智能教学连续的教与学活动流程,可将其划分为五个流程阶段。首先,教师创设真实情境,学生具体体验感知,可以小组合作探究,教师设计体验活动记录单;第二,教师引导探究,学生观察,反思探究原理,教师提供反思观察结果记录单;第三,教师组织讨论,学生自主探究归纳

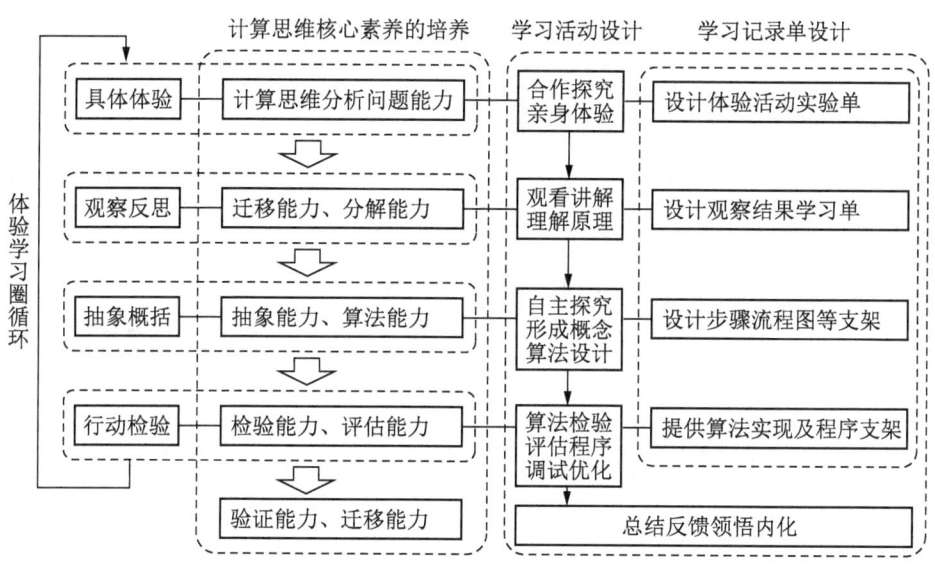

图 6-3-5　面向素养的人工智能体验式学习活动设计

---

① 杨开城.以学习活动为中心的教学设计实训指南[M].北京:电子工业出版社,2016:49—50.
② 葛文双,傅钢善.基于活动理论的网络学习活动设计——"现代教育技术"网络公共课活动案例[J].电化教育研究,2008(03):50—54+62.

概括,领悟知识原理,教师设计辅助的原理讲解微视频、结果记录单;第四,教师明确实践任务,学生实践算法理解,开展编程实践,教师设计算法流程图、程序支架等;最后,教师总结反馈,学生领悟内化,再做下个阶段体验准备。每个阶段的学习活动内容都对应体验学习圈的某个环节,进而完成整个体验学习过程。

基于体验学习圈学习活动环节的关键特征促进学习者通过体验交互深度参与学习过程,主动建构知识,实现对人工智能原理的认知,培养计算思维核心素养。教师在各个学习环节中,要注重设计学习记录单,提供开放性的学习资源,搭建学习支架,提升人工智能课程的教学效果。

(三) 人工智能体验式学习的实践——以"人脸识别"为例

人脸识别是计算机视觉最热门的应用,在人工智能领域是比较经典的教学内容。本文以华东师范大学出版社《高中信息技术》模块1"数据与计算"第四章第一节"计算机视觉"初始课为例,实践面向核心素养培养的体验学习圈学习流程。

1. 设计真实有效的感受人脸检测体验

本课以人脸识别为主要内容,类比人类人脸识别过程,理解计算机人脸识别的过程,在线体验开放平台,理解调用 SDK(Software Development Kit,软件开发工具包)的算法流程,调整程序部分参数,自主实现人脸检测程序功能。"具体

【具体体验】
体验人脸检测,探究计算机是通过检测面部哪些特征判断是人脸的。

面部遮挡	无遮挡	遮住眼睛	遮住口鼻
是否能检测到人脸√ or ×			
结论	计算机是通过分析图像中是否存在_____等特征信息找到人脸位置。		

图 6-3-6　体验人脸检测活动学习记录单

体验"环节可以被看作"感知"的过程,在该环节中,学生分小组体验相机中人脸检测,根据教师设计的学习任务单探究计算机如何在图像中找到人脸。学生利用电脑自带的照相机,体验相机对人脸的检测,通过面部遮挡,探究计算机是通过检测面部哪些特征判断是人脸的。教师提供带有摄像头的电脑、实验记录任务单,并组织小组同学交流。

设计意图:通过相机体验,理解特征对人脸识别的关键作用。学生依靠自身感官获取直接经验,计算机通过分析图像中是否存在眼睛、口鼻等特征判断并标记人脸位置,为之后人脸识别学习阶段提供感知认识,是整个学习过程的准备与基础。

2. 引导观察反思的人脸识别机制探究

该环节引导学生对体验内容进行深层次思考,强化体验效果。人工智能建立在人类智能的基础上,最有效的反思方法无疑是探究人类自身对于该项智能的反应机制。人脸识别是人类婴儿时期即有的本领,在具体学习过程中通过体验的结论,进一步观察反思,人类对人脸的识别过程是怎么样的?人类描绘一个人的长相,通常会分析、归纳出瓜子脸、柳叶眉、樱桃口等特征。这个环节设计"我来画同学"学习活动,通过观察同学面部、对眼睛口鼻特征提取的作画过程,将人类瞬间完成的人脸识别分解为步骤过程,探究人类人脸识别的过程,再反思迁移到计算机人脸识别的过程。

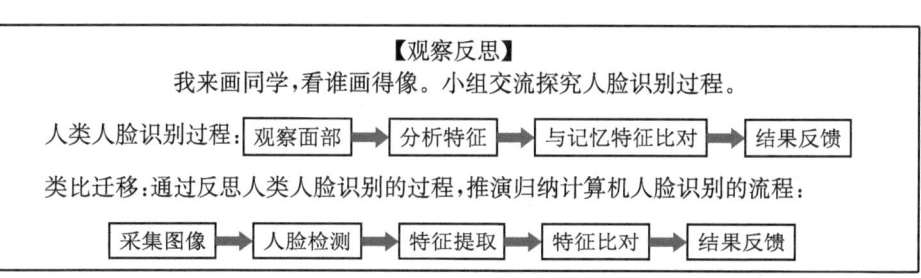

图 6-3-7 教师引导观察反思人脸识别过程的记录单

设计意图:搭建游戏支架,设计体验人类人脸识别的过程,引导学生迁移计算机视觉识别过程,培养计算思维抽象能力、分解能力、迁移能力。教师设计人脸识别过程的记录单,为学生搭建思考的步骤支架,灰色区域是留出空白需要学生来填写的。"观察反思"环节是教师设计"画同学"学习活动调动学生本身具备的知识经验对人脸识别进行解构,实现体验内涵的"缩小",为进一步领悟抽象的间接经验提供基础。

3. 关注抽象概括的人脸检测算法理解

算法的优劣决定程序的好坏,人脸识别也有不同的算法,最好的人脸识别算法能够在不到一秒的时间识别出一千万人而不会出错。这个环节,学生在前面对人脸检测的亲身体验、观察反思的基础上进行归纳,运用计算思维将计算机在人脸上画框的检测过程,抽象分解为定位、画框的算法步骤。学生可以调用人工智能开放平台提供的人脸检测工具开发包 SDK,借助平台的算法能力来获得对人脸的定位信息,再根据定位信息绘制人脸检测框。

【抽象概括】	
算法理解排序:调用人工智能平台实现人脸检测主要步骤如下,请思考写出正确的排序。	
扰乱的主要步骤	正确的执行步骤
① 根据人脸定位信息绘制矩形框	
② 导入智能工具图像处理 SDK	
③ 从返回信息中提取人脸定位信息	
④ 调用 SDK,获取人脸检测任务返回信息	

图 6-3-8　抽象概括的算法理解学习记录单

设计意图:触碰到人工智能算法原理,引入开放平台建立真实的实践,培养计算思维抽象能力、算法能力。教师提供国内人工智能开放平台的人脸检测功能,提供开放的学习技术文档供学生自主探究。这个环节是教学的难点,以算法的设计理解培养学生的计算思维能力。由于人脸检测算法复杂且具有综合性,对于高中生有一定的难度,教师设计了算法排序的支架,抓住重点步骤,采用小组交流的方式,让每一位学生都能够完成抽象概括出人脸识别算法逻辑性的心理过程,培养计算思维算法能力。

4. 利用程序创编的实践实现行动检验

经历了以上三个环节,学生对人脸识别机制有了理解,对计算机人脸检测的算法有了领悟,考虑学生的实际情况及教学目标要求,行动检验环节弱化编程代码,注重程序设计的体验感与成就感。教师事先在小组电脑上安装好 Python 程序、Pillow 库、百度 Python SDK 等，创建人脸检测应用，获得账号信息，提供完整的人脸检测程序。学生根据代码段的解释，对应算法的顺序阅读理解代码，明晰计算机执行人脸检测的过程与原理。学生在本地电脑运行程序，以实践行动检验人脸检测算法的实现。同时，教师提供代码进一步创编深度体验的拓展任务，学生可以调整参数，实现多人脸检测，自主选择体验环境拍摄的照片来查看识别结果。

【行动检验】
1. 阅读并运行程序
打开"FaceDetection.py"程序，查看代码，运行程序，输出人脸检测后图像，查看人脸检测的返回信息。
2. 拓展任务
（1）调整参数，实现多人脸检测，观察返回的性别属性信息。
（2）自主选择照片，更换人脸检测的图像，查看识别结果。
程序片段：

```
# 调用 SDK，获取人脸检测任务的返回信息
API_ID = '25245048' # 你的 App_ID
API_KEY = 'plZCGkrs40b7zeo2qz01NpYR' # 你的 API_KEY
SECRET_KEY = 'RsWeq40mhZDYw3CiL41uMtuhaSbwjWlH' # 你的 SECRET_KEY
client = AipFace(API_ID, API_KEY, SECRET_KEY) # 初始化 AipFace 对象
```

图 6-3-9　人脸检测程序实践的任务单

设计意图：行动检验环节体验借助人工智能开放能力，让学生能够创编改造自己的程序，增加学习成就感，同时也联系生活实际，了解法律法规，建立技术与实际生活的联系。基于人类检测的程序实现，接下来可以进一步体验人脸识别，探究技术发展的活体检测螺旋上升。

总之，研究构建了基于游戏化、基于项目化和体验式的人工智能教学模式，三种模式在丰富学生人工智能知识体系，提高学生问题解决能力和创新精神，培养学生计算思维等人工智能素养方面具有重要实践意义。

第四节　素养导向的中小学人工智能教学效果分析

K-12 阶段是学生基础素养和核心能力的培养阶段，也是人工智能教育的关

键阶段。中小学人工智能教育旨在让学生了解人工智能的基本概念、原理和应用,培养学生的信息素养、计算思维、创新思维和合作精神,激发学生对人工智能的兴趣和探究欲望,为学生未来的学习、生活和工作打下坚实的基础。在中小学教育中,多元化的人工智能教育教学模式适合不同的学习内容,培养学生的创新精神和实践能力。

一、多元化的教学效果评估方法

教学效果是指教师在教学过程中所达到的教学目标和学生的学习成果。它反映了教师的教学能力和教学方法的有效性。教学效果的评估用于确定教学方法和策略是否有效,以及学生是否达到预期的学习成果,是一个复杂的过程,需要综合考虑多个因素,并且教学效果的评估结果可能受到其他因素的干扰,如学生的个体差异、教学资源等。因此,评估教学效果时需要进行全面、客观的分析。

教学效果的评估也有多种方法,我们要根据学习目标和教学内容选择合适的评估方法。常见的教学效果评估方法包括考试、作业、项目、小组讨论、口头报告、观察等。现代的教学评估理念注重表现性评估,注重学习的过程,也有一部分研究者推崇量规的评估方法。

(一)表现性评估

表现性评估(Performace Assessment)是指通过让学生在真实或模拟的情境中完成某一任务,评估学生知识和技能掌握程度的评估方式。与传统的纸笔测试不同,表现性评估更加关注学生的实际操作能力、团队合作能力和创新能力,因此比较适合人工智能教学。表现性评估的评估内容包括项目作品、口头报告、演示、实验等。通过表现性评估,可以更好地了解学生对知识的理解和应用情况,以及他们学习过程中存在的问题,从而更好地指导教学。

在中小学人工智能教育中,表现性评估是指通过让学生完成实际任务来评估他们的能力和知识。可以让学生使用编程语言(如Python)来完成一个实际的人工智能项目,例如图像识别、语音识别或自然语言处理,可以根据学生在项目实践中的流畅性、小组合作情况、产品代码质量、算法效率、创新性和文档编写等方面的表现来评估。可以让学生设计并实施一个人工智能实验,以解决现实生活中的问题。例如使用机器学习算法来预测人口出生率,评估标准可以包括实验设计、数据收集和处理方法、模型选择和结果分析等方面。表现性评估可以让学生在实际应用中学习和运用人工智能知识，同时也能更好地评估他们的能力和知识水平，同时，教师可以根据学生的反馈调整教学。

（二）过程性评估

过程性评估（Process Assessment）是指对学生学习过程的评价，旨在了解学生在学习过程中的态度、方法和策略，以及学生在学习过程中所遇到的问题和困难。过程性评估关注的是对学生思维过程和技能发展的评估，而不仅仅是学习结果，在学习过程中，根据学生的表现，开展针对素养的学习过程评估。

过程性评估可以通过多种方式进行，如观察、访谈、学习日志、自我评价等。通过过程性评估，教师可以更好地了解学生的学习进度，以及他们在学习过程中所遇到的困难，从而更好地指导教学，帮助学生更好地掌握知识和技能。过程性评估还可以帮助教师发现学生的学习潜能，鼓励学生发挥自己的优势，提高学习的积极性和主动性。

在中小学人工智能教学中开展过程性评估，需要关注学生在学习过程中的表现和进步，以便了解学生的学习状态和需求，并及时调整教学策略。需要确定评估指标：根据课程目标，设定过程性评估的指标，如知识理解度、编程技能、创新能力等。需要设计评估工具：针对每个评估指标，设计相应的评估工具，如问卷调查、测试、作业、项目等。需要嵌入教学环节：将评估工具嵌入到教学的各个环节，如课堂讨论、课后练习、项目实践等。需要及时反馈：在学生完成评估任务后，及时给予反馈和建议，帮助学生了解自己的学习进度和提升方向。需要反思和总结：在课程结束时，让学生进行反思和总结，以便了解自己在学习过程中的收获和挑战，并为今后的学习和发展做好准备。

在中小学人工智能教学中开展过程性评估，可以更好地了解学生的学习状态和需求，促进学生的学习和发展。同时，也能帮助教师了解课程实施的成效，以便对教学策略和教学内容进行改进和完善。

（三）量规、量表评估

量规（Rubric）是一种评估工具，它为评估者提供了一个详细的、结构化的标准，用于评估学生的表现或作品。量规通常包括评估指标、等级标准和具体说明，可以帮助评估者更加客观、公正地评估学生的表现或作品。

通过使用量规，评估者可以更加清晰地了解评估的目标和要求，以及对不同等级的表现或作品的期待。学生也可以根据量规的要求，更加明确地了解自己的目标和努力方向。量规还可以帮助教师更好地了解学生的学习进度和掌握情况，从而更好地指导教学。

量规的应用范围非常广泛，可以用于评估多种类型的作业和表现。人工智能教学枚举算法这一章节内容中，可以针对抽象思维的培养设计量规的评估方式。

案例：百僧分百馒头的问题。我国明代珠算家程大位的名著《直指算法统宗》里有一道著名算题：一百馒头一百僧，大僧三个更无争，小僧三人分一个，大小和尚各几丁？

案例剖析：古题新解问题能够激发学生的学习兴趣，百僧分馒头具有情境性，引导学生解决实际问题。大小和尚各几丁涉及枚举算法这一信息技术知识点，僧与馒头的问题需要抽象成符号，对应算法模型解决，因此项目任务的设计有助于培养学生的抽象思维。针对抽象的不同维度，设计量规的评估方式，引导学生发展问题分析的意识，选择合适的抽象对象，发展抽象的高阶思维能力。

表 6-4-1 "百僧分百馒头的问题"抽象思维评价单

评价指标	评价内容		
	优良(8—10 分)	一般(6—8 分)	须努力(<6 分)
问题分析	能根据实际问题清晰分析不同列举对象、列举范围和检验条件	能根据问题分析其中一个列举对象、列举范围和检验条件	不能清晰分析列举对象、列举范围或检验条件
符号抽象	能选择合适的抽象对象，有助于降低复杂度，提高解决问题的效率	能选择合适的抽象，但问题还是比较复杂，解决问题效率一般	不能选择合适的抽象对象，不能提高解决问题的效率
高阶思维能力	分析不同抽象对象的复杂度，选择最优化方案，培养批判性思维	分析部分抽象对象的复杂度，选择其中最优化方案	不能分析不同抽象对象的复杂度
实际问题解决能力	1. 通过分析，能确认可抽象和不可抽象问题 2. 根据不同的对象进行抽象，有助于实现"自动化"	1. 通过分析，能确认可抽象和不可抽象问题 2. 能将其中一个对象进行抽象，有助于实现"自动化"	通过分析，不能确认可抽象和不可抽象问题

我们也可以采用量表的方式来评估,量表评价法是根据设计的等级评价量表来对被评价者进行评价的方法,在《体验计算机视觉应用》一课中,用量表进行学生自主评价,引导学生回顾掌握课堂所学内容。

表 6-4-2 《体验计算机视觉应用》学案自我评价量表

【学习效果自我评价】根据学案的学习目标,自评目标的达成情况:

学习目标达成情况	非常好	能完成	需改进
理解特征对计算机人脸识别的重要作用			
说出并理解计算机视觉人脸识别的过程			
正确排序人脸检测算法,调试运行程序			
能列举人脸识别的校园应用,有保护个人信息安全、尊重他人隐私的意识			
有进一步探究的愿望			

不同的评估方法可以提供不同类型的信息,因此可以结合使用多种评估方法来获取更全面的教学效果评估结果。

二、素养导向的中小学人工智能教学效果分析

有问卷调查显示,目前我国中小学人工智能教育评价主要通过考试或展示等方式进行,有的课堂也引入了徽章、证书、奖励等方式,为人工智能教学提供了更多的激励和反馈。总体来看,我国中小学人工智能教育评价还存在着标准不统一、方式不多样、效果不明显等问题,需要加强评价的设计和实施。

(一)教学效果提升

素养导向的中小学人工智能教学模式是在人工智能技术的快速发展和教育改革不断深入的背景下应运而生的。该模式培养学生的信息素养、计算思维和数字化实践能力,以帮助学生适应未来社会的发展需求。

我们发现实施素养导向的人工智能教学模式后,学生的学习效果得到了显著提高。具体表现在以下几个方面:学生的学习兴趣明显提升,他们更愿意主动参与到学习中,对知识的探索欲望更加强烈;通过创设探究式学习环境,提供体验学习的机会,学生的计算思维和数字化实践能力得到培养;学生能够运用所学知识解决实际问题,提出新的想法和解决方案,创新能力得到了提高;通过游戏

化教学等方式,学生的情感态度价值观和团队协作能力等非智力因素得到发展。

(二)教学效果评价的展望

进一步完善评价机制,一是要制定科学的人工智能教学评价标准,明确评价目的、对象、内容、方法等,为中小学人工智能教育提供有效的反馈;二是要促进人工智能教学评价方式多元化,根据人工智能教育的特点和需求,采用多种形式和手段,如考试、展示、徽章、证书、奖励等,为中小学人工智能教学提供多样的激励和认可;三是要促进人工智能教学评价过程动态化,根据人工智能教育的发展和变化,及时调整和更新人工智能教学的评价标准和方式,为中小学人工智能教育提供及时的监测和评估。

评价不仅仅是对学生的考核甄别,关键要推动整个教学活动的发展。教师在意识上要根据教学改革精神,强调评价主体多元化、评价内容多样化,发展及建立质性和量化相结合的新型评价体系。将评价由随意的行为变成有意识、规范行为;设计基于量表的观察评价;根据核心素养指标及学科思维,设计单元、课堂评价量规。随着人工智能技术的不断发展和完善,中小学人工智能教育教学模式将更加完善。未来,我们有望看到更加智能化、个性化的人工智能实验教学环境,教师和学生将能够更好地利用人工智能技术提高教学效果和学习体验。

第七章　素养导向的中小学人工智能教学实践案例与经验分享

中小学人工智能教学实施,应当始终围绕学生人工智能素养培养的教育目的,根据学生身心发展的规律,通过一系列设计过的教与学活动,引导学生学习人工智能的相关知识与技能,使人工智能教育内容融入学生的认知结构,促进学生迁移应用人工智能的基础概念与技术原理解决实际问题。浦东百所中小学人工智能实验校积极探索素养导向的人工智能教学实践,在此过程中积累了一些优秀的教学实践案例和典型的教学经验。本章内容主要围绕素养导向的中小学人工智能教学实施,整理了一些小学和初中人工智能教学实践的案例,并凝练分享了一线教师从人工智能教学设计到教学实施再到教学反思的经验做法。

第一节　小学人工智能教学实践案例

教学案例一：走进大数据

上海市浦东新区第二中心小学　叶骏

一、教学目标

（一）素养目标

1. 通过了解数据与大数据的相关知识以及大数据在生活中的应用，加深对大数据的认识，体会信息技术的发展及其应用对人类日常生活和科学技术的深刻影响，提高对信息技术的兴趣和意识。

2. 通过案例分析，懂得保护个人、国家数据安全的必要性和重要性。

（二）知识、技能目标

1. 了解数据与大数据，感受大数据现象，了解生活中大数据技术的应用。

2. 知道保护个人、国家数据安全的必要性和重要性。

二、教学重难点

1. 通过了解数据与大数据的相关知识以及大数据在生活中的应用，加深对大数据的认识。

2. 通过案例分析，懂得保护个人、国家数据安全的必要性和重要性。

三、评价成果

表 7-1-1　小学人工智能教学评价表

评价内容	评价星数
我了解了数据与大数据的相关知识。	☆☆☆☆☆
我知道几种大数据在生活中的应用，体会到大数据应用给生活带来了极大的便利。	☆☆☆☆☆
我能正确认识保护个人数据、国家数据安全的必要性和重要性，并了解一些保护个人数据安全的方法。	☆☆☆☆☆

四、学习资源

1. 硬件：计算机网络教室、多媒体投影设备。

2. 课程资料：教学设计、PPT 课件。

3. 物料：学习任务单。

五、教学流程

表 7-1-2 "走进大数据"教学流程

教学环节	学习活动	设计意图
（一） 认识数据	1. PPT 呈现一场 NBA 季后赛图片,说一说:勒布朗詹姆斯出战几分钟？全场得到几分？抢到了几个篮板？有几次助攻？（出战 39 分钟、全场得到 25 分、抢到 9 个篮板、有 3 次助攻） 2. 教师小结:39 分钟、25 分、9 个篮板、3 次助攻这些都是数据。 3. 交流讨论:在我们生活中,还有哪些数据？（身高、速度、学籍号等） 4. 教师小结:一段文字、视频、音频、一张图片也是数据,数据在生活中是无处不在的。 当我们把一条条独立的数据集合起来,有趣的现象发生了。	通过讲解、对话、提问等方式,让学生充分了解数据,认识到数据在生活中无处不在。
（二） 走进 大数据	1. 学生交流： ① 你们的家长有没有使用导航软件的经历？ ② 你知道地图中的红线、绿线表示什么吗？（绿线表示畅通、红线表示拥堵） ③ 导航软件是如何知道这条路段处于拥堵状态的呢？ 2. 教师讲解两种判断路段拥堵的方法： ① 通过调用各地交管系统中的车流量数据,对车流量数据进行分析。 ② 在使用导航软件时,车辆的地理位置数据、车辆行驶数据（如速度数据等）也被上传到了这些导航的服务器,通过一定的算法对大量的用户数据进行分析。 3. 教师小结:通过分析大量的车辆数据、车辆地理位置数据、行驶数据等,我们就能判断道路的拥堵情况,它的背后是大数据在起作用。 4. 学生观看影片,了解大数据。 5. 讨论、交流:大数据对社会以及个人生活的意义和作用。	通过案例讲解,让学生初步认识大数据,了解大数据对社会发展和个人生活的意义和作用。
（三） 体验 大数据 在生活中 的应用	1. 学生猜想并交流:如果请你设计一条从学校出发到迪士尼乐园的交通路线,你知道学校到乐园的路程大概是多远？你会选择哪种交通方式？大约需要多少时间能到达目的地？ 2. 学生利用百度地图完成体验验证活动。 3. 教师小结:百度地图能够对目标地点进行准确定位,针对不同的出行方式,结合大数据技术分析路况,给出合理的出行规划,并能智能地预估到达目的地的时间。大数据应用给我们的生活带来了极大的便利。 4. 学生完成练习一。（列举几种大数据在生活中的应用）	通过体验、交流等活动,了解百度地图的使用方法,体会大数据应用给生活带来的便利。

续表

教学环节	学习活动	设计意图
（四）认识保护数据安全的重要性和必要性	1. 过渡：大数据给我们的生活带来了很多的好处，那么大数据有没有给我们带来困扰呢？ 2. 观看视频。（保护学生个人隐私相关） 3. 交流：你学到了什么？ 4. 学生完成练习。（对保护个人隐私方面提出建议） 5. 学习案例，了解保护国家数据安全的重要性。	通过案例讲解、资料收集等活动让学生了解保护个人数据、国家数据安全的必要性和重要性，并了解一些保护个人数据安全的方法。
（五）拓展学习	1. 阅读拓展资料，交流大数据的特点。 2. 结合案例以及网络资料收集，说一说身边还有哪些有趣的大数据现象。	通过资料收集活动，拓宽学生对大数据相关知识的认知视野，激发学生学习人工智能的热情。

六、教学反思

随着ChatGPT等大语言模型的诞生，我们认识到类似的模型算法需要大量的数据进行训练和优化，才能得到更高的准确性和精度。大数据作为人工智能发展的基础，为人工智能提供了数据支撑。那么如何让小学阶段的学生比较直观、清晰地理解大数据这一相对抽象的概念呢？结合这节课的备课、授课，我想谈一谈自己的观点。

（一）找准切入口，"以小见大"

在前期的备课过程中，我发现各类资源平台对大数据概念的界定是比较模糊的。对于三、四年级的学生来说，无法清晰地理解什么是大数据。经过自己的思考以及中心备课组的研讨，我决定要先找到切入口，从理解一条"数据"出发，然后通过让学生了解、体验大数据在生活中的具体应用，体会大量数据协同发挥作用，解决生活中的问题，用表象性的生活实例去理解抽象性的概念。在课的引入阶段，我从一场NBA总决赛的数据统计出发，让学生明确，出场"39分钟"、得到"25分"这些都是数据，然后让学生"以小见大"，结合生活经验，说一说生活中还有哪些数据，从而先理解数据的概念。随后，我以百度地图为例，揭示大量交通数据协同发挥作用，从而帮助我们精确导航，解决我们的出行问题。整个过程，学生"以小见大"，逐步对大数据形成具象的认知。

（二）用对案例，促使学生走进"大数据"

目前"大数据"应用在我们生活中无处不在，但大多数案例存在于社会各细分行业,要理解起来,必须有一定的专业知识基础。显然,让学生理解大数据应用必须从学生生活出发选准案例。通过不同案例的对比,最终我选择了和学生生活比较贴近的导航应用。我先让学生了解其工作原理,然后让学生通过自己实际操作,体验导航应用的便捷性,认识大数据服务于生活的道理,从而让学生真正走进"大数据"。

七、学习单

走进大数据

组别：_____　　组员：_____

练习一:你能列举几种大数据在生活中的应用吗?

1.
2.
3.

练习二:作为小学生的你,在保护个人数据安全(个人隐私)方面,有什么好的建议介绍给你的同学或者家长?

建议一：
建议二：
建议三：
建议四：
建议五：

教学案例二：有趣的大语言模型

上海市浦东新区白玉兰小学　陆宇威

一、教学概述

本课程旨在介绍生成式人工智能的基础知识和应用,帮助学生理解并实际操作大型语言模型。鉴于学生可能对人工智能的概念和应用不够熟悉,课程设计需要将复杂的技术概念简化,并通过实际操作加深理解。课程中将采用互动讨论和实践活动,以增强学生的参与感和兴趣。

二、学习目标

1. 了解最新的人工智能前沿,知晓并体验热门大语言模型应用,掌握简单的提示词框架(三明治模型)并能够在实际操作中运用。

2. 参与讨论,合作互动,明白大语言模型的原理及相关知识(如预训练、参数、模型输入输出流程、具体任务、深度学习算法、人工神经网络等)。

3. 注重使用大语言模型应用时的隐私与伦理。

4. 激发对人工智能的学习兴趣，培养逻辑思维，提升信息素养，树立科技强国、民族自信的价值观。

三、教学重点

1. 理解大语言模型的基本概念：它们是如何工作的，如何被训练以及它们在现代人工智能中的应用。

2. 掌握提示词框架（三明治模型）：理解并实践如何有效地使用提示词来引导大语言模型生成期望的输出。

3. 认识大语言模型的应用实例：通过实际案例来理解大语言模型在各种场景下的实际应用，如聊天机器人、文本生成等。

4. 讨论大语言模型的原理：探究它们的工作原理，包括预训练、参数、输入输出流程等。

四、教学难点

1. 理解复杂的技术概念：大语言模型的工作原理相对复杂，涉及深度学习算法、人工神经网络等高级概念，对学生来说可能难以理解。

2. 掌握提示词的高效使用：有效地使用提示词要求学生不仅理解模型的工作方式，还需要一定的实践经验来确定最佳的提示词组合。

3. 理解 AI 伦理和隐私问题：在使用大语言模型时考虑到伦理和隐私问题可能是一个新领域，需要学生有深入的思考和讨论。

4. 激发兴趣并维持参与度：让学生保持对技术深奥概念的兴趣和参与度可能是一大挑战，尤其是当课程内容变得较为抽象时。

五、评价成果

程度 1：了解大语言模型，认真听教师与同学们的话语，学会自然语言输入提问。

程度 2：了解并体验大语言模型，学会基础的提示词框架。

程度 3：了解并体验多种大语言模型，掌握提示词框架的同时注重伦理与隐私，树立科技强国、民族自信的价值观。

六、学习资源

教学课件、电脑、互动大屏、学习单、评价表。

七、教学流程

表 7-1-3　"有趣的大语言模型"教学流程

教学环节	学习活动		设计意图
	教师活动	学生活动	
（一）ChatGPT的现象级应用	1. 展示相关（ChatGPT）热度流量的图标，阐述其爆热原因。	1. 认真听取关于ChatGPT的背景知识，提出疑问或分享听闻。	让学生了解ChatGPT的背景知识。
（二）体验学习讯飞星火	1. 出示讯飞星火应用图片，并结合网页具体讲解示范。 2. 引导学生分组体验学习讯飞星火，给出明确生成方向（关键词:学校）。 3. 邀请小组分享优秀课堂生成性资源。	1. 认真听取讯飞星火相关的功能，并构思生成方向。 2. 和小伙伴组队尝试多次，选出优质的生成内容。 3. 小组上台自信分享优质内容。	使学生体验尝试讯飞星火的使用，在围绕目标生成优质内容的同时，提高学生的合作性，培养思维，激发其对人工智能的学习兴趣。
（三）有趣的大语言模型	1. 出示热门大语言模型应用图示，引导学生了解各个大语言模型的背景，并提问:你们猜一猜哪款大语言模型最厉害呢? 2. 展示GPT-3的训练数据图，并组织学生分组活动（两人一组探讨参数量的影响），邀请优秀小组上台回答。 3. 简述与展示大语言模型最基本的流程，组织学生上台互动，引导学生从单个小模型到复杂模型的逻辑推导和整合分析，总结出大语言模型可实现的具体任务。 4. 讲解出示深度学习模型（算法）图片，引导学生尝试将抽象概念转为具体（以前每个任务都需要一个模型，现在众多任务只需要一个大语言模型，它是一种深度学习模型）。	1. 认真听取每个大语言模型应用的背景知识，积极思考并猜测。 2. 了解大语言模型的训练数据，两人一组互相讨论关于参数量的影响因素，上台简述理由。 3. 知晓大语言模型最基本的流程，积极思考，勇于上台互动，通过多个案例活动总结出大语言模型的具体任务。 4. 积极思考，将抽象概念转为具体，尝试理解深度学习模型。	引导学生了解热门大语言模型应用，通过多种互动方式和实例推导，分析大语言模型原理与影响因素，试图通过体验学习，促使学生构建大语言模型概念，并发展逻辑思维和信息素养，在使用过程中也注重伦理与隐私。

续 表

教学环节	学习活动 教师活动	学习活动 学生活动	设计意图
（三）有趣的大语言模型	5. 对比两种不同神经网络结构图，邀请学生上台模拟 AI 尝试回答案例结果，引导学生思考不同神经网络对生成结果的重要性。 6. 讲解并展示大语言模型的数据泄露和应用错误案例，着重强调在使用时注重伦理与隐私。 7. 展示相关大语言模型评测，并提问：影响大语言模型的因素有哪些？组织学生积极回答，引出资源、训练、参数、算法。	5. 积极思考，根据案例转换理解神经网络，勇于上台模拟 AI 生成结果，提炼逻辑关系。 6. 认真听取相关实证案例，在后续操作时避免隐私泄露，注重伦理。 7. 认真观察综合性能评估和评测，积极思考影响因素，并积极发言。	
（四）优化 Prompt（三明治模型）提升生成内容	1. 抛出问题：如何在有限条件下，生成更好的内容呢？引导出 Prompt 的重要性。 2. 出示三明治模型图片，对比不同 Prompt 生成的不同内容，引导学生理解角色、任务、要求。 3. 邀请学生现场编辑出一条符合三明治模型的 Prompt 并评价。	1. 积极思考，尝试回答。 2. 通过对比，尝试理解三明治模型（角色、任务、要求）。 3. 勇于尝试编辑一条 Prompt。	使学生明白 Prompt 提示词的重要性，理解三明治模型，积极思考创造一条高质量的 Prompt，培养学生的思维方式，激发其人工智能兴趣。
（五）分组沉浸式体验大语言模型应用	1. 引导学生分组沉浸式体验大语言模型应用，给出明确反复优化步骤。 2. 挑选优秀课堂生成性资源分享并讲解思路。	1. 和小伙伴组队明确主题，优化生成内容直到满意为止。 2. 上台自信分享优秀内容并讲解过程构思。	使学生分组沉浸式体验大语言模型应用，根据设定的优化流程，不断优化生成内容，提高学生的合作性，激发其扩散思维。

八、教学反思

本次课程主要围绕"有趣的大语言模型"，通过五个环节：ChatGPT 的现象级应用、体验学习讯飞星火、探索大语言模型、优化 Prompt（三明治模型）以及分组沉浸式体验大语言模型应用，来引导学生深入理解生成式人工智能（AIGC）。

（一）学生参与度和兴趣激发

我注意到，在介绍 ChatGPT 现象级应用时，学生表现出极高的兴趣。这表明,将教学内容与实际热点相结合可以有效提升学生的参与度。然而,我发现在讲解技术细节时学生的注意力有所下降,这提示我在未来的课程中应更多地运用互动和实践活动来维持学生的兴趣。

(二)理论与实践的结合

在实践环节,如体验学习讯飞星火和分组沉浸式体验时,学生能够积极参与,但在理论学习阶段,如探索大语言模型的原理时,部分学生表现出了困惑。这表明理论讲解需要更加生动和贴近学生的实际经验,可以通过案例、故事或互动小游戏的形式来加强理论的吸引力和可理解性。

(三)课堂管理与学生互动

在分组活动中,一些小组的合作效果显著,但也有小组因成员配合不足而效果一般。这提示我在未来的小组活动安排中,需要更加关注小组成员的能力搭配和合作动力的激发。同时,我也需要在课堂上更加积极地引导和调解,确保每个小组都能高效运作。

(四)教学内容的深度与广度

对于 Prompt 的优化环节,我发现尽管学生能理解基本概念,但在应用时仍显得有些生疏。这启示我在教学设计时需要更多考虑学生的先验知识和学习能力,适当调整教学深度,确保学生能够在理解的基础上进行实际操作。

(五)技术与伦理的结合

课程中虽然涉及了隐私和伦理问题,但未能形成深入讨论。未来课程中应加强对这一部分的重视,引导学生理解人工智能技术的重要性和所带来的伦理挑战,培养学生的责任感和批判性思维。

(六)教学方法的创新

课堂上,我尝试了多种教学方法,包括讲授、讨论、实践等,但仍有改进空间。例如,在理论讲授环节,可以尝试翻转课堂,让学生事先阅读材料,课堂上进行更多的讨论和解疑。在实践环节,可引入更多真实案例和创新项目,提高学生的实践能力和创新思维。

(七)学生反馈的重视

课后我收集了学生的反馈,发现他们对互动和实践环节反响良好,但对某些理论内容的理解不够深入。这提示我在未来的教学中要更多关注学生的反馈,调整教学策略，以更好地满足学生的学习需求。

总的来说，这次"有趣的大语言模型"课程虽然在激发学生兴趣、提高参与度方面取得了一定成效，但在理论讲解深度、课堂互动和小组合作等方面仍有待提高。作为教师，我需要不断学习和尝试新的教学方法，以更好地适应学生的学习特点和需求。同时，我也期待能在未来的教学中更好地平衡理论与实践，使学生在理解人工智能的同时，能够更加深刻地感受其在现实世界中的应用和价值。

九、学习单

"有趣的大语言模型"学习单

组别：_____
组员：_____
问题1：你之前听说过 ChatGPT 吗？如果听说过，你的第一印象是什么？
　　体验活动1：讨论并分享你对 ChatGPT 的了解或疑问。
　　思考1：思考 ChatGPT 在我们日常生活中可以扮演什么角色。
问题2：你会如何利用讯飞星火来生成一段关于学校内的事物？
　　体验活动2：分组体验讯飞星火的功能，尝试以"学校"为关键词生成内容。
　　思考2：思考如何在小组合作中提出有创意的想法。
问题3：你认为大语言模型的"大"是指什么？
问题4：大语言模型的流程及具体任务是什么？
问题5：你觉得大语言模型跟人脑类似吗？
问题6：在进行大语言模型应用时需要注意哪些？
　　体验活动3：通过多种互动方式和实例推导，分析大语言模型原理与影响因素，构建大语言模型概念，在使用过程中也注重伦理与隐私。
　　思考3：思考如何在小组合作中分析和推导大模型原理。
问题7：你认为一个好的 Prompt 应该包括哪些要素？
　　体验活动4：尝试创建一个符合三明治模型的 Prompt，并解释其背后的逻辑。
　　思考4：思考如何通过不同的 Prompt 影响大语言模型的输出结果。
问题8：在小组合作中，你发现了哪些优化生成内容的策略？
　　体验活动5：与小组成员一起沉浸式体验大语言模型应用，反复优化内容直至满意。
　　思考5：思考如何在团队合作中有效地沟通和协作。

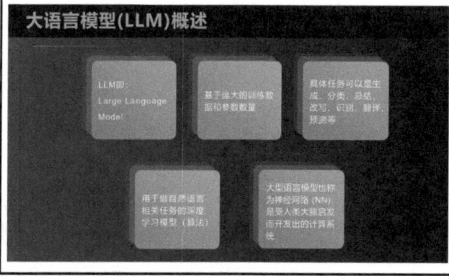

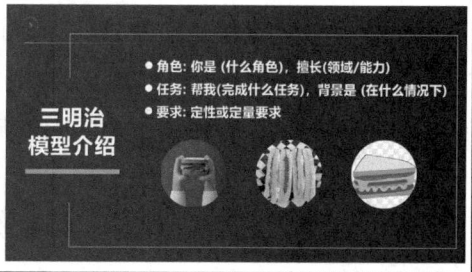

教学案例三：图像识别——识别车牌号码

上海市浦东新区张江高科实验小学　李晶

一、教学概述

本节课面向小学四年级学生开展，教学内容围绕图像识别与文字识别展开，以学生最为熟悉的"识别车牌号码"功能作为操作和体验的应用载体，并以学校真实的问题现象作为本课的驱动问题和任务。期待学生通过为小飞编程实现识别车牌号码的功能，体验生活中应用图像识别解决问题的过程，初步了解图像识别的实现方式。

二、教学目标

1. 通过互动交流，感受车牌识别对于日常车辆管理的影响，了解技术存在的局限和隐患，增强学习兴趣并提升安全责任意识。

2. 结合生活经验开展讨论，梳理图像识别技术实现车牌识别功能的过程，细化用相关技术解决问题的步骤，能通过语言描述技术的实现过程。

3. 以小组合作方式开展探究学习，在编程的过程中掌握调用图像识别类程序模块的方法，实现识别并反馈车辆号牌的基本功能。

三、教学重点

知道并能够描述识别车牌号码过程中人工智能技术的应用和实现过程。

四、教学难点

理解并能通过编程实现根据采集到的车牌号码判断车辆身份的功能。

五、评价成果

程度1：能够通过语言描述识别车牌号码的实现过程及其日常的应用场景。

程度2：能够编程调用小飞图像识别功能，采集车牌中的信息并转成文本。

程度3：能够使用分支结构算法，使小飞能根据车牌信息判断并进行反馈。

六、学习资源

讯飞平板、讯飞机器人、打印车牌号码、教室多媒体设备。

七、教学流程

整个教学流程，由一个驱动问题和多个关键问题串联，形成一条指向驱动问题解决的问题链。通过这些问题，实现创建情境、引出概念、启发思考等效果，在推进教学环节的同时,使学生保持良好的学习状态。

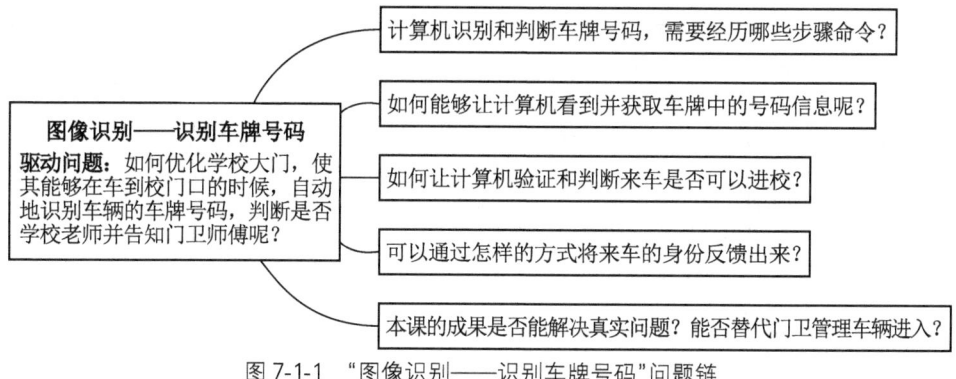

图 7-1-1 "图像识别——识别车牌号码"问题链

具体教学流程如下:

表 7-1-4 "图像识别——识别车牌号码"教学流程

教学环节	学习活动	设计意图
(一) 提出问题	1. 播放并观看一段情境视频,了解本课的驱动问题,初步知道本课的任务。 2. 围绕驱动问题做进一步分析,明确"自动化"的动作和功能,进而转化为学习成果所需实现的功能要求。	通过贴近学生认知的真实问题,引发学生思考,提升学生兴趣,明确成果的目标,开启本课的学习。
(二) 分析问题	1. 带着问题"计算机是如何自动化地获取并识别车牌信息的?"观看视频。 2. 抽象人工识别车牌并放行车辆的过程,概括并形成机器识别车牌号码的流程。	围绕阶段问题,通过类比人工识别车牌的过程,梳理机器识别号码的流程。
(三) 探究新知	1. 围绕问题"如何通过编程,让小飞能够看到并获取车牌中的号码信息"动手编程。 2. 小组合作编写程序,使用预先准备的车牌照片验证程序,尝试让小飞能够看见、看懂车牌,并将车牌号码在屏幕上呈现出来。	通过编程实现识别车牌号码并反馈文本的功能,尝试用自己的语言描述机器识别号码的过程。
(四) 完善功能	1. 围绕问题"如何让小飞能够判断识别来车是否可以进入学校呢?"完善程序。 2. 交流并明确可以使用分支结构程序让小飞判断不同车辆的权限。 3. 进一步完善程序,使小飞能够根据车辆的权限给出反馈。	围绕本课驱动问题的需求,在已有程序基础上进一步完善功能,形成学习成果。

续表

教学环节	学习活动	设计意图
（五）拓展总结	1. 围绕问题"现在的小飞是否能够解决马老师的问题需求了呢？"互动讨论。 2. 交流并发现问题，思考进一步迭代和优化的改进思路。 3. 归纳并总结本课学到的本领，交流生活中更多应用车牌识别技术帮助管理的场景。	组织学生开展讨论，发现当前车牌识别的不足，引发思考。 归纳和总结学到的知识本领，交流更多车牌识别技术的应用场景，提升兴趣。

八、教学反思

（一）角色赋能，提升小组合作效率

以小组为单位组织学生参与学习活动，为学生赋予不同的角色职能，这些角色包括编程设计员、操作反馈员、对外发布员、过程记录员。尽管不同角色的职能有差异，但是这些角色都需要学生认真地参与到小组合作的全程，例如设计员需要根据计划编程调试、反馈员需要根据运行效果反馈问题、发布员需要完整参与小组活动才能充分展示研究成果。通过这种方式，教师赋予了每个学生角色任务，从不同角度鼓励学生深度参与学习的全程，进而提升了小组合作学习的效率。

（二）真实问题，激发持续研究兴趣

本课有一条由单个驱动问题和多个关键问题组成的问题链，这些关键问题由驱动问题分解而来，彼此之间前后关联、层层递进。学生在问题链的引领下，始终保持着主动探究与思考的学习状态，在解决问题的过程中不仅掌握知识本领，更提升能力素养。课上，教师通过视频直观地呈现了学校门口车辆出入管理的真实问题，使学生在接受问题任务的同时多出一份使命感。课中，学生紧紧围绕驱动问题开展研究，并在总结环节再次围绕驱动问题评估实践成果，使整课的学习活动形成闭环。这种闭环，不仅让学生体验了完整的学习研究过程，同时也激发学生在课后进一步探索和持续研究的兴趣。

（三）知行结合，聚焦核心知识概念

本课中，学生可以通过平板电脑编写程序，控制智能机器人实现识别车牌、语音反馈、执行动作等行为，模拟解决驱动问题所需的过程。由于本课所用平台已将部分人工智能功能模块化，使得学生可以更多地专注于应用技术解决问题的逻辑过程，这种学习方式也更符合四年级学生的能力基础和思维方式。

教学案例四：小小翻译家

上海市浦东新区第二中心小学　姚远

一、教学概述

在之前的学习中，学生已经掌握了语音转写、语音合成、显示等知识，体会到了人工智能技术的优势。本课属于人工智能课程，主要教学内容是机器翻译的概念、原理和实现。本课以"如何用英语向来自英国的 Steven 介绍浦东特色元素"为驱动问题展开，通过讨论交流、合作学习等方式，引导学生知道机器翻译技术的概念，理解机器翻译的原理，设计编写出能够介绍浦东特色元素的语音翻译机器人，并进行合理创新。

二、学习目标

1. 通过讨论、教学视频与探究实验，了解机器翻译过程，理解机器翻译的原理。

2. 通过小组合作，借助流程图和教学平台，设计编写出介绍浦东特色元素的语音翻译机器人。

3. 通过拓展任务的探究，感受人工智能技术给学习生活带来的便捷，体验自由想象与创新的快乐。

三、教学重点

理解机器翻译的原理，设计并编写能够介绍浦东特色元素的语音翻译机器人。

四、教学难点

理解并应用机器翻译原理。

五、学习资源

讯飞平板、讯飞机器人、多媒体教室设备、学习单。

六、教学流程

表 7-1-5　"小小翻译家"教学流程

教学环节	学习活动	设计意图
（一）问题提出	1. 创设介绍浦东特色元素的情境，组织讨论。 2. 提出关键问题：怎样用英语介绍浦东的特色元素？ 3. 回顾旧知，出示课题。	创设"英语介绍浦东特色元素"的情境，简单回顾已学的知识内容，引出课题。

续表

教学环节	学习活动	设计意图
(二) 新知探究	1. 根据关键问题,讲解机器翻译的含义。 2. 开展验证实验,体验基于规则的机器翻译原理,总结步骤。 3. 发布任务一:采用基于规则的机器翻译方法翻译句子。 4. 分享探究成果及感受。 5. 介绍基于机器学习的机器翻译方法。	在"英语介绍浦东特色元素"的情境中,通过讲授与合作探究等方式,借助学习单,学生了解机器翻译的含义,理解机器翻译的原理并进行灵活应用。
(三) 编程解决	1. 发布任务二:小飞如何进行翻译?补全流程图。 2. 交流流程图内容。 3. 发布任务三:编写程序,让小飞用英语向Steven介绍浦东的特色元素。 4. 展示小飞翻译浦东特色元素的功能,交流探究过程中遇到的问题。	提供学习单这一支架,学生了解翻译过程,并设计流程图,编写语音翻译机器人。在展示翻译功能的过程中,学生知道规范表达的方法。
(四) 反思总结	1. 拓展翻译功能:你能创新小飞的翻译功能,给人们更好的翻译体验吗? 2. 发布任务四:根据本节课的收获,为自己的学习表现打分。 3. 交流学习收获。 4. 借助板书,总结本课内容。 5. 借助大模型,了解机器翻译的其他应用场景。	迁移已有知识,与本课新学知识融合起来。通过评价引导学生梳理并巩固学到的知识和本领。拓展学科知识,感受人工智能的优势。

七、评价成果

表 7-1-6 "小小翻译家"评价表

评价内容	1分	2分	3分	我的得分
机器翻译定义 (它是什么)	不清楚什么是机器翻译。	知道什么是机器翻译,但不能说出来。	理解机器翻译是什么,并能说出来。	
机器翻译过程 (怎样进行)	知道基于规则的机器翻译步骤,但不理解每个步骤的具体翻译过程。	理解基于规则的机器翻译过程,但不能利用它翻译。	理解基于规则的机器翻译过程,可以利用它进行翻译。	
编程解决问题 (英语介绍)	规划英语介绍浦东特色元素的工作流程,未能利用编程解决问题。	规划流程,利用编程解决英语介绍浦东特色元素的问题,但未进行创新。	规划流程,利用编程解决英语介绍浦东特色元素的问题,并进行创新。	

八、教学反思

本课的重点为机器翻译原理和实现。通过体验、讨论、合作探究等学习方式,在学习单的指引下,学生理解并应用机器翻译原理,设计并编写出能介绍浦东特色元素的语音翻译机器人。整堂课,教师尊重学生的主体地位,创造丰富的讨论交流机会,学生在轻松愉快的氛围中收获新知。

（一）有效的学习支架

机器翻译知识较难理解,学生需要借助各种脚手架才能更好地学习。在本节课中,教师为学生提供了学习单,共有三个任务,帮助学生更好地接受和理解新知。任务一对应着机器翻译原理,在学生验证了基于规则的机器翻译方法之后,教师利用任务一巩固学习成果,让学生在应用中深刻领悟机器翻译原理。任务二对应着"用英语介绍浦东特色元素"问题的解决过程,即机器翻译实现的流程图,引导学生明确思路、有逻辑地解决问题。任务三为编写语音翻译机器人,引导学生完成课堂任务,利于之后的交流互动。

（二）丰富的学习资源

本节课的机器翻译原理知识较为抽象,学生无法直观体会。针对此问题,教师将讯飞平板中的验证实验融入课堂教学,学生亲身感受、体验英文句子的基于规则的机器翻译过程,进而理解机器翻译原理。有了动手验证的机会,学生的学习热情很高;有了直观的感受,学生的知识接受度也变高了。

（三）贴合的教学评价

本节课遵循教、学、评一体的原则,设计了贴合教学目标的教学评价表,用于评测学生的学习效果。针对教学重难点的掌握程度和学生的认知特点,教师设计并细化了三个掌握层次的具体表现,表述清晰,评价方便。反思总结阶段,利用评价表,学生主动地回顾、梳理与归纳总结本课知识内容,体现了学生的主体地位。

第二节　小学人工智能教学经验分享

经验分享一:基于项目化学习的小学人工智能教学实践研究
——以"车牌识别"为例

上海市浦东新区进才实验小学西校　王晓蓓

一、研究背景

随着人工智能的飞速发展,人工智能教育已经成为小学教学中十分重要的一部分，小学阶段开展人工智能教育旨在通过生活中的人工智能应用，让学生理解人工智能的特点、优势和能力边界，知道人工智能与社会的关系，以及发展人工智能应遵循的伦理道德规范。相关课程主要以培养青少年适应未来社会发展的需要为目的，确保智能时代发展中人才储备充足。人工智能涉及自然科学和社会科学等多个学科的交叉应用，学科综合性较强，强调以特定的思维和推理方式在实践中解决问题。

结合我国人工智能技术和产业的发展特点，如何在小学阶段以项目式学习活动推动小学人工智能教学成为一线教师思考的新热点。本文以"车牌识别"为例，探讨在小学信息科技课堂上以项目化学习的形式推动人工智能教学的可行之法。

二、人工智能教学实施现状

基础教育阶段的人工智能课程还处于探索开发阶段，进才实验小学西校作为浦东新区第一批人工智能实验学校开设人工智能课程，为后续人工智能教育在小学阶段的推广做先期探索。

本课程以每周一节拓展课的形式开设，并根据本校具体情况，选择四年级五班学生为授课对象，进行先期试点教学。课程借助浦东新区人工智能与编程教育平台提供的图形化编程、Python代码编程及硬件编程工具，作为学生体验实践平台。课程内容不局限于纯粹的编程，不将"知识点"作为学习内容，而是以提升人工智能学科思维及培养学生核心素养为目标。

三、人工智能课程教学案例

中国教育学会中小学信息技术教育专业委员会2021年发布的《中小学人工智能课程开发标准（试行）》，为开展人工智能课程给出了具体的实施建议，突出应用体验、项目化教学设计、避免不必要的编程知识。本文在实施建议的指导下，结合学校具体情况，以项目化的形式对"车牌识别"这一人工智能课程进行教学实践，让学生在实践体验、内化吸收、探索创新中获得完整和具体的知识与技能。

（一）创设情境，导入驱动问题

通过创设与人工智能息息相关的真实生活情境，引发学生对项目学习的浓烈兴趣，引导学生从真实的生活情境中，寻找项目需求，明确项目任务。本案例通过创设真实情境引出驱动问题：近来学校的外来车辆越来越多，门卫叔叔需要手动记录车牌并核对，效率十分低，而且还容易出错，有没有好办法帮到他们？

学生通过讨论交流,结合生活经验,得出可以使用"自动识别车牌系统"来帮助门卫叔叔解决问题的结论。贴近学生生活的情境创设,使人工智能不再遥不可及,有助于培养学生利用人工智能解决身边问题的意识。课程引入阶段,播放汽车通过车辆识别系统自动出场的动画视频,学生更能直观感受到车辆识别系统为生活带来的便利。

(二)原理分析,探究本质问题

项目实施是将原理进行拆解,把每个环节转化为具体的小任务,是学生对原理的内化过程。教学实施时以问题链的形式,将大任务拆分为不同层次的小任务。在本案例中,围绕本质问题"如何实现停车场车辆识别功能?"形成问题链:"什么是文字识别?""文字识别的过程是什么?""如何实现核对效果?""怎样提高车辆管理的效率?"(图7-2-1)

每个子问题也以生活中的场景为切入点引出,如:"什么是文字识别?"以"你还能说出文字识别在生活中的其他应用吗?"引出。通过学生的交流讨论,不难得出,银行卡扫描及拍照翻译等都是生活中文字识别的应用场景。贴合生活的项目学习情境创设,更容易调动学生的积极性,提升学习的参与度。

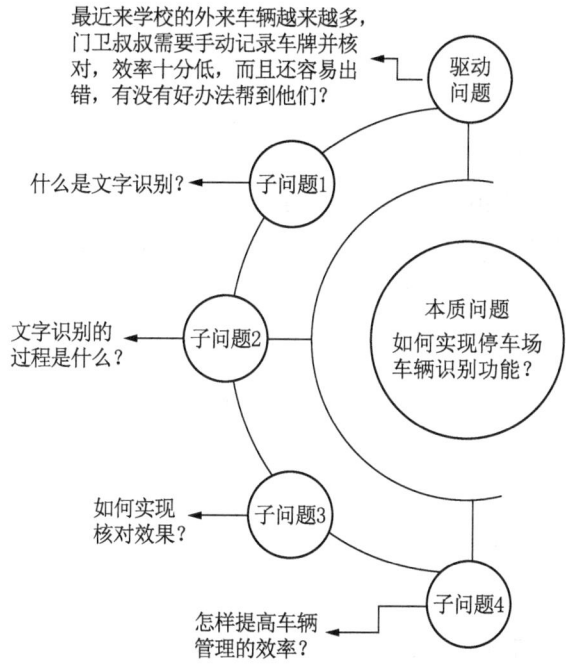

图 7-2-1　围绕本质问题形成的问题链

（三）合作探究，感知人工智能

本案例主要实现车牌识别过程的"识别—核对—优化"，为此在教学过程中设置三个任务：理解文字识别的过程、实现智能识别车牌、提高识别效率。考虑到四年级学生对文字识别的过程不了解，教师在教学设计时以学习任务单的形式提供学习支架，学生围绕学习任务单讨论，从而得出文字识别的步骤：文本定位、文本分割、字符识别。（图 7-2-2）

图 7-2-2　文字识别的步骤

利用浦东新区人工智能与编程教育平台提供的图形化编程工具，制作车牌识别机器人。在具体实施的过程中引导学生了解如何将文字识别的过程通过编程模块实现，分析逻辑框架怎么搭建、执行语句怎么表达。学生采用合作探究的形式，思考用于"识别车辆"的模块，探究实践，尝试编程，最终实现车牌识别功能。

在实施"车牌核对"教学过程中，引导学生通过知识迁移运用展开探究活动，思考"朗读识别到的车牌"模块。在此过程中，教师提供机器人"小飞"，学生通过终端的程序调试，实现"小飞"的车牌识别功能并以语音形式播报车牌，作为车牌核对反馈。

（四）交流展示，体现过程性评价

案例以多元的评价方式作为学生项目化学习的过程性评价。主要是以学生自评、生生互评、教师评价等形式展开。学生自评主要指学生对自己学习内容掌握程度的评价，包括理论知识、基础技能等方面。生生互评主要是以组内互评、组间互评的形式展开,组内互评包括项目化学习过程中与小组成员的团队合作沟通情况、团队参与度等。组间互评包括作品成果完成情况、汇报效果等。教师评价主要是教师对学生课堂表现的综合评价,包括学生项目化学习的过程和结果,既重视最终作品的完成质量,也关注学生在项目实施过程中的团队合作能力及动手实践能力。

本案例中,学生根据学习单上任务的完成情况进行自评(表7-2-1)。在调试完成后展示成果,汇报项目创作过程,分享创作经验。教师鼓励学生自由发表自己对各小组成员项目汇报情况的看法,提出相应的修改意见,并对小组的项目成果及汇报作出评价。教师根据小组汇报交流、作品完成情况,对该小组进行综合评价。呈现项目作品并不是项目化学习的终点,总结和梳理项目实施的过程,进行知识迁移,提炼项目实践的过程、经验和思维方式,并应用到新的项目学习和创作中才是更为重要的。多方位的评价是为了体现学生项目化学习中的过程性及在项目化学习过程中的思考总结,进而提升课堂效率及学生参与度。

表7-2-1 学生自评表

制作车牌识别机器人	参考程序	任务完成情况
活动二:编程实践:制作车牌识别机器人		
任务一:利用平台尝试编程,使机器人能识别车牌	启动 印刷文字 · 识别 印刷文字 印刷数字 (1) 启动数字识别:只能识别数字 (2) 启动文字识别:识别所有文字(包括数字)	有团队协作意识,能够与小组成员流畅沟通,完成作品成果。 (☆☆☆☆☆) 有团队协作意识,不善于与小组成员沟通,完成作品成果。 (☆☆☆☆☆) 无团队协作意识,不能与小组成员流畅沟通,不能完成作品成果。 (☆☆☆☆☆)
任务二: 显示文字识别结果	当开始运行被点击 启动 印刷文字 识别 显示 主要文字识别结果 在 屏幕上方 持续 5 秒	

四、人工智能项目化学习的教学反思

(一)加强科学分组,构建学习共同体

在教学中,教师发现有的小组每个组员个人能力都相当突出,小组组员想法

多但是无法集中,没有凝聚力,实践活动中经常出现抢着包揽所有探究操作的情况,失去了分组讨论的初衷。反之,有的小组的组员各方面能力都相对较弱,没有小组领导者,出现了在项目汇报时没有制作出成果,没有组员进行汇报等现象。小组间的明显差距导致部分学生自暴自弃,不愿实践。

小组合作学习不仅有利于培养学生团结协作、沟通交流等各项能力,还能提升学生的学习自信。因此,在后续的课程中,需要更科学地安排学生的分组,以学生自由组合为基础,教师进行适当调整,减小组间差距。这样分组后,学生基本都能根据自己喜好特长负责项目内容,从而享受课堂,在项目化学习的过程中展现自己的闪光点,强化合作解决问题的能力,感受实践成功带来的乐趣,提升学习人工智能的自信心。

(二)优化学习支架,搭建自主学习桥梁

在项目化学习中,不管是项目的导入还是实施,教师都需要提供学习支架,为学生获取新知搭建关键的桥梁。学习支架可以是微视频、学习资料、任务清单、问题链等。

在本案例的教学中,以问题链及学习任务单为主要学习支架。在教学设计时根据项目本质问题,预设学生学习过程中可能产生的疑惑,以知识了解掌握和思维能力培养为主线,将一系列知识转换成层次鲜明、具有系统性的一连串教学问题,学生以问题链的子问题为学习支架,通过讨论交流习得新知。

在教学实践中,问题链中的个别问题有待进一步推敲,例如"如何实现核对效果?"等。对于这些子问题,学生参与度很低,表现不积极,只有极少数学生主动举手交流想法。分析造成这一情况的原因可以发现,这种提问方式不符合四年级学生的认知水平,很多学生连问题都没有理解。在今后的教学中,将尝试以动画视频、微视频的方式引入较为深入的问题,充分遵循学生最近发展区的认知规律。

学习任务单是学生开展自主学习的有效工具。在课前准备阶段,学生通过对照任务单中的学习任务明确本节课的学习内容;在课中实施阶段,学生将学习任务单作为学习支架,在实践探究中以学习单的小任务为目标,执行操作任务;在课后展示阶段,学生根据学习任务单要求,完成项目汇报。同时,学习任务单也是学生自评、生生互评、教师评价的依据。

在教学实践中发现,本案例的评价部分无法全面反映学习过程。后续需要深化学习任务单,提高学习单的质量,明确学习任务,引导学生层层递进地学习从而完成学习目标,细化评价反馈方式以优化过程性评价。

(三)加强课程探究性,凸显以学生为主体

人工智能的原理较为抽象,以学生为中心的教学情境创设更贴近学生生活。以生活中的情境为驱动问题,更能使学生产生共鸣。以学生为主体的教学活动,更能调动学生的积极性。学习任务也要从学生出发,以学生的角度去规划。在项目实施过程中,要把更多的空间与时间留给学生,不打断学生创造、思考的过程。在设计任务时要提升任务的开放性,对问题解决的方案要突出多样性。教师要精心设计学习任务,不同阶段的任务难度分层递进,后一阶段的任务基于前一阶段的任务成果,使学生的认知层次在不同的任务中逐步提升,最终达到知识迁移的目的。

人工智能的知识具有综合性、完整性的特点,教师在教学设计中要提炼突出人工智能内涵的知识,弱化编程知识的训练。人工智能学习要经历自主探究、动手实践、迁移运用的过程,最终呈现项目成果,从而促使学生加深对原理的理解和运用,深入感知人工智能应用背后的特征。

教学实践中发现,有的学生只知道编程模块,而不知道如何根据需求选择合适的模块。分析后发现,教学过程中编程知识需要花费大量的时间讲解,学生只知其然而不知其所以然,仅按照教师的授课思路按部就班地调用模块。在这个过程中,学生并不是通过逻辑分析,根据不同命令模块的特点选择调用哪些模块。在后续的教学中要相应地减少以教师为主的讲授式学习,把课堂还给学生,增加学生实践探究的时间,以做促学,做到真正的做中学、用中学、创中学。

(四)巧用平台工具,有效推进项目化学习

利用浦东新区人工智能与编程教育平台提供的图形化编程工具及机器人"小飞"体验和运用人工智能,能够有效推进项目化教学。本案例的课时规划为4—6课时,时间跨度较大,教学中发现,部分学生因记录不及时导致遗忘上节课的操作内容。为提升教学有效性,可以借助数字化学习平台,组建在线学习讨论组,搭建学习资源平台,帮助学生更好地理解相关知识、掌握相关原理,教师也能获取实时反馈并及时帮助学生,提升项目的完整性和完成度。

五、总结

人工智能是一个全新的概念，也是一门新兴的学科，目前面临着中小学信息科技教师大多没有人工智能知识背景、缺乏系统地开展人工智能课程教学的能力等问题。本文通过"车牌识别"项目化课程教学实践，从真实情境出发引发驱动问题，引导学生通过小组协作的形式完成学习任务，最终完成作品，探索有效结合项目化教学特点与人工智能特色的方法，以期为人工智能课程教学提供新的思路。

经验分享二：基于项目活动的小学人工智能教育的设计与实践

上海市浦东新区张江高科实验小学　李晶

当前，教育、科技、人才已经成为建设现代化国家的重要基础支撑，培养适应未来社会发展的科技人才已经成为学校教育的重要任务。近年来，随着人工智能技术不断发展，其对人们日常生活、工作、学习已经产生重要影响。在此背景下，人工智能教育的基础化和普及化推广就显得尤为重要。小学作为学习生涯的首个重要阶段，其人工智能教育对于学生的人工智能启蒙和普及起到重要作用，为激发学生的学习兴趣和持续研究打下基础。

一、小学人工智能教育内涵与研究基础

（一）人工智能教育内涵

"人工智能"概念的提出最早可以追溯到1956年美国达特茅斯会议。在此之后，人工智能经历了三个重要的发展阶段，现如今已经成为人类工作、学习、生活等领域中不可或缺的组成部分。其中，教育领域成为人工智能最重要的应用场景之一，如何将人工智能与教育相结合成为人们关注的方向。

目前，人工智能在教育领域的应用大体可分为两个方向。其一，是利用人工智能技术赋能传统教育场景，使用智能工具对教育系统各要素进行自动分析，从而支持规模化教学与个性化学习，即"用人工智能教"；其二，是开展以人工智能为学习内容的教学活动，使学生通过学习掌握必要的知识技能并提升能力素养，即"教人工智能"。此外，也可将两者进行整合，实现学习层面与应用层面的统一与融合，即借助人工智能技术赋能围绕人工智能知识的教学活动。本文中提到的人工智能教育主要指围绕人工智能知识展开的教学活动。

人工智能教育在过去的几十年中经历了三个阶段的发展,其间衍生出多种不同类型的课程活动,例如早期的 Logo 编程语言、Scratch 图形编程工具、积木机器人、开源硬件等,这些活动主要在信息科技、STEM、创客等课程中实施。[①] 这些传统的课程活动与人工智能教育之间存在关联,但仍无法很好地体现人工智能教育的内容。这主要是因为人工智能本身是一个由多个学科高度融合产生的学科,人工智能教育不仅要让学生体验和了解使用技术解决问题的方法,还要使学生知道技术背后的思想原理,甚至是人工智能时代所需具备的伦理道德。

(二)人工智能教育研究基础

近年来,越来越多的人开始关注人工智能教育是什么、教什么、怎么教等问题,不少学者和机构给出了自己的研究成果或者模型框架。

尽管不同学者对人工智能教育的描述细节存在差异,但大部分观点都认为人工智能教育应围绕人工智能的知识和原理展开,学生需要体验和应用技术并创造性地解决问题或改进技术。此外,也有学者在概念定义的基础上对人工智能教育的目标定位、开展形式、教育类型做进一步描述,指出人工智能教育包含基础知识教育、应用能力教育、情意教育等方面。

相对于对人工智能教育定义描述的趋同,"人工智能教育教什么"这一问题的解答则显得更加多样。

目前,常见的人工智能教育框架大多是围绕技术子领域划分的,例如计算机视觉、自然语言处理、机器学习等,使学生在体验和应用技术的过程中了解人工智能的概念原理,许多人工智能相关的读本也多以此方式编排内容。

除此之外,也有以更加宏观的素养视角建构起的人工智能框架。例如中央电教馆在《中小学人工智能技术与工程素养框架》中将人工智能素养细分成 4 个领域内容和 12 个一级指标。这种框架更加关注个体在人工智能社会所需的综合能力素养,涉及的内容更加全面,包含的领域也更加广泛。

围绕人工智能的教学内容,不少学者提出可行的实施路径。除了可以根据不同的内容领域设置课程主题之外,还可以从课程群的视角进行广义划分,通过主干学科、基础学科等方式加以实施。

综合来看,随着过去几年的快速发展,关于人工智能教育的理论和实践研究

---

① 张丹,崔光佐.中小学阶段的人工智能教育研究[J].现代教育技术,2020,30(01):39—44.

已经小有规模,部分问题已经得到初步回答。但是,要想将人工智能教育在学校真正落地,还需围绕这些研究基础开展进一步的校本化实施,项目活动则是可行的路径之一。

二、小学人工智能项目活动设计路径

(一) 以项目活动开展人工智能教育的意义

尽管随着实践研究的持续开展,人工智能教育的内涵得到不断完善,但无论基于技术指标的内容框架还是指向人工智能素养的课程框架,对于小学阶段学生而言仍存在较高的理论难度。

由于小学阶段学生的逻辑思维和抽象思维能力仍处于较为初级的阶段,面对逻辑复杂、过程抽象的人工智能的知识概念,需要借助更加具象的学习活动帮助理解。[1] 面对学生学习过程中的实际困难,基于问题驱动的项目活动是提高学习效率的教学方式之一。

项目活动是当前教育教学改革的众多路径之一,是素养时代最为重要的一种学习方式。在这种教学活动中,教师将学习任务项目化,使学生经过一段时间持续的探索,从中习得相关的知识概念,应用并创造性地解决问题。综合而言,这是一种以终为始、以问题或任务驱动、以学生为主体的学习活动。

以项目活动方式开展人工智能教育,能够使学生在学习和应用人工智能知识技术解决实际问题的过程中,体验人工智能的运用方法及其实现机理,感知和理解抽象的概念原理,进而在项目实施过程中形成必要的品格和责任意识。

(二) 人工智能项目活动的整体设计

人工智能项目活动,即以人工智能教育作为主要教学内容和目标的项目活动。这种项目活动的设计与机器人、图形编程、STEM 等科技实践活动有着诸多共同要素,通常包含主题、目标、活动、问题、支架、评价等。

1. 主题与目标

项目主题和目标是项目活动设计期间首先需要思考和明确的要素,主题目标往往决定了项目的整体趋势,同时也影响项目情境、问题以及最终成果的类型和呈现形式。

---

[1] 孙立会,王晓倩.计算思维培养阶段划分与教学策略探讨——基于皮亚杰认知发展阶段理论[J].中国电化教育,2020(03):32—41.

由于人工智能的知识概念具有抽象性，因此人工智能项目活动的主题通常选自贴合学生认知经验且生活中能够体验到的场景，通过具象情境包裹抽象概念，从而驱动学生参与人工智能学习。

人工智能项目活动的主题可以通过两种方式确立。一种是从学生已有的生活经验出发，融入人工智能的知识概念，对学生熟悉的场景做加工并形成项目主题。另一种是从人工智能知识概念出发，带着概念去学生身边寻找合适的情境，从而形成项目。

2. 活动与问题

明确了项目活动的主题目标，接下来是设计项目的活动和问题。以项目活动方式开展人工智能教育，通常可分为四个主要阶段：项目入项、探究新知、实践应用、展示分享。这四个阶段包括了从分析问题、探究新知到解决问题的一系列过程。

活动实施期间，为了使学生能够更好地参与思考和实践，教师可以围绕项目主题和各阶段的活动内容细化设计若干个子问题，即项目活动的问题链，从而将实施的过程串联起来。通过问题引导学生参与项目活动，能够更有效地激发学生在活动中主动思考，进而提升项目的实施效果。

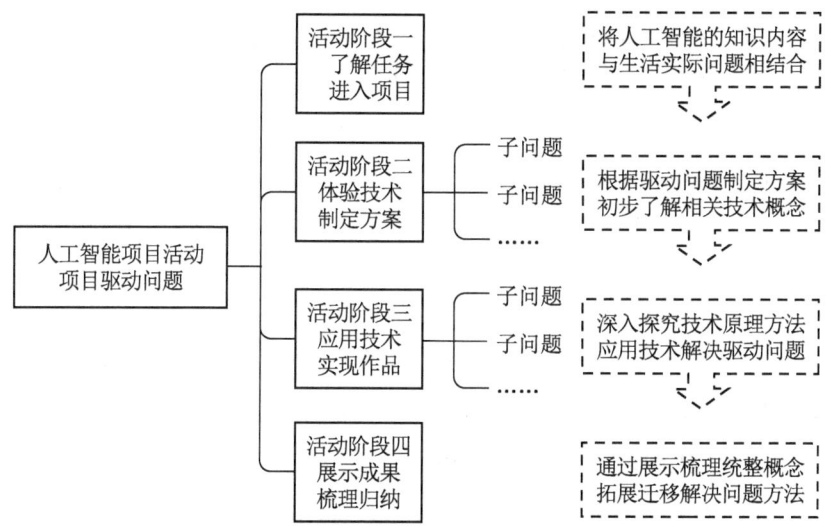

图 7-2-3　人工智能项目活动中活动与问题的关系

3. 支架与评价

项目活动中，适切的学习支架和明确的学习评价是提升学习质量的重要因素，它们不仅能帮助学生更好地理解知识概念和解决项目中的问题，更能引导学生形成良好的探究学习习惯。

近年来，关于学习支架的研究不断深入，除了常见的思维导图、可视化图形、数字资源等指向学习工具的研究之外，师生对话、学习情境等也被先后纳入学习支架的范畴。

目前常见的学习支架的分类方式有很多，有基于素养的模型，也有基于实践的模型。结合人工智能项目活动的一般特点，常见的学习支架根据不同的使用形式和作用，可以分为情境支架、资源支架、策略支架，不同的支架可以应用于项目活动的不同阶段。

值得一提的是，在项目活动中，学习评价不仅是评估学生对于目标达成情况的工具，同时也是指引学生达成学习目标的支架工具。因此，学习评价也可以是学习支架的一部分，贯穿项目活动的全过程。

表 7-2-2　人工智能项目活动中常用学习支架与类型

类型	作用	形式
情景支架	对学生有意义的活动情景或问题，增加学习内容吸引力，强化学生对问题的理解，促进新旧知识联系。	活动主题情境 可编程解决的研究问题 探究性的对话 ……
资源支架	支持完成编程任务和解决问题所需的资源，可用于学习方法、拓宽视野、传递知识。	电子文档 操作微视频 编程样例 ……
策略支架	提供探究学习和解决问题所需的策略指导，帮助学生形成解决问题所需的算法、流程、方案。	思维可视化工具 算法流程图 课堂学习单 ……

三、小学人工智能项目活动实施案例

以五年级的人工智能项目活动"让视障人群重见世界"为例，具体解释人工智能项目活动的设计与实施过程。

该项目的任务是"根据视障人群在生活中遇到的实际问题和困难，研究和运

用图像识别模块产品帮助他们更好地观察事物和解决困难"。其本质目标是让学生通过项目活动,了解人工智能和相关技术在生活中的应用场景,学习并使用计算机视觉模块解决生活中的真实问题。这个项目活动主要包含四个阶段。

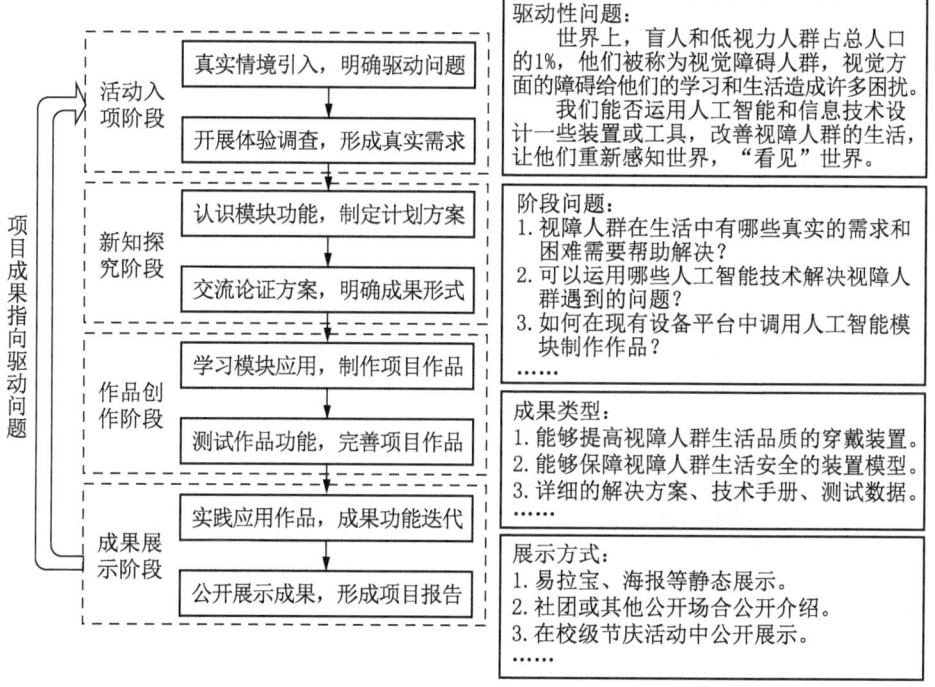

图 7-2-4 "让视障人群重见世界"项目活动地图

活动入项阶段是活动项目的初始阶段。教师首先通过媒体资源开门见山地向学生出示项目主题和任务,使学生直观意识到本项目的意义和价值,提升责任意识,激发学习兴趣。接着组织学生建立项目组,利用课余时间通过实验模拟、访谈、调研等方式了解视障人群的真实困难,进而明确各组研究的方向和要解决的具体问题。

新知探究阶段是初步接触新知概念的阶段。教师首先为学生提供识图模块硬件及操作手册用以学习,组织学生探究识图模块的主要功能和使用方法。接着,带领各研究组根据各自的研究问题设计指向项目任务的解决方案。解决方案的内容包括成果的设计思路、功能的实现方法、应用的主要技术等。方案的设计不仅可以帮助学生梳理本阶段学习中习得的知识,同时也为后续实现方案做准备。

作品创作阶段是应用技术解决问题的阶段。学生在本阶段的主要任务便是将预期设计的方案以物化成果的方式呈现出来。为此,教师提供了积木、开源硬件、智能模块等多种材料用以制作作品。为了实现方案,学生需要基于方案不断测试、调试、优化、迭代作品,直至形成符合方案目标的成果。

成果展示阶段是活动项目的收尾阶段。在此阶段,学生们不仅要展示和分享各自的成果作品,还要借助演示文稿将作品的技术指标、设计过程、设计意图等内容呈现出来,以佐证作品的价值。通过成果的交流展示,学生更好地对相关概念原理和作品实现过程进行归纳,进而将这些知识经验内化于心。

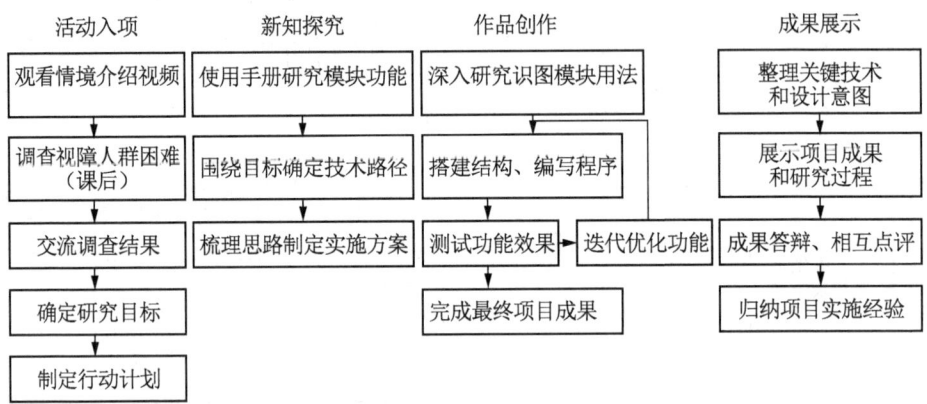

图 7-2-5 "让视障人群重见世界"各阶段活动流程

四、人工智能项目活动的成效与思考

(一)项目活动的实施成效

经过课堂实践研究发现,在小学阶段以项目活动方式开展人工智能教育能够对课程的整体推进带来帮助。

依托项目活动,学习成果能更容易地以具象的方式呈现。围绕项目任务,学生可以在活动中体验、了解、应用不同的人工智能知识和技术设计并制作作品。这些作品可以是纯软件形式的,如识图体感游戏、语音对话助手、物体分类识别等;也可以是软硬件结合的,如基于识图的智能风扇、人脸识别的警报装置、识别障碍的智能拐杖等。

借助项目活动,学生能更直观地感受技术对生活的影响。通过用人工智能技术解决生活中的真实问题,学生不仅能够感受到人工智能中蕴含的多样知识概念,同时也能够体验运用技术解决问题的过程。这样的学习过程,使学生不仅能掌握必要的知识技能和能力方法,同时还能帮助学生建立必要的思维方式,进而对身边更多的技术应用场景产生持续深入的研究兴趣。

（二）提升项目质量的思考展望

尽管以项目活动方式开展人工智能教育能够帮助课程内容更好地落地,能够提升学生学习效率,但对于教师而言,如何设计项目活动和保障教学质量仍有着不小的挑战,如何帮助教师更好地开展人工智能项目活动仍值得思考。

例如如何提升学生在团队中的参与程度和学习质量的问题。在项目活动中,学生大多会以组为单位开展活动。尽管合作学习能够让学生扬长避短,实现能力上的互补,但是也容易造成部分学生参与程度较低和难以达到预期学习目标的现象。因此,如何提高合作学习质量,是以项目活动开展人工智能教育需要解决的问题之一。

再如如何借助数字平台记录项目过程并丰富活动评价的问题。在项目活动中,过程资料的记录以及公开多元的评价是支持项目真实实施的重要保障。随着教育数字化的高速发展,学生学习的空间和方式也发生变化。有效借助技术赋能项目活动,是使项目提质增效的可行路径。

五、结束语

人工智能教育作为当下的热点,如何将它更好地面向小学阶段的学生开展需要不断探索和研究。然而,人工智能教育不仅是要培养学生在未来成为一名合格的技术使用者,更是让他们在不断探索和实践中成为未来技术的创新者。以项目活动方式开展人工智能教育尽管在一些方面会存在不足,但这种方式更加贴合小学阶段学生的能力特点,有助于人工智能教育在小学阶段真正落地。合理用好这种教学方式,不仅能让学生在活动中感受人工智能编程的魅力,更能使他们真正体验运用技术解决问题的乐趣,发挥人工智能教育的育人价值。

经验分享三:分层教学模式在小学人工智能课程教学中的应用思考

上海市浦东新区龚路中心小学　黄晓文

计算思维已成为当今多学科领域关注的热点,随着人工智能等信息技术的飞速发展,学生核心素养的培养也需要调整相应的教学策略框架。现阶段,人工智能教育已经成为小学教学中十分重要的组成部分,但是在开展相关教学的过程当中仍旧存在教学针对性不足的问题,引入分层教学则可以较好地解决这一问题。

一、小学人工智能课程教学现状

人工智能课程是现阶段小学教育体系中出现时间相对较晚的一门课程,然而它的重要性毋庸置疑。在这个信息化、数字化的时代,大数据等现代化技术已经逐渐融入人们生产生活的方方面面。在这样的背景下,掌握人工智能技术是十分必要的。而在中小学教育中引入人工智能课程则可以让中小学生提前接触这些技术,培养大数据思维,掌握一些基础的编程知识和计算机操作知识,更好地适应社会和时代的发展,成为符合社会和时代发展需求的社会主义建设者和接班人。

目前的人工智能课程多为主题化教学。学生在一定的知识主题下,运用贴近生活或感兴趣的主线把各个任务串在一起,通过学习搭建、编程等人工智能课程,以小组合作等方式掌握人工智能知识和技能。这个过程很难记录每个学生的学习情况和掌握程度,学生的问题发现能力、问题解决能力、合作探究能力、自主学习能力以及创新思维都未能得到有效发展。而分层教学较为契合小学生的发展需求和成长需求,也有助于提高人工智能课程教学的效果。

二、分层教学在小学人工智能课程教学中引入的必要性

(一)提高教学针对性

不同的学生由于受到家庭教育、成长经历、兴趣偏好等多重因素的影响,接受能力和学习效率存在较大差异,如果采用一刀切式教学很容易导致部分学生跟不上班级整体学习的进度,也会导致部分学生因为能力过高在课堂上成长有限的问题。为了更好地解决这些问题,需要引入分层教学。分层教学可以根据不同学生的能力特点和发展需求对教学目标、内容做出有效调整,进而帮助学生达到最近发展区,提高教育的针对性,实现因材施教,这是构建高效课堂和促进学生综合发展的基础和前提。

(二)开发学生学习兴趣

在教学开展的过程中激发学生的学习兴趣是十分必要的,可以为学生不断探索、分析、学习提供内驱动力,让学生在不断探索中实现能力发展和思维发展。人工智能课程需要学生具备一定的数学、物理、计算机等方面的基础知识,这对于很多小学生而言具有一定的挑战性。在小学人工智能课程教学开展的过程中引入分层教学模式可以较好地达成教学目标。教师可以通过有趣的案例、实例和应用场景设定学习任务,让学生用自己的想法和创意来实践,这对于学生而言不会过于困难也不会过于简单。学生们通过自己的努力可以有效完成任务,这有助于帮助学生树立自信,产生成就感,进而对人工智能课程内容有较高的学习兴趣。除此之外,相较于其他学科,人工智能课程最为鲜明的优势在于当学生完成任务之后,会直观地展示完成情况,这对于学生而言无疑也是充满吸引力的,可以更好地调动学生的学习积极性。

(三)可以促进学生综合发展

人工智能是一个应用型的领域,因此教学应注重实践应用。分层教学对于促进学生综合发展可以起到一定的帮助。首先分层教学下教师需要设计与学生能力相匹配的实际的数据集和应用场景的实践任务,鼓励学生尝试使用人工智能技术来解决实际问题,这有助于培养学生的抗挫折意识、问题发现能力、问题解决能力,促进学生综合素养的培养。其次,分层教学下教师可以通过任务设计的方式让学生们结合所学知识以及自己的兴趣偏好来完成任务,这既可以促进学生的个性化发展,同时也可以较好地培养其知识迁移能力,锻炼其创造性思维,进而促进其综合发展。

三、如何在小学人工智能课程教学中引入分层教学

(一)设计分层教学目标

不同学生对于人工智能课程内容的接受能力是存在鲜明差异的,在这样的背景下引入分层教学至关重要,而设计分层教学目标是分层教学的重要基础和前提。只有确定目标,教师在课堂教学中才会更有侧重点地对学生进行引导,并对教学方法做出有效优化和调整。一般情况下,教师可以根据教学内容以及学生的发展需求设计两类三层次教学目标,如图 7-2-6 所示。

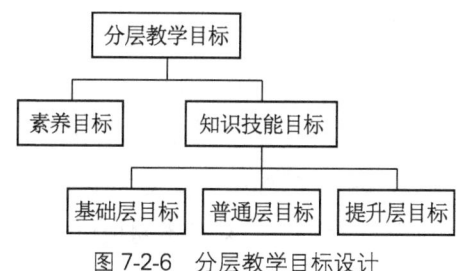

图 7-2-6 分层教学目标设计

本文以《走进大数据》为例，分析如何设计分层教学目标。首先，教师需要确定素养目标和知识技能目标。素养目标是指通过本堂课的教学，让学生对大数据有一定的了解，认识到大数据给人们生活生产带来的便捷和帮助，同时也意识到数据隐私的重要性，树立大数据思维，认识大数据技术的优势、影响和作用。其次，教师需要设计知识技能目标，知识技能目标又分列三个层次，对应不同学习能力的学生。对于综合学习能力相对薄弱的学生，教师可以设计基础教学目标，即"通过本堂课的教学让学生对大数据有一定的了解和认识"；对于综合实力中等的学生，教师需要通过本堂课的教学让学生了解什么是大数据技术，意识到保护数据安全的重要性，并在此基础之上学会利用大数据技术来解决一些简单的实践问题；而对于综合能力相对较强的学生，教师则可以通过情境构建让该部分学生设想一下大数据技术还可以应用到哪些方面，必要的情况下教师还可以做出适当的延伸和拓宽，让学生对于人工智能技术等相应现代化技术有一定的了解和认识。基础层、普通层和提升层三个层次教学目标的设计，指引教学工作的顺利开展，避免统一化、一刀切式教学抹杀学生个性，进一步加强了教学的针对性。

（二）做好学生层次划分

在确定教学目标之后，教师需要做好学生层次划分。分层教学最为显著的特征是教师秉承因材施教的原则，具体问题具体分析，结合学生的实践情况对教学内容、目标、方向做出适当调整，始终保障教育的针对性。一般情况下，教师也可以将学生划分为基础层、普通层和提升层三个层次，在分层的过程当中需要注意以下几点问题。

首先，教师需要做好数据收集和整合，例如学生在课堂中的课堂表现数据，学生在实践活动中的实践能力数据，学生对于人工智能技术、大数据技术等相应现代技术的了解程度数据等。

其次，也是较为重要的一点，教师需要认识到：学生的能力水平等在教育中并非是恒定不变的。事实上，学生往往是教育中最大的变量，其学习能力会受到学习兴趣方法、思维转变等因素的影响，有时甚至会发生翻天覆地的变化。同时，同一门课程中，对于不同板块的教学内容学生的接受能力也会存在较大的区别。在这样的背景下，教师需要对学生进行动态分层、准确评估，确保教育的针对性。针对这个问题,教师可以在课前发送导学案,动态考察学生能力。例如,在讲述《AI大脑机器学习》这节课的时候,教师可以通过发送导学案,了解学生知不知道什么是机器学习,是否了解其与人类学习之间的关系以及机器学习的类型等问题,在此之后回收导学案,根据学生的回答来判断学生所处层次,将其作为动态分层的重要依据,在此基础之上根据教学目标调整教学方法。

(三)丰富分层教学方法

一般情况下,分层教学常与任务驱动式教学、小组合作探究式教学两种教学方法融合,这两种教学方法都可以充分锻炼学生的思维能力,促进学生的人格发展。

例如,在讲述《海底历险记》这节课的时候,教师可以引入任务驱动式教学的方法,根据学生所属层次设计教学任务。对于基础层学生,可以设计一个潜艇下潜的程序。而普通层学生则需要在程序编写的过程当中通过程序代码调整,用按键来操纵潜艇的移动,除此之外,教师还可以给出一些选项,让该部分学生分析哪些模块可以控制潜艇移动,如图7-2-7所示。对于提升层的学生,教师可以

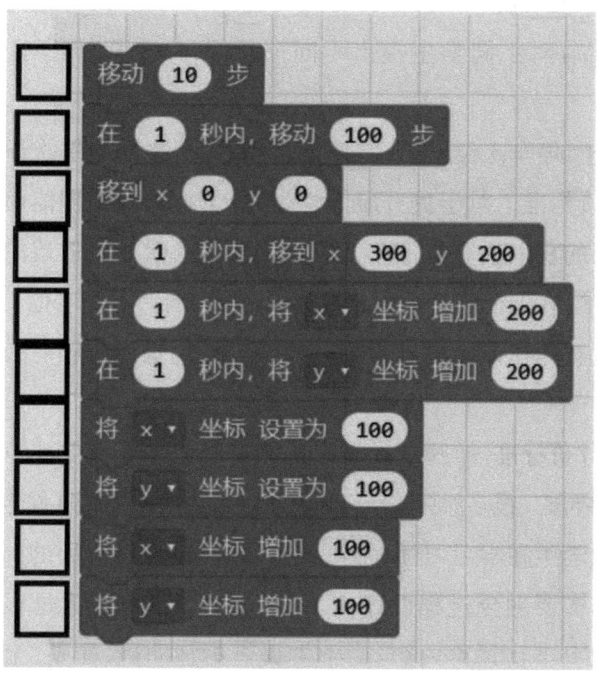

图 7-2-7 哪些积木可以控制潜艇移动

在程序编设的过程当中引入一些障碍物。通过这种方式让每一个层次的学生都能够有效完成任务,避免任务过难或过于繁琐导致学习能力相对较弱的学生无法完成任务进而丧失自信的问题。

同样以《海底历险记》为例,教师也可以在课堂教学开展的过程当中根据学生所属层次将学生划分小组。每一个小组中基础层、普通层、提升层的学生数须基本相同,确保小组间综合实力均衡。然后设计小组竞赛,由学习能力相对较强的学生主导,组内其他同学辅助完成竞赛,使学生在相互交流、相互讨论、共同合作下完成任务,培养合作意识的同时在相互学习下实现共同成长。

分层教学下教师需要注意教学方法的优化和调整,提高课堂教学的趣味性和有效性,让学生的能力思维得到充分的锻炼和发展,同时也需要关注开发学生学习兴趣,以此为中心提高课堂教学效率,促进学生快速成长。

(四)落实课堂评价分层

教学评价是课堂教学中十分关键的一环。科学有效的教学评价既可以帮助学生树立自信,也可以让学生认识到自身存在的不足,进而促进其快速成长。分层教学下教师必须对教学评价做出有效的优化和调整,最为重要的一点是对评价标准做出调节,对不同学生提出不同评价标准,进而帮助学生达到最近发展区。

例如在教授《停车入位》这一节课之后,教师根据不同层次学生的学习能力和特点优化评价标准。对于提升层的学生,评价标准是他们能够以较为清晰的逻辑、较为精简的积木块完成停车入库程序编写。对于普通层的学生教师则可以适当降低标准,在保证逻辑清晰、中心突出的基础上不要求他们精简内容。对于基础层学生,教师在评价的过程中只要考虑他们是否能够有效完成程序编写任务即可。

除了优化评价标准,教师在教学评价的过程当中还需要注意终结性评价和过程性评价的结合。很多教师在人工智能课程教学展开的过程当中多以终结性评价为主,导致学生在学习习惯、学习方法、学习态度等方面的问题并没有被充分发现。因此,需要融合过程性评价,观察学生在任务完成过程当中个人的表现,在此基础之上丰富评价内容,为学生提供更加明确、完整、全面的指导和帮助。教师还可以丰富评价主体,引入学生自评、互评以及小组间评价等多种评价方法。通过这些评价方式让学生学会自我反思,思考自身存在的不足,学会观察和借鉴他人的优势,这对于学生的未来发展以及其他学科的学习都会起到一定的促进作用。

四、结束语

在小学人工智能课程教学中引入分层教学方法,对于提高教学针对性、激发学生学习兴趣、促进学生综合发展都起到了至关重要的作用。教师可以从教学目标、课堂辅导、课堂评价等多个环节同时出发,做出优化和调整,提高教育的针对性,更好地发挥分层教学的优势,提高人工智能课程的教学效率和质量。

经验分享四:基于 EDIPT 模型的小学人工智能教学设计与实践

上海市浦东新区福山证大外国语小学　张沁漾

一、背景及意义

在当前快速发展的数字化时代,人工智能已经成为改变社会和经济发展的重要推动力,培养小学生的人工智能素养变得愈发重要。培养学生的创造力不仅要让学生在信息科技课上学好编程知识,更要培养学生的科学素养、信息素养、创新素养。因此,教师要在实践人工智能课程的过程中积极响应 2022 版信息科技新课标,创新图形化编程教育教学模式,创设感知人工智能生活与应用的情境,给予学生自主实践、团队协作的机会,不断激发其想象力与创造力。

福山证大外国语小学作为国家第一批"央馆人工智能课程"实验校,其信息科技教研组积极尝试开设人工智能课程,整合多学科知识综合运用 EDIPT 设计思维模型(Empathy, Define, Ideate, Prototype, Test)创新编程教学模式。这不仅能鼓励学生在解决问题中不断自我创新,还能有助于学生提出不同想法,打破思维定势,培养问题解决的能力、创造力,发展信息科技学科核心素养。

二、当前人工智能教学存在的问题

小学阶段是培养学生思维能力和创新潜能的关键时期。在小学阶段开设人工智能课程可以帮助学生适应未来工作和生活的需求,提升信息科技学科核心素养。但是从现有情况来看,学校推进人工智能课程教学中也遇到了一些困难:

第一,人工智能教育课程教师经验不足。当前,各中小学人工智能课程教师数量较少,且相关教师缺少系统性的人工智能教学培训。

第二，人工智能教育课程实践流于形式。学生在人工智能实践课程中会使用"搭建＋编程"的方式去体验、掌握、理解原理和方法，每一节课学生实践内容大同小异，久而久之，学生会失去学习热情。因为当学生只关注"搭建"有没有成功、"编程"有没有通过，脱离了现实生活，将时间放在掌握技术时，必定会造成教师固化课堂教学，无法创新。所以，当教师实践人工智能课程时，不能套用一般课堂上的教学情境，不能形成思维定势，而是需要思考哪些驱动问题可以引起学生共情。

第三，人工智能教学实施效果不明显。当前我国人工智能教育尚缺乏系统性和全面性的评估机制，无法准确判断其在学生中的影响和效果。因此，需要建立科学的评价体系（包括定量和定性的评估方法），对学生的知识水平、技能掌握、创新能力、问题解决能力、团队合作和沟通能力等各方面表现进行评估，以更好地评价人工智能课堂教学实践的效果。

三、基于 EDIPT 模型的人工智能教学活动设计

斯坦福设计思维模型（EDIPT）是由斯坦福大学设计学院提出，包含共情、定义、构思、原型、测试五个环节，当前已在全球创新教育实践中得到广泛应用。该模型可表述为：(1)共情（Empathy），即学生对教师提出的情境问题产生共鸣；(2)定义（Define），即学生根据自身先验知识，定义要解决的问题或任务；(3)构思（Ideate），即学生通过头脑风暴，形成初步的方案构想；(4)原型（Prototype），即学生通过互相协作，实现创意；(5)测试（Test），即学生测试成品的优劣，不断优化。

EDIPT 模型重视学生综合能力的提升，强调以学生为中心，增强其高阶思维、创新精神和解决问题的能力。模型中 Empathy"学生在真实情境下开展探究活动"对应人工智能教育中的"强调真实的学习情境"；Ideate"以团队合作的形式，设计产品完善过程"对应人工智能教学中"倡导关注问题、提出问题、独立探究和解决问题的进程"，契合培养学生的创新意识、创新思维和创新能力的整体目标。此外，模型还强调学生的主动参与和探究，在实践中培养学生的独立思考能力和解决问题的能力。

因此，基于 EDIPT 的人工智能教学模型，可以促进学生综合素养的发展。第一，学生能通过使用 EDIPT 模型开展团队协作、优化创新，并且学会创造性地

解决问题。第二，EDIPT 模型记录学习过程时，多角度、多维度筛选各阶段评价工具、设置评价方式，构成一套完整评价体系。需要注意的是，基于 EDIPT 的人工智能教学模型是一个灵活的指导框架，可以根据不同学校和教师的实际情况进行个性化的应用和实践，以满足学生的学习需求和发展目标。

四、基于 EDIPT 模型的小学人工智能教学设计案例

我们依据 2022 年颁布的《信息科技课程标准》，参考了入选"上海市素质教育优质课程与活动资源"的人工智能"主题思辨课程"的内容，联系本校学生的实际情况，在对课程内容进行合理化取舍的基础上，以主题二《智能识别精灵》为例，具体介绍基于 EDIPT 模型的小学人工智能教学设计案例。

（一）案例介绍

本校校园实践创新基地中有"活力农庄"，学生经常不能辨认农庄中的植物，由此结合数字化学习，在人工智能板块的专题学习中设计了《智能识别精灵》学习单元。在本单元的学习中，学生将体验、了解并应用 AI 视觉的相关技术，在活动中理解图像识别和植物图像识别的概念，在实践中运用植物图像识别功能设计识别精灵应用的项目，发挥想象力和创造力，结合其他图像识别功能为应用做升级，并从中体验智能产品设计与完善的过程。

学生编写程序的过程中，比较人类识别和机器识别，感受图像识别的基本过程；输入输出时体会程序的选择结构和循环结构。在项目的规划思维导图过程中，每个小组呈现的效果都不同，学生理解智能产品的生产与革新需要参考用户反馈与建议，并在交流中拓展思维，对于智能交互技术有新的认识。

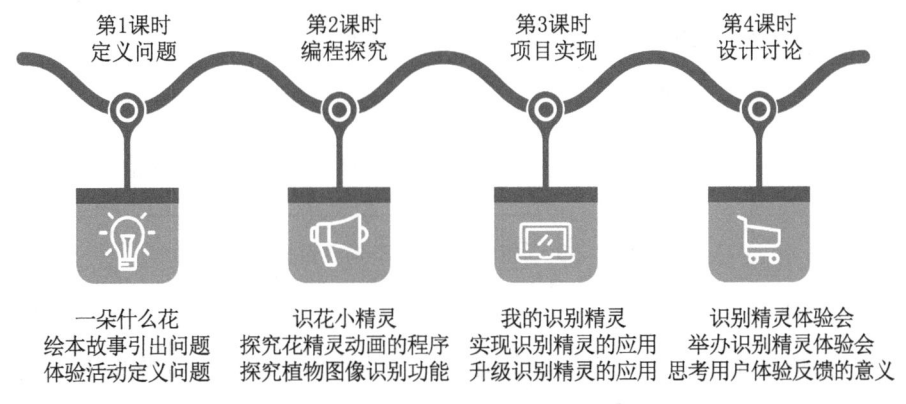

图 7-2-8 《智能识别精灵》学习单元介绍

本单元安排为4个课时。第1课时:定义问题。第2课时:编程探究,重点围绕编程实现方法和人工智能应用进行探究活动。第3课时:项目实现,分析并进行项目的实现方法,并进行分享交流。第4课时:设计讨论,举办识别精灵体验会,讨论用户反馈建议对于产品设计的意义,使学生意识到设计要有人性化。

(二)教学目标

1. 在探究活动中了解植物图像识别和植物识别应用实现方法,设计可以识别图像内容的识别精灵应用程序,提升综合解决问题的能力、创新能力和动手协作能力,增强信息获取和评估能力;

2. 在活动体验中感知人工智能语音识别与合成技术在现实生活中的应用,通过讨论思考用户反馈分析和应用对产品优化的作用,并能进行产品展示会,培养团队合作和沟通能力;

3. 思考智能技术的应用应该基于用户的需求,讨论用户需求反馈对于产品设计的作用,培养分析思维、设计思维和编程思维。

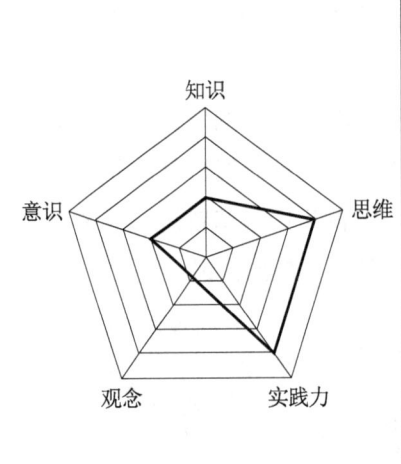

AI素养	活动内容描述	评价方法建议
知识	我了解了图像识别技术的概念和作用	理解和讨论
意识	我觉得图像识别技术在应用于日常的物体识别时有很好的效果	体验和操作
观念	通过识别精灵项目的制作,我想了解更多的虚拟交互方式	操作和展示
实践力	我能设计一个智能的识别精灵应用并进行分享	思考和讨论
思维	能编写程序实现图像识别效果 能对复杂的问题进行分解 能对图像识别物体这项应用有创新的想法	阅读和讨论

图 7-2-9 《智能花精灵》AI 素养目标

(三)案例实施过程与策略

1. 共情(Empathy)——发现问题:学生在体验活动中感知植物图像识别的应用,思考定义。当我们看到一个东西,大脑会迅速判断是不是见过这个东西或者类似的东西,这个过程有点儿像真实生活情境中的系统检索,我们把看到的东西和记忆中相同或相类似的东西进行匹配,从而识别它。机器的图像识别也是通过分类和提取重要特征的方式来辨别和理解图像,与人类十分相似。学生进行分析对比后,引出关键问题:机器是怎样识别图像的呢?

2. 定义(Define)——确定问题:引导学生理解智能识别过程一般包括四步:图像采集、图像预处理、特征提取、图像识别。特征提取后会与云端存储的特征库进行对比匹配,从而得到识别结果。学生设计的"智能花精灵"形态各异:花朵形、小猫形、机器人形……学生同时思考自己设计的"智能花精灵"如何有效进行图像识别,进而确定研究方向:设计一个能识别校园内"活力农庄"中所有植物的智能识别精灵。

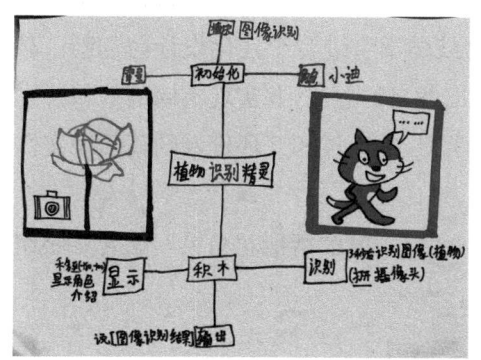 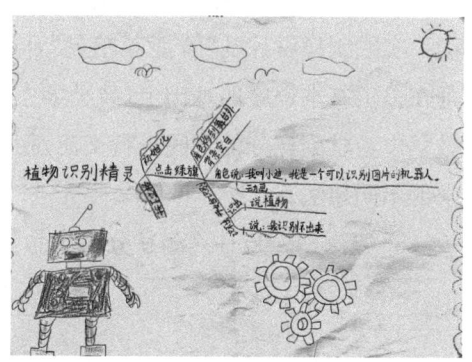

图 7-2-10　形态各异的《智能花精灵》

3. 构思(Ideate)——构想方案:将学生分成不同小组,每个小组负责研究和识别一种花卉,收集相关图片和信息,展开头脑风暴并讨论"智能花精灵可以使用的图像识别模块"的功能、所需学习的专业知识。接着,教师指导应用人工智

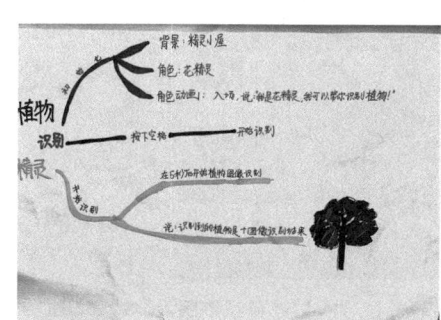 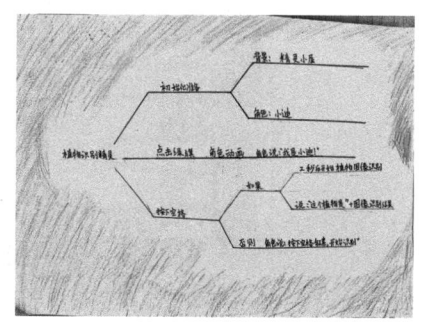

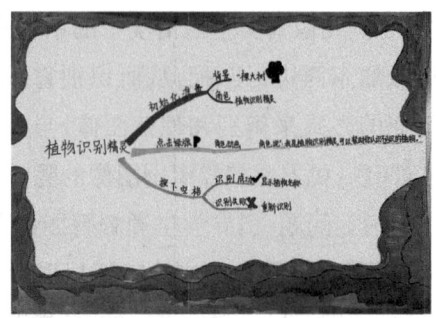

图 7-2-11 《智能花精灵》思维导图设计

能中的图像识别技术设计可以识别图像内容的识别精灵项目,针对"智能花精灵"进行构想,并完成各组设计思维导图的绘制。

4. 原型(Prototype)——制作作品:学生结合"模型拼搭+智能编程 Dbit+"动手实践制作设计的"智能花精灵",同时鼓励学生进行个性化设计与创新。教师在提供基本程序的基础上,鼓励学生说出各自的想法,并实现不同的效果。在教学中给学生充分的时间进行交流、相互学习,并通过相互评价鼓励基于现实需求的不同想法。

5. 测试(Test)——测试分享作品:学生测试初代"智能花精灵",结合各小组

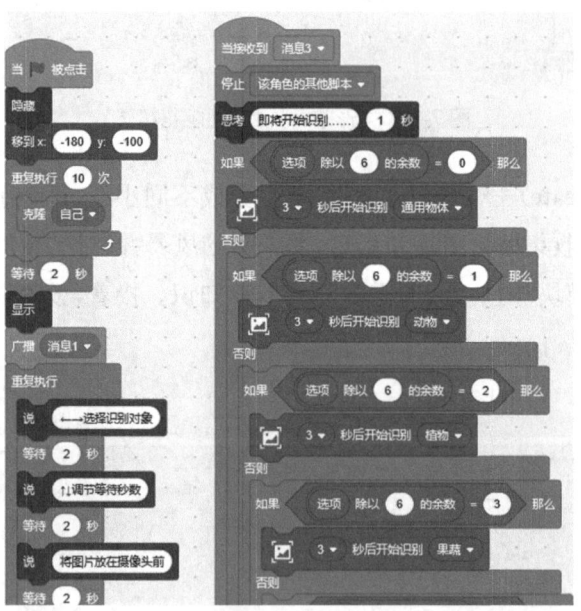

图 7-2-12 学生设计《智能花精灵》语音版与通用识别版

给出的不同意见进行迭代测试和修改，最终形成优化版。学生们从现实问题出发，真实地采用了不同思路去尝试解决问题。从使用 AI 工具到自己体验编程调用 AI 系统的方式，体验了数字化的学习与创造，并在课堂中进行展示、对话、分享，实现了"做中学""用中学"。

五、教学实施效果评价

基于 EDIPT 模型的小学人工智能教学实施效果可以从以下几个方面进行评价：

1. 学生学习成果。评价学生在人工智能知识和技能方面的掌握程度。可以通过考试、测验、项目展示等方式，检查学生对人工智能的理解和应用能力。

2. 学生兴趣和参与度。通过问卷调查、观察等方式了解学生是否对课程内容感兴趣，是否愿意积极参与讨论和实践活动。

3. 学生学习动机和学习策略。通过访谈、观察等方式了解学生对人工智能学习的动机和目标，是否能够合理利用学习资源和采用有效的学习策略。

4. 教师教学效果。评价教师在课堂上的指导和引导效果，包括教学方法是否恰当、教学内容是否清晰、教学环境是否积极等。可以通过观察教师的教学过程、听取学生和家长的反馈等方式进行。

5. 教学资源和设施情况。评价教学资源和设施是否满足教学需求，包括硬件设备、软件资源、教材等方面。

6. 教学过程的改进和反思。通过教师或教研团队的反思和讨论，对教学过程进行评估和改进。了解教学过程中存在的问题和挑战，并提出相应的改进方案。

总体而言，在基于 EDIPT 模型的小学人工智能教学设计与实践中，学生通过自主探究和实际操作，深入理解了人工智能的原理和应用，培养了人工智能思维和创新能力，奠定了未来学习和职业发展的良好基础。

第三节 初中人工智能教学实践案例

教学案例一：猫兔识别机——机器学习

上海市澧溪中学 马文婷

一、教材分析

《义务教育信息科技课程标准（2022 年版）》第四学段"人工智能与智慧社会"

模块包括"人工智能的基本概念和常见应用""人工智能的实现方式""智慧社会下人工智能的伦理、安全与发展"三部分内容。基于此,本单元结合学校特点、课程设置和学生需求,围绕"人工智能"单元主题,设计"初识人工智能""机器学习""计算机视觉""语音识别""自然语言处理""人工智能与社会"六节内容。

本节课的设计参考了华东师范大学出版社《初中信息科技(第二册)》中第四单元《新技术学习》第三节"人工智能体验"中"动物识别体验"的内容。本节课是本单元的第二课时,核心内容是机器学习。教师借助浦东新区人工智能与编程教育平台,引导学生通过制作猫兔识别机,优化图片数据集,改进动物识别机等活动,了解机器学习的定义,归纳机器学习的一般过程,进一步激发对人工智能的兴趣。

二、学情分析

本节课的教学对象是我校预备年级学生,已经完成了图形化编程单元的学习,熟悉在线学习平台操作,具有一定的自主探究学习能力。在本节课前,学生初识人工智能,知道了人工智能的定义、应用分类和生活案例。但在机器学习领域,他们的认知较为简单,对机器学习的过程和原理认识有待提高。

因此,本节课利用浦东新区人工智能与编程教育平台,以机器识别"猫"和"兔"作为主题情景,帮助学生了解机器学习的过程,感受人工智能的魅力。

三、教学目标

(一)知识与技能

1. 了解机器学习的定义。

2. 掌握机器学习的一般过程。

(二)过程与方法

1. 通过制作猫兔识别机,理解机器学习图像分类的基本过程。

2. 通过类比人类学习的过程,归纳总结机器学习的一般过程。

(三)情感态度与价值观

感受机器学习给人类社会带来的深刻影响,进一步激发对人工智能的兴趣,提升关注新技术发展的意识。

四、教学重难点

教学重点:归纳总结机器学习的一般过程。

教学难点:优化机器学习图像分类,实现智能识别动物。

五、教学过程

（一）教学流程图

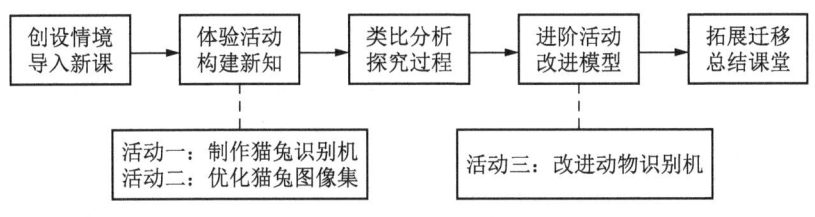

图 7-3-1 "猫兔识别机——机器学习"教学流程图

（二）教学问题链设计

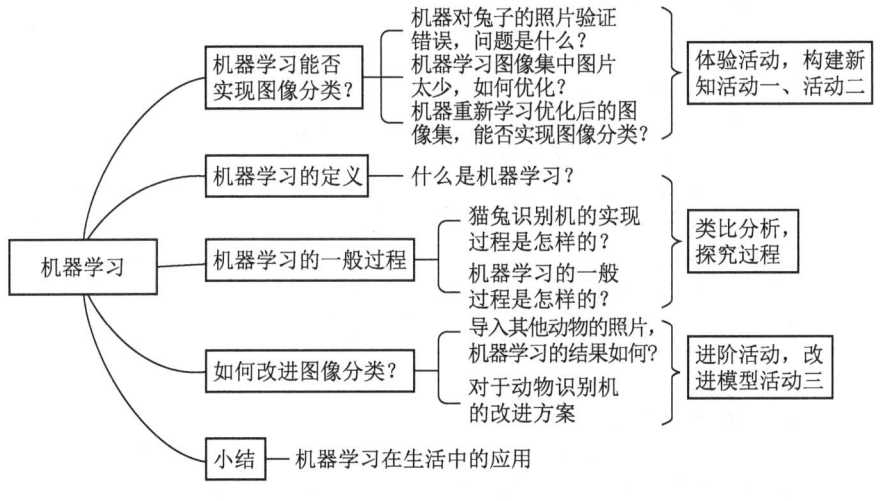

图 7-3-2 "猫兔识别机——机器学习"教学问题链

（三）教学过程设计

表 7-3-1 "猫兔识别机——机器学习"教学过程

教学环节	师生活动	设计意图
（一） 创设情境 导入新课	1. 播放幼儿认识动物的短片，提出问题：幼儿是如何认识动物的？ 说一说：家长怎么知道幼儿已经认识动物了？在这个过程中幼儿有没有认错？ 2. 引导归纳人类认识猫的过程 说一说：人类认识猫的过程。 认识猫 → 总结猫的特征 → 形成猫的印象 → 验证是否是猫 → 基本正确完成学习 ↑_____出现错误再次学习_____↓	通过播放幼儿认识动物的短片，引发学生思考幼儿认识动物的过程。展示短片中呈现的学习过程，引导学生归纳人类认识猫的过程。

续 表

教学环节	师生活动	设计意图
（二） 体验活动 构建新知	**1. 活动一：制作猫兔识别机** 做一做：①登录人工智能编程平台，选择实验项目"猫兔识别机"；②机器学习"活动一"文件夹中的图像集"猫"和"兔"，验证经过"学习"训练的机器能否准确识别猫和兔。 想一想：为什么机器对兔子的照片验证错误？ 说一说：图像集中图片太少，如何优化？ **2. 活动二：优化图片数据集** 做一做：①将"活动二"文件夹中猫兔图片分别放入对应数据集；②机器重新学习，重新验证。	学生根据人类认识猫的过程，逐步完成猫兔识别机的积木搭建，体验机器学习的一般过程。通过探究机器学习"兔"图片失败的原因，发现数据对于人工智能机器学习的重要性。
（三） 类比分析 探究过程	1. 阐释机器学习的定义 机器学习是一种让计算机像人类一样学习获得知识与技能，并像人类一样感知世界、认识世界的技术。 2. 总结猫兔识别机的实现过程 ①学习猫和兔的数据集→②提取猫和兔的特征→③建立线性模型→④验证结果 说一说：①怎样的数据集能让机器学习效果更好？②如何设计特征区分猫和兔？③猫、兔图片在线性分类模型中如何分布？④如果验证结果错误，该怎么办？ 3. 引导归纳机器学习的一般过程 想一想：机器学习的一般过程。 收集数据→提取特征→建立模型→验证结果 基本正确 应用模型 出现错误再次学习	通过猫兔识别机活动体验，引出机器学习的定义。具体分析猫兔识别机的实现过程，帮助学生理解并归纳机器学习的一般过程。
（四） 进阶活动 改进模型	1. 试一试：用猫兔识别机验证其他动物的照片，观察机器学习的结果并分析原因。 **2. 活动三：改进动物识别机** 做一做：①提出动物识别机的改进方案；②利用网络的素材或教师提供的图片和图像集；③根据机器学习的一般过程，尝试改进动物识别机。	综合运用本节课的知识，学生自主提出方案，尝试改进动物识别机，提高综合运用能力。
（五） 拓展迁移 总结课堂	1. 拓展机器学习的运用 谈一谈：生活中机器学习的运用。 2. 回顾知识，总结课堂 想一想：人工智能的三大技术基础（数据、算法和算力）在本节课中的运用。 谈一谈：本节课的学习收获。	联系机器学习与生活实际，将课堂内容扩展延伸到课外生活，激发学习新技术的兴趣。

六、教学反思

在本节课上,学生在课前已登录过人工智能编程平台,对学习内容有了初步了解。在活动一"制作猫兔识别机"中,学习内容贴合生活,学生反馈较积极,对于机器学习的问题产生了疑问。在活动二"优化图片数据集"中,学生自主探究,初步发现问题所在并尝试解决问题。在活动三"优化动物识别机"中,学习内容较为重复,学生兴趣不高,提出的创新方案也较单一。实践操作全部完成的学生较少,部分学生存在一些积木拼搭上的问题,由于时间关系没有进行一一纠错。在以后的教学中可以提供更多的机器学习应用案例,便于学生理解。

七、学习单

"猫兔识别机——机器学习"学习单

班级:预备__班　　姓名:_____

活动一:制作猫兔识别机

① 登录人工智能编程平台,选择实验项目"猫兔识别机"。

② 使用机器学习"活动一"文件夹中图像集"猫"和"兔",验证经过"学习"训练的机器能否准确识别猫和兔。

序号	使用数据集	检验图片	运行结果/是否正确	运行时间
案例	猫、兔	兔	兔 ✓	5 s
1				
2				

活动二:优化图片数据集

① 将"活动二"文件夹中猫兔图片分别放入对应数据集。

② 机器重新学习,重新验证。

序号	使用数据集	检验图片	运行结果/是否正确	运行时间
3				

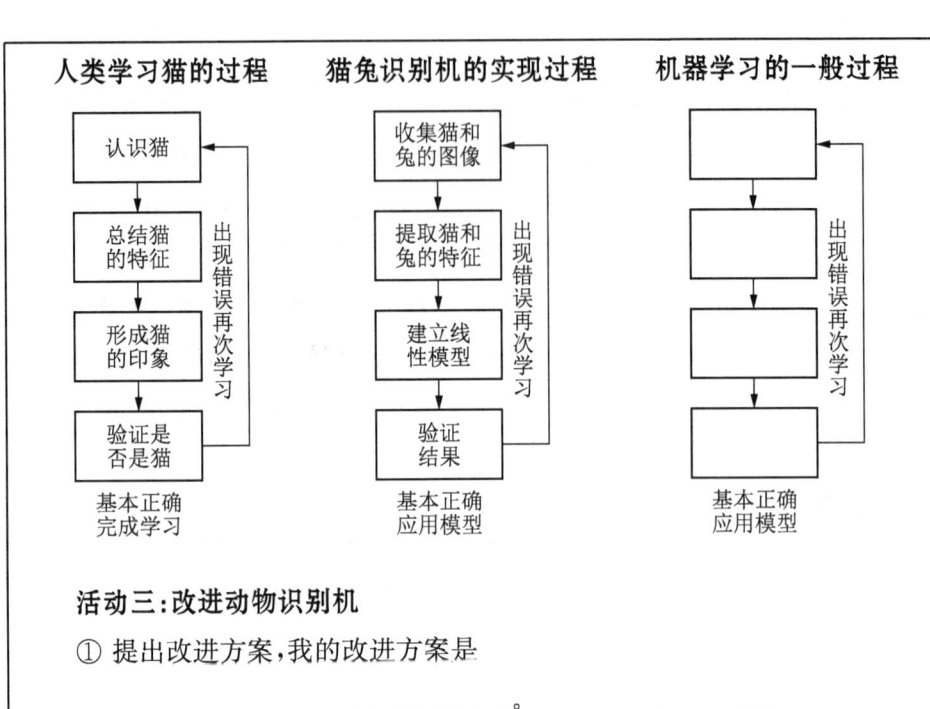

活动三：改进动物识别机

① 提出改进方案，我的改进方案是

_____。

② 利用提供的图像集和图片，或从网络上下载或截图保存图片，制作图像集。

★注意：图像集的文件格式为 zip，图片的文件格式为 png/jpg/jpeg。

③ 根据机器学习的一般过程，尝试改进动物识别机。

序号	使用数据集	检验图片	运行结果/是否正确	运行时间
4				

教学案例二：人工智能初体验

上海市洋泾中学南校　高佳华

一、教学背景

2020年浦东新区入选教育部"基于教学改革、融合信息技术的新型教与学模式"实验区；2022年3月，教育部印发《义务教育信息科技课程标准（2022年版）》，课程理念中明确将人工智能列为课程六大逻辑主线之一，将"人工智能与智慧社会"作为独立模块列入课程内容；2022年6月，上海市洋泾中学南校入选实验区之"区域推进面向计算思维培养的人工智能教育"项目实验校；2022年9月，新课程标准、新课程方案落地实施。

二、教材分析

"人工智能"是《义务教育信息科技课程标准（2022年版）》课程内容部分第四学段的内容。本模块介绍人工智能的基本概念和术语，通过生活中的人工智能应用，让学生理解人工智能的特点、优势和能力边界，认识和感受到人工智能的魅力，知道人工智能与社会的关系，体会人工智能技术正在帮助人们以更便捷的方式投入学习、生活和工作中，感受人工智能技术的发展给人类社会带来的深刻影响，以及发展人工智能应遵循的伦理道德规范。

三、学情分析

本课的教学对象为预备年级（六年级）的学生，他们作为数字社会的原住民，在信息社会中长大，体验着信息技术的发展给生活带来的便利。他们对生活中的新科技有着天然的好奇心，但往往知其然而不知其所以然，分析意识和分析能力较薄弱。他们在以往的教学活动中有过分析生活实例的学习体验，但归纳、总结、表达的能力以及网络与信息安全意识尚有待加强。

四、设计思路

本课以"人工智能初体验"为教学主题，以"教师要成为学生与教材之间的桥梁"为设计理念，从人工智能的常见应用入手，以体验活动为线索，让学生通过亲身经历、亲自实践，去感知及领悟人工智能技术的发展给人类生活带来的各种便利，同时也认识到信息科技的发展可能给人们生活带来的影响。教学过程中选用优秀小视频辅助知识讲解，调动学生多重感官，帮助学生集中注意力，增大课堂信息量，提高教学效率，突破教学难点；体验活动与知识讲解相穿插，帮助学生理解人工智能的底层技术，并在此过程中使其感受信息技术的迅速发展，提高学习信息技术的乐趣和信心。

依据课标要求及我校学情，计划分3课时完成"人工智能体验"部分的教学内容。本课为第一课时，第二课时指导学生依托浦东人工智能与编程教学平台分组开展创编实践体验活动，第三课时完成班级内的展示分享及活动体会交流。

其中《人工智能初体验》一节介绍了人工智能及其特点，在AI开放平台上体验"动物识别"应用，认识人工智能对社会生活可能带来的影响及挑战。主要的知识点有:人工智能学科的创建及发展、人工智能的应用技术领域、人工智能的主要特点和在 AI 开放平台上体验图像识别动物的应用。在创编实践活动中,要求学生能使用浦东人工智能和编程平台辨析"身边的智能应用"并完成自选人工智能应用项目的功能说明。

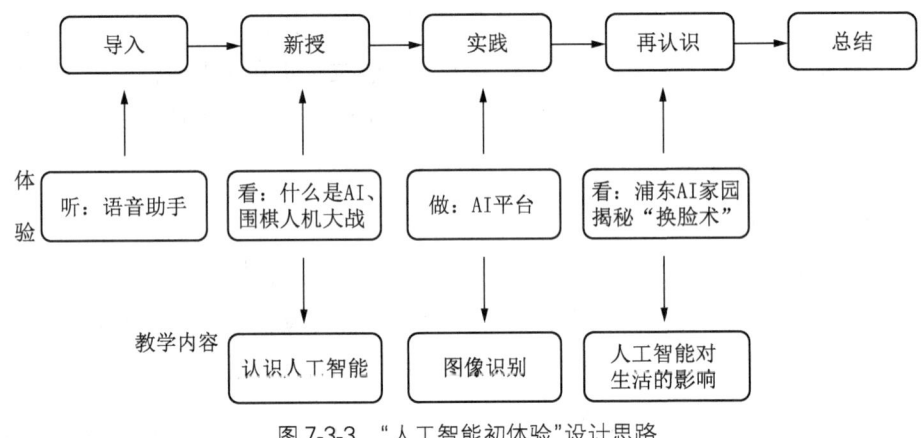

图 7-3-3 "人工智能初体验"设计思路

五、教学目标

(一)知识与技能

1. 知道人工智能,知道人工智能的创建和发展;

2. 知道人工智能的特点;

3. 能使用 AI 开放平台进行图像识别。

(二)过程与方法

经历使用 AI 开放平台进行图像识别的过程,知道在 AI 开放平台上体验人工智能应用的方法。

(三)情感态度与价值观

1. 关注人工智能技术发展中的新动向和新趋势;

2. 认识人工智能对社会进步和人们生活带来的影响。

六、教学重点

1. 人工智能的特点;

2. 使用 AI 开放平台进行图像识别;

3. 认识人工智能对社会进步和人们生活带来的影响。

七、教学难点

人工智能的特点。

八、教学过程

表 7-3-2 "人工智能初体验"教学过程

教学内容	教学环节	教学活动 教师活动	教学活动 学生活动	设计意图
认识人工智能	新课导入	出示课题，带领大家认识"AI"并询问学生是否能正确读出人工智能的英文 artificial intelligence；与手机虚拟语音助手对话，请语音助手翻译并朗读；提出问题，引发学生思考。	观察、互动	以生活中的人工智能应用实践引发学生学习兴趣；让学生带着问题学习，激发学习欲望。
认识人工智能	学习新知	40秒的小视频《什么是人工智能》，穿插教师讲解：人工智能及发展现状。	观看、互动、倾听	视频体验活动与知识讲解相穿插，帮助学生理解人工智能的底层技术，并在此过程中感受信息技术的迅速发展，认识到机器与人的不同之处。
认识人工智能	学习新知	播放视频《人机围棋大战》，穿插教师讲解：人工智能特点及深度学习。	观看、互动、倾听	视频体验活动与知识讲解相穿插，帮助学生理解人工智能的底层技术，并在此过程中感受信息技术的迅速发展，认识到机器与人的不同之处。
智能开放平台体验	技能学习	下发图像识别素材和学习单；演示图像识别操作；组织学生交流；讲解图像识别的原理。	完成"动物识别""植物识别""人脸对比"三重体验，交流识别的结果、感受	学生亲身经历使用AI开放平台进行图像识别的过程，知道在AI开放平台上体验人工智能应用的方法，感受人工智能技术的"神奇"；教师讲解"图像识别"的原理，进一步深化学生对人工智能的理解。
人工智能对生活的影响	巩固新知	引导学生交流"人脸识别"在社会生活中可以应用的领域、给人类带来的便利；播放视频《揭秘换脸术》，穿插讲解；播放《浦东AI家园》视频。	互动交流、观察思考	AI"换脸术"神奇效果的展示，有助于提高学生信息防范意识；AI"换脸术"背后技术原理的讲解，有助于深化学生对人工智能的理解；《浦东AI家园》视频激发学生对人工智能美好生活的向往。

续 表

教学内容	教学环节	教学活动 教师活动	教学活动 学生活动	设计意图
	总结梳理	引导学生回顾学习过程,梳理知识脉络,巩固重难点。	回顾、梳理、思考	总结有助于帮助学生形成知识脉络,进一步强化知识与技能;思考有助于帮助学生发展思维,形成正确的认识。

九、教学反思

本节课完整地落实了导入、新授、实践、再认识、总结五个教学环节,通过组织学生听、看、做的实践体验,较好地完成了"认识人工智能""图像识别""人工智能对生活的影响"三部分的教学内容。从学生课堂的反应及作业反馈来看,教学重难点的突破较为成功,教学目标达成度较好。学科核心素养的培养落实到位,对标"信息意识、计算思维、数字化学习与创新、信息社会责任",学生能正确说出生活中的哪些应用是人工智能应用;能在教师引导下对人工智能应用进行理解和探索;能使用数字化学习平台体验和理解人工智能;能通过相关实例的分析,认识到人工智能技术的不当应用可能带来的安全风险。学习任务单设计难度恰当,起到了学习支架和学习效果评测的作用。不足之处在于,任务单的设计没体现学生思维的提升,日后教学中需要更加重视学习任务单的设计,帮助学生在完成课堂任务的过程中归纳出一般方法或过程。本课作为学生体验人工智能的第一节课,没有使用浦东人工智能与编程平台,是想让学生知道除了定制开发的校内课程学习资源,也有像百度 AI 这样的社会平台,由此向学生撒播下在互联网上找相应的人工智能学习资源和实验途径的种子。至于是先使用定制教学资源平台还是先了解社会 AI 平台,因教学内容较新颖,教学尚未达到一定量的积累,无法做出定论,只能先凭教师本人的经验和理解进行处理,是否恰当可以在下几轮教学中进行变更后验证。使用百度 AI 进行图像识别时,教师对每一张图片都给出了不止一个配着相似度百分比数值的答案,学生大多都会理解百分比越高的答案越接近正确答案,可这些百分比是怎样最终形成的?数值最高的答案真的就是准确的吗?可以在课堂中更多地引导学生去关注人工智能背后的科学原理,也为后续相关内容的学习做好铺垫。

十、学习单

一、体验人工智能
   1. 体验"动物识别"
     图片"动物识别1.png"为（　　），图片"动物识别2.png"为（　　）。
     A. 阿拉斯加雪橇犬　　　B. 哈士奇犬　　　C. 爱斯基摩犬
   2. 体验"植物识别"
     图片"植物识别1.png"为（　　），图片"植物识别2.png"为（　　）。
     A. 日本晚樱　　　　　　B. 桃花　　　　　C. 海棠花
   3. 体验"人脸对比"
     图片"人物1.png"与图片"人物2.png"相似度为（　　），是否为同一个人呢？（是或否）
二、思考：图像识别技术可以应用在哪些方面呢？会对社会带来什么样的影响呢？

教学案例三：智能推荐系统初探

上海市洋泾中学东校　吴嘉琅

一、教学概述

本节课依据《义务教育信息科技课程标准（2022年版）》第四学段"人工智能与智能社会"的课程内容要求，结合《浦东人工智能教育》基础课程第三章"数据与智能推送"模块的内容，以智能推荐系统的实现方式为主线，通过观察智能推荐系统的应用案例，比较人推荐和机器推荐的异同，体验智能推荐系统的使用，分析智能推荐系统的原理，讨论智能推荐系统的优势和应用场景以及存在的隐患。帮助学生建立对人工智能的正确认识，助力落实信息意识、数字化学习与创新以及信息社会责任。

本课教学对象是八年级学生。经过三个月的人工智能与编程校本课程的学习，学生熟悉在线学习平台的操作，掌握图形化编程软件的使用，但对背后原理的探究还需要教师通过活动加以引导。

作为数字时代的原住民，大部分学生在生活中经历过智能推荐系统的相关应用，但没有激发起好奇心。需通过活动激发学生的兴趣，调动其学习积极性。八年级的学生抽象思维和逻辑思维能力增强，除了事物的表现形式之外，还可以适时引导学生注意主观体验和对事物的本质分析。

二、学习目标

1. 感受智能推荐系统在生活中的应用，通过人工智能编程平台实现物品推

荐,并在学习平台中讨论智能推荐系统的优劣。(数字化学习与创新)

2. 通过讨论与探究,能说出智能推荐系统的过程与原理,能采用计算机科学领域的思想方法分析智能推荐系统的输入、计算和输出。(计算思维)

3. 思考智能推荐系统的优势和存在的隐患,了解人工智能带来的伦理和安全挑战。(信息社会责任)

三、教学重点

能用人工智能编程平台体验智能推荐的实现过程。

四、教学难点

理解智能推荐的过程与原理。

五、评价成果

1. 个人的过程性评价:自我评价、小组成员在组内相互评价和教师对个人的评价。

表 7-3-3 "智能推荐系统初探"教学评价表

指标等级	表现标准				评价		
	A	B	C	D	自评	他评	师评
*参与程度	能积极参与学习的各个环节,按时完成活动任务。	能参与学习环节,完成大部分活动任务。	基本参与学习环节,完成部分活动任务。	较少参与学习环节,未能完成活动任务。	★★★	★★★	
*自主探究	能根据自身需要,选择学习支架,自主探究学习,并按时完成活动任务。	能在老师或同伴的帮助下,自主探究学习,按时完成活动任务。	在老师或同伴的帮助下,完成部分活动任务。	在老师的督促下选择学习支架,未能完成活动任务。	★★★	★★★	
*交流评价	能大胆回答问题,交流积极主动,在任务活动讨论和小结中踊跃表达自己的想法。	能在教师的引导下,表达自己对问题的思考,任务活动中能与同伴交流自己的想法。	能在教师的引导和帮助下,交流自己的想法,在活动中倾听同伴的想法。	不善于表达自己对问题的看法,在活动交流中,不积极表达自己的想法。	★★★	★★★	

2. 以小组为单位,参与班级的分享与交流(教师通过黑板上小组计分牌进行评价)。

六、学习资源

浦东人工智能教育平台、Learnsite 学习平台、多媒体课件、微视频。

七、教学流程

情境创设，引出课题 ⇒ 活动体验，构建新知 ⇒ 回顾总结，迁移思考

图 7-3-4 "智能推荐系统初探"教学流程

表 7-3-4 "智能推荐系统初探"教学过程

教学环节	学习活动	设计意图
（一）情境创设引出课题	播放视频，提出问题：智能推荐系统做了什么？揭示课题：智能推荐系统初探。	通过网络搜索"重阳节出游景点"导致购物车出现推荐商品，了解智能推荐系统产生的结果，引发思考，激发学习兴趣，引出课题。
（二）活动体验构建新知	活动1：推荐商品的一般过程 问题1：推销员会如何推荐商品？ 子问题1：怎么知道顾客更多的需求？ 子问题2：如何进行商品的推荐？ 选一选、说一说：构建规则，展示成果。	通过分析销售员推荐商品的过程，了解智能推荐系统的工作原理。
	问题2：智能推荐系统如何推荐商品？ 子问题1：智能推荐系统需要获得哪些数据？ 做一做、说一说：搭建程序，实现商品的推荐；运行程序，思考并说出智能推荐系统获得哪些数据。 子问题2：智能推荐系统给出哪些结果？ 做一做、看一看：修改程序中的物品喜好，运行程序，观察推荐商品的变化。 子问题3：智能推荐系统如何依据获得的数据进行商品的推荐？ 想一想、说一说：智能推荐系统的工作过程和推荐依据。	通过智能推荐系统的编程体验，了解智能推荐系统的工作原理。
	活动2：智能推荐系统应用案例 问题3：如何提高推荐商品的接受度？ 子问题1：瑞幸咖啡在推荐中用到哪些数据？ 看一看、写一写：观看视频，思考为了提高推荐商品的被接受度，瑞幸咖啡推荐系统用到哪些数据。 子问题2：针对"出游景点"，智能推荐系统需要补充哪些数据？ 看一看、说一说：了解重阳节出游计划的目标客户，思考如何优化智能推荐系统。	通过智能推荐系统实例，了解智能推荐系统的优化。
（三）回顾总结迁移思考	回顾总结：推荐的过程是怎样的，推荐依据是什么？ 想一想、说一说：智能推荐系统的工作过程和原理。 迁移思考：智能推荐系统的优势、应用场景和存在哪些隐患。	回顾智能推荐系统的原理，思考其优劣，感悟技术发展对生活的影响，提升信息社会责任。

八、教学反思

本课依据《义务教育信息科技课程标准(2022年版)》与《浦东人工智能教育》基础课程,是浦东人工智能编程项目与信息科技课程结合的一次尝试。虽然八年级学生对于人工智能课程涉入不深,但能借助学习单对智能推荐系统的工作过程进行体验与探究。教师在课堂总结时,引导学生参考板书内容填写学习任务单,对推荐原理和推荐过程进行巩固,符合学生的认知水平与能力。

从教学形式来看,本课整合了区人工智能平台的编程体验、学校信息科技学习平台的交流互动、多个微视频的分析讨论,各个环节有机结合、逐步深入,学生对于教学内容的掌握效果理想,教学目标达成度较好。

从教学内容情景的一致性来看,本课涉及购物与旅游景点两个主题的推荐,双主题可能会割裂学生思维的连贯性,可以尝试单一主题"购物推荐"贯穿活动的始终。学生在分析推销员进行商品推荐时,可以适当增加讨论的时间以达成"推荐商品一般过程"的共识,掌握人推荐商品的基本步骤和原理,从而对智能推荐系统有更加好的认知铺垫和迁移。智能推荐与专家系统存在差异:专家系统是一个相对封闭的系统,而智能推荐系统会因为用户的反馈和行为,修正推荐的算法。这部分内容,可以在以后的教学实践中进行探索和尝试。

九、学习单

学习主题三:人工智能编程　第三章:《数据与信息智能推送》

座位号:_____ 组编号:_____ 填写者姓名:_____ 学号:_____

第9课　智能推荐系统

任务一:推销员会如何推荐商品?

小明出游已经购买的物品清单	
商品	类别
书包	衣物
旅游鞋	衣物
汽水	食品

待推荐商品	选择
教材	
苹果	
电脑	
运动裤	
遥控小车	

任务二:推荐系统如何推荐商品?

商品列表:

 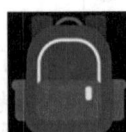 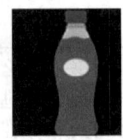 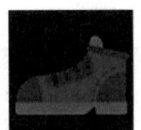  

1. 智能计步器　2. 学生书包　3. 汽水　4. 旅游鞋　5. 牛肉干　6. 星空投影仪

待推荐商品列表

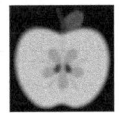    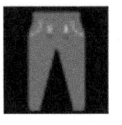  

冰糖心苹果　　教材　　　电脑　　遥控小车　　运动裤　　　耳机　　　习题册

1. 依据平台要求设置喜好，填写推荐概率最高的三个

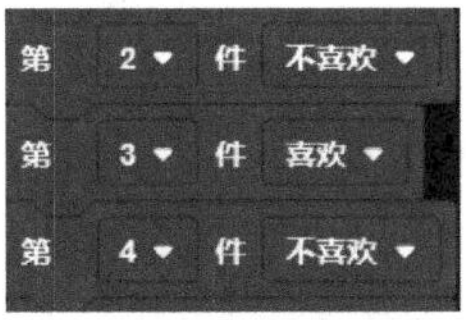

推荐排名	物品名称
第一	
第二	
第三	

2. 修改234物品的喜好，填写推荐概率最高的三个

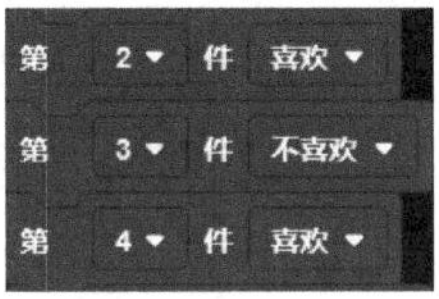

推荐排名	物品名称
第一	
第二	
第三	

任务三：
1. 为提高推荐商品的接受度，咖啡推荐系统用到哪些数据？

咖啡推荐系	数据	因素
	去冰	用户偏好

景点推荐系	数据	因素

2. 为提高重阳节景点的接受度，景点推荐系统可以用到哪些数据？

任务四：
1. 请思考并完成推荐系统的工作过程

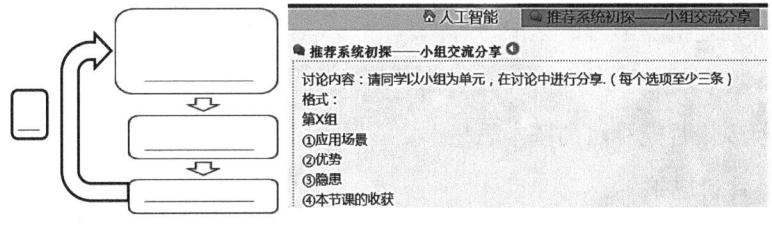

2. 推荐系统的原理1——基于_____推荐
　 推荐系统的原理2——基于_____推荐

3. 以小组为单位,在学习平台上进行讨论和分享。
   推荐系统
   ① 应用场景＿＿＿＿＿＿＿＿＿＿＿＿＿＿＿＿＿＿＿＿＿＿＿＿＿＿
   ② 优势＿＿＿＿＿＿＿＿＿＿＿＿＿＿＿＿＿＿＿＿＿＿＿＿＿＿＿＿
   ③ 隐患＿＿＿＿＿＿＿＿＿＿＿＿＿＿＿＿＿＿＿＿＿＿＿＿＿＿＿＿
   ④ 我的收获
   通过本次活动,我＿＿＿＿＿＿＿＿＿＿＿＿＿＿＿＿＿＿＿＿＿＿＿。
4. 完成背后的个人评价表。

教学案例四：机器学习初探

上海市临港实验中学　吴善文

一、教学概述

本课从学生实际生活出发,结合芳香校园特点,以利用"形色"软件识别不认识的植物为情境引出新课。学生通过体验学习、区分桃花和樱花的过程,总结人类学习的过程,并通过动手体验樱花与桃花的识别程序,对比人类学习的过程,理解机器学习的一般过程。

二、教学目标

1. 结合人类学习过程,基于浦东新区人工智能教育平台,使用相关指令积木编写简单的识别植物系统,推理机器学习过程。（数字化学习与创新）

2. 通过对比未处理和预处理的数据对识别系统的影响,感受数据对机器学习的重要性,并能进一步优化程序,实现多种植物的识别。（计算思维）

3. 体验机器学习的神奇,激发探索人工智能的兴趣,感受机器学习在各领域的应用,知道人工智能带来的安全挑战,增强信息安全意识。（信息社会责任）

三、教学重点

能够描述机器学习的一般过程。

四、教学难点

理解人工智能算法的基本思想。

五、评价成果

程度1：能够通过学习桃花的过程,总结归纳人类学习的过程。

程度2：能够使用积木指令,编写识别樱花与桃花的程序,推理机器学习的一般过程。

程度3：能够对比人类学习过程，结合程序体验，理解机器学习的过程，识别机器学习在各领域的应用。

六、学习资源

教室多媒体设备、人工智能教育平台。

七、教学流程

表 7-3-5　"机器学习初探"教学过程

教学环节	学习活动	设计意图
（一） 提出问题	1. 展示几种学生不认识的植物，利用"形色"软件识别植物。 2. 提出问题：为什么机器会认识这些花？机器是如何学习的？	借助生活中的问题情境引发学生思考，激发学生探究机器学习的好奇心。
（二） 分析问题	1. 围绕"人类是如何学习的"这一问题，观察体验。 2. 观察几组桃花的图片，分析特征，验证特征，总结归纳，抽象概括人类学习的过程。 3. 对比樱花和桃花，思考如何区分樱花和桃花。	通过观察图片，分析桃花的特征，总结人类学习的一般过程；对比樱花与桃花，感受人类如何区分不同类别的事物，为接下来的探究机器学习做好铺垫。
（三） 探究新知	1. 围绕"机器如何识别桃花和樱花"这一问题，动手编程。 2. 基于平台上的操作指引，动手编写程序，使得机器正确识别樱花和桃花。 3. 对比人类的学习过程，结合程序体验，推理机器学习的一般过程。 4. 结合编程积木，深入学习机器学习的过程，概括机器学习的四个步骤：输入数据—训练模型—验证模型—应用模型。	通过对比人类学习的过程以及体验程序，理解机器学习的一般过程；利用未处理和预处理过的训练集对机器进行训练，对比识别结果，感受数据对机器学习的重要性。
（四） 完善功能	1. 围绕"机器如何识别多种植物"这一问题，完善程序。 2. 根据机器学习的一般过程，明确可以用不同植物的训练集训练机器，实现机器可以识别多种植物。 3. 进一步完善程序，使得机器识别樱花、桃花和梅花。	加深对机器学习过程的理解，在已有程序基础上，优化程序，实现多种植物的识别。

续 表

教学环节	学习活动	设计意图
（五）拓展总结	1. 围绕"机器学习在各领域有哪些应用"，交流分享。 2. 阅读新闻，思考机器学习在带来便利的同时，有哪些安全挑战。 3. 思考如何设计人脸识别系统。	巩固所学知识，深入理解机器学习，思考技术对社会的影响，培养知识的迁移能力。

八、教学反思

"机器学习初探"一课的内容依据《义务教育信息科技课程标准（2022年版）》中的"人工智能与智慧社会"内容模块展开设计。该模块主要包括"人工智能的基本概念和常见应用""人工智能的实现方式"和"智慧社会下人工智能的伦理、安全与发展"三部分内容。机器学习是人工智能的实现方式之一。本节课的内容是理解人工智能的重要基础。

本节课基于学生的实际学情，结合新课标要求，侧重培养的核心素养如下：（1）计算思维。通过对比未处理和预处理的数据对识别系统的影响，感受数据对机器学习的重要性，并能进一步优化程序，实现多种植物的识别。（2）数字化学习与创新。结合人类学习过程，基于浦东新区人工智能教育大平台，使用相关指令积木编写简单的识别植物系统，推理机器学习过程。（3）信息社会责任。体验机器学习的神奇，激发探索人工智能的兴趣，感受机器学习在各领域的应用，知道人工智能带来的安全挑战，增强信息安全意识。

本节课从学生实际生活出发，结合芳香校园特点，以利用"形色"软件识别不认识的植物为出发点，激发学生探究机器学习的好奇心，进而导入新课。本课共设置了三个活动，分别是"人类学习的过程""机器学习的过程"以及"机器学习在各领域的应用"。其中"人类学习的过程"活动中，学生通过体验实例——学习桃花的过程，总结人类学习的过程；"机器学习的过程"活动中，学生动手体验识别樱花与桃花的程序，对比人类学习的过程，归纳机器学习的一般过程；"机器学习在各领域的应用"活动中，学生在感受机器学习带来便利的同时，意识到其带来的安全挑战。

在这次的课堂教学过程中，我发现自己存在一些不足之处。首先，缺乏单元意识，对于本节课的地位认识不够清晰，应从单元视角出发，保证知识衔接的流畅性；其次，课时分配不当，本节课可以分成两课时，确保学生全方面掌握机器学习相关知识,且教学内容应符合六年级学生的学情,以体验为主,让学生从体验中理解学科概念;第三,问题链的设计不够连贯,问题的提出要明确,具有引导性,问题与问题之间要环环相扣,紧贴教学目标;最后,教学节奏仍需加强,各教学活动的时间分配应结合教学的重难点,使得学生掌握机器学习的相关原理知识。

从确定课题到教学实践,此次的教学使我受益匪浅,让我对"人工智能与智慧社会"这一内容模块有了新的认识与想法。在接下来的教育教学工作中,我将努力学习新课标,从单元视角出发,重新整合内容,设计教学。

九、学习单

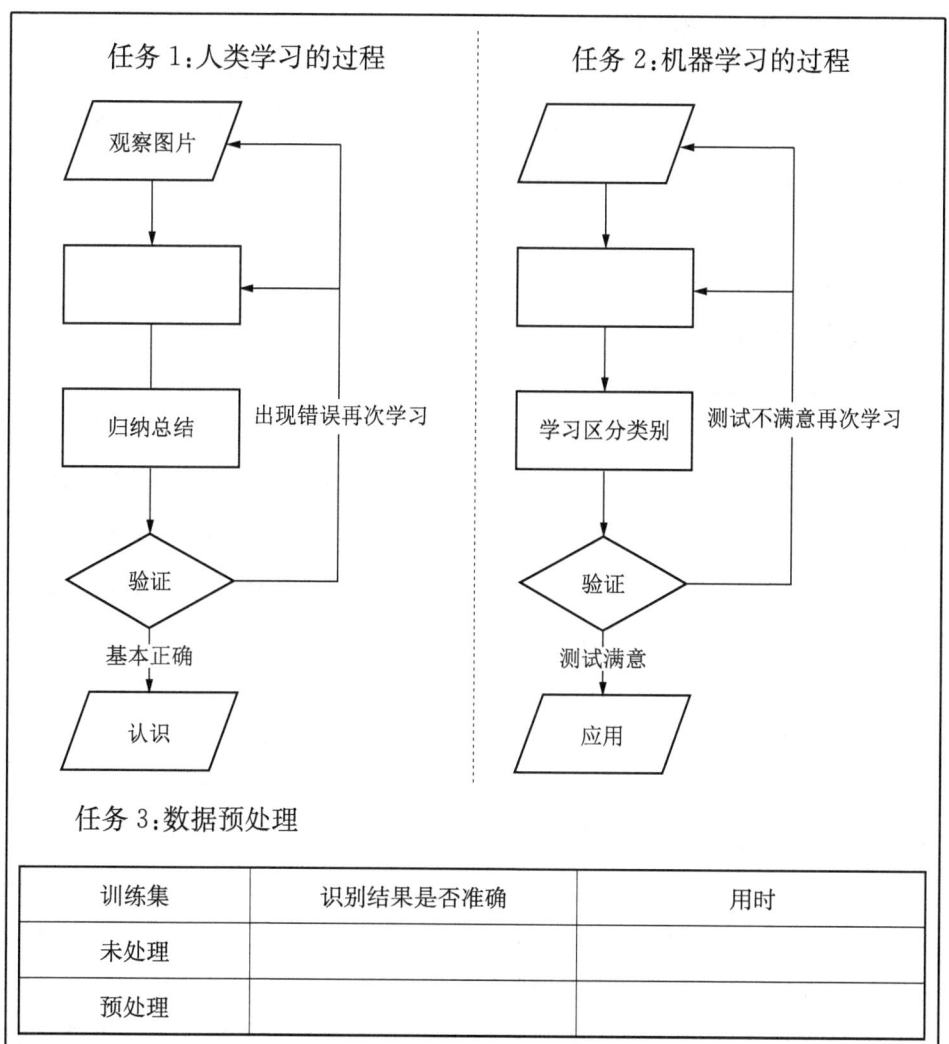

训练集	识别结果是否准确	用时
未处理		
预处理		

第四节　初中人工智能教学经验分享

经验分享一：入境生问　实践启智
——以人工智能教学第一课""看得见'的人工智能"为例

上海市浦兴中学　杨伟俊

本案例基于《义务教育信息科技课程标准（2022年版）》"人工智能"部分的学习要求，在"区域推进面向计算思维的人工智能教育"实验校建设的推动下，以实验项目的校本化研究第一课""看得见'的人工智能"为例，探讨新课标要求下的人工智能教学在低年段课堂的实施，以及"做中学、用中学"理念指导下的概念教学瓶颈突破两个问题。探索如何创设情境、设计问题序列和应用数字化平台，有效实施人工智能概念教学，以期降低人工智能教学的入门门槛，激活学生的学习动力与热情。

一、教学现状，问题分析

人工智能在义务教育阶段信息科技学科新课标中位于整个内容体系的最高层——九年级，它也是"循序渐进、螺旋上升"的学科六大逻辑主线的最后一环。近来，"人工智能的学习能否在更低学段的课堂中开展"的问题引发了不少思考，部分教师已在初中低年级的社团课、拓展课等教学中纳入了人工智能模块的学习，在常态化教学中也进行了应用和试点，其中不乏一些值得学习、借鉴的做法，但和规模化、常态化的期望值尚存距离。

其一是教材方面，在新教材落地前，华东师范大学出版社《初中信息科技》教材最后一章《新技术学习》的最后一节内容，就是人工智能的体验学习，相对于新课标中整个年段的学习，它尚停留在"体验"的层次——无论是内容的广度还是学习的深度，以及足够课时的安排等都和新课标的要求有着不小的距离。

其二是学情方面，当前六年级的学生大多在信息科技知识储备、计算思维和实践能力等方面未达到相应的水平，导致我们要在六年级常态课中普及和落实新课标下的人工智能教学，"怎么教""怎样学"都遇到了瓶颈和挑战。

笔者认为，要突破这个瓶颈，战胜这个挑战，整个教学实施的第一课就是破冰之处。本案例正是以第一课的教学设计和实施为例,寻求在初中六年级开展人工智能常态化教学的突破口。

二、优化设计,突破瓶颈

(一)教学内容与目标

本课围绕让人工智能"被看见"的情境问题,组织学生开展课堂观察、讨论和探究实践活动,旨在帮助学生建立"什么是人工智能"的相关概念,体悟人工智能的特征,认识人工智能的三大技术基础。

(二)教学流程

本课教学主要由生活情境、问题序列、体验活动相整合下的4个环节(问题情境、概念溯源、观察探究、回顾畅想)进行实施。(图7-4-1)

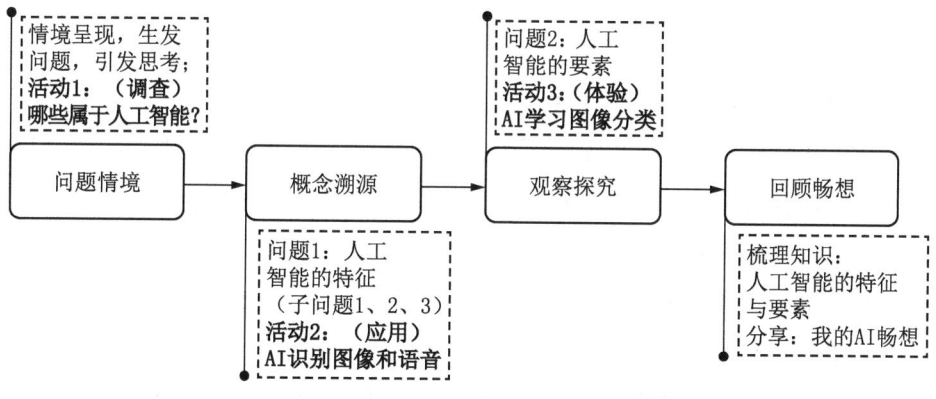

图7-4-1 "看得见"的人工智能教学流程

(三)教学环节

本节课创设让人工智能"被看见"的问题情境,通过"哪些属于人工智能(调查)""AI识别图像和语音(应用)""AI学习图像分类(体验)"三个活动,学生在思考和体验的过程中,学习人工智能相关知识和概念,初步认识人工智能的应用和实现。

活动1:(调查)哪些属于人工智能?

学生观看家庭情境视频,引发"爷爷对人工智能视而不见"的思考,并通过平台问卷,完成对"哪些属于人工智能"的四个不同说法的选择(图7-4-2),明确本课目标是"认识什么是人工智能"。

《调查问卷》班级统计分析

年级:6 班级:1 日期:2022-11-24 10:53:59 参与人次:38人 平均分:0 查看排行

你认为哪些应用属于人工智能?

1	你认为哪些应用属于人工智能? 小李说:无人机、编程、机器人 小张说:人脸识别、自动驾驶、语音助手 小赵说:计算机就是人工智能 小王说:你们都对		
(1) 小李		2	5%
(2) 小张		4	11%
(3) 小赵		1	2%
(4) 小王		29	80%

图 7-4-2 问卷结果

活动 2:(应用)AI 识别图像和语音

学生在学习人工智能的特征后,先观察教师演示百度 AI 识别动物的过程,感受人工智能的特征,再和教师一起使用声控小灯,在变化的语音、改变指令词等现场测试和观察中,产生疑问和猜想,并通过教学平台编程模块中的语音识别积木进行实践体验,第一时间感受新知、验证猜想。

活动 3:(体验)AI 学习图像分类

学生在学习人工智能的技术基础(三要素)后,借助教学平台中的图像分类训练功能,在教师的演示和指导下,体验利用摄像头采集不同图像进行分类学习的过程,体会机器学习的实现方式,感受人工智能的技术基础"数据、算力、算法"的重要性。

三、环环相扣,突破难点

(一)情境贴近生活——引导问题生发

"什么是人工智能"是第一课所要解决的核心问题,因此本节课首先要明确该问题是"从何而来"以及要"到哪里去",也就是问题的现实性需求。在教学设计中,教师在课堂开始就采用了有趣的家庭生活片段视频情境,引出情境中"爷爷对人工智能视而不见"的疑惑,继而引发让人们"看见"人工智能——即"生活中哪些是人工智能"的问题讨论和问卷调查,也让每个学生明确了本课的学习目标。

紧接着,教师并未公布"正确答案",而是展示校园里学生入校测温以及科技节体验 AI 微笑机的照片,通过更贴近学生生活的情境引发问题思考和课堂讨论,从而引导学生围绕情境及其生发问题进行思考和讨论,进而深化对概念的认知。

(二)问题启发成链——促进概念理解

认识"什么是人工智能",必然会触及其相关理论、概念和术语,若将教学重心放在专业术语和概念的解读和讲授上,显然无法与大多数六年级学生的认知起点相匹配,也背离了学生的学情。因此,本课设计了"概念溯源"和"观察探究"两个环节,主要围绕"人工智能的特征有哪些"和"人工智能的技术基础(三要素)是什么"两个问题展开教学。

在概念溯源环节,教师设计了层层深入、环环相扣的问题链,先用图文结合的形式,在问题交流中引出图灵测试中对智能的表述以及人工智能诞生的标志事件,以史实解构"人工智能从哪里来"这一子问题。然后在"人工智能来了,如何应用它"问题的驱动下,以启发性问题——"人的智慧是怎样应用的"为话题,开展"人如何用多种方法认出苹果"这一人类智能特点的讨论(图 7-4-3),引导学生通过类比对"人工智能的特征"这一问题进行推论,引出人工智能是模仿人类智能的通俗概念。最后,将人工智能的特征在"听懂语音"的应用中进行验证。

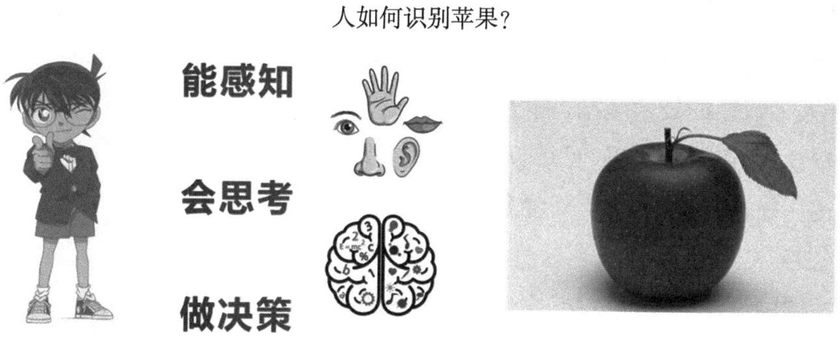

人如何识别苹果?

 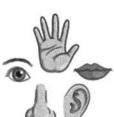 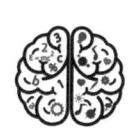

图 7-4-3 人如何用多种方法认出苹果

在观察探究环节,面对"人工智能的技术基础(三要素)"这一事实性问题,教师并没有直接告诉学生"是什么",而是通过"人怎样拥有智慧"这一话题,通过

"我们是怎样认识苹果的"以及"柯南拥有的智慧"两个问题展开讨论(图 7-4-4)，在问题讨论中通过类比总结归纳出人工智能"数据、算力、算法"三个技术基础。

图 7-4-4 "我们是怎样认识苹果的"以及"柯南拥有的智慧"

（三）概念通俗阐释——助力实践检验

关于概念教学，特别是第一课的新知教学，若过多拘泥于人工智能概念的专业性和精准性，显然会加大学习的难度，同时会降低学生的学习兴趣。因此，在本课的设计中，"通俗易懂"是概念教学设计中追求的首要目标，它既能助力学生牢记概念，又可以使概念在实践检验时更易懂和被接受。

本课所提及的概念主要有"什么是人工智能""人工智能的特征"和"人工智能的技术基础"三个。在人工智能的定义问题上，采用了简化后的"人工智能是机器模仿人类智慧的学科"这一通俗易懂的表述；在人工智能的特征学习中，也从利于学生的形象化理解出发，采用了"感知、思考、决策"三个具体的行为来描述；在人工智能的技术基础（三要素）认识里，虽然直接采用了"数据、算力、算法"三个概念，但还是辅之以"见多识广、头脑灵活、身怀绝技"三个生动形象的词语进行逐一描述，以助力学生对抽象概念的理解。

（四）实践简易直观——推动目标达成

本课中设计的实践体验，主要有观察和探究两类。其中观察类实践，一是观察百度 AI 开放平台识别动物的过程，二是观察声控智能小灯的使用(图 7-4-5)。二者是图像和声音识别应用里步骤少、过程简单、效果直观的应用实例。本课中的探究类实践，一是应用教学平台里的声音识别积木进行声音识别，二是用该平台的图像分类训练功能进行机器学习图像分类的体验。二者都没有涉及编程方面的要求,探究目标单一、操作简易、感受直观。

本课的实践体验之所以追求"极简主义",原因在于本课的学习目标不是追求实践体验本身的难度,也不需要其多么亮眼、"高大上"或者具有挑战性,而是用更明确的指向性来排除非目标因素(如编程要求)的干扰,用更丰富和直观的体验落实"做中学、用中学"的课标理念。

图 7-4-5　观察声控智能小灯的使用

四、总结反思,深层启迪

作为六年级学生人工智能学习的起点,"'看得见'的人工智能"一课用代入式情境、序列化问题和数字化平台构建教学有机体,以求解决"如何在初中低年级常态课中落实人工智能教学"以及"如何在概念教学中实践'做中学、用中学'的课标理念"的教学问题,使学生在情境中更多思考猜想得以生发,在问题中更多概念术语得以化解,在实践中更多知识得以验证,在探究中更多智慧火花得以萌生。在本课的教学实施里,针对第一课的特殊地位和要求,我们还需探讨以下两处的处理,以求在知识关联和思维发展的设计方面引发教师进一步关注,进而思考"如何启迪学生的智慧发生"。

第一,稳根基。教师将"人工智能的特征"和"人工智能的技术基础(三要素)"两个学习内容进行了解构、关联和重组,形成了易于低年段学生记忆和理解的知识联结。(图 7-4-6)

本课知识回顾梳理

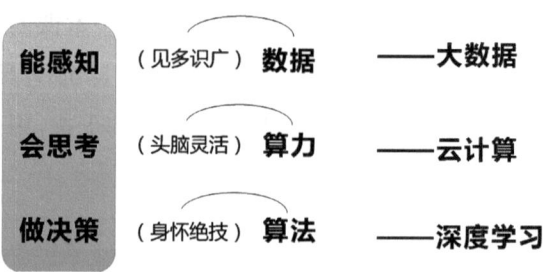

图 7-4-6　本课知识回顾梳理

第二,促思维。教学中,教师利用平台留言交流功能,收集学生的生成性问题(图 7-4-7),同时,鼓励学生思维的碰撞,并对所见所闻所感进行猜测、质疑反思和表达畅想(图 7-4-8),打开学生的智慧之门和想象空间,最大程度地服务于目标的达成。

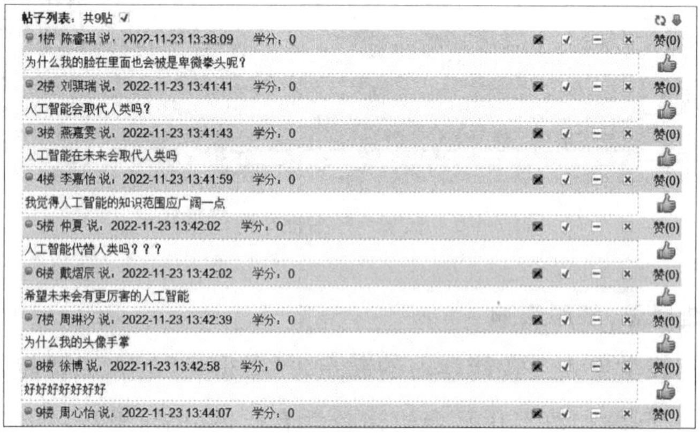

图 7-4-7　收集课堂问题

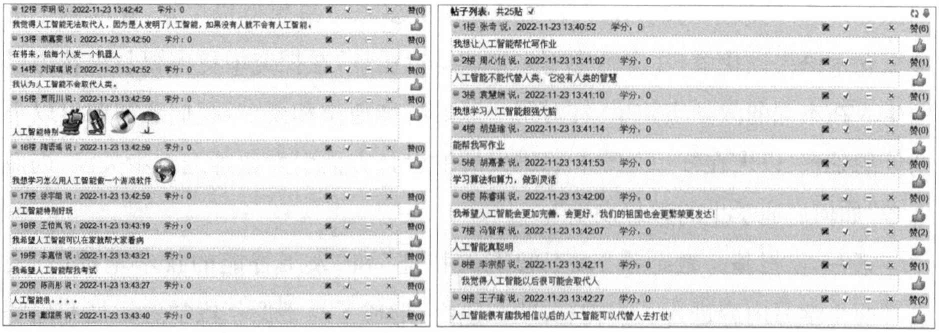

图 7-4-8　畅想人工智能

经验分享二：人工智能进课堂，让深度学习自然发生

上海市实验学校东校　潘艳东

作为创新教育的重要学习方式，深度学习是一种基于理解的学习，是学习者以发展高阶思维和解决实际问题为目标的学习。当前信息科技教材内容跟不上时代发展需求，出现了学生学习兴趣逐年下降的问题，PISA测试也显示，学生利用计算机解决问题的能力偏低。因此，在信息科技课堂中，要引入人工智能相关内容，促进学生探索人工智能技术，引导其进行批判性的学习，建立知识之间的联系，培养迁移运用知识的能力，并加强体验、实践和反思，进而提高问题解决的能力。人工智能进课堂，让深度学习自然发生。

一、初中信息科技课堂现状分析

智能时代的学生需要具备问题解决能力、批判性思维、主动学习和迁移运用能力。然而，目前信息科技课堂出现了学习"兴趣"假象的问题。如果说，学生无法积极主动学习是因为教师剥夺了他们的学习自主权的话，那么，当教师把学习的主动权交给学生时，他们是否就一定会按照教师的引导积极地自主探究、主动学习呢？为此，我在任教的四个班级中，对学生在课堂上的行为表现作了一段时间的观察记录和数据分析，学生的行为表现如图7-4-9所示：

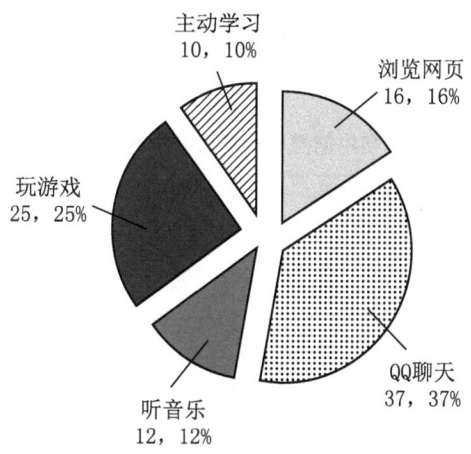

图7-4-9　信息科技课中学生行为表现

从图1中，不难看出当前信息科技课堂中学生行为的兴趣取向，其中主动

学习的仅占10.1%,能够主动学习的学生寥寥无几。因此,作为一线教师,应不断创新自己的教学方式,创设让学生"想学"的情境,提供让学生"会学"的方法指导,激励学生"坚持学"的信心,实现学生从"被动学习"到"主动学习"的跨越。

(一)学习内容初浅,引发信息科技学习"兴趣"假象

近几年,信息科技教学中出现了学生学习"兴趣"假象问题,学生对本学科知识的学习失去兴趣,在课上想方设法听歌、玩游戏等。究其原因,主要有这么几点。一是教材理论与技术陈旧,信息科技作为一门学科,它与传统的语文、数学及物理等学科有所不同,信息科技要求学生学习前沿的相关理论和技术,教材的理论与技术应与时俱进。二是教材内容的实用性差,学生学习过后,不仅对知识容易忘记,还不能实际掌握计算机背后的原理和技术,缺乏实际意义,学生容易失去对信息科技深入学习的兴趣,与信息时代学生所要具备的信息技术能力产生了矛盾。三是教材的内容初浅、重复,不能及时更新和调整,初中信息科技教材中还有Office各类应用软件操作的相关内容。智能时代呼唤学生学习与实际生活相关和有实用价值的内容。

(二)教学方式单一,导致学生主体能动性无法发挥

当前初中信息科技教学中有相当一部分教师依然采用传统的教学方法,如讲授法、演示法等。课堂中教师在教师机上操作演示,学生模仿操作一遍,学生只是被动地学习,教师仍处于课堂教学的中心地位,我们为此做了一项调查(如表7-4-1)。

表7-4-1 初中信息科技常用教学方法调查统计表

教学方法	经常使用	偶尔使用	从未使用
讲授法	95%	5%	0%
演示法	90%	10%	0%
自主学习	20%	55%	25%
合作学习	10%	78%	12%
项目化学习	8%	53%	39%

在信息科技教学中,经常使用讲授法、演示法的比率高达90%以上,自主、合作和项目化学习仅在20%以下。可见,学生处于被动接受学习的状态,教师在课

堂中拥有绝对权威,掌控着教学的主动权。久而久之,学生学习信息科技学科的兴趣会被慢慢地抹杀。

初中信息科技课堂中,影响学生深度学习的主要问题有三点。一是主动性不足,学生缺乏积极主动的参与意识;二是创造性不够,学生制作的作品千篇一律,缺乏主动优化迭代作品的创新精神;三是独立性欠缺,一旦脱离了教师指导,学生就无法迁移运用,不能将所学知识灵活运用到自己的学习和生活中,问题解决能力有待加强。因此,我们引入人工智能项目,激发学生深度学习,破解当前课堂中学生学习"兴趣"假象问题。

二、引入人工智能项目,激活课堂让深度学习自然发生

深度学习旨在引导学生灵活熟练地将所学知识应用到实践当中,注重调动学生学习的主动性,培养其问题解决的能力。

(一)创设真实问题情境,激活深度学习的意识

人工智能进课堂,帮助学生解决实际生活中遇到的问题。学生学会观察,发现真实世界的真实问题,在"制作鲜花识别机器人"一课中,学生自己发现问题:每天中午,上实东校生态园有很多同学去探究,这天琦琦发现了一株奇特的花,很好奇地问同伴玲玲,这是什么花呢?因为已经有了人工智能学习经历,学生马上想到可以通过手机形色App识花功能搜索这株花。不仅如此,她们还想自己能不能开发一个识花程序。在信息科技课堂学习中,通过解决学生现实生活中真实的问题,激发学生积极主动的学习,在问题解决方案的迭代优化中,激活学生深度学习的意识。

教师智慧设境,学生在生活中主动发现问题,同时教师也可以为学生提供应用知识于真实生活中的情境,培养学生运用知识解决问题的思维。现实生活中的问题可以激发学生的学习兴趣与动机,使其在已有生活经验的基础上,理解新知识,培养关心自己生活的情感态度,体会到技术与生活密切相关。创设真实问题情境,激发学生学习和探究的兴趣,这是学生深度学习的起点。

(二)类比迁移学习内容,奠定深度学习的基础

深度学习的学习内容应以与新旧知识联系的、与学生经验融合的真实问题为主线。因此,教师在进行教学设计时,不能局限于这一课时的教学内容,而应该有着"高屋建瓴"的课程观,放眼于整个章节,乃至整个单元,找到新旧知识之

间的关联,关注学生的"前概念"及生活经验,找到教材内容与现实生活世界的关联点及契合点,并将这些内容进行有效和精细的深度加工,使它们有机地整合在一起,类比迁移学习内容,奠定深度学习的基础。

人工智能正在成为当前和未来信息科技的关键技术。2017年7月,国务院印发《新一代人工智能发展规划》,提出要在中小学阶段设置人工智能相关课程。华东师范大学出版社《初中信息科技》第二册于2020年1月重新修订后,新增加了"人工智能体验"一节课的内容,笔者根据校情和学情,开发了"感受人工智能魅力"项目,如图7-4-10,并通过项目学习的方式开展教学。在此基础上,我们设计出具有开放性、挑战性的学习内容,引导学生主动参与,提高学习兴趣,并在此过程中获得知识与技能的深层次提升。在整个项目学习中,学生主动探究人工智能的相关原理和技术。在内容设计上,我们将人工智能中的相关概念和内容做了整合,把语音合成、图像识别、机器学习等,融入具体的每个课时的学习内容中。学生在解决问题的过程中,将机器与人做类比,逐步揭开相关的人工智能技术和原理。例如,"制作鲜花识别机器人"一课中,我们从识别桃花,到引导学生优化完善程序识别更多的鲜花,使学生体验机器学习的数据越多,机器越智能,再进一步将知识进行迁移,如从识花到识别植物再迁移到识别动物等。从项目设计的内容及知识的内在逻辑来看,学生从自己发现问题,到最后开发识花机器人来解决问题,学习的主动性得到激发。不仅如此,我们启发学生将所学知识与自己的学习和生活联系起来,开发出更多新的图像识别相关程序。

信息时代,网络上也有丰富的人工智能的内容,但我们认为唯有当教师对教学资源进行仔细筛选和整合后,才能最大化地发挥资源的价值。因此,初中信息科技引入人工智能可以选择项目化学习的方式开展。项目主题是指按照课程标准,把学科中关联较大的核心知识综合成单元,此单元能够充分体现课程知识的发展、学科内容的深度和学科内容学习的规律。项目式的教学内容能够激起学生的学习动力,系统的知识体系能够提高学习者的学习效率,促进学生深度学习。教师可以通过梳理相关资源,对教学内容进行整体设计。同时,教师应该关注学科发展的内在逻辑、学生学习的规律,并以此来设计最合理和有价值的教学内容。教师在设计项目化学习时,要做到每节课都有侧重点,引导学生自主学习和小组合作学习相结合,在体验、探究、反思的过程中让深度学习自然发生。

第七章 素养导向的中小学人工智能教学实践案例与经验分享 | 253

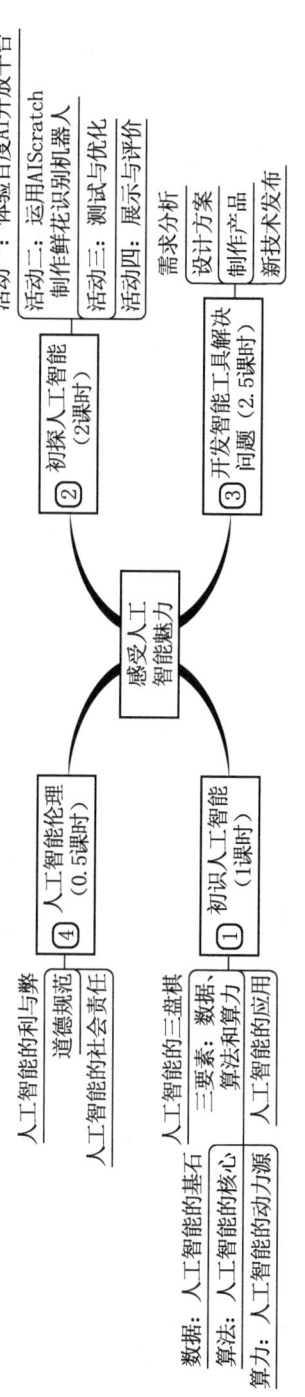

图 7-4-10 人工智能单元框架

（三）学以致用深度实践，指向深度学习的核心

学生的深度学习是一种深度参与的学习，也是一种深度感受、体验的学习。在人工智能教学中，教师要催生学生的深度实践，不仅引导学生融入认知，更引导学生融入情感、融入行动。换言之，深度学习不仅要求学生思维的深度参与，更要求学生全方位、沉浸式地感受、体验。从这个意义上说，深度实践是一种投入自己情感的实践。在"会说话的校园"项目中，我们的设计旨在让学生亲自探寻校园场景背后的故事，并开展相关的访谈和调查，促使学生学会爱自己、爱团队、爱校园，催生深度实践，引发学生情感投入，让深度学习在课堂中自然发生。

"人工智能——会说话的校园"项目设计如表 7-4-2。

表 7-4-2 会说话的校园项目设计

项目名称	会说话的校园	年级/学科	七年级/STEM
课时安排	5 周/10 课时	项目教师	
驱动性问题	在智慧校园背景下，如何让校园场景或物件"开口说话"，方便来访者和新同学了解校园。			
活动设计	创设真实问题情境 → 入项活动 → 前期调研（问卷星等）→ 方案撰写 语音识别 → 音频制作 视频制作 → 二维码制作 语音合成 → 项目发布			
项目评价	从作品质量和学习品质两个方面明确成功标准。项目成果包括：调研报告、短视频文案、相关音频、相关视频、相关二维码和发布会 PPT。学习品质包括：熟悉主要软件（问卷星、形色 App、讯飞有声、剪映、草料二维码等）使用方法，了解语音识别、语音合成、机器学习等人工智能技术和原理，形成合作、参与、倾听、沟通等基本技能。			

在"会说话的校园"项目中，入项活动为制作一份特别的贺卡。引入：赠送贺卡是节日里人们表达祝福的一种常见方式。贺卡的种类有很多，纸质贺卡能传达文字或图片信息，电子贺卡能传达包括文字、图片、音频、视频在内的多媒体信息，二者各有千秋。通过引入，启发学生思考如何制作一份"会说话"的贺卡，引出人工智能语音识别、语音合成和机器学习相关技术，为后续的学习奠定基础。

在情境导入环节,教师首先抛出问题:大家知不知道最近有没有要过生日的同学?引导学生关爱自己身边的同学,并通过小组团队合作,制作一份特别的贺卡。在小组合作完成生日贺卡后,举行了短暂而充满温情的赠送仪式,让学生沉浸在和谐友爱的课堂氛围中。另外,我们在课堂中还通过播放生日歌来营造温馨的气氛,更好地引发学生的感情投入,让课堂中的深度学习自然发生。

(四)联系生活关注热点,落实深度学习的本质

教学中引导学生联系真实生活,指导他们关心、关注社会热点,是落实深度学习的本质。如笔者在教学中实施的"自动驾驶"项目,通过学生自主设计方案、合作探究、实地测试和内化迁移,促进其深度学习。

1. 开放问题,自主设计方案,激活学生主动探究意识

学习的最高境界就是创新,学生自己设计出四个展示方案。方案一:车辆转弯,倒车入库。方案二:经过红绿灯,侧方位停车。方案三:避障,调头,侧方位停车。方案四:综合方案。学生在自动驾驶项目中,经历分组探究、自己设计自动驾驶场景和展示方案、现场公开测试和展示,提高了主动性和动手实践能力。同时,在自动驾驶公开的现场测试活动中锻炼表达能力,增强自信心,激活积极主动探究意识。

表 7-4-3 "自动驾驶"项目小组现场测试安排

组 号	姓 名	测试项目
第一组	郭＊＊、熊＊＊	方案一:车辆转弯、倒车入库
第二组	朱＊＊、康＊＊	方案二:经过红绿灯、侧方位停车
第三组	王＊＊、高＊＊、陈＊＊	方案三:避障、调头、侧方位停车
第四组	邵＊＊、曹＊＊、李＊＊、黄＊＊	方案四:综合方案

自动驾驶项目以 Openmv 摄像头作为机器视觉,运用 Python 语言进行编程,识别路线和标志,模拟了生活中最常见的驾驶行为,希望能用自动驾驶解放司机、便利生活、助推上海城市数字化转型。

2. 设计活动,小组现场测试,提升学生解决问题能力

在最后的项目展示环节中,我们开展了一场别具一格的现场测试,并邀请到相关的专家和教师、家长和同学。在测试中,采取由一位同学现场解说和小组全

体同学现场测试的方式。在测试活动前,学生自己撰写解说词,设计自动驾驶道路场景、展示方案的研讨和设计等。在整个项目学习过程中,学生之间的协作和探究不断深入。在学习中,学生 2—4 人一组,进行 Python 语言的学习、自动驾驶小车的设计与搭建、方案设计和撰写现场测试解说词等,整个过程都是在协作中完成的。不仅如此,他们还负责项目的开发和实施,通过分工界定各自的角色和责任,学会相互依赖和相互负责,在项目学习中的多个阶段,学生都有机会全力投入,完成项目任务。

通过设计开放的富有挑战的活动和以小组为单位进行的实践探索,学生的探究欲望得到激发,学习的主动性和迁移能力逐渐提高,解决问题的能力得到提高,深度学习的本质真正落实。

3. 批判辨析,持续深度反思,激发学生迁移应用水平

注重知识的批判理解是深度学习的特征之一。深度学习强调学生批判性地学习新知识和思想,要求学生对任何学习材料保持一种批判或怀疑的态度,批判性地看待新知识和思想并深入思考。

自动驾驶项目结束后,我们引导学生进行了自我反思:我们初步实践了自动驾驶,让单一型号的自动驾驶小车能在简单的车道上正常行驶,我们将会继续探索与学习,试着让不同车型的车能够在比较复杂的道路上行驶,尝试令小车识别不同的交通标识,我们还将更深入地探究人工智能图像识别相关技术背后的原理。在这次活动中,我们分组实践不同项目,互相帮助,体会到了团结的重要。同时,我们也学到了 Python 编程语言与团队共同开发方案,探究的过程中不断迭代优化。在此期间,我们遇到了许多问题,于是我们请教老师或者互相讨论。项目开阔了我们的思维,激发了我们创新的热情,让我们受益匪浅。我们希望通过探究人工智能自动驾驶,为人们的生活提供便捷,为实现上海城市数学化转型贡献力量。

人工智能教学中,我们着力于人工智能实验场景的设计与构建,让学生在真实的环境中,感受充满生机和乐趣的课堂,激发学生的深度学习,破解信息科技学习"兴趣"假象的问题。

三、人工智能教学实践,让深度学习真实发生的思考

《深度学习:超越 21 世纪技能》一书提出,在解决知识的"迁移"这一难题

的过程中,深度学习具有先天的优势,学生在深度学习中,能在现有知识的支持下,学会在相关的社会、真实生活情境中形成新知迁移和提升解决问题的能力。

(一)学生的深度学习需要教师的深度学习

深度学习的关键是学生积极参与设计良好的基于探究的要求,他们运用所学知识来完成项目问题解决和设计任务,这些真实世界的问题,能使学生关注该学科的核心问题,从而参与其中。教师要以学生的先前知识和发展程度为基础,为教学提供脚手架,从而帮助学生系统地建构知识和技能。教师必须周密思考,有目的地设计教学来解释学科的核心概念,平衡学生对直接教学和探究机会的双重需要,提供对学习的有力支撑,建模有效的探究策略并给予经常性的反馈。

(二)良好思维品性是朝向深度学习的途径

深度学习意味着深度思考,深度思考意味着一个人必须发展促进这种思考的品性。作为一个思考者,能够熟练进行创造性和批判性思考非常重要,然而仅仅熟练是不够的,一个人必须拥有促进深度思考的思维习惯和品性,我们称之为习惯,是因为当思考变得越加复杂、严格和费时费力时,我们需要能够唤起这些习惯帮助我们更加努力地学习。如果学生仍然缺乏兴趣,不乐于参与时,我们就会失望,我们认为养成思维习惯,能让学生越来越意识到学习态度的重要性。因此引导学生深度学习,还需要促进他们思维品性的养成。

(三)基于项目的学习为深度学习提供驱动力

基于项目的学习要求教师改变教学方法,走出传统的令人沮丧、低效的课堂。学生在参加可应用于真实世界的逼真项目时拥有了大胆创造的自主权。这种转变允许教师赋予学生一种目标感,你会发现,这些"坐着死啃"的学生一下子变成了活跃的学习者,他们通过积极的小组合作开展研究、收集信息,创造最终的产品并展示他们的发现。

项目学习,其目标不是对准某一门学科知识技能的学习和应用,而是将培养学生的综合素养放在首位。教师设计有价值的项目,学生以小组团队合作的方式学习,整合多种学科的知识和过程性能力,开展对知识深度理解、科学性地解释以及迁移运用。这样的学习过程充满了挑战,学生必须不断地审视自己的设想、方案和行为，在学习情境中自然而然地进行着深度学习。

教育要面向未来，而人工智能教育更要瞄准未来，培养学生对人工智能的浓厚兴趣。在课堂中，我们将人工智能与现有信息科技教材有机融合，激活信息科技课堂，使其充满生机和乐趣，破解信息科技学习"兴趣"假象，培养学生的反思精神、解决问题的能力和迁移运用能力，让深度学习在课堂上真实发生。

经验分享三：开展深度教研，优化人工智能课堂活动
——以助老分药智能机器人教研活动为例

上海市澧溪中学 卫岚

一、背景与设计

（一）活动背景

最新颁布的《义务教育信息科技课程标准（2022年版）》指出，信息科技学科的核心素养是信息意识、计算思维、数字化学习与创新、信息社会责任。在不断的实践过程中，学校教研团队发现跨学科融合的方式的确有利于学科核心素养在课堂中的渗透。2023年学校开设了人工智能的科技社团，旨在培养学生的科技创新能力，在实践中进一步落实信息科技核心素养。在教研团队力量上，希望能补充一些其他学科的教师；在课程教学实践方面，需要设计一个项目化学习的单元课程支持人工智能社团的教学。信息科技教研组内的教师研读了新课标中关于"倡导真实性学习，创新教学方式，以真实问题或项目驱动，引导学生经历原理运用过程、计算思维过程和数字化工具应用过程，建构构建知识，提升问题解决能力"的理念。同时学习了深度教研的工具量表、真实问题属性表，为团队提供了思路和方向。

通过社团学生的调查反馈，初步确定了本学期的项目化学习方案"助老分药智能机器人跨学科项目化学习"。考虑到整个项目需要一些物理知识以及劳技知识的融合，于是邀请了两位物理老师和一位劳技教师组成了跨学科教学团队，也确立了我们本学期的教研主题：基于真实问题的跨学科项目化学习主题教研实践。在后期的整个人工智能项目的教研活动中，均以跨学科教研的模式开展。

（二）活动设计

本次主题教研活动采取实时跟进学生跨学科学习活动的教研方式，分三个

第七章 素养导向的中小学人工智能教学实践案例与经验分享 | 259

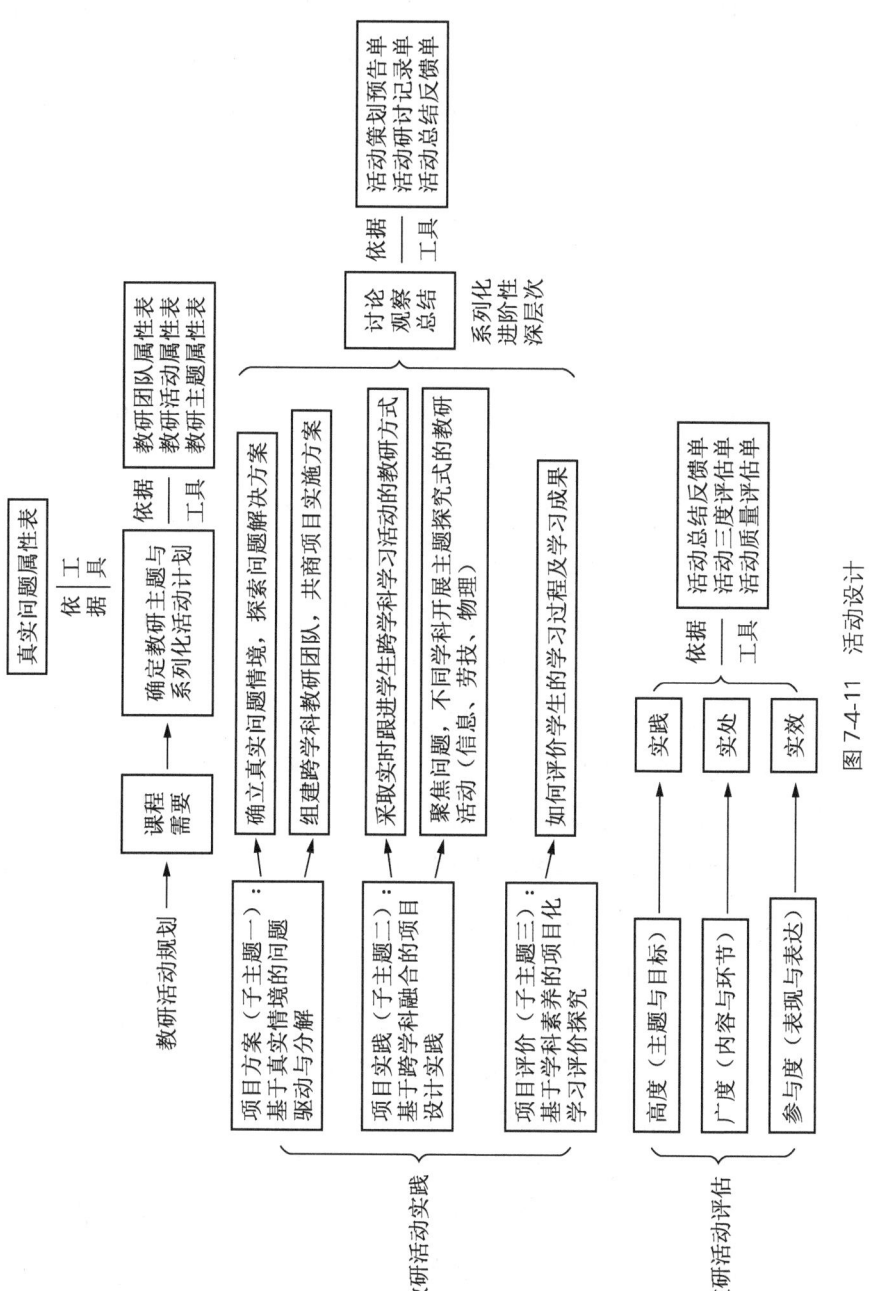

图 7-4-11 活动设计

阶段进行,分别是教研活动规划阶段、教研活动实践阶段和教研活动评估阶段。在项目活动实践阶段,把主问题分解成了三个子问题来循序渐进地解决。信息科技教研组根据社团课程的需要,初步设计了整个跨学科项目化学习方案,根据实际需求组建了跨学科教学团队,共同开展教研活动。根据学科特色聚焦不同的问题,开展了一系列主题教研活动。教研活动评估阶段,通过高度、广度和参与度三个维度,利用活动三度评估单和活动质量评估单等表单来评价这次教研活动,促进成长与收获。

二、活动实施过程

根据项目化学习"四线"理论,团队需要在把握教研活动大方向的基础上,分解出几个子主题,以"主问题＋子问题"的问题链方式使教研活动循着既定线路深度研究。为此,团队经过研讨确定了几个子问题,分别是基于真实情境的问题驱动与分解、基于跨学科融合的人工智能项目设计实践、基于学科素养的项目化学习评价探究。下文分别阐述三个子问题的实施过程。

(一)子主题一:基于真实情境的问题驱动与分解

1. 确立真实问题情境,探索问题解决方案

第一次教研主题:确立真实问题情境,探索问题解决方案。参加人员是组内3位信息科技教师,整个教研活动过程以研讨活动的形式展开。活动后续建议:组建跨学科教研团队支持课程教学。

在活动开始前两天,组长将自己的构想以活动策划预告单的形式提前下发给组内成员,让教师们明确此次研讨活动的内容,并根据内容做一些自己的准备,确保研讨的高效和目标的达成。研讨现场,教师们各抒己见,有的谈到老年人的孤独问题;有的谈到老年人在数字化社会中的不适应问题;有的觉得老年人腿脚不便,记忆力衰退,导致按时按需吃药困难,这个主题比较合适。结合教学实际需要以及可行性,我们最终确定把真实情境问题聚焦在制作一辆智能机器人小车来帮助腿脚不便的老年人按时吃药这个问题上。

活动结束后每个人都填写了活动记录研讨单,基本完整地记录了整个研讨活动的内容和结果。组长利用深度教研的总结反馈单进行了活动总结反馈,基于此,又对后续问题进行了思考,并写在了第二次教研活动的活动预告单上,发给了组员们。

2. 组建跨学科教研团队，共商项目实施方案

跨学科课程催生跨学科教研。考虑到这个课程的跨学科特性，团队邀请了2位物理教师和1位劳技教师加入，成立了跨学科人工智能教学和教研团队，支持课程的顺利实施。本次教研主题是如何创设情境引导学生思考，确立分小组方案。参与人员是团队中的所有教师。

本轮主要讨论了两个问题：通过什么样的方式来引导学生思考？项目实施是否需要分小组？如何分组？对于这两个问题，团队中信息教师提出可以让学生设计一个用户调研报告，用来收集一些老年人的困难，再引导学生分析数据，从数据中得出问题解决的方案；也有教师提出要在中间进行方向的引领和把控，避免学生无效讨论和偏题，教师要有自己的预设方案，在学生遇到瓶颈时，适当给出一些建议和启发，例如"能不能制作一个机器人小车来帮助老年人送药呢？"而劳技教师比较关注小车的造型，它可以长什么样子呢？外观如何设计？物理教师考虑比较多的则是小车可以实现哪些功能。在分组方面，经过讨论，团队一致认为需要分组，并且每个小组有侧重点地进行角色分工和定位，例如要有结构搭建师、编程手等角色。这次的活动研讨单也有完整的记录。

（二）子主题二：基于跨学科融合的人工智能项目设计实践

1. 采取实时跟进学生跨学科学习活动的教研方式

在项目实践环节采取的是实时跟进学生跨学科学习活动的教研形式，及时观察与解决学生学习人工智能中的问题。第三次教研活动，团队将问题聚焦于关于助老分药智能机器人小车制作时需要用到的教学器具的选择上。组内信息教师选择了当下较为流行的三种器材（Vex、鲸鱼机器人、Makeblock）进行比对，在现场研讨活动时展示给大家看。团队教师们现场讨论和对比了该项目的目标功能（巡线、抓取物品、放置物品、颜色和形状识别），最终确定了最可行的教学器具：Makeblock器材。

2. 聚焦问题，不同学科开展主题探究式的教研活动

我们根据项目的实际进展情况，聚焦不同的学科问题，开展了以不同学科为主题的教研活动。例如，在小车的设计与搭建这一模块主要以劳技教师为主、信息教师辅助的模式展开。在本次教研讨论中，劳技教师讲述了其具体的计划安排，认为每个小组在统一的硬件器材的基础上，需要自己设计个性化小车，分析

不同材料的轻重、软硬、颜色等特点,选择使用什么样的材料给小车安装手臂、夹子等,还要设计药物夹取的方式。

程序编写这一模块的教研活动主要以信息教师为主。根据前期组长下发的活动预告策划单,信息教师给大家讲了一些关于小车编程方面的安排。卫老师说,小车设计搭建完成后,需要给小车编写程序,让小车能够按照预先设置好的线路来行走,并完成不同形状药物的拿取,再沿着既定线路把药物送到指定地点。孙老师说,可以选择慧编程这个软件平台来支持小车的程序编写,图形化的界面比较适合初中生。马老师认为,需要先安排4到6个课时让学生学习一些编程的基本原理。

在课程的行进中,信息教师发现小车运行时很多原理是跟物理学有关系的,学生如果掌握了相关物理学知识,对其编写程序也有帮助,并且在代码纠错时可以用物理学的知识来解决。于是团队进行了一次物理教师专题报告形式的教研活动,其他教师学习与交流。

通过现场交流,大家达成了一个共识,搭建是第一环节,编程是第二环节,但是两者有时候是交替进行的。在编程的过程中,发现代码无法解决的问题,就需要从车子搭建改动上来解决。在以上两个环节中,都会涉及一些物理学方面的知识,所以从物理学的角度来解决此类问题很有必要。

(三)子主题三:基于学科素养的项目化学习评价探究

这次教研活动,主要解决的问题是如何对学生的学习过程以及学习成果进行评价。根据活动策划预告单,信息马老师进行了评价单的设计。现场其他教师进行研讨修改。物理顾老师提出,希望每个小组都将自己团队的小车拿出来展示,分享一下自己的设计理念、经历过程、遇到的困惑等,最终车子在线路图上行走一遍,让大家看看是否达到预期目标。每个小组成员再完成教师设计的这份评价量表,进行自评和互评,从多个维度来评价自己和小组成员在活动中的具体表现。

三、活动评估与反思

(一)活动评估

本次项目化活动与学校项目化推进方案高度契合,设计的问题情境基于真实问题产生,问题明确,采用跨学科融合的方式进行渗透教学,目标达成度好,通过深度教研和深度学习,提升了学生解决问题的能力,有效落实了学科核心素养的培养。从高度上看,课程内容是本次新课标的热门主题人工智能,课程主题符合新课标关于"倡导真实性学习,创新教学方式,以真实问题或项目驱动,引导学生经历原理运用过程、计算思维过程和数字化工具应用过程,建构知识,提升问题解决能力"的理念。

整个跨学科项目化教研活动内容完整,聚焦真实问题,重点突出,涉及信息科技、劳技和物理多学科教师以及人工智能社团的所有学生的参与,充分体现了教研活动的广度,并且数据收集方面延伸到多个年级多个班级。所有参与者都能聚焦主题,运用多种量表工具发表观点。

(二)活动反思

正如质量评估单中所提到的,整个教研活动都围绕着真实的问题驱动开展,将一个主问题分解成三个子问题,问题符合实际,指向性明确。每一次的教研活动都是重点突出,着力解决一个或者两个问题,例如第三次的教研活动中,我们主要解决的就是教学器具的选择。在活动预告策划单的帮助下,教研活动准备充分,事半功倍,高效地达成了活动预期的目标。组内教师在每一次教研活动中,都能借助工具量表"活动研讨记录单"进行记录和反思总结。

本次主题教研活动也有很多不足的地方,需要在以后的持续性活动中改进。例如,各学科教师之间还需要不断磨合,提高合作的默契性;有时候交流还是有点保守,每次活动预告都是组长设想得比较多,这样会导致想法过于单一。下次可以采取轮流的方式,在发预告单之前也可以事先与组员交流一下,使每次活动的效率更高。

第八章 中小学生人工智能素养的测评

在中小学人工智能教育中，教育评价作为评估中小学生人工智能素养水平、衡量中小学人工智能教育成效的关键环节，对于推动中小学人工智能教育目标达成具有重要的意义。然而，面向学生人工智能素养的教育评价一直是中小学人工智能教育研究与实践的难点。因此，开展中小学生人工素养测评具有理论研究价值和现实实践意义。

第一节 国内外中小学生人工智能素养测评的研究现状

随着 ChatGPT 等新一代人工智能技术的发展和教育评价体系的不断完善，素养测评的研究逐渐朝着专业化、多元化方向发展。梳理总结国内外中小学生人工智能素养测评相关现状与趋势，不仅有助于我们把握教育评价领域的最新动向，吸收借鉴素养测评相关研究实践的经验思路，也有助于为本团队开展中小学生人工智能素养测评的研究与实践提供参考依据。

一、中小学生人工智能素养测评内容的现状与分析

早在 20 世纪 70 年代，已有学者提出人工智能素养（AI Literacy）一词，主要强调的是人工智能专业技术人员的素养结构，并没有引起广泛重视。直到 2018 年，人工智能素养再次进入大众视野并引发教育界的研究热潮。目前关于中小学生人工智能素养的研究尚处于素养内涵及框架建构的探索阶段，有关中小学生人工智能素养测评研究的文献数量相对有限。对现有学生人工智能素养测评相关文献资料分析发现，学生人工智能素养内涵不仅明确了人工智能教育的目标，也是学生人工智能素养测评的基础。中小学生人工智能素养测评内容及指标体系的研究均围绕学生人工智能素养内涵展开，学者对学生人工智能素养内涵的不同理解视角，形成了中小学生人工智能素养测评内容的不同视角，可主要概括为未来社会人才需求视角、学生发展核心素养视角。

（一）未来社会人才需求视角

2021 年人工智能与教育国际论坛中，联合国教科文组织提出所有公民都需要具备一定程度的人工智能素养。联合国教科文组织制定的《K-12 人工智能课程：政府认可的人工智能课程蓝图》中，将与人工智能核心素养相关的因素划分为知识、技能、情感态度三个维度。其中，知识和技能维度包括 AI 基础，理解、使用和开发 AI，伦理和社会影响三项指标；情感态度维度包括个人价值观、社会价值观、社会性价值观、人类价值观四项指标。[1] Meng-Leong 和 Wei 强调从

---

[1] UNESCO.K-12 AI curricula: a mapping of government-endorsed AI curricula [EB/OL]. (2022-02-16) [2023-03-21]. https://unesdoc.unesco.org/ark:/48223/pf0000380602.

STEAM 教育中启发并深入研究学生的人工智能思维,引导学生利用批判严谨的逻辑思维发现并解决实际问题。[1]庞塞从未来工作岗位要求的角度出发,提出对学生智能素养的培养和评价应从计算机素养、理解力、数据处理能力、人工智能问题解决能力、逻辑能力、计算思维六个方面开展。[2]钟柏昌等人提出,人工智能素养评价不仅需要关注素养建构的起点水平(即知识),也要关注素养建构的高度(即思维,这里特指具有"人工智能领域特定性的思维"),更要关注素养建构过程的温湿度状态(即情感,这里特指具有"人工智能领域特定性的情感"),并构建了人工智能素养评价指标体系,[3]包含人工智能知识、人工智能情感、人工智能思维 3 个一级指标和人工智能理解与体验、人工智能与人类等 8 个二级指标,以及理解人工智能概念、人工智能与人类的关系等 25 个三级指标。

(二)学生发展核心素养视角

2021 年 11 月,中央电化教育馆发布《中小学人工智能技术与工程素养框架》,围绕人工智能与人类、人工智能与社会、人工智能技术、人工智能系统设计与开发 4 个领域,提出了人工智能与人类的关系、伦理道德、人工智能与社会的交互、人工智能支撑技术、人工智能应用系统设计与开发等 12 个一级指标以及对应的 31 个二级指标。[4]该素养框架的提出为中小学人工智能教育的课程标准制定、教材编写和课程开设提供了参考依据,但该指标体系比较高位,且融入了工程素养的要求和内容,与中小学人工智能教育中可直接实施的智能素养评价尚有一定的适配度差异。中国自动化学会智慧教育专业委员会联合全国多位 AI 教育领域专家教授和一线名师,共同研制了青少年 AI 核心素养测评模型,具体包括四个维度:学科通识和技能、智能时代高阶思维、人机混合协同创新、智能社会责任。[5]教育部最新颁布的义务教育和高中信息技术课程标准中,在将人工智

---

[1] Meng-Leong How, Wei Loong David Hung. Educing AI-Thinking in Science, Technology, Engineering, Arts, and Mathematics(STEAM)Education[J]. Education Sciences,2019(9):1—41.

[2] AIDA P. Artificial Intelligence:A Game Changer for the World of Work[J]. SSRN Electronic Journal(S1819-2408),2018(6):1—11.

[3] 钟柏昌,刘晓凡,杨明欢.何谓人工智能素养:本质、构成与评价体系[J].华东师范大学学报(教育科学版),2024,42(01):71—84.

[4] 中央电化教育馆.中小学人工智能技术与工程素养框架[R/OL].[2022-01-05]. https://www.ncet.edu.cn/u/cms/www/202112/24125027deqs.pdf.

[5] 中国自动化学会."青少年人工智能核心素养模型与测评框架"专家论证会成功召开[EB/OL]. (2021-08-09)[2023-03-30].http://www.caa.org.cn/article/201/2400.html.

能相关内容列入信息科技/技术课程的同时,通过明确的学业要求指出了中小学生人工智能教育中的学生评价目标和评价内容,比如:高中阶段要求学生能描述人工智能的基本特征,会利用开源人工智能应用框架搭建简单智能系统,了解人工智能的新进展、新应用,并能适当运用在学习和生活中,了解人工智能的发展历程,能客观认识智能技术对社会生活的影响;义务教育阶段要求学生能识别身边的人工智能应用,理解人工智能与现实社会的联系,能列举人工智能的主要术语,了解人工智能的三大技术基础,知道目前常见的人工智能实现方式,知道人工智能可能的科技发展方向和安全挑战,了解智慧社会及自主可控技术的地位。李锋从人工智能应用意识、智能工具解决问题的思维、"人工智能+"能力、智慧社会责任四个维度提出了学生人工智能素养培养与评价的关注要点。[①]褚金岭等人认为,面向素养培育的中小学生人工智能素养包括人工智能意识、计算思维、人机协同能力、智能社会责任。[②]王欢结合人工智能素养内涵及结构模型,通过文献分析和德尔菲法构建了智能知识、智能能力、智能意识3个一级指标,AI基本概念与特征、AI技术原理、AI教育应用场景等11个二级指标和其下属的35个具体条目。[③]王永固等人以"智能核心素养"为核心,提炼出智能意识、智能伦理、智能知识、智能技能、智能思维、智能创新6项一级评价指标和18项二级评价指标。[④]朱莎等人建构了未成年人AI核心素养指标体系,[⑤]该指标体系包括AI意识、AI知识、AI能力、AI思维、AI社会责任5个一级指标,每个一级指标分别对应3个二级指标。

可以看出,关于学生人工智能素养测评的内容,国外学者更加看重技能的掌握和思维的形成,注重培养编程能力和计算思维,更多地将人工智能时代所必须具备的技能、思维、知识等看作是信息素养的一部分。国内学者更关注学生发展核心素养,从素养的知识、技能和情感态度价值观的统一融合等方面构建学生人工智能素养测评内容。

[①] 李锋.加强人工智能教育,提升学生人工智能素养[J].福建教育,2023(50):1.
[②] 褚金岭,谢忠新.面向素养培育的中小学人工智能教育实践探索[J].中小学数字化教学,2021(04):10—13.
[③] 王欢.师范生人工智能素养自评工具开发研究[D].贵阳:贵州师范大学,2021.
[④] 王永固,李一航.中小学生智能核心素养模型与培养策略[J].中小学数字化教学,2021(10):22—25.
[⑤] 朱莎,李环,吴砥等.面向未成年人的人工智能核心素养构建——面向未成年人的人工智能技术规范研究(二)[J].电化教育研究,2023,44(06):15—21+53.

二、中小学生人工智能素养测评工具现状与分析

现有的中小学生人工智能素养评价工具主要包括题目测试、问卷调查、作品分析、访谈对话等。[1]

（一）题目测试

题目测试即通过标准化测试题目的设计和实施开展素养测评，是国内外学者使用频率比较多的一类素养测评工具。Kandlhofer等人使用纸笔测试来评估学生对图形、数据结构等人工智能概念的认识。Williams等人开发了3—4道多项选择题，探究幼儿园儿童对分类和生成式人工智能等人工智能概念的理解。新西兰设置不同学科题型的测试来考查学生各科目的素养水平。意大利、英格兰等同样采取题目测试的方法测评学生核心素养的具体表现。Cai和Merlino针对情感素养的测评提出了"比喻调查法"，即要求学生采用比喻的方法回答问题，测评者参照标准对学生的回答赋予具体的数值，从而展开定量与定性分析。PISA科学素养测试由情境引发对能力的要求，又由知识和态度影响能力的形成，围绕情境、知识、能力、态度命制试题，通过四维共建，形成PISA科学素养的评价框架。[2]PISA科学素养评价框架将知识和能力的考查置于一定生活情境中，在测试中凸显做题者的态度，使评价内容结构化，与学科核心素养的考查要求显著相关。

（二）问卷调查

对于无法通过标准化测试加以测评的素养内容，问卷调查则是普遍的评价工具之一。Chai等人使用感知问卷评估人工智能素养的非认知方面，包括：使用人工智能的信心、人工智能焦虑、感知人工智能有用性、对使用人工智能的态度、学习人工智能的信心、学习行为意向、人工智能学习积极性、人工智能意识、职业适应技能等方面。王欢结合人工智能素养内涵及结构模型，开发了一套较为科学的师范生人工智能素养自评问卷以开展素养评价，师范生针对每一项测评指标的描述选择合适的等级，通过各项对应分数相加得到各维度和总体人工智能

---

[1] 秦朋绪,陈明选.指向智能素养的人工智能课程项目化学习活动设计[J].开放学习研究,2022,27(06):50—59.

[2] 章盈.基于PISA科学素养评价框架的原创实验大题命制[J].中学生物教学,2023(34):66—69.

素养情况。①

（三）作品分析

作品分析，即以学生人工智能作品作为表征载体，从作品逻辑性、完整性、界面设计等维度来评价学生人工智能思维和能力，是一种表现性评价。Kaspersen等人通过收集和标注数据以及构建、测试和评估模型来评估学生的人工智能模型和用户界面设计。杨鸿武等人围绕学生编程的逻辑性、作品的完整性、学生课堂表现等方面进行学生人工智能素养评价。②秦朋绪等人从作品完成情况、作品制作过程的表现、在作品制作过程的交流情况等方面对学生的人工智能项目作品进行评价。③随着信息技术的发展，作品分析更加强调对作品完成过程性数据的采集和分析，比如国际计算机和信息素养测评（ICILS）采用了计算机交互式测试系统（CBA）的在线测评形式和基于情境的测评任务（SBT）设计，使用了基于计算机的实时评估，利用计算机和网络技术来实现学生在完成作品过程中的数据收集、处理和分析，提高了作品分析测评的效率和质量。

（四）访谈对话

访谈对话是一种通过评价者与学生面对面交流来获得信息，以评价学生素养表现的方法。访谈对话工具可以使评价者更为直接地接近学生，并且在谈话过程中评价者还可以根据评价的需要控制谈话场面，在较短时间内获取大量比较真实详细的评价信息。Burgsteiner等人通过对学生的半结构化的访谈和访谈内容分析，评价学生对人工智能素养的理解。Brennan等人提出了基于作品的访谈，通过采访学生完成作品的过程性信息实现对学生计算思维能力水平的评估。但访谈对话这种评价方式也存在一定的问题，比如访谈较为耗时，时间成本较高，低年级学生群体容易出现表达不清晰等情况，从而使评价产生偏差。作为一种经典的质性评价方法，访谈对话主要是对量化评价内容进行有效补充，用以采集其他评价工具难以获取到的隐性数据，从而更加全面地分析与评价学生的人工智能素养。

---

① 王欢.师范生人工智能素养自评工具开发研究[D].贵阳：贵州师范大学，2021.
② 杨鸿武,张笛,郭威彤.STEM背景下人工智能素养框架的研究[J].电化教育研究，2022，43(04)：26—32.
③ 秦朋绪,陈明选.指向智能素养的人工智能课程项目化学习活动设计[J].开放学习研究，2022，27(06)：50—59.

（五）生成式人工智能

生成式人工智能（简称 AIGC）是能理解和生成文本、图片、视频和音频等多模态内容的预训练大模型人工智能技术，它的主要特点是能够根据输入的数据和模型训练的知识生成新的内容，AIGC 将成为个性化素养测评的重要工具。结合人工智能技术感知、连接、计算、处置的赋能表现，人工智能赋能学生智能素养评价有望实现评价的综合性、科学性和客观性，满足测评结果的可解释性，提升结果的导向改进作用，助力学生人工智能素养评价的改革与推进。AIGC 可以对学生的素养表现进行全面评估，包括知识掌握程度、问题解决能力、思维、伦理态度等各个方面。一方面可以为学生提供实时反馈和评估，帮助他们更好地了解自己的学习情况，及时调整学习策略和方法；另一方面也可以为教师提供有关学生人工智能素养表现的详细报告和培养建议，帮助教师及时调整人工智能课程教学策略和方法。目前，人工智能素养测评的 AIGC 工具尚处于初探期，部分研究团队开始探索构建关于人工智能教育评价相关的 AIGC 工具。比如华东师范大学"大模型教育应用"课题组通过大语言模型开展人工智能相关主题的访谈调研，将大语言模型作为访谈者，实现访谈调研从传统的人—人调研转向基于大模型的人—机调研，同时，可以根据受访者的回答内容由大模型生成对应的访谈提纲，实现访谈提纲从固定化设计到个性化生成的变革。

可以看出，现有的中小学生人工智能素养评价工具大多指向特定的人工智能项目或课程，不具备通用性；一项评价工具大多只能实现对人工智能素养个别维度的测评，不同维度的评价工具、评价内容以及评价结果缺乏整合，难以全面窥探学生人工智能素养的整体表现。面向学生人工智能素养培养的中小学人工智能教育，需要基于教育评价理论的指导，建立中小学生人工智能素养评价指标体系，开发能够支持学生人工智能素养发展过程性、结果性证据记录和分析的评价工具，开展系统化、多样化、证据化的中小学生人工智能素养评价，用评价敦促中小学人工智能教育课程与教学不断改革，推动中小学人工智能素养教育持续推进。

三、关于中小学生人工智能素养测评的思考

中小学人工智能教育作为顺应智能时代发展而生的新兴教育内容，不能按

照传统的评价理念来评价学生的人工智能素养。中小学生人工智能素养测评的最终目的是促进学生人工智能素养的提升,中小学生人工智能素养测评要从单纯关注知识与技能向关注学生人工智能素养转变,注重测评内容的素养本位化,立足中小学生人工智能素养内涵,构建中小学生人工智能素养评价指标体系,关注真实问题情境设计,从多维度设计科学合理的评价内容,关注学生学习过程中的素养表现证据,强调基于证据的学生人工智能素养评价,利用技术赋能,收集学生能力表现证据并做出学生人工智能素养水平的推论,以增强素养评价的准确客观性。此外,中小学生人工智能素养测评要坚持"教—学—评一体化",强调评价对中小学人工智能教学的激励、诊断和促进作用,发挥评价的导向功能。

(一)素养导向,创设真实问题情境

人工智能素养是学生在智能化学习、生活等情境中使用智能技术时表现出的一系列综合素质与能力,关注学生的真实问题解决能力,强调知识、技能和情感态度价值观的融合统一。因此,中小学生人工智能素养评价也不能脱离真实情境,应关注基于真实情境的问题分析与解决。人工智能素养评价要能够创建一定的真实问题情境,通过学生分析解决真实情境问题时的人工智能意识、知识、能力、思维、态度与伦理等方面的表现来评估学生的人工智能素养水平。在设计真实性问题情境时,需遵守两个原则。[①]一是要关注学生真实的生活经验,即在充分分析不同学段、不同年龄阶段的学生日常生活学习经验后,设计体现时代性、能够诱发学生人工智能素养表现的情境任务。二是要强调规划性、整体性,即以能够体现学生人工智能素养的应用场景为单位统筹规划,对各个小的情境任务进行整体设计,以促进学生综合运用人工智能素养相关的知识、技能、思维和能力解决真实问题。

(二)关注过程,重视多元化评价

2021年,中共中央、国务院印发的《深化新时代教育评价改革总体方案》提出,要改进结果评价,强化过程评价,探索增值评价,健全综合评价,充分利用信

---

① 吴砥,李环,杨洒等.教育数字化转型背景下中小学生数字素养评价指标体系研究[J].中国教育学刊,2023(07):28—33.

息技术,提高教育评价的科学性、专业性、客观性。王丹等人提出,中小学生人工智能素养测评要落实新课程提出的多元化评价,从学生的合作能力、表达能力、动手能力、反应能力、思维能力等方面测评。[①]中小学生人工智能素养测评要坚持形成性评价和终结性评价相结合,依托形成性评估帮助学生及时了解自身的素养发展情况,帮助教师规划和改进人工智能教学,依托终结性评估诊断和报告学生的人工智能素养目标达成情况。形成性评价和终结性评价要重视学生素养表现证据的采集,充分利用人工智能和大数据技术支持,建立学生人工智能素养发展电子档案和可视化评价报告,实现评价精准面向人人、评价结果有据可依。同时,中小学生人工智能素养评价要注重测评主体的多元化,构建区域、教师、学生等多元主体参与的评价体系,重视同伴评价,依托同伴评价提供理解和评判学生素养表现证据或资料的不同视角,有助于形成更为全面的测评结论;鼓励学生自我评价,推动学生学会自我反思和改进,体验努力带来的进步,形成自主学习能力。

(三)技术赋能,开展循证教育评价

素养培育是一个极其复杂和抽象的过程,其评价元素不仅限于个体的外在行为表现,还包含个体的内在心理与认知过程,完全依赖人工方式难以达到对某种教育现象的完整理解。全面精准的人工智能素养评价离不开智能技术的支持,强调综合理论分析和数据挖掘方法获取体现学生人工智能素养的证据,开展学生人工智能素养的循证评价。学生人工智能素养的循证评价一方面要关注理论驱动,即通过文献梳理、专家咨询等方式明确学生人工智能素养的评价指标及其对应的学生具体表现,并基于此设计能够激发学生人工智能素养的融合情境的真实性任务和数据采集框架;另一方面要关注技术赋能,即基于设计的真实性任务和数据采集框架创设学生人工智能素养评价的混合性任务,利用机器学习、深度学习等数据挖掘方法挖掘学生完成真实性任务的行为表现数据,提取反映学生人工智能素养水平的证据,基于证据评价学生人工智能素养水平。

---

① 王丹,李明江.中小学生智能素养的内涵、价值定位与培育路径[J].黔南民族师范学院学报,2022,42(06):69—74+82.

第二节　中小学生人工智能素养测评设计

在对国内外中小学生人工智能素养测评的测评理念、测评内容、测评工具进行研究分析的基础上,本团队结合对中小学生人工智能素养测评的理解和观点,面向学生人工智能素养培养,立足基于证据的评价视角,建立了"以证据为中心"的中小学生人工智能素养评价体系。

一、理论基础

(一)"以证据为中心"的评价设计模式

"以证据为中心"的教育评价设计(Evidence-Centered Design,简称 ECD)是由美国梅斯雷弗提出的一种科学有效的评价设计模式,该模式是基于梅斯雷弗的评价本质观,[1]即教育评价的本质是根据学生能力表现的证据对学生知识、技能和成就作出一定的推理。基于评价本质观,ECD 将观察到的学生能力表现与可测量的评价任务数据建立关联,以学生能力表现的证据作为评价任务设计基础;教育评价是收集学生的能力表现证据并作出推论的过程,"以证据为中心"的评价设计能够为评价结果提供更多的过程性证据,以增强评价推论的准确客观。

(二)"以证据为中心"的概念性评价框架

"以证据为中心"的教育评价设计从系统工程的视角将评价设计分为领域分析、领域建模、概念性评价框架、评价执行和评价交付五个层次,其中领域分析和领域建模是评价设计的前期工作,评价执行和评价交付是评价设计后的后续工作,概念性评价框架是评价设计的核心。概念性评价框架提供了系统性的评价设计蓝图,包括六个子模型:学生模型、证据模型、任务模型、组合模型、呈现模型、发布系统模型,其中最为核心的是学生模型、证据模型以及任务模型,如图 8-2-1 所示。

---

[1] 冯翠典."以证据为中心"的教育评价设计模式简介[J].上海教育科研,2012(08):12—16.

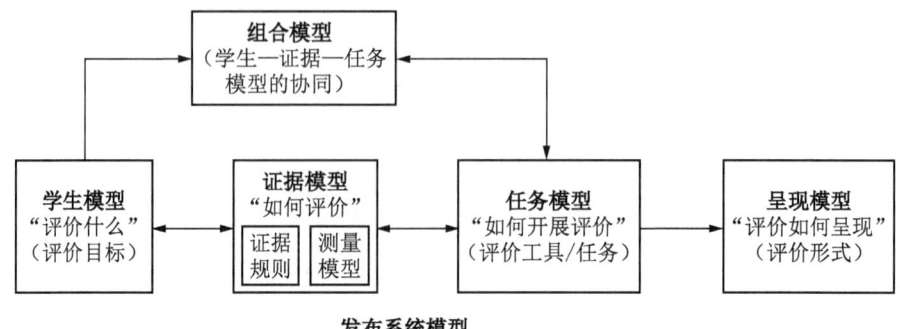

图 8-2-1　ECD 的概念性评价框架

学生模型，也即能力模型，指期望测量的学生的知识、能力、态度等评价目标的陈述，是评价设计的起点。证据模型指明学生什么样的行为表现（证据）能表征评价目标的不同水平，包括证据规则和测量模型两部分。其中，证据规则描述了以什么标准来分析学生的行为表现；测量模型描述了关于学生模型变量与可观察变量间的关系。任务模型阐述了评价实施环境的相关问题，如评价内容、评价任务特征、呈现方式、作答方式等。

（三）"以证据为中心"的评价用于学生人工智能素养测评的适切性分析

《深化新时代教育评价改革总体方案》阐明了教育评价从结果导向到过程导向的理念转变，即对学生人工智能素养的测评要注重评价过程的全程化，呈现学生人工智能素养的发展过程和结果；注重评价内容的多元化，实现对学生人工智能素养各维度表现的评价；注重评价结果的精准化，做到评价结果的有据可依。"以证据为中心"的教育评价设计强调对学生能力表现证据的收集和分析，与学生人工智能素养测评的评价理念是相契合的，获取学生人工智能素养真实表现相关的过程性数据是落实人工智能素养评价过程全程化的重要举措，也是实现人工智能素养测评结果精准化的重要依据。此外，"以证据为中心"的教育评价设计方法可以清晰地把具体的表现数据（可观察的）与学生模型的理论结构（不可观察）联系起来，有助于对人工智能素养中人工智能思维、人工智能意识、人工智能伦理与道德这些难以观察的素养结构进行评价。因此，"以证据为中心"的教育评价设计适用于中小学生人工智能素养测评。

二、中小学生人工智能素养测评框架构建

中小学生人工智能素养测评需要确定人工智能素养测评指标体系，设计人工智能素养测评工具，制定科学的测评数据采集方法。测评指标体系阐明中小学生人工智能素养的内涵、测评维度以及各维度的学生能力表现；测评工具提供测评实施的方式，涉及中小学生人工智能素养测评任务、测评内容、测评方式等；测评数据采集方法明确如何基于测评工具获取中小学生人工智能素养的学生能力表现证据。基于"以证据为中心"的概念性评价框架，本团队构建了中小学生人工智能素养测评设计框架，如图8-2-2所示。

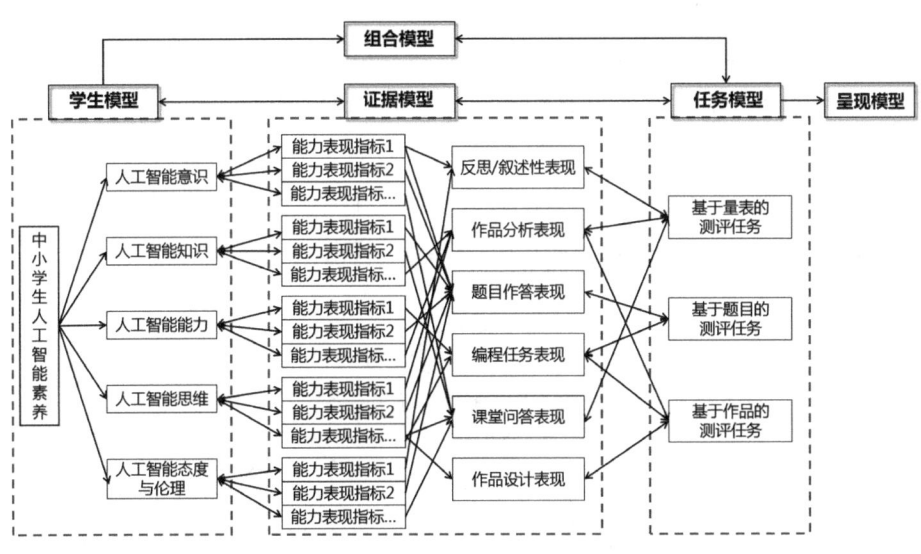

图 8-2-2 基于 ECD 的中小学生人工智能素养测评设计框架

基于 ECD 的中小学生人工智能素养测评设计框架中，学生模型关注"中小学生人工智能素养评价什么"的问题，明确中小学生人工智能素养测评目标；证据模型关注"中小学生人工智能素养基于什么规则评价"的问题，形成中小学生人工智能素养测评指标体系；任务模型关注"使用什么（如何开展）评价中小学生人工智能素养"的问题，指导中小学生人工智能素养测评工具的开发与实践。学生模型—证据模型—任务模型的测评设计逻辑，为构建学生人工智能素养测评指标体系与测评证据间的关联、学生人工智能素养与测评工具间的对应关系提

供了一种可行的转化思路,使得证据导向的中小学生人工智能素养测评设计获得了合理的操作路径。

下文将对中小学生人工智能素养评价的证据模型设计和任务模型设计进行详细阐述。

三、学生模型:中小学生人工智能素养测评目标

中小学生人工智能素养是智能时代赋予学生发展核心素养的新内涵,也是中小学生适应智能时代发展需要具备的核心素养。具有人工智能素养的中小学生,了解人工智能的基础知识,具有利用人工智能解决问题的意识和思维(计算思维等),具备利用人工智能解决问题的能力,并能在人工智能相关活动中自觉遵守与之相关的法律规定和道德规范。素养是认知、情感态度和行为能力的有机统一,本书基于素养的视角建构了中小学生人工智能素养测评的学生模型。如图 8-2-3 所示,中小学生人工智能素养测评的学生模型应包含人工智能意识、人工智能知识、人工智能能力、人工智能思维、人工智能态度与伦理五个维度,这五个维度的内容共同构成中小学生人工智能素养测评目标。

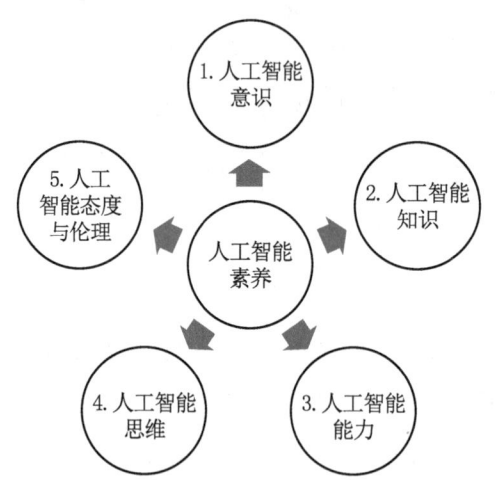

图 8-2-3　中小学生人工智能素养测评的学生模型设计

(一)"人工智能意识"维度的测评目标

人工智能意识是学生对人工智能存在的认识,是学生感受人工智能时代

的前提。根据中小学生人工智能素养内涵，人工智能意识的测评目标应包含敏感度、价值意识、主动意识、人机协同意识四个模块。其中，敏感度模块重点测评学生感知人工智能在学习生活中的应用和发展的水平；价值意识模块重点测评学生体会人工智能产品和技术的价值所在的水平；主动意识重点测评学生关于人工智能探索兴趣和热情的积极主动水平；人机协同意识重点测评学生将人的"智慧"与机器"智能"相协同的意识水平，以及对待人工智能的意识和意愿。

（二）"人工智能知识"维度的测评目标

人工智能知识是学生适应人工智能时代发展所应具备的基本认知。根据中小学生人工智能素养内涵中关于"人工智能知识"的界定，人工智能知识的测评目标应包含人工智能基础知识、人工智能应用技术两个模块。其中，人工智能基础知识模块重点测评学生对人工智能的发展史，人工智能技术具体应用，算法、数据与算力三大核心支撑要素，人工智能社会影响等人工智能基础支撑技术的相关认知水平；人工智能应用技术模块重点测评学生对计算机视觉、自然语言处理、知识图谱等人工智能主要应用技术的原理与实现过程等相关认知水平。

（三）"人工智能能力"维度的测评目标

人工智能能力是学生通过练习而形成的动作方式或智力活动方式。根据中小学生人工智能素养内涵中关于"人工智能能力"的界定，人工智能能力的测评目标应包含人工智能编程能力、人工智能问题解决能力两个模块。其中，人工智能编程能力模块重点测评学生使用编程工具编写人工智能相关程序的能力，人工智能问题解决能力模块重点测评学生通过设计与开发人工智能作品来解决生活、学习中的实际问题的能力。

（四）"人工智能思维"维度的测评目标

人工智能思维是人工智能素养的核心，指以计算思维为主的一系列适应人工智能时代发展所需要的高阶思维。根据中小学生人工智能素养内涵中关于"人工智能思维"的界定，人工智能思维的测评目标应包含计算思维、批判性思维、创造性思维三个模块。其中，计算思维模块重点测评学生运用计算机科学领域的思想方法形成问题解决方案过程中的思维水平；批判性思维模块重点测评学生利用知识、证据支撑，辩证审慎地分析和评估自己或他人看待人工智能技术及其应用的思维水平；创造性思维模块重点测评学生突破思维定势，以全新的视角思考问题并提出创造性的问题解决方案的思维水平。

（五）"人工智能态度与伦理"维度的测评目标

智能时代，全社会都要增强人工智能伦理意识与行为自觉，负责任地开展人工智能开发与应用活动，促进人工智能健康发展。根据中小学生人工智能素养内涵中关于"人工智能态度与伦理"的界定，人工智能态度与伦理的测评目标应包含道德认知、社会责任、行为规范三个模块。其中，道德认知模块重点测评学生在心理层面形成对于人工智能伦理认知的水平；社会责任模块重点测评学生感受通过人工智能技术造福人类的社会参与感和使命感的水平；行为规范模块重点测评学生合理合规合法地使用人工智能的水平。

四、证据模型：中小学生人工智能素养测评依据

明确中小学生人工智能素养测评的证据模型，是有效解决"中小学生人工智能素养基于什么规则评价"问题的关键所在。证据模型包括证据规则和测量模型两部分内容。其中，证据规则也称为评分量规，用以确定学生人工智能素养各维度表现目标不同水平的相应行为；测量模型旨在基于证据规则建立测量模型以实现对学生人工智能素养各维度的评分，为学生人工智能素养的观测变量赋值。

（一）中小学生人工智能素养测评的证据规则

证据规则就像一把尺子，能比较公平、公正地测量学生的发展水平。证据规则一般包括维度、指标、等级（水平）、权重（赋分）、描述和案例等元素。对于中小学生人工智能素养测评而言，学生模型已明确了中小学生人工智能素养的内涵和评价目标，将中小学生人工智能素养分为人工智能意识、人工智能知识、人工智能能力、人工智能思维、人工智能态度与伦理五个维度。证据规则需要将人工智能素养各维度的内容进行细化，明确每一个维度的二级指标甚至是三级指标、指标描述以及等级水平，形成中小学生人工智能素养测评的评分量规。

首先，基于中小学生人工智能素养测评的学生模型，建构中小学生人工智能

素养测评的两级指标体系,如表 8-2-1 所示。

表 8-2-1　中小学生人工智能素养测评的两级指标体系

一级指标	二级指标	二级指标描述
人工智能意识	敏感度	学生能敏锐地感知到人工智能在学习生活中的应用和发展
	价值意识	学生能体会到人工智能产品和技术的价值所在
	主动意识	学生具有积极主动的人工智能探索兴趣和热情
	人机协同意识	学生具有将人的"智慧"与机器的"智能"相协同的意识,愿意通过人机互动解决问题
人工智能知识	人工智能基础知识	理解算法和机器学习等相关技术的核心概念
	人工智能应用技术	掌握计算机视觉、语音识别、语音合成、自然语言处理、人机交互和知识图谱等应用实践知识
人工智能能力	人工智能编程能力	学生使用编程工具编写人工智能相关程序的能力
	人工智能问题解决能力	学生通过设计与开发人工智能作品来解决生活、学习中的实际问题的能力
人工智能思维	计算思维	学生运用计算机科学领域的思想方法形成问题解决方案过程中的一系列思维,包括分解、抽象、概括、算法、评估等
	批判性思维	学生利用知识、证据支撑,辩证审慎地分析和评估自己或他人看待人工智能技术及其应用
	创造性思维	学生突破思维定势,以全新的视角思考问题并提出创造性的问题解决方案
人工智能态度与伦理	道德认知	学生在心理层面形成对于人工智能的伦理认知
	社会责任	学生感受到通过人工智能技术造福人类的社会参与感和使命感
	行为规范	学生合理合规合法地使用人工智能

二级指标有时候会涉及不同的方面和层次,为了能够将二级指标与学生学习活动中可观察的表现性评价数据建立联系,本书将二级指标进一步细化,综合采用质性分析中的文献关键词提取和德尔菲法,形成了颗粒度更细的三级指标体系,包含 5 个一级指标、14 个二级指标、51 个三级指标。利用递进

法,用"1""2""3"等表示程度的等级词作为划分学生各维度素养表现水平的依据。

1."人工智能意识"维度

人工智能意识一级指标下,分为敏感度、价值意识、主动意识、人机协同意识4个二级指标以及15个三级指标。其中,敏感度分为感知觉敏感度、人际敏感度、思维敏感度、价值敏感度4个三级指标,价值意识分为价值判断、价值取向、价值反思3个三级指标,主动意识分为积极参与、探索发现、提出和解决问题、表达观点4个三级指标,人机协同意识分为慧能协同、界面交互、任务协同、信息交流4个三级指标。详细指标架构及描述如表8-2-2所示。

表8-2-2 "人工智能意识"维度的评价量规

一级指标	二级指标	三级指标	指标描述	等级水平（1—5）
人工智能意识	敏感度	感知觉敏感度	敏锐地感知人工智能在学习生活中的应用和发展变化	
		人际敏感度	应用智能技术理解和分析问题时,能注意到自己和他人的情感、需要和动机	
		思维敏感度	应用智能技术分析和解决问题时,对信息、意义和关联具有良好的察觉和反应能力	
		价值敏感度	对人工智能技术及其应用对自身及他人的影响具有较高的敏感度和关注度	
	价值意识	价值判断	客观地对人工智能技术及其应用进行价值评估和判断	
		价值取向	对人工智能技术及其应用有自己的价值取向	
		价值反思	对人工智能技术及其应用的价值观和判断进行审视和反思	
	人机协同意识	慧能协同	将人的智慧与机器的智能相协同的意识,愿意通过人机协同解决问题	
		界面交互	使用人机界面时,对于界面反馈、交互效果、信息呈现等方面具有感知和识别意识	
		任务协同	与机器协同完成任务时的合作和协调意识	
		信息交流	与机器进行信息传递、交流和共享的意识	

续 表

一级指标	二级指标	三级指标	指标描述	等级水平（1—5）
人工智能意识	主动意识	积极参与	积极参与人工智能技术应用活动和讨论	
		探索发现	主动探索研究人工智能技术相关的知识、应用和产品	
		提出和解决问题	主动提出人工智能技术相关的问题，并进行主动思考和解决	
		表达观点	在人工智能学习与应用活动中主动表达自己的观点和想法	

2."人工智能知识"维度

人工智能知识一级指标下，分为人工智能基础知识、人工智能应用技术2个二级指标和5个三级指标。其中，人工智能基础知识分为掌握概念、理解原理2个三级指标，人工智能应用技术分为掌握概念、理解原理、熟悉应用3个三级指标。详细指标架构及描述如表8-2-3所示。

表 8-2-3 "人工智能知识"维度的评价量规

一级指标	二级指标	三级指标	指标描述	等级水平（1—5）
人工智能知识	人工智能基础知识	掌握概念	掌握算法和机器学习等人工智能支撑技术的核心概念	
		理解原理	理解算法和机器学习等人工智能支撑技术的原理	
	人工智能应用技术	掌握概念	掌握计算机视觉、自然语言处理、人机交互和知识图谱等人工智能应用技术的核心概念	
		理解原理	理解计算机视觉、自然语言处理、人机交互和知识图谱等人工智能应用技术的原理	
		熟悉应用	熟悉计算机视觉、自然语言处理、人机交互和知识图谱等人工智能应用技术的实践应用	

3."人工智能能力"维度

人工智能能力一级指标下，分为人工智能编程能力、人工智能问题解决能力2个二级指标和6个三级指标。其中，人工智能编程能力分为算法设计、编程工具使用、程序编写3个三级指标，人工智能问题解决能力分为发现问题、设计解决方案、开发作品 3 个三级指标。详细指标架构及描述如表 8-2-4 所示。

表 8-2-4 "人工智能能力"维度的评价量规

一级指标	二级指标	三级指标	指标描述	等级水平（1—5）
人工智能能力	人工智能编程能力	算法设计	使用基本的人工智能相关算法和数据结构进行算法设计	
		编程工具使用	掌握常用的人工智能可视化或代码编程工具	
		程序编写	使用编程工具编写人工智能相关程序	
	人工智能问题解决能力	发现问题	发现日常生活中能够运用人工智能技术及思想分析解决的问题	
		设计解决方案	运用人工智能技术及思想设计问题解决方案	
		开发作品	运用人工智能技术或思想开发人工智能作品来解决问题	

4."人工智能思维"维度

人工智能思维一级指标下，分为计算思维、批判性思维、创造性思维 3 个二级指标和 15 个三级指标。其中，计算思维分为分解、抽象、概括、算法、评估 5 个三级指标，批判性思维分为判断证据可靠性、对比分析信息、识别逻辑错误、运用思维技巧、反思评估思维 5 个三级指标，创造性思维分为创造力和想象力、灵活性和变通性、创新性解决问题、运用思维技巧、持续性创新 5 个三级指标。详细指标架构及描述如表 8-2-5 所示。

表 8-2-5 "人工智能思维"维度的评价量规

一级指标	二级指标	三级指标	指标描述	等级水平（1—5）
人工智能思维	计算思维	分解	将问题分解成若干个简单部分或模块，使复杂问题更容易理解	
		抽象	将实际问题界定为人工智能能够解决的具体问题	
		概括	寻找一类问题的一般解决方案，基于先前问题解决方案来解决类似新问题	

续 表

一级指标	二级指标	三级指标	指标描述	等级水平（1—5）
人工智能思维	计算思维	算法	按照合适的顺序计划组合小问题解决方案以解决大问题	
		评估	检查评估和优化问题解决方案	
	批判性思维	判断证据可靠性	判断人工智能相关信息的可靠性，对证据进行有效的分析和评估	
		对比分析信息	对比分析不同来源的人工智能相关信息，以获得更全面、客观的认识	
		识别逻辑错误	识别和纠正逻辑错误，运用正确的推理和分析方法解决人工智能相关问题	
		运用思维技巧	运用适当的批判性思维技巧，如归纳、演绎、类比等进行人工智能相关问题的推理和分析	
		反思评估思维	反思和评估自己的思维过程，不断优化和改进自身的思维模式	
	创造性思维	创造力和想象力	具有独特的创造力和想象力，提出人工智能相关的新颖、有趣的观点或方案	
		灵活性和变通性	灵活地思考和解决人工智能相关问题，不受传统思维框架的限制	
		创新性解决问题	能够运用创新性的方法解决人工智能相关问题，具备创新意识和能力	
		运用思维技巧	运用创造性思维技巧，如逆向思维、头脑风暴等，进行人工智能相关问题思考和创新	
		持续性创新	持续不断地思考和创新，不断完善和提升自己的创新能力	

5."人工智能态度与伦理"维度

人工智能态度与伦理一级指标下，分为道德认知、社会责任、行为规范 3 个二级指标和 10 个三级指标。其中，道德认知分为道德判断力、道德责任感、诚信公正意识 3 个三级指标，社会责任分为社会使命感、保护弱势群体、维护社会稳定进步 3 个三级指标，行为规范分为合理合规合法、积极宣传正面信息、关注伦理安全问题、尊重他人 4 个三级指标。详细指标架构及描述如表 8-2-6 所示。

表 8-2-6 "人工智能态度与伦理"维度的评价量规

一级指标	二级指标	三级指标	指标描述	等级水平（1—5）
人工智能态度与伦理	道德认知	道德判断力	正确判断人工智能的行为是否符合道德规范	
		道德责任感	使用人工智能时有强烈的道德责任感	
		诚信公正意识	使用人工智能时有诚信、公正等道德意识	
	社会责任	社会使命感	感受通过人工智能技术造福人类的社会参与感和使命感	
		保护弱势群体	使用人工智能时关注并保护弱势群体权益	
		维护社会稳定进步	使用人工智能时具有社会进步意识，主动维护社会稳定	
	行为规范	合理合规合法	学生合理合规合法、有道德地使用人工智能	
		积极宣传正面信息	使用人工智能时积极宣传正面信息，避免传播不良信息	
		关注伦理安全问题	使用人工智能时关注伦理问题，保护自身和他人的隐私和数据安全	
		尊重他人	使用人工智能时，尊重他人权利和尊严，不作侮辱、攻击或歧视等行为	

此外，证据规则需要通过德尔菲法和信效度验证法，使其可信、可靠，明确各指标项的权重，从权重中区分小学生人工智能素养测评证据规则和中学生人工智能素养测评证据规则的不同。

（二）中小学生人工智能素养测评的测量模型

测量模型提供中小学生人工智能素养测评的证据规则与学生能力表现的关联信息，实现基于证据规则的学生人工智能素养评分。目前，证据规则与学生能力表现关联的方法主要有两种，一是依据证据规则编写算法程序，将证据规则嵌入记录和表征学生能力表现的系统。比如，国际计算机和信息素养研究（ICILS）2018将对学生计算思维评价的指标体系通过埋点的方式嵌入测试平台中，在学生参与平台中的计算思维测评任务时,测试平台能够自动采集学生计算思维能力表现的过程性和结果性数据,实现对学生计算思维能力的评分。二是利用高级统计测量模型从学生能力表现数据中挖掘、推论与需要测量的学生能力相关的可靠证据,从而实现对学生能力的评分。常用的高级统计测量模型有经典测试理论模型、项目反应理论(IRT)模型、诊断分类模型、贝叶斯网络、双因子模型等。

五、任务模型:中小学生人工智能素养测评任务

证据是学生人工智能素养表现的成果,而任务则是推动学生产生真实人工智能素养表现成果的测评活动,为学生人工智能素养表现证据相关数据的采集提供了测评载体,测评任务中学生的表现证据能够反映其人工智能素养发展水平和状况。学生人工智能素养表现证据源于学生参与的人工智能测评任务,不同类型的测评任务得到的学生人工智能素养表现证据各有不同。学生人工智能素养涉及意识、认知、能力、思维、态度与伦理五个维度,不同维度的学生表现证据有其独特的特点,并对应不同的测评任务。比如,"人工智能意识"往往在学生的自我反思、自我叙述、课堂问答表现等相关表现性数据中得以反映,因此"人工智能意识"维度的测评任务设计要能够支持学生的自我反思、自我叙述、课堂问答表现等表现性数据的生成,从而获得能够反映学生真实"人工智能意识"水平的证据。

(一)学生人工智能素养的表现性数据

根据人工智能教育活动中学生的真实学习场景,本团队将学生人工智能素养的表现性数据概括为反思/叙述性数据、作品分析数据、题目作答数据、编程任务数据、课堂问答表现数据、作品设计数据。

1. 反思/叙述性数据

反思/叙述性数据是学生在学习过程中,对自己的学习活动过程进行反思和叙述,包括学习过程描述、项目经验分享、问题解决思路、学习心得体会、学习困难与挑战等,可作为学生人工智能意识、人工智能态度与伦理等维度评价证据的数据源。学习过程描述主要是学生在人工智能学习过程中的所思所想、对所学知识的理解和应用等,这些数据可以帮助教师了解学生的学习状态,以便调整教学策略;项目经验分享是学生在参与人工智能项目或实践活动中的经验和感悟,

包括项目背景、目标、实施过程、遇到的困难和挑战以及最终成果等,这些数据可以展示学生的实践能力和创新思维;问题解决思路是学生在面对人工智能相关问题时,如何分析问题、提出假设、设计解决方案、验证结果等,这些数据可以反映学生的逻辑思维和问题解决能力;学习心得体会是学生对人工智能学习的心得体会,包括对所学知识的理解和认识、对未来学习和职业规划的思考等,这些数据可以帮助教师了解学生的兴趣和动机,以便更好地激发学生的学习热情;学习困难与挑战是学生在学习人工智能过程中遇到的困难和挑战,如理解复杂概念、编程技能不足、缺乏实践经验等。这些数据可以为教师提供针对性的教学支持和帮助。

2. 作品分析数据

作品分析数据主要关注的是学生在完成具体人工智能项目或作品过程中所展示的各项指标,包括项目规划与管理、算法选择与应用、数据处理、模型设计、系统实现、用户界面、结果评估、团队协作、伦理与社会责任等方面,可作为学生人工智能知识、人工智能能力、人工智能思维、人工智能态度与伦理等维度测评证据的数据源。项目规划与管理主要考查学生在组织和管理人工智能项目过程中的规划、分工、进度控制等能力;算法选择与应用主要评估学生在作品中使用的人工智能算法是否恰当,以及他们如何将算法应用于解决实际问题;数据处理观察学生在处理和准备数据时的方法,以及他们如何选择和构建特征以优化模型性能;模型设计测评学生在设计人工智能模型时的创新性、有效性和复杂性,以及他们如何调整和优化模型以提高预测或决策的准确性;系统实现考查学生在将人工智能模型整合到实际应用系统中的能力,包括软件架构、接口设计、性能优化等方面;用户界面评估学生在设计人工智能产品或服务的用户界面和交互方式时,是否充分考虑用户需求和体验;结果评估考查学生对作品结果的评估方法,以及他们如何根据评估结果进行改进和优化;团队协作评估学生在团队合作中的角色、贡献和沟通能力,以及他们如何解决团队冲突和提高团队效率;伦理与社会责任考查学生在设计和实施人工智能作品时,是否关注伦理道德问题和社会影响,以及他们如何确保作品的安全、可靠和公平。

3. 题目作答数据

题目作答数据主要关注题目测试中学生的题目作答表现,从题目的类型来看主要包括选择题、填空题、判断题、简答题、计算题、分析题、设计题、论述题等，这些类型题目的学生作答表现均可作为学生人工智能意识、人工智能知识、人工智能能力、人工智能思维、人工智能态度与伦理等维度测评证据的数据源。选择类题目可以测试学生对人工智能基本概念、原理和方法的理解程度；填空类题目可以测试学生对知识点的掌握程度和应用能力；判断类题目可以测试学生对知识点的理解和辨别能力；简答类题目可以测试学生对知识点的理解和表达能力；计算类题目可以测试学生的计算能力和应用能力；分析类题目需要学生对给定的问题进行分析，并提出解决方案，这类题目可以测试学生的分析能力和解决问题的能力；设计类题目需要学生设计一个解决方案来解决题目提出的问题，这类题目可以测试学生的创新能力和实践能力；论述类题目需要学生对给定的问题进行深入的讨论和阐述，这类题目可以测试学生的分析能力、批判性思维能力和表达能力。要注意的是，这些类型的题目设计最好基于真实问题情境，以实现对素养导向的问题分析与解决能力的测评。

4. 编程任务数据

编程任务数据来源于学生的人工智能编程任务过程和结果，包括图形化编程、Python 编程、产品或服务开发、算法实现、数据处理与分析等方面的数据，可作为学生人工智能知识、人工智能能力、人工智能思维等维度测评证据的数据源。图形化编程类编程任务可以测试学生的逻辑思维能力和创新能力；Python 编程任务通常需要学生编写 Python 代码来解决具体问题，可以检验学生的编程能力和算法应用能力；产品或服务开发类编程任务需要学生设计和开发一个完整的人工智能产品或服务，如智能家居系统、人脸识别系统等，可以考查学生的综合运用能力和创新能力；算法实现类编程任务要求学生实现特定的人工智能算法，如神经网络、决策树等，可以检验学生的算法理解和实现能力；数据处理与分析类编程任务需要学生处理和分析一定量的数据，并基于此进行一定的任务，如数据清洗、特征选择、模型训练等，可以考查学生的数据处理能力和分析能力。

5. 课堂问答表现数据

课堂问答表现数据来源于学生在人工智能学习过程中的即时性回答等表现，包括提问次数、问题质量、回答问题的次数、回答问题的质量、互动次数等，可作为学生人工智能意识、人工智能知识、人工智能态度与伦理等维度测评证据的数据源。提问次数衡量学生在课堂上主动参与讨论的程度，提问次数越多，一定程度上说明学生对课程内容的兴趣和关注度越高；问题质量评估学生提出的问题是否具有针对性、深度和创新性，高质量的问题通常能引发深入的讨论，有助于提高课堂氛围和学习效果；回答问题的次数反映学生在课堂上回答问题的积极性和自信心，回答问题的次数越多，说明学生对课程内容的理解和掌握程度越高；回答问题的质量评估学生回答问题的准确性、条理性和完善性，高质量的回答通常能为其他同学提供有益的启示和借鉴；互动次数衡量学生在课堂上与其他同学、教师之间的互动频率，互动次数越多，说明学生的沟通能力和团队协作能力越强。此外，通过观察学生在课堂上解决问题的过程、问题中是否能提出新颖的观点，也能分析学生的问题解决能力、创新意识等。

6. 作品设计数据

作品设计数据来源于学生的人工智能作品设计过程和结果，包括技术应用、算法实现、数据处理与分析、模型训练与优化、系统设计与实现、用户界面与交互、评估与测试等，可作为学生人工智能知识、人工智能能力、人工智能思维等维度评价证据的数据源。技术应用涉及人工智能的核心技术，如机器学习、深度学习、自然语言处理、计算机视觉等；算法实现需要学生针对不同问题选择合适的算法并进行实现，如决策树、支持向量机、神经网络等；数据处理与分析需要学生对收集到的数据进行清洗、预处理和分析，以便为模型训练提供合适的数据；模型训练与优化需要学生根据实际问题选择合适的模型，并通过调整参数、特征选择等方法进行模型训练和优化；系统设计与实现需要学生将人工智能技术应用于实际项目中，设计并实现一个完整的系统；用户界面与交互需要学生考虑如何为用户提供友好的界面和交互体验，以提高系统的易用性和吸引力；评估与测试需要学生对作品进行全面的评估和测试，以确保其性能和稳定性。

(二) 学生人工智能素养的测评任务设计

为实现上述 6 种学生人工智能素养表现性数据的获取，我们将表现性数据的数据源与学生人工智能素养测评任务建立关联，并结合已有的研究与实践，将中小学生人工智能素养测评任务分为三类：基于量表的测评任务、基于题目的测评任务、基于作品的测评任务。

1. 基于量表的测评任务

基于量表的评价任务指通过设计测评量表对学生的人工智能素养表现进行测评。反思/叙述性数据、作品分析数据、课堂问答表现数据可以通过基于量表的测评任务得以获取，比如在人工智能课堂教学活动中设计对学生人工智能意识、人工智能知识、人工智能态度与伦理评价的观察量表，基于观察量表完成对学生人工智能素养表现的测评。基于量表的测评任务是一种学生自我汇报的主观评价，主要关注学生意识、知识、态度与伦理等维度的测量。相对于其他类型的评价任务，量表本身并不存在测量难度问题，适用于不同年级、不同学段的学生测评，但量表同时也存在主观性较强的问题，最好能搭配其他类型的客观性测评任务一同使用。

2. 基于题目的测评任务

基于题目的测评任务指通过选择、填空、判断、简答、计算、分析、设计、论述、编程任务等形式，在人工智能课程教学的某个阶段对学生进行测试，通过对学生的题目作答表现采集题目作答数据、编程任务数据等，数据分析结果能及时反馈给教师和学生。这种测评任务操作便利，一定程度上可以兼顾学生学习的过程性数据，但测评题目的设计非常关键，需要根据一定的理论或评价标准进行。

3. 基于作品的测评任务

基于作品的测评任务指在学生的人工智能作品设计和分析过程中设计面向学生人工智能素养的测评任务，开展对学生的人工智能素养测评。作品分析数据、作品设计数据、编程任务数据可通过基于作品的测评任务得以获取。基于作品的测评任务在关注作品结果的评价的同时，更要关注作品生成过程中的过程性评价，最好能依托系统环境进行评价。比如将人工智能素养对应维度的测评模型嵌入系统环境中，学生在系统环境中进行学习、完成人工智能作品的设计与开发、提交作品的行为数据都能得到采集和分析，并自动生成可视化的测评结果或给出测评得分。基于作品的测评任务能实现自动化、实时性的过程性评价，但系统环境的埋点对技术要求较高，实现起来难度较大。

第三节 中小学生人工智能素养测评的实施

遵循循证思想,本团队将"以证据为中心"的人工智能素养测评体系在中小学人工智能教育的多元化全过程评价活动中加以落实,开展学生人工智能素养多模态数据的采集与分析应用,探索人工智能素养测评数据到证据的转化,以期用学生素养水平证据反哺中小学人工智能课程教学。

一、中小学生人工智能素养测评的实施路径

根据"以证据为中心"的概念性评价框架,教育评价的执行交付需要学生模型、证据模型、任务模型等的协同运作。中小学生人工智能素养测评实践的微观路径如图 8-3-1 所示,下面将对中小学生人工智能素养测评的学生模型、证据模型、任务模型如何协同运作以实现测评设计在人工智能教育中的实践落地进行阐述。

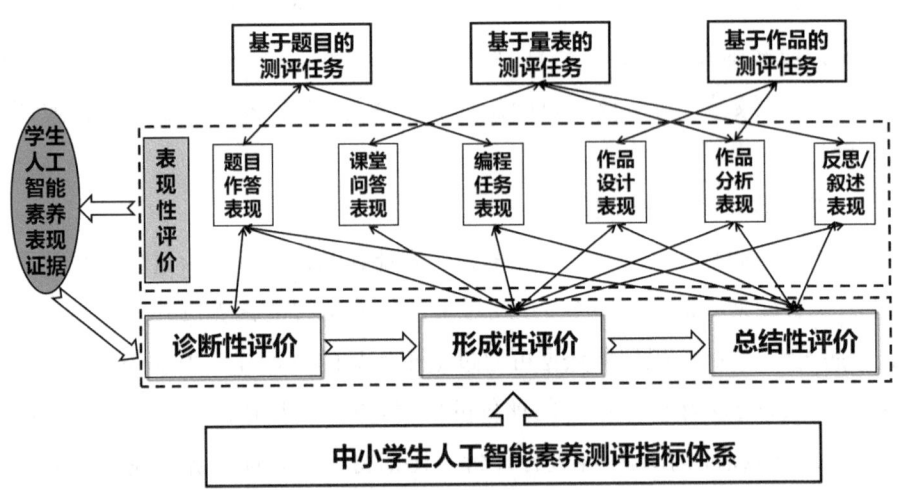

图 8-3-1 中小学生人工智能素养测评实践的微观路径

(一)测评证据规则是学生人工智能素养测评实践的基础

中小学生人工智能素养测评实践中,测评证据规则即评分标准,是学生人工

智能素养学生模型的理论结构与任务模型的学生素养表现数据建立联系的基础前提。如果没有证据规则,无法确定学生人工智能素养理论结构中各维度不同水平表现目标的对应学生表现,即使收集到了学生的素养表现数据,也无法对其进行评分来确定该表现对应学生人工智能素养各维度的何种水平。因此,在实施测评之前,必须形成一套体系化的、科学的、可信可靠的中小学生人工智能素养测评指标体系。该指标体系能够为学生人工智能素养的各项表现数据提供测评标准,能够通用于课堂问答、题目作答、编程任务等多项人工智能教育测评活动中,能够不依赖人工智能课程教学内容。

(二)全过程评价是落实学生人工智能素养发展水平跟踪的关键

学生人工智能素养水平是伴随着人工智能教育的推进而不断发展的。为实现对这一动态变化过程的跟踪,中小学生人工智能教育要重视对学生人工智能素养的全过程评价。全过程评价是指要通过人工智能教育实践前的诊断性评价,确定学生人工智能素养初始水平,为人工智能教育教学设计和实施提供精准的依据;通过人工智能教育实践中的形成性评价,采集并分析人工智能学习不同阶段中学生人工智能素养表现的各项证据,评估学生的人工智能素养发展过程;通过人工智能教育实践结束后的总结性评价,评价学生人工智能素养发展结果。通过全过程评价,实现对学生人工智能素养发展过程和结果的评价,也能评估人工智能教育教学全过程及不同阶段的教学对学生人工智能素养培养的效果。此外,为实现对学生人工智能素养发展全过程证据的采集和评价,可依托信息技术支持动态采集学生的过程性素养表现数据,借助评分算法提取学科核心素养的指标并进行科学赋值,从而实现对学生人工智能素养的自动化评价,这也将成为未来教育测评的发展趋势[1]。

(三)表现性评价是提高学生人工智能素养测评真实性的核心

人工智能素养是高度抽象且复杂的人工智能意识、知识、能力、思维、态度与伦理等的综合表现,具有情境性、整体性等特征,传统评价难以采集到学生的真实素养表现证据,不能满足人工智能素养的评价需求。表现性评价是指人工智

---

[1] 江漂,张维忠.学科核心素养测评研究现状与趋势[J].浙江师范大学学报(社会科学版),2022,47(03):90—99.

能素养测评要能够基于真实情境或真实任务,学生在真实情境或真实任务分析解决过程中的表现是能够反映其真实人工智能素养水平的证据。因此,基于题目、量表、作品的测评任务都要能够设置真实的问题情境或真实的核心任务,再根据学生人工智能素养的要素,设计各要素测评的表现性任务,进而采集学生在各项表现性任务分析和解决中的表现证据。学生人工智能素养表现证据包括题目作答表现、课堂问答表现、编程任务表现、作品设计表现、作品分析表现、反思/叙述表现等。表现性评价可应用于学生人工智能素养的全过程评价。

二、基于人工智能教学平台的学生人工智能素养测评

基于人工智能教育与编程项目的软件平台,浦东将中小学生人工智能素养测评与人工智能教与学系统、人工智能编程系统、学生人工智能素养评测系统相结合,基于学习数据汇聚和以证据为中心的评价理念,形成区—校—人一体化的中小学生人工智能素养测评路径,如图 8-3-2 所示。一方面,区域能够统一组织全区中小学生人工智能素养测评,能够统览全区中小学生的人工智能素养水平和培养发展状况,学校/教师能够统一组织本校学生人工智能素养测评,能够统览本校学生的人工智能素养水平和培养发展状况,学生能够依托平台开展人工智能学习、实践练习与测评,能够查看本人的人工智能素养发展状况。另一方面,在开展人工智能课程教与学之前进行学生人工智能素养水平的诊断性评价

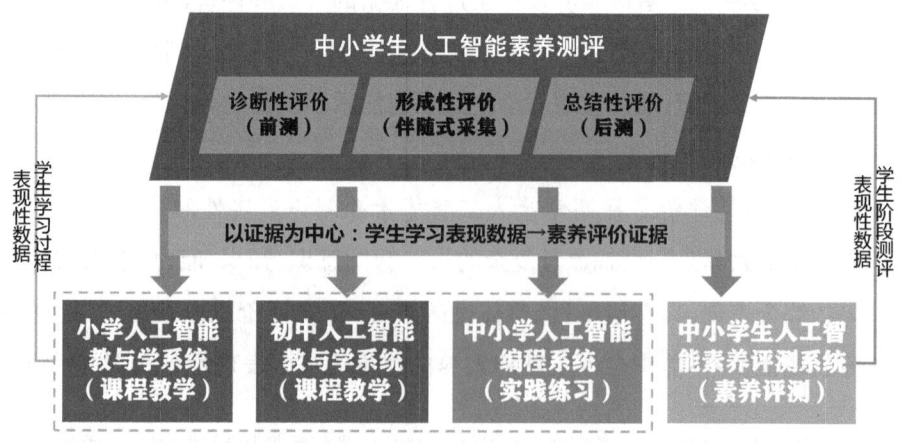

图 8-3-2　区域基于人工智能教学平台的学生人工智能素养测评

(前测),通过诊断性评价确定学生人工智能素养初始水平,为人工智能教育教学设计和实施提供精准的依据;在人工智能课程教学与实践练习过程中,通过伴随式采集分析学生人工智能素养表现的各项学习数据,评估学生人工智能素养发展过程,开展学生人工智能素养的形成性评价;在人工智能课程教学与实践完成后开展总结性评价(后测),评估学生人工智能素养发展结果。

(一)开发基于题目的情境化测评任务,开展人工智能素养诊断性评价

素养导向的教育旨在培养具备真实问题解决能力的人才。人工智能素养测评基于素养视角展开,将重点测评学生的真实问题解决能力。因此,在对比分析国内外有关人工智能素养测评工具和方式的基础上,重点关注和研究了信息学和计算思维国际挑战赛中的测评理念,即基于真实问题情境;有明确的待解决问题,问题解决涉及一个或多个计算思维要素的综合应用;独立于任何特定的软件或硬件;考虑学习者的认知发展水平,题目按照年级和难度进行分层设计。基于此,本研究团队开发了面向小学生的人工智能素养测评任务一套、面向初中生的人工智能素养测评任务一套,用以在人工智能教育之前对小学生、初中生开展人工智能素养前测。

面向小学生、初中生的人工智能素养测评任务各包含 30 道基于真实情境的题目,每一道题目实现对 1 个或多个人工智能素养指标的测评,部分题目例举如图 8-3-3、图 8-3-4 所示。通过对这 30 道题目的学生作答表现进行综合分析,能够得出学生的人工智能素养水平。目前,面向小学生、初中生的人工智能素养前测已在 100 所人工智能教育实验校开展。

人工智能问题解决能力	20. 生活中经常会出现各种问题,当遇到困难时,你一般(　　)。 　　A. 直接寻求家人或老师的帮助 　　B. 不会想到如何利用人工智能技术解决问题 　　C. 会对问题进行分析,然后制定解决方案 　　D. 当制定了解决方案,我不会反思自己的方法是否可行 21. 人工智能技术能够帮助我们解决生活中的各种问题,我可以与同学合作搭建人工智能小作品来解决问题。(　　) 　　A. 还没搭建过人工智能小作品 　　B. 搭建过作品,但没解决问题 　　C. 搭建过作品,只解决了一部分问题 　　D. 搭建过作品并且把问题很好地解决了

图 8-3-3　关于"人工智能问题解决能力"素养指标的小学测评题目例举

> 3. 兰兰过生日的当天,妈妈去蛋糕店给她买蛋糕。兰兰希望蛋糕上有:
> ① 蛋糕四个角的每个角上各有 3 个草莓
> ② 蛋糕左侧和右侧的橙子片均不得超过 3 片
> ③ 蛋糕顶部和底部分别有 2 对香蕉棒棒糖
> 问题:兰兰的妈妈应该选择下面的哪一种蛋糕?[单选题]*
>
> A　　　B　　　C　　　D(正确答案)　　　E
>
> 计算思维测评要素:分解,模式识别,抽象,算法

图 8-3-4　关于"人工智能思维—计算思维"素养指标的初中测评题目例举

（二）伴随式采集学习过程数据,开展人工智能素养形成性评价

将中小学生人工智能素养与素养能力课程相融合,建立"素养指标—对应课程内容—评价依据—对应平台埋点模块—对应埋点数据指标"的映射关系,将人工智能素养学生模型中的各测评指标项嵌入学生的人工智能课程学习过程中,实现对学生人工智能素养的形成性评价。比如,基于学生的教学平台作品、编程

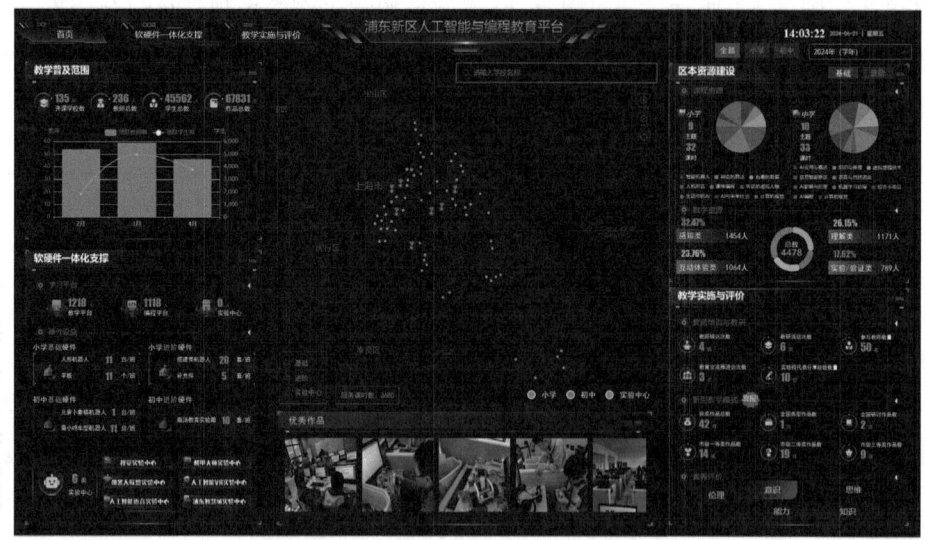

图 8-3-5　区域人工智能教育概况总览

平台作品等,根据素养指标基础上的作品评价模型,开展基于学生作品的人工智能素养测评。通过将各维度的测评数据进行整合,能够形成学生人工智能素养的全方位综合性评价,学校能够查看本校各班级、各学生的人工智能素养整体情况和单个情况,区域能够查看本区各学校、各班级、各学生的人工智能素养整体情况和单个情况,如图 8-3-5 所示,从而能够查看学生人工智能素养的发展情况,为人工智能课程教学的精准化改进提供实证数据支持。

第四节 中小学生人工智能素养测评的效果分析

为全面研究人工智能教育中学生人工智能素养培养效果,本团队通过基于题目的人工智能素养测评任务开展学生智能素养阶段性测评,评估学生的智能素养发展水平;通过课堂教学中的课堂问答表现、编程任务表现、作品设计表现、作品分析表现、反思/叙述表现等开展学生智能素养形成性评价,评估学生的智能素养发展变化过程。这里以基于题目的人工智能素养测评为例,阐述本团队开展中小学生人工智能素养测评的具体思路、实施方法和数据分析结果。

一、中小学生人工智能素养起点水平诊断

本团队面向小学、初中 100 所实验校,利用团队开发的基于题目的小学生人工智能素养测评任务、初中生人工智能素养测评任务,开展了中小学生人工智能素养的诊断性评价,确认学生人工智能素养的起点水平。

(一)测评对象

中小学生人工智能素养水平诊断性评价中,本团队面向小学、初中 100 所实验校中所有参加人工智能教育课程的学生以电子问卷形式发放人工智能素养测评任务。共回收 1 064 份有效的小学生测评问卷、915 份有效的初中生测评问卷。

(二)中小学生人工智能素养起点水平分析

利用 SPSS 25.0 工具对 1 064 份有效的小学生人工智能素养测评问卷、915

份有效的初中生人工智能素养测评问卷进行量化分析后,接下来将从中小学生人工智能素养整体水平、各维度水平两个方面,从宏观视角到微观视角,对中小学生人工智能素养起点水平进行分析。

1. 中小学生人工智能素养整体水平

根据中小学生人工智能素养整体水平标准化分析结果,小学生的人工智能素养整体水平为4.691 3,初中生的人工智能素养整体水平为4.828 3,如表8-4-1所示。从人工智能素养整体起点水平来看,初中生人工智能素养的整体水平比小学生要高。

表8-4-1 中小学生人工智能素养整体水平对比

学段	个案数	人工智能素养标准化均值	人工智能素养标准化最小值	人工智能素养标准化最大值	人工智能素养标准偏差
小学	1 064	4.691 3	0	6	.894 35
初中	915	4.828 3	0	6	.930 89

2. 中小学生人工智能素养各维度水平对比

从人工智能意识、人工智能知识、人工智能能力、人工智能思维、人工智能态度与伦理五个维度对中小学生人工智能素养进行分解,根据对学生问卷中的表现性数据进行统计分析,得到了小学生、初中生在上述五个人工智能素养维度的起点水平,如表8-4-2、表8-4-3所示。

表8-4-2 小学生人工智能素养起点水平的描述统计

	N	最小值	最大值	均值	标准偏差
人工智能意识	1 064	1.25	6.00	5.133 0	.802 10
人工智能知识	1 064	.75	6.00	5.195 7	.943 56
人工智能能力	1 064	.25	6.00	4.461 9	1.392 75
人工智能思维	1 064	1.25	6.00	4.323 6	1.127 48
人工智能态度与伦理	1 064	1.00	6.00	4.342 4	1.150 72
有效个案数(成列)	1 064				

根据表8-4-2的数据,小学生的人工智能意识起点水平为5.133 0,人工智能

知识起点水平为 5.195 7,人工智能能力起点水平为 4.461 9,人工智能思维起点水平为 4.323 6,人工智能态度与伦理起点水平为 4.342 4。可以看出,小学生的人工智能意识、人工智能知识这两个维度的水平比较高,人工智能思维、人工智能态度与伦理两个维度需要在后期的人工智能教学中重点加强。

表 8-4-3　初中生人工智能素养起点水平的描述统计

	N	最小值	最大值	均值	标准偏差
人工智能意识	915	1.00	6.00	4.336 6	.970 76
人工智能知识	915	.00	6.00	4.570 5	1.472 65
人工智能能力	915	.50	6.00	4.713 4	1.351 72
人工智能思维	915	1.50	6.00	5.739	.971 80
人工智能态度与伦理	915	.50	6.00	4.781 9	1.127 93
有效个案数(成列)	915				

根据表 8-4-3 的数据,初中生的人工智能意识起点水平为 4.336 6,人工智能知识起点水平为 4.570 5,人工智能能力起点水平为 4.713 4,人工智能思维起点水平为 5.739,人工智能态度与伦理起点水平为 4.781 9。可以看出,初中生的人工智能思维、人工智能能力、人工智能态度与伦理这三个维度的起点水平比较高,人工智能意识、人工智能知识两个维度需要在后期的人工智能教学中重点加强。

对比表 8-4-2、表 8-4-3 的数据可以看出,初中生在人工智能思维维度的起点水平比小学生高,小学生的人工智能意识、人工智能思维两个维度的起点水平略高。这一结果在反映小学生、初中生人工智能素养起点水平的同时,也将为基于题目的中小学生人工智能素养测评任务的迭代优化提供参考依据。

二、人工智能教育对学生计算思维发展的效果评价

从已开展了一学期人工智能教育的初中实验校中随机选择了两所初中(分别简称为:A 校和 B 校)进行小样本评价,以探究人工智能教育对学生计算思维发展的作用效果。其中,A 校和 B 校的人工智能课程均以社团的形式开设。关于参加人工智能课程的学生,A 校来自预备年级和初一年级,B 校均来自初一年

级。关于人工智能课程教学模式，A校采用面向计算思维的人工智能项目化教学模式，B校采用面向计算思维的人工智能游戏化教学模式。关于人工智能课程教学的内容、资源和平台，A校和B校均相同。

（一）测评对象

人工智能教育对学生计算思维发展作用效果的小样本评价中，本团队在邀请A校和B校参加人工智能课程学习的学生进行计算思维测评的同时，也随机邀请了A校和B校未参加人工智能课程学习的学生在相同的条件下进行了相同题目的计算思维测评。参加计算思维测评的学生共计188名，其中87名学生参加了初中人工智能课程学习（A校69名、B校18名），101名学生未学习过初中人工智能课程（A校66名、B校35名）。A校和B校参加计算思维测评的学生对象概况如下表8-4-4所示。

表8-4-4 计算思维测评对象的概况分析

		是否参加人工智能课程		总 计
		参加AI课	未参加AI课	
A校	预备年级	10名	24名	34名
	初一年级	59名	42名	101名
B校	初一年级	18名	35名	53名
总计		87名	101名	188名

（二）计算思维整体水平分析

为分析初中人工智能教育对学生的计算思维培养的作用效果，本研究对A校和B校参加计算思维测评的188名初中学生的测评得分、A校参加计算思维测评的135名初中学生的测评得分、B校参加计算思维测评的53名初中学生的测评得分分别进行了统计分析，分析结果显示：两校188名初中学生中，参加人工智能课程学习的学生的计算思维平均水平为56.28，未参加人工智能课程学习的学生的计算思维平均水平为49.25；A校135名初中学生中，参加人工智能课程学习的学生的计算思维平均水平为56.48，未参加人工智能课程学习的学生的计算思维平均水平为48.31；B校53名初中学生中，参加人工智能课程学习的学生的计算思维平均水平为55.56，未参加人工智能课程学习的学生的计算思维平均水平为 51.14。如下表 8-4-5、8-4-6、8-4-7 所示。

表 8-4-5　两校共计 188 名测评对象的计算思维整体水平

是否参加人工智能课程		N	最小值	最大值	均值	标准偏差
参加	总分	75	30	75	56.28	10.652
	有效个案数	82				
未参加	总分	75	20	75	49.25	14.306
	有效个案数	106				

表 8-4-6　A 校共计 135 名测评对象的计算思维整体水平

是否参加人工智能课程		N	最小值	最大值	均值	标准偏差
参加	总分	75	30	75	56.48	10.491
	有效个案数	64				
未参加	总分	75	20	75	48.31	15.810
	有效个案数	71				

表 8-4-7　B 校共计 53 名测评对象的计算思维整体水平

是否参加人工智能课程		N	最小值	最大值	均值	标准偏差
参加	总分	75	30	75	55.56	11.490
	有效个案数	18				
未参加	总分	75	25	70	51.14	10.578
	有效个案数	35				

无论是两校学生计算思维水平的整体分析，还是单个学校学生计算思维水平的分析，都反映出参加初中人工智能教育的学生的计算思维水平更高。由此可以说明：初中人工智能教育有助于培养学生的计算思维水平。

此外，通过对参加人工智能课程学习的不同年级学生的计算思维整体水平分析，可以看出：参加人工智能课程学习的初一年级学生的计算思维水平比预备年级的学生略高，如表 8-4-8 所示。（说明：由于 B 校参加人工智能课程学习的学生均为初一年级，所以此处只统计了 A 校参加人工智能课程学习的两个年级的有效个案测评数据)。

表 8-4-8 参加人工智能课程学习的不同年级学生的计算思维整体水平

年级		N	最小值	最大值	均值	标准偏差
预备年级	总分	75	45	70	55.00	9.428
	有效个案数	10				
初一年级	总分	75	30	75	56.76	10.735
	有效个案数	54				

(三) 计算思维各要素水平分析

在研究了初中人工智能教育对学生计算思维整体水平的培养效果后,本团队进行了关于初中人工智能教育对学生计算思维五要素培养的作用效果的进一步分析。根据计算思维五要素与测评题目的映射关系表,每一个计算思维要素水平均需要用对应的几道测评题目进行评估,各要素对应测评题目得分的平均值即是该要素的水平值。即:

(1) 分解水平=(题目1+题目2+题目3+题目4+题目5+题目6+题目7+题目8+题目9+题目10+题目11+题目12+题目15)/13;

(2) 概括水平=(题目3+题目5+题目6+题目7+题目13)/5;

(3) 抽象水平=(题目1+题目2+题目3+题目4+题目5+题目6+题目7+题目8+题目9+题目10+题目11+题目12+题目15)/13;

(4) 算法水平=(题目1+题目2+题目3+题目4+题目6+题目7+题目8+题目9+题目10+题目11+题目12+题目14+题目15)/13;

(5) 评估水平=(题目1+题目7+题目8+题目11+题目13+题目14+题目15)/7。

按照如上思路对 A 校和 B 校参加计算思维测评的 188 名初中学生的测评得分、A 校参加计算思维测评的 135 名初中学生的测评得分、B 校参加计算思维测评的 53 名初中学生的测评得分分别进行了统计分析。统计分析结果分别如下表 8-4-9、8-4-10、8-4-11 所示。例如,参加人工智能课程的两校学生计算思维各要素的整体水平为 3.846 2(分解)、3.512 2(概括)、3.846 2(抽象)、3.714 8(算法)、3.144 6(评估),均比未参加人工智能课程学习的学生要高。

表 8-4-9　两校共计 188 名测评对象的计算思维各要素水平

是否参加人工智能课程	计算思维要素	N	最小值	最大值	均值	标准偏差
参加	分解	82	1.92	5.00	3.846 2	.670 27
	抽象	82	1.92	5.00	3.846 2	.670 27
	算法	82	1.92	5.00	3.714 8	.705 37
	概括	82	1.00	5.00	3.512 2	1.033 32
	评估	82	.71	5.00	3.144 6	1.087 39
	有效个案数	82				
未参加	分解	106	1.15	5.00	3.443 4	.921 52
	抽象	106	1.15	5.00	3.443 4	.921 52
	算法	106	1.15	5.00	3.251 1	.981 85
	概括	106	1.00	5.00	3.132 1	1.179 79
	评估	106	.00	5.00	2.648 2	1.195 09
	有效个案数	106				

表 8-4-10　A 校共计 135 名测评对象的计算思维各要素水平

是否参加人工智能课程	计算思维要素	N	最小值	最大值	均值	标准偏差
参加	分解	64	2.31	5.00	3.834 1	.653 61
	抽象	64	2.31	5.00	3.834 1	.653 61
	算法	64	1.92	5.00	3.707 9	.693 35
	概括	64	1.00	5.00	3.531 3	1.023 05
	评估	64	.71	5.00	3.203 1	1.049 41
	有效个案数	64				
未参加	分解	71	1.15	5.00	3.391 1	1.005 71
	抽象	71	1.15	5.00	3.391 1	1.005 71
	算法	71	1.15	5.00	3.179 8	1.083 88
	概括	71	1.00	5.00	3.126 8	1.241 31
	评估	71	.00	5.00	2.595 6	1.367 25
	有效个案数	71				

表 8-4-11　B 校共计 53 名测评对象的计算思维各要素水平

是否参加人工智能课程	计算思维要素	N	最小值	最大值	均值	标准偏差
参加	分解	18	1.92	5.00	3.888 9	.744 97
	抽象	18	1.92	5.00	3.888 9	.744 97
	算法	18	1.92	5.00	3.739 3	.767 03
	概括	18	1.00	5.00	3.444 4	1.096 64
	评估	18	.71	5.00	2.936 5	1.222 26
	有效个案数	18				
未参加	分解	35	1.92	4.62	3.549 5	.723 08
	抽象	35	1.92	4.62	3.549 5	.723 08
	算法	35	1.54	4.62	3.395 6	.725 49
	概括	35	1.00	5.00	3.142 9	1.061 16
	评估	35	1.43	4.29	2.755 1	.737 90
	有效个案数	35				

可以看出，不管是两校学生计算思维各要素水平的整体分析，还是单个学校学生计算思维各要素水平的分析，都呈现出相同的结果，即参加初中人工智能课程的学生的计算思维各要素水平更高。由此可以说明：初中人工智能课程有助于学生计算思维各要素水平的培养。

此外，根据对测评对象计算思维各要素水平的统计结果可以看出，参加初中人工智能课程的学生的分解水平和抽象水平最高、评估水平最低。该结果一定程度上反映了初中人工智能课程对于学生"评估"这一计算思维要素的培养是薄弱的，但是具体的影响因素还需要更深一步的研究分析。

表 8-4-12　两校参加人工智能课程的七年级学生的计算思维各要素水平对比

测评对象	计算思维要素	N	最小值	最大值	均值	标准偏差
A校参加人工智能课程的七年级学生	分解	54	2.31	5.00	3.831 9	.672 27
	抽象	54	2.31	5.00	3.831 9	.672 27
	算法	54	1.92	5.00	3.710 8	.705 48
	概括	54	1.00	5.00	3.555 6	1.040 08
	评估	54	.71	5.00	3.254 0	1.062 78
	有效个案数	54				

续　表

测评对象	计算思维要素	N	最小值	最大值	均值	标准偏差
B校参加人工智能课程的七年级学生	分解	18	1.92	5.00	3.888 9	.744 97
	抽象	18	1.92	5.00	3.888 9	.744 97
	算法	18	1.92	5.00	3.739 3	.767 03
	概括	18	1.00	5.00	3.444 4	1.096 64
	评估	18	.71	5.00	2.936 5	1.222 26
	有效个案数	18				

第九章　中小学教师人工智能教学胜任力

人工智能与教育融合发展已经成为引领教育模式变革和生态重构的必然选择,并已经上升为国家战略。我国对于在中小学校推进培养人工智能人才方面做了很多举措。2017年国务院在《新一代人工智能发展规划》中明确提出了"实施全民智能教育项目,在中小学阶段设置人工智能相关课程,逐步推广编程教育",引领了人工智能教育发展方向。同年12月,教育部印发《普通高中课程方案和语文等学科课程标准(2017年版)》,正式将人工智能划入新课标,人工智能进入新课标切实明确了人工智能教育的重要性。2018年教育部印发的《教育信息化2.0行动计划》中提出"智能时代发展需要人工智能和编程课程内容,并将其作为学生信息素养培养的一部分"。2019年教育部办公厅《2019年教育信息化和网络安全工作要点》中提出"有序开展智慧教育创新发展行动,推动在中小学阶段设置人工智能相关课程,逐步推广编程教育"。2020年教育部办公厅《2020年教育信息化和网络安全工作要点》提出"围绕《教育信息化2.0行动计划》大力实施信息素养全面提升行动,培养提升教师和学生的信息素养,制定评价标准、教师培训、中小学人工智能教育课程建设与推广、人工智能教学实验室、人工智能竞赛等工作"。中小学阶段人工智能课程的开设是国家促进人工智能发展及普及人工智能知识的重要手段。

人工智能技术在改变人们生活、学习、工作和生存方式的同时,也在不断"定义"智能社会所需的人才标准。原教育部部长陈宝生提出,让学生为智能时代的到来做好生活、就业和能力的准备,要在中小学设置人工智能相关课程,推进普及教育,要把人工智能普及作为前提和基础,让学生对人工智能有基本的意识、基本的概念、基本的素养、基本的兴趣。而值得关注的是,就学校教育而言,培养和发展学生的人工智能能力与素养,关键在于教师是否具备胜任此项工作的能力。中小学教师人工智能教育的胜任力对学生具有积极影响,有助于学习提升人工智能能力与素养。智能时代的到来使教师面临新的挑战,构建人工智能课程教师教学胜任力势在必行。

第一节　国内外教师人工智能教学胜任力的研究现状

胜任力的概念最早由哈佛大学教授David·McClelland提出,他认为胜任力是"能够推测出实际工作中与工作成果绩效有直接联系的能力、特质和工作动机等"。David·McClelland在对于胜任力的研究中,体现了除了传统知识与技能的易于测量的特征要素之外的要素,例如良好的沟通能力、自控能力和协作能力、动机、态度、价值观等方面。Hackney对胜任力的理解是"一个人出色地完成既定目标和任务时所需要的一系列知识与技能、态度观念等保证绩效优秀的多方位的综合能力"。Spence提出的胜任力是指"能将某一项工作或者活动的成绩优秀者和普通者区分开来的个人特征,这些特征可以是内在的动机、个人特点、个人自我形象、态度或者个体的价值观、认知和行为技能等,包含所有可以能测量的特征,这些特征能明显地把表现优秀者和一般者区分开"。美国管协(American Management Association)给出胜任力的定义:"在一项工作中,达成优良绩效所需的相关知识、技能、动机、特征、形象和社会角色"。

胜任力这个概念引入我国之后,引发了不同岗位和领域的研究者对其研究和分析界定的热潮。学者萧鸣政对胜任力的界定是:"在某一特定工作岗位、组织环境及文化氛围中的优秀者可以被测量的个人特质,这些特质能把优秀者和一般者分开,这些特质包含潜在的和外显的特质。"彭剑锋定义的胜任力是指"驱使一个人或者组织等产生优秀绩效的所有个人的能力特质集合,它可以反映出通过不同方式表现出个人的知识与技能、方式和方法、内驱力价值观等,通过对这些能力分析能判断出一个人能否较优秀地胜任某项工作"。

通过对国内外学者对胜任力的对比分析归纳出共性观点:胜任力与特定的职业或者工作任务有着密切的关系,是在特定的工作中所体现的知识、技能和态度等,并且这些能力可以区分优秀与普通的个体特征。

根据共性观点,教师胜任力体现教师的职业特征,主要体现在教育工作中的胜任能力。本研究认为教师胜任力是教师胜任教育教学工作中的专业知识、专业技能、伦理与道德以及教学态度、理念、自我效能的综合。这四方面对应一个教师在这一学科中应知道哪些知识,不同的学科有哪些教学技能、价值观是什么以及个人本身的理念动机四个大方面。四个方面相互影响,理念动机和个人的价值观也就是教学态度、理念、自我效能以及伦理与道德这两个较为隐性的个人特质,是决定教师能否胜任教学的内部驱动力,很强的理念动机和较好的价值观会驱使个体去了解和掌握更多的教学知识和教学技能,并在教学过程中选择正确的价值观来引导学生,如果离开理念动机部分,单纯地将现有的知识与技能投入一门学科,不会产生特别优秀的结果,如果没有较好的价值观,就算是有丰富的学科知识与教学技能也无法正确引导学生产生正确的价值追求。教师需要为学生的终身发展打下良好的基础,真正把贯彻科学发展观落实到自己的本职工作当中,落实到实现每一个学生的全面发展中。

不同学科的教师胜任力有较大的不同,中小学人工智能是一门新兴的学科,结合教师胜任力概念的界定,我们认为中小学人工智能学科教师的胜任力是教师人工智能学科的相关专业知识,人工智能学科的相关技能,人工智能学科的伦理与道德以及人工智能学科教学的态度、理念、自我效能的综合。

第二节 中小学教师人工智能教学胜任力的构成要素

一、中小学教师人工智能教学胜任力构成要素分析框架

本研究通过文献调查法,以"人工智能教育""教师胜任力""中小学教师""创客教育""STEAM教育""机器人教育"等为关键词进行文献检索,共检索到文献103篇,根据研究需要,选取相关性较大的45篇作为初步选取中小学教师人工智能教学胜任特征的基本依据。运用质性研究方法对文献中涉及中小学教师人工智能教学胜任力的内容进行编码,结合本团队对中小学教师人工智能教学胜任力内涵的界定,初步提炼出中小学教师人工智能教学胜任力的5项胜任特征,以及胜任特征内的38项胜任指标,具体内容如表9-2-1所示。

表 9-2-1　基于质性研究编码出的中小学教师人工智能教学胜任特征和指标

胜任特征	胜任指标	
1 人工智能知识	1-1 熟悉人工智能的概念与特征 1-2 了解人工智能技术进展 1-3 了解人工智能技术在各领域的应用 1-4 理解常见智能技术的实现原理	1-5 明确人工智能教学的内容 1-6 清楚人工智能教学的重难点 1-7 掌握人工智能教学策略与方法
2 人工智能技能	2-1 熟练利用智能技术设计算法 2-2 熟练利用智能技术编程开发应用 2-3 熟练设计人工智能学习内容与目标	2-4 熟练设计人工智能学习活动 2-5 熟练组织实施人工智能学习活动 2-6 熟练设计人工智能学习评价
3 人工智能伦理与道德	3-1 具有较强的人工智能伦理道德意识 3-2 自觉遵守人工智能伦理道德规范 3-3 关注并主动保护自身及他人隐私 3-4 尊重并自觉保护人工智能应用开发中的知识产权 3-5 引导学生建立数字时代的国家意识、民族情怀、伦理与道德意识	3-6 引导学生主动关注人工智能应用的隐私保护、数据伦理等问题 3-7 引导学生遵守人工智能法律法规及伦理道德 3-8 引导学生在人工智能开发和应用中学会自我保护和保护他人
4 人工智能自我概念	4-1 能客观认识自身对人工智能的认识与理解层次 4-2 能客观认识自身的人工智能应用设计和开发能力 4-3 善于自我反思人工智能应用的伦理道德观念和实践 4-4 能清晰判断自身专业能力是否提升 4-5 能客观评价自身能否开展人工智能教学	4-6 善于通过经验反思和他人反馈加深对人工智能教学的理解 4-7 对能否开展好人工智能教学具有明确的自我推测与判断
5 人工智能态度与理念	5-1 理性看待人工智能技术的发展 5-2 正视人工智能技术对教育的影响 5-3 处理好教师和人工智能的协同关系 5-4 愿意主动探索人工智能技术和应用 5-5 坚持素养导向的人工智能教学理念 5-6 重视对学生计算思维的培养	5-7 愿意将先进的教学理念和模式用以人工智能教学实践 5-8 愿意开展人工智能教学实践 5-9 乐于探索人工智能教学新方式 5-10 能从人工智能教学收获成就感

二、中小学教师人工智能教学胜任指标分析

为使质性研究得到的胜任特征和指标更具有科学性,也更符合中小学人工智能课程教学的实际需求,本研究继续运用定量方法进行分析和检验,以确保指标体系的合理性。

（一）问卷设计和发放

基于质性研究得到的 38 个胜任指标，按照李克特 5 级量表法，以 5（非常重要）、4（重要）、3（一般重要）、2（不重要）、1（非常不重要）进行"关于中小学教师人工智能教学胜任特征的调查"的问卷编制，旨在了解从事中小学人工智能教学的专家型教师对中小学教师人工智能教学胜任特征的认知和意向。问卷通过问卷星进行发放，调查对象为 * 省（市）长期重视中小学人工智能教学的专家型教师，共回收有效问卷 195 份。调查对象的基本情况如下表 9-2-2 所示。

表 9-2-2 有效调查对象基本情况

分类	统计变量	样本个数	样本占比
性别	女	123	63.1%
	男	72	36.9%
学历	博士	8	4.1%
	硕士	101	51.8%
	本科	86	44.1%
教龄	15 年以上	144	73.8%
	10—15 年	51	26.2%
所教学段	高中	118	60.5%
	初中	32	16.4%
	小学	45	23.1%
所教学科（可多选）	信息技术	137	70.3%
	机器人、工程、编程、创客、STEAM 等	38	19.5%
	其他	20	10.2%

（有效调查对象 共 195 个）

（二）探索性因素分析

运用 SPSS 25.0 对中小学教师人工智能教学胜任力的 38 个胜任指标进行探索性因素分析以寻找独立的因子。综合多位学者的观点和本研究的量化分析目标，将因子分析检验与修正的判断标准确定为：①每个因子不得低于 3 个指标；②删除每个因子下载荷系数低于 0.5 的指标；③删除同一指标在不同因子的载荷系数几乎相当的指标。

第一次因子分析中，待提取的因子数限定为 5 个，分析结果为：有 2 个因子包含的胜任指标低于3个,3-6、3-8、5-1这3个胜任指标不满足判断标准三。第二次因子分析中,待提取的因子数限定为3个,删除不满足判断标准三的3个胜任指标,对剩下的35个胜任指标进行因子分析,结果显示:35个胜任指标可以可提取3个潜在因子,累计贡献率为74.877%。各胜任指标的因子载荷和各因子的贡献率,分别如表9-2-3、表9-2-4所示。

表 9-2-3　探索性因素分析结果(n=195)

胜任指标	成分 1	成分 2	成分 3
4-2	.873	.059	.010
4-1	.848	.094	.127
5-7	.844	.174	.145
4-7	.814	.298	.224
5-10	.803	.383	.134
5-4	.799	.238	.357
4-4	.797	.274	.153
5-8	.791	.149	.356
5-9	.758	.109	.343
5-3	.752	.135	.390
4-5	.733	.281	.340
5-5	.703	.256	.350
4-6	.695	.436	.357
5-6	.686	.303	.296
4-3	.593	.134	.424
5-2	.578	.101	.340
2-5	.199	.871	.289
2-3	.247	.857	.226
2-4	.247	.857	.226
1-3	.128	.814	.170
1-4	.325	.780	−.141

续 表

胜任指标	成分 1	成分 2	成分 3
1-1	−.049	.774	.021
1-7	.181	.768	.112
1-5	.061	.743	.496
1-6	.061	.743	.496
2-1	.376	.733	−.193
2-2	.340	.699	−.360
2-6	.297	.691	.491
1-2	.245	.644	.202
3-4	.301	.174	.880
3-2	.317	.160	.865
3-7	.392	.104	.845
3-1	.402	.192	.816
3-3	.401	.159	.811
3-5	.447	.071	.680

表 9-2-4 各因子的总方差解释

成分	初始特征值 总计	初始特征值 方差百分比	初始特征值 累积%	旋转载荷平方和 总计	旋转载荷平方和 方差百分比	旋转载荷平方和 累积%
1	18.078	51.651	51.651	10.812	30.893	30.893
2	5.029	14.368	66.019	8.761	25.031	55.924
3	3.100	8.857	74.877	6.634	18.953	74.877

通过对提取的 3 个因子进行分析发现：因子 1 主要包括 4-4 至 4-7、5-2 至 5-10 的 16 个胜任指标,且这 16 个指标对应于质性研究阶段编码的人工智能自我概念、人工智能的态度与理念这两个胜任特征,主要反映中小学教师人工智能教学对待人工智能技术和人工智能教学的自我评价、自我反思、自我效能感、价值观与动机等,因此将因子 1 命名为人工智能自我概念因子。因子 2 主要包括 1-1 至 1-7、2-1 至 2-6 的 13 个胜任指标,且这 13 个指标对应于质性研究阶段编码的人工智能知识、人工智能技能这两个胜任特征,主要反映中小学人工智能教

师在人工智能教学方面的专业知识与能力,因此将因子 2 命名为人工智能知识与能力因子。因子 3 主要包括 3-1 至 3-5、3-7 的 6 个胜任指标,且这 6 个指标对应于质性研究阶段编码的人工智能伦理与道德这个胜任特征,主要反映中小学人工智能教师在人工智能技术应用和教学过程中的伦理与道德规范问题,因此将因子 3 命名为人工智能伦理与道德因子。

三、中小学教师人工智能教学胜任力模型构建

中小学教师人工智能教学胜任能力是指胜任教授人工智能这一学科所需的能力,本研究也称为中小学人工智能学科教师胜任力。在人工智能学科教师胜任力概念定义的基础上构建了中小学人工智能学科教师胜任力模型,该模型以冰山模型为理论基础,主要聚焦人工智能学科的知识、技能、伦理与道德和教学态度、理念、自我效能来展开。

(一)理论基础:胜任力理论之冰山模型

美国学者 David·McClelland 教授指出,根据传统的智力测试从而对个体的能力高低进行判断存在许多不足的地方,并建议使用"胜任特质"来进行测试。他认为影响个体绩效发挥的影响要素既包括内隐的特质也包括外显的特质,这些概念和理论的提出为开展不同工作的胜任力研究提供了坚实的基础。

胜任力模型是胜任力理论的核心。为了让个体的胜任力特质更直观形象地呈现,McClelland 教授等人将相关理论内容通过模型的方式进行研究,并形成两种类型的模型:冰山模型与洋葱模型。本研究基于冰山模型开展研究。

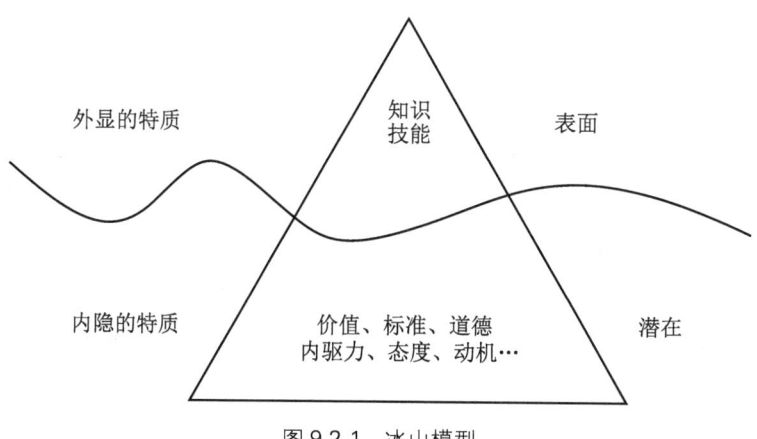

图 9-2-1 冰山模型

冰山模型形象地用一座漂浮在水面上的冰山来展示个体胜任力的多种特质，主要分为显现在水面上的知识与技能部分的外显部分和隐藏在水面以下的潜在的驱动力、态度、价值观等内隐部分，并且内隐部分占据冰山的较大一部分。显现的特征容易被观察和测量，潜在水面的部分不易被发现和注意，但是这些内隐的特征是非常重要的。有学者进行过相关研究，只有四分之一不到的工作表现和绩效差距是源自外显的知识与技能的欠缺，而至少四分之三的差距是由内在的驱动力等内隐特质所产生的。

（二）人工智能学科教师胜任力模型构建

基于该冰山模型，本研究将探索性因素分析的三个因子进行了内隐部分和外显部分的区分，进而构建了人工智能学科教师的胜任力模型。人工智能自我概念因子主要反映中小学人工智能教师对待人工智能技术和人工智能教学的自我评价、自我反思、自我效能感、价值观与动机等，人工智能伦理与道德因子主要反映中小学人工智能教师在人工智能技术应用和教学过程中的伦理与道德规范问题，二者都是冰山模型的内隐部分。人工智能知识与能力因子主要反映中小学人工智能教师在人工智能教学方面的专业知识与能力，是冰山模型的外显部分。这几大方面相辅相成，共同塑造人工智能学科教师的胜任力。知识方面对应作为人工智能学科教师该知道哪些专业知识，技能方面对应作为一个人工智

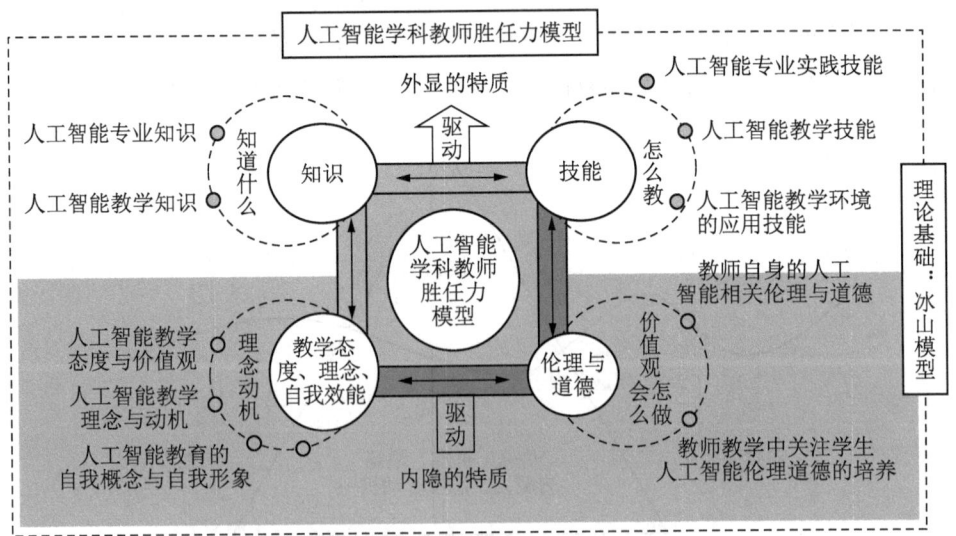

图 9-2-2　人工智能学科教师胜任力模型

能学科教师该如何教学,伦理与道德和教学态度、理念、自我效能对应教师的价值观和理念动机,这两方面作为个体隐性的特质驱动教师的外显特质发展,具体如图 9-2-2 所示。以下就该模型中的个体胜任力特质详细展开。

四、中小学教师人工智能教学胜任力内容

（一）人工智能知识部分

人工智能知识部分是人工智能学科教师教学胜任力的基础。人工智能学科教育是将人工智能知识、原理、技能作为教学内容进行传授和培养的教育,学生的核心素养也是通过人工智能的教学活动习得和逐步养成的,所以在人工智能学科教学中,具有丰富的人工智能学科专业知识是教师能较好胜任学科教学的前提条件。这一部分体现的是教师知道哪些知识,包含人工智能专业知识与人工智能教学知识两部分。

中小学人工智能学科教师应具备人工智能的相关概念、原理、技能与应用等专业知识,例如熟知人工智能的定义、大数据、机器学习、计算机视觉、智能语音、自然语言处理等相关的专业知识,知道对应的人工智能技术在各个领域中的应用,熟练掌握基本人工智能技术（例如机器学习、知识图谱、智能语音、计算机视觉等）的实现原理,并能根据不同学生的认知水平来组织相应的教学内容,来讲解相关知识与原理。

除了掌握人工智能学科本体知识之外,教师还应有人工智能学科的教学知识。通过对国内外人工智能教育分析发现,无论从理论层面还是实践层面,在开展人工智能教学中运用项目式教学模式有助于学生对技术原理的理解与掌握,培养计算思维能力。鉴于人工智能学科的特性,传统的教学方法和策略已经无法满足其教学,所以教师还应掌握人工智能学科的项目化等方法的教学策略与方法。人工智能学科教师专业知识归纳如下（包含但不仅限于）：

（二）人工智能技能部分

人工智能学科教师的技能部分胜任力的重要内容。当前快速发展和广泛应用的人工智能技术,对学生的影响不仅仅是使用工具的外在层面,对内在层面的意识和思维也会形成重要的影响。在组织人工智能相关内容的教学时,对数据意识和计算思维的培养显得更加重要,教师不仅自身需要知道如何使用人工智

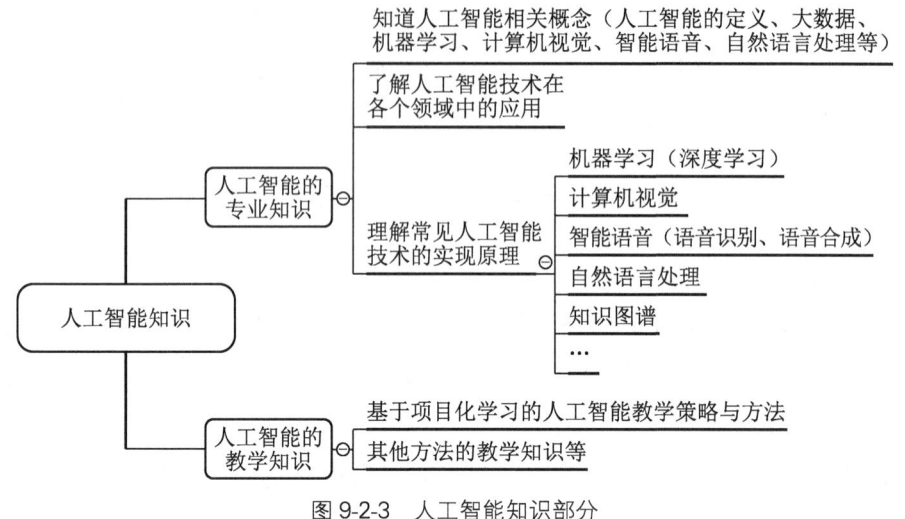

图 9-2-3　人工智能知识部分

能技术，还应该有灵活设计教学任务的技能，基于学科属性，设计面向解决问题的具有现实意义的项目教学活动，还需要灵活借助人工智能教学环境，共同促进教学目的达成。人工智能学科教师胜任力的技能部分主要从人工智能的专业实践技能、人工智能的教学技能、人工智能教学环境的应用技能三个方面体现。

人工智能的专业实践技能是指教师可以利用人工智能相关技术来开发相关应用，例如可以利用计算机视觉技术编程实现人脸识别的相关应用，可以利用智能语音技术编程实现人机对话的相关应用等。

人工智能的教学技能包括与教学活动相关的教学设计与实施技能，教师能对人工智能的学习内容与目标进行合理的符合学生认知的设计；为达成教学目标，能巧妙地设计人工智能学科的教学与学习活动，并可以有效组织与实施落实；在活动开展的过程中会按照学生反馈情况及时更改教学活动策略和任务等，并在活动过程中与结束后进行有效的教学评价。

人工智能教学环境的应用技能包括教师会灵活使用人工智能教学平台、人工智能中的教学硬件、教学中各种信息化设施的技能，还包括利于人工智能学科教学的其他技能。人工智能学科教师的技能部分胜任力的归纳（包含但不仅限）如图 9-2-4 所示。

（三）人工智能的伦理与道德

人工智能学科教师的伦理与道德部分的胜任力是关键部分，是开展健康的

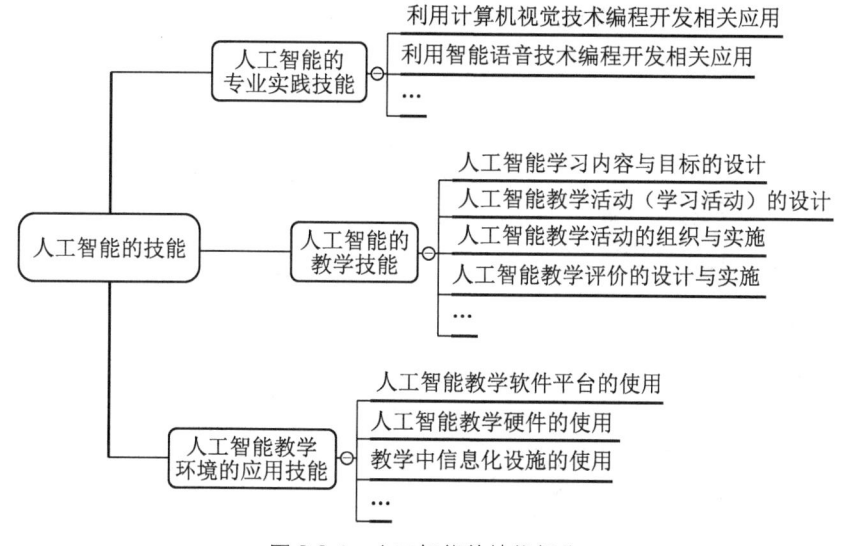

图 9-2-4　人工智能的技能部分

人工智能教育的基石。对应教师的价值观取向,是教师能够利用人工智能技术与其他个体进行建设性的和有责任的互动,并以伦理道德为指导,在培养学生人工智能的知识与技能的同时,帮助其树立正确的价值观。

人工智能的伦理贯穿人工智能技术的各个环节,从最初的数据采集、贴标签、建立模型、训练到最终结果的呈现,每个环节都涉及伦理问题,教师自身不仅需要有正确的价值观,还应该有培养学生树立正确价值观的能力,让学生可以辩证地看待人工智能,从小具有人工智能技术的伦理责任意识,保证健康的人工智能教育。人工智能的伦理与道德部分主要包括教师自身的人工智能相关伦理与道德和教师教学中关注学生人工智能伦理与道德的培养这两个方面。

教师自身的人工智能相关伦理与道德主要体现在教师在人工智能学习与应用中,关注个人的隐私、伦理道德、数据使用的安全以及开发过程的知识产权等方面,只有树立正确的价值观,能时刻关注人工智能相关伦理道德,才能在教学中有意识地开展伦理与道德培养的教学活动。

教师教学中关注学生人工智能伦理与道德的培养主要体现在会合理引导学生关注人工智能应用的个人隐私、伦理道德、数据的安全使用和知识产权,在教学活动过程中,考虑人工智能在社会活动中所扮演的新角色的同时还应该考虑这些角色的不当行为可能带来的伦理风险,并引导学生不主动利用角色的特殊地位为个人牟利或是危害他人利益等。对这两个方面的归纳如图 9-2-5 所示。

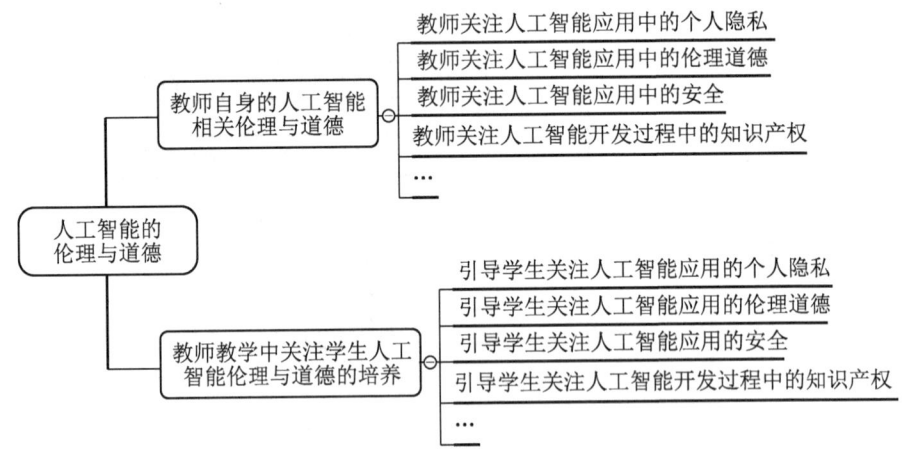

图 9-2-5　人工智能的伦理与道德部分

（四）人工智能教学的态度、理念、自我效能等

人工智能教学的态度、理念、自我效能部分是人工智能学科教师胜任力的驱动力，这部分属于人格特质。人格心理学家认为，通过对一个个体的人格特质和成因进行研究，可以预测其外在的行为。崇高的道德品质是教师的首要素质，教师言传身教，对学生的人格特质的形成有很大的影响。教师应具备高尚的人格品质，时刻保持积极的学习与教学态度、较高的自我要求才能产生较高的教学质量。人工智能教学的态度、理念、自我效能部分主要包括人工智能教学的态度与价值观、人工智能教学理念与动机以及人工智能教育的自我概念与自我形象三部分。

教师对待学科教学的态度至关重要，态度是处事之源，好的工作态度和正确的价值观是好的教学质量的前提和保障。胜任人工智能学科教学的教师应能认识到人工智能教学的重要性，并很乐意积极地开展人工智能教学，乐于在人工智能教学中积极探索新的教育教学方式。

较为优秀的教师一般都会有较高的职业标准，在教学任务和自身能力上有强烈的成就动机，对教学工作追求完美，会主动去追求专业发展，寻求较为合适的教学方式，力争培养优秀的人才。人工智能学科教师应积极树立在人工智能教学中培养计算思维的教学理念,基于课程内容,梳理项目化学习的教学理念,具有开展人工智能教学的强烈动机,为培养具有创新能力和合作精神的人才打下基础。

教师的自我概念和自我形象是影响人格特质的重要部分,具有胜任力的教师应积极开展人工智能知识和技能的自我学习,并及时开展教学反思,完善教学环节,对教学工作精益求精,并对人工智能教学有较强的自我效能感。具有胜任力的教师人格特质的部分归纳如下:

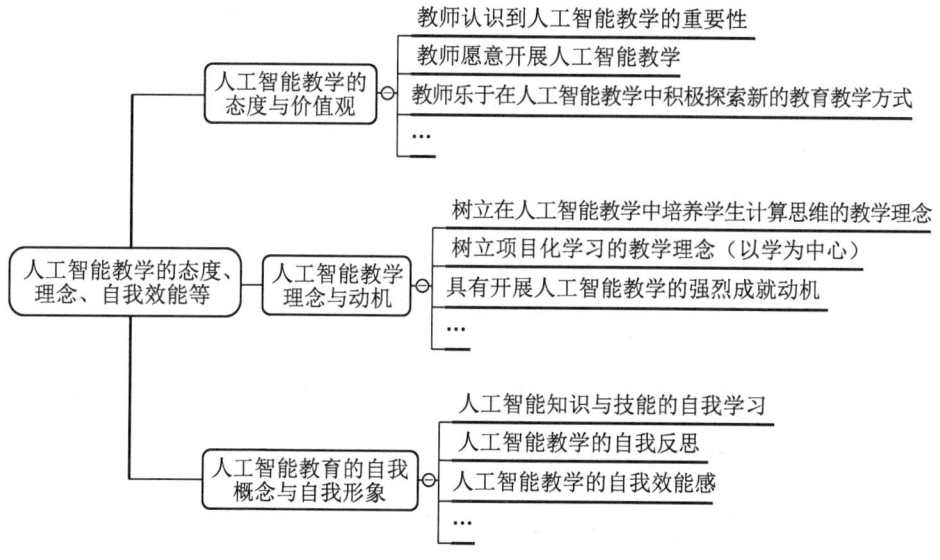

图 9-2-6　人工智能教学的态度、理念、自我效能等

随着人工智能应用的发展,教师的人工智能教学胜任力会不断地更新与发展。在中小学人工智能学科教学中,教师要根据自身以及学生的学习需求进行调整,让自己成为优秀的人工智能学科教师。

第三节　中小学教师人工智能教学胜任力的挑战

现阶段的中小学人工智能课程教学尚处于探索阶段,对教师也提出了新的要求,主要是知识方面、技能方面、价值观方面及监督和引导方面。

一、知识：教师需要具备人工智能相关知识

在中小学人工智能课程教学中，教师需要具备人工智能相关的知识。这包括对人工智能的基本概念、原理、应用和发展趋势有深入的了解；需要掌握与人工智能相关的数学和计算机基础知识，如概率论、统计学、机器学习、自然语言处理等；此外，还需要了解和掌握人工智能在教育领域的应用，如大语言模型、自适应学习、智能推荐、虚拟现实等。

二、能力：教师需要具备利用人工智能解决问题的能力

中小学人工智能教育的重点是培养学生的计算思维和数字化创新能力。因此，教师需要具备利用人工智能解决实际问题的能力，这包括掌握相关的数字化工具和软件，如Python编程语言、机器学习库、自然语言处理工具等。教师还需要具备数据分析和处理的能力，能够从海量数据中提取有用的信息，并利用人工智能进行数据挖掘和模式识别。同时，教师需要能够在人工智能课堂教学中引导学生学会利用人工智能解决实际问题、进行创新创造，这需要教师具备良好的教学设计和组织能力，能够设计出有趣、具有挑战性和实际应用相关的教学活动，激发学生的学习兴趣和创造力。

三、意识：教师需要具备激发学生人工智能兴趣的意识

在中小学人工智能课程教学中，教师需要重视激发学生对人工智能的兴趣。兴趣是最好的老师，只有当学生对人工智能产生浓厚的兴趣时，他们才会主动学习和探索。教师可以通过介绍人工智能在各个领域的应用案例，让学生了解人工智能技术的强大和潜力。同时，教师也可以通过组织一些有趣的实践活动，让学生亲身体验人工智能的魅力，如利用机器学习算法进行图像识别、语音识别等。

四、价值观：教师需要具备遵守人工智能开发应用的法律法规和伦理道德的价值观

在中小学人工智能课程教学中，教师需要重视对人工智能开发应用必须遵

守法律规范和伦理道德的监管与引导。随着人工智能技术的快速发展,相关的法律和伦理问题也日益凸显。教师需要引导学生正确看待人工智能的双重性,了解人工智能可能带来的社会影响和道德挑战。同时,教师还需要强调在开发和使用人工智能时必须遵守相关法律规范和伦理道德的原则,如尊重个人隐私、保障数据安全等,这有助于培养学生正确的科技价值观和道德责任感。

第四节 中小学教师人工智能教学胜任力的培养策略

中小学人工智能课程教师兼具人工智能专业人员和教育者双重角色,不仅要具备技术应用的专业素养,还要具备课程教学的教师素养。建议从以下三方面着手,整体提升中小学教师人工智能教学胜任力。

一、系统开展教师的职前职后一体化培养

教师专业发展历程涉及职前、职后两个阶段,因此,有必要构建人工智能课程教师职前职后一体化培养体系。一方面,将中小学教师人工智能教学胜任力模型融入高校师范生培养目标,在师范生教育课程中增加人工智能知识与能力、伦理与道德、自我概念相关内容,或者是增设人工智能教育相关学科,初步培养职前教师的人工智能课程教学胜任力。另一方面,将人工智能课程教学胜任力作为在职教师培训的重要内容,加强对教师胜任力的个性化评估和跟进指导,促进在职教师的胜任力持续提升。

二、优化完善教师胜任力提升的外在支持

良好的外部环境和专业支持是教师胜任力提升的重要保障,具体可从环境创设、资源保障、多元支持三个方面着手:加快推进人工智能课程教学环境的创设,努力为教师创设良好的教学实践环境,鼓励其在教学实践探索中提升胜任力;完善中小学人工智能课程教学相关的理论培训、实践应用、课例分析等课程和学习资源,为人工智能课程教师胜任力发展提供资源保障;整合多方力量,从教育研究团队的智力支持、企业的技术支持、学科教师研修共同体的组织支持等

方面为人工智能课程教师胜任力提升提供多元支持。

三、鼓励推动教师的内驱性专业发展

人工智能时代,仅依靠外部驱动的专业发展模式难以满足教师的自我发展需求,需激发教师的主观能动性,鼓励其将胜任力提升作为自身专业发展的内在需求,推动其积极主动的专业发展:加强自主学习实践,更新重构人工智能知识体系和能力结构;自觉以身作则,引导学生共同遵守人工智能伦理道德规范;重视自我反思,保持积极的人工智能自我概念,在面向学生核心素养培养的课程教学改革中,实现可持续、个性化的内驱性专业发展。

(一)加强学习实践,更新重构人工智能知识体系和能力结构

人工智能课程作为顺应时代需求而生的新兴课程,对教师的知识体系和能力结构提出了新的要求。同时,教师对人工智能技术应用的认知还比较缺乏,其能力素质也难以适应人工智能时代的人才培养需要。[1]因此,人工智能知识体系和能力结构的更新重构是中小学教师学习实践的重要目标。中小学教师需充分利用在线开放资源开展自主学习,主动参加人工智能课程教学相关的培训活动和学习工作坊等,重构人工智能专业知识和课程教学法知识体系;认真观摩优秀教学案例和真实课堂教学,主动将自身的人工智能技术应用和教学实践与胜任力特征进行对比、与优秀教师进行对比,通过实践反思明确人工智能实践能力的发展目标和现状间的差距,从而有针对性地提高人工智能技术应用和教学能力。

(二)自觉以身作则,引导学生共同遵守人工智能伦理道德规范

在人工智能教育应用中,数据安全、隐私保护等伦理道德问题成为不可回避的问题。教师和学生作为人工智能技术的应用者和学习者,应该严格遵守人工智能伦理道德规范。作为教师,要自觉对自身的人工智能教育应用和课程教学的思想行为进行省察,及时修正不当之处,严格要求自我,在信息安全与隐私、数据伦理等方面坚守伦理道德底线。同时,教师以身作则是对学生最好的教育,教师要正确认识和发挥自身的教育者优势,学习如何通过有效的教学设计和创新,在人工智能课程教学过程中渗透人工智能技术应用和开发过程中应遵守的伦理

---

[1] 刘斌.人工智能时代教师的智能教育素养探究[J].现代教育技术,2020,30(11):12—18.

与道德规范,培养学生的人工智能伦理道德修养,引导学生共同遵守人工智能伦理道德规范。

(三)重视自我反思,保持积极的人工智能自我概念

中小学教师需要保持积极的人工智能自我概念,将胜任力提升作为自身专业发展的内在需求,在面向学生核心素养培养的课程教学改革中,实现可持续、个性化的自主发展。中小学教师在人工智能技术应用和课程教学的过程中,要充分认识到人工智能教学对学生核心素养培养的重要价值,积极学习新的教育教学理念,主动探索如何将先进的教学理念在自身的教育教学实践中落地和创新;要始终保持客观理性的态度,重视自我反思,善于通过自我评价、实践反思等方式,形成对人工智能技术应用和人工智能教学的清晰的自我认识,并主动追求和实现自身的专业发展。

第十章　生成式人工智能在中小学人工智能教育中的应用与影响

生成式人工智能（Generative artificial intelligence，简称 Gen AI）的迅速发展，正在加速教育变革，[①]也为中小学人工智能教育带来了新的机遇和挑战。这首先体现在对中小学生人工智能素养提出了新的要求，需要在生成式人工智能视域下重新审视中小学生人工智能素养的核心内涵和关键要素。相应的，生成式人工智能会对素养导向的中小学人工智能教育产生了深刻的影响，体现在课程内容、教学模式和智能素养测评等多个方面。与此同时，教师的教学胜任力也会随着生成式人工智能的发展面临新的挑战和机遇，需要进行相应的培养和调整。伴随生成式人工智能进入中学校人工智能教育，伦理和责任教育也成为突出的问题，亟需引起重视。

---

① Euchner J. Almost Human[J]. Research-Technology Management，2023，66(2)：10—11.

第一节　生成式人工智能概述

随着人工智能技术的迅速发展,其在教育领域的应用也日益广泛。根据《生成式人工智能教育与研究应用指南》的定义,生成式人工智能是根据人类借助思维符号表征系统表达的提示自动生成内容的人工智能技术。[①]2017 年,Vaswani 等人提出了 Transformer 架构,引入注意力机制处理长序列数据,为生成式人工智能模型的发展带来了很大的推动作用;2022 年底以来,美国 OpenAI 公司陆续发布基于该架构的生成式预训练大型语言模型(Large Language Models,简称 LLM),包括 GPT-3.5、GPT-4 和 GPT-4 Turbo 等。在"大模型热"的带动下,国外迅速涌现出大量的大型语言模型,如谷歌的 Gemini 大模型 Anthropic 的 Claude 3 系列模型等。中国各大公司相继出现了各种大模型,数据显示,中国已有超过 100 家公司在研究大型语言模型,包括讯飞的星火认知和百度的文心一言等系列大型语言模型。

生成式人工智能为诸多领域带来了变革,教育领域是其中一个重要的方面。其在自然语言理解、泛化能力等多方面的优异表现,将为教学、学习、管理和评价多个维度带来新的变化。这是因为 LLM 经过大量的语料训练,能够理解和生成流畅的自然语言,并且在一些逻辑和分析任务上具有良好的表现,例如分析代码和处理文献等,此外,LLM 能够理解上下文语义,支持长对话。这些显著的特点,能够在一些具体的教育场景中发挥作用。在教学方面,LLM 能够辅助教师制定个性化的教学计划和准备教学材料,例如帮助教师备课,辅助教师设计课件以及生成习题集等;在语言教学中提供实时翻译和发音指导,有助于提升教学效率。在学习方面,LLM 能够根据学生的学习数据,为学生提供个性化的学习路径,使学生能够根据自己的学习速度和风格进行学习;学生还可以让 LLM 扮演特定的角色,如特定学科的教师等,进而得到 LLM 的帮助。LLM 还可以帮助学校管理人员更好地开展学生管理工作,例如,Gen AI 具有较好的文本和数据分

---

① Miao F, Holmes W. Guidance for generative AI in education and research[J]. 2023.

析功能，利用这些功能可以使教育管理者能够根据学生的学习数据，思考教学工作中的优点和不足，进而制定更有效的教育策略，从而优化教学资源和课程安排等。LLM 的文本处理能力和自然语言生成能力也为学生评价带来了一些变化，如基于 LLM 的自动评分系统能够为学生提供实时的学习进度监控和反馈，有助于学生自评；教师也可以基于学生学习数据进行综合评价，减轻教师的工作负担。

总的来说，生成式人工智能技术不仅改变了传统的教学内容和方式，而且为学生们创造了一个全新的学习环境。随着生成式人工智能的不断发展和完善，它在教育领域的作用将变得愈加显著。对于中小学来说，生成式人工智能将深刻影响学生的人工智能素养、教学的课程内容、教学模式等。

第二节 生成式人工智能背景下的中小学生人工智能素养

中小学生的人工智能核心素养包括智能意识、智能思维、智能应用与创造和智能社会责任四个要素，对学生的全面发展具有深远影响。生成式人工智能的迅速发展和逐渐广泛的应用对中小学生的人工智能素养产生了诸多影响。

一是需要加强学生在社会责任方面的素质教育，特别是数据伦理和隐私教育。[1] 生成式人工智能的广泛应用可能导致个人信息更容易被收集和利用，没有适当的数据伦理和隐私知识，学生可能无意中泄露自己或他人的敏感信息，导致隐私泄露甚至身份盗用。加强这一方面的素质教育，将有助于学生理解和遵守数据伦理和隐私保护的原则，增强网络安全意识；同时，这将有助于学生在学习和生活的过程中使用生成式人工智能应用时，更加谨慎和负责。

二是需要进一步重视学生智能思维方面的能力提升，尤其是提高对信息真实性的辨识能力。生成式人工智能在生成内容方面具有强大的能力，但是由于训练语料无法得到保障，其生成内容的真实性和质量往往也无法得到保证。例

---

[1] 毕文轩.生成式人工智能对教育行业的挑战与回应——以 ChatGPT 为分析对象[J].江苏高教，2023(08):13—22.

如,用于训练 GPT 的海量数据中包含了大量虚假甚至是错误的数据。[1]此外,LLM 具有很好的上下文理解和泛化能力,因此使得生成的文本内容的真实性越来越难以识别,表现出更高的普遍性和复杂性。中小学生正处于关键的认知和思维发展阶段,培养他们的批判性思维能力不仅对于识别和评估信息真实性至关重要,也是他们实现整体教育和认知发展的基石,否则学生可能逐渐成为"新型知识接受者"。[2]随着信息环境的不断变化,中小学生需要学会如何在这个快速演变的环境中有效地获取、评估和利用信息。总之,提高中小学生对人工智能生成内容的辨识能力,有助于学生在人工智能时代更好地利用技术解决在学习和生活中遇到的一些问题。

可见,生成式人工智能对中小学生的人工智能素养提出了新的要求。教师需要更多地关注生成式人工智能的特点,确保学生能够更好地在新的背景下提升人工智能素养,从而更好地拥抱新技术。

第三节 生成式人工智能对中小学人工智能教育的影响

生成式人工智能的飞速发展为教育教学带来了多方面的变化。要把握好技术对于教育教学的深刻影响,就要重视其对课程内容、教学模型和素养测评等方面的影响,不断地优化和调整课程内容,借助生成式人工智能的内容逻辑推理能力和内容生成能力,助力教育教学效率和质量提升。

（一）生成式人工智能对中小学人工智能课程内容的影响

《中小学人工智能课程指南》中明确了课程结构和内容,[3]涵盖了从基础理论到实际应用,再到伦理考量的多方面知识,包括人工智能概念与历史、人工智能应用与技术、人工智能感知与数据、人工智能方法与实现、人工智能伦理与社会等板块。还有学者通过扎根和质性分析,得出素养导向的小学人工智能课程教

---

[1] 焦建利.ChatGPT:学校教育的朋友还是敌人?[J].现代教育技术,2023,33(04):5—15.
[2] 本刊编辑,张绒.生成式人工智能技术对教育领域的影响——关于 ChatGPT 的专访[J].电化教育研究,2023,44(02):5—14.
[3] 中小学人工智能课程指南课题组,江波.中小学人工智能课程指南[J].华东师范大学学报(教育科学版),2023,41(03):121—134.

学内容涉及人工智能系统体验、人工智能计算方式、人工智能系统设计与开发、人工智能思维以及人工智能伦理与安全五个方面。[①]谢忠新等人则分别设计了面向小学、初中和高中的人工智能课程内容。[②]在当今时代，人工智能教育已成为中小学教育中的重要组成部分。人工智能教育不仅塑造了学生对科技的认识，也发展了他们的兴趣和技能。随着生成式人工智能的发展，现有的中小学人工智能课程内容需要相应地进行更新和扩展，以确保学生能够紧跟技术发展的步伐，并全面理解这些先进技术背后的原理及其对社会的影响。

一是课程中应当包括生成式人工智能的最新发展动态和应用案例，帮助学生更直观地感受这些技术的能力和潜力，以及如何利用这些技术更好为学习和生活服务。二是课程需要包含生成式人工智能背后的基本原理和算法的初步介绍，帮助学生建立起对生成式人工智能等概念的基本理解，但是需要考虑学生的实际发展情况，对于技术细节不宜做深入展开。虽然一些在线的网站已经开设了相关内容的课程，如 DeepLearning.AI 等，但是将这些课程内容融入中小学人工智能课程当中还需要足够的探索。三是伦理和社会影响的教育是课程中不可或缺的一部分。随着生成式人工智能在文本创作、媒体、娱乐和教育等领域的应用越来越广泛，学生还需要建立起这些技术可能带来伦理挑战和社会问题的意识，如传播错误信息、版权问题和偏见等。在课程中引入这些内容，将有助于培养学生的批判性思维，加强信息社会责任感。四是课程内容需要进一步增加数据隐私方面内容。由于生成式人工智能的训练和应用涉及大量数据，学生需要了解数据的价值，认识到个人信息安全的重要性，并学习如何保护自己的隐私。五是还需要在课程中加入项目化学习内容。实践和创造性使用生成式人工智能，让学生在实践操作的过程中切身体验生成式人工智能的能力和魅力，是激发学生对技术的探索热情兴趣有效途径。

一些国家和地区已逐渐开始将生成式人工智能的相关内容纳入人工智能教育体系当中。例如，日本文部科学省在 2023 年 7 月发布了《初等和中等教育阶段使用生成式人工智能的暂定方针》，后来指定了超过 50 所生成式人工智能试点学校。2024 年 2 月，日本文部科学省于东京召开生成式人工智能试点学校成

---

① 于颖,高宇.素养导向的小学人工智能"教什么"——基于扎根理论的质性分析[J].中国电化教育,2023(12):84—91.
② 谢忠新,曹杨璐,李盈.中小学人工智能课程内容设计探究[J].中国电化教育,2019(04):17—22.

果报告会,会上各校分享了他们在教学和校务中利用生成式人工智能的实践。例如,学園の森义务教育学校成立了一个生成式人工智能项目团队,主要用于英语对话练习,提高学生的英语会话能力;竜ヶ崎第一高校则使用生成式人工智能促进问题解决型学习;九段中等教育学校在信息课程中引入生成式人工智能,帮助学生进行项目化学习;藤山台中学则在校务管理中采用生成式人工智能以提高工作效率。

又如,香港已将人工智能技术和ChatGPT聊天机器人纳入学校课程《初中人工智能课程单元》中。学习内容包括:人工智能应用中的伦理问题以及这些技术对社会的影响;基本的人工智能概念,以及编程语言、计算机视觉和智能化系统逻辑等领域的内容;使用ChatGPT进行图像创作和写信;如何识别问题并使用人工智能知识库来解决问题。

1.4 生成式人工智能

生成式人工智能(例如ChatGPT和Midjourney)是指人工智能的一個子領域,其中可以使用複雜的神經網絡來生成新的內容,例如文本、圖像、語音、代碼、音樂、影片等。最近生成式人工智能的突破有可能徹底改變藝術、設計和娛樂等許多範疇。

ChatGPT屬於名為GPT (Generative Pre-trained Transformers)的語言模型家族。ChatGPT可以理解人類輸入(稱為「提示」)並實時回應及生成與人類相似的回應。

<u>活動五:向ChatGPT查詢問題</u>

讓我們嘗試向ChatGPT查詢問題。*請注意,ChatGPT可能會提供不正確的資訊。

請向ChatGPT詢問以下問題:

請掃描二維碼或點擊連結通過Poe使用ChatGPT:	查詢關於生成式人工智能的問題	查詢關於ChatGPT的問題
	<ul><li>甚麼是生成式人工智能?</li><li>生成式人工智能的例子包括什麼?</li><li>生成式人工智能如何運作?</li><li>生成式人工智能有哪些使用實例?</li><li>生成式人工智能的優點和限制是什麼?</li></ul>	<ul><li>甚麼是ChatGPT?</li><li>ChatGPT是如何運作的?</li><li>人工智能中的變換器是什麼?</li><li>甚麼是大型語言模型?</li><li>ChatGPT有哪些使用實例?</li></ul>

图10-3-1 《初中人工智能课程单元(第二册)》教材中的部分内容

(二)生成式人工智能对中小学人工智能教学模式的影响

生成式人工智能的广泛应用除了深化和丰富中小学人工智能课程的内容以外,还会对教学产生显著的影响。例如借助生成式人工智能来设计准备教育资源助手、课堂增强学习互动助手以及课外作业自动批改助手[①]等。

首先,在个性化教学方面,生成式人工智能能够根据每位学生的学习风格、能力和需求提供定制化的教学内容和路径。学生可以通过个性化的学习,使用适合自己的学习风格开展学习活动。此外,人机协同的学习模式将得到极大的发展,学生将在生成式人工智能的辅助下更好地进行学习和知识建构。已有学者探讨了基于 Gen AI 的人机协同教学模式,如基于生成式人工智能的背景,构建了一个人机协同深度探究性学习模型结构,[②]讨论了该学习模式对学生学习绩效、批判性思维、创造性思维、学习态度、自我效能感以及学习动机的影响。

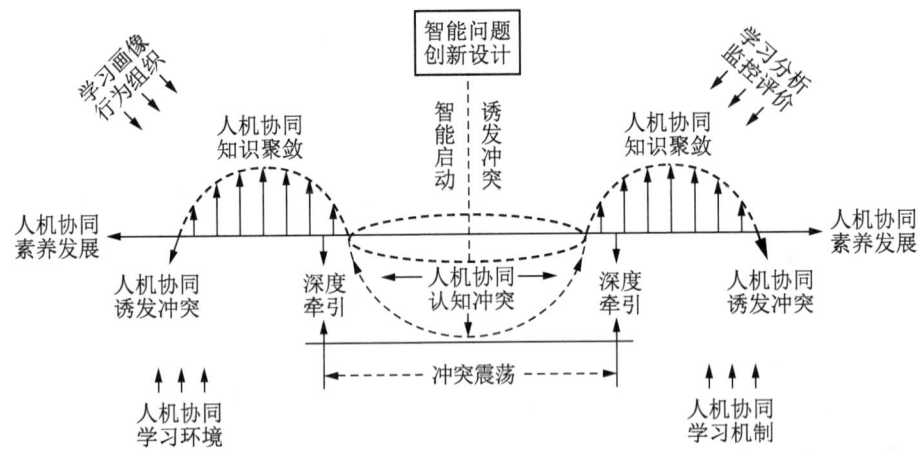

图 10-3-2　人机协同深度探究性学习模型结构

其次,教师的角色也将发生转变。在生成式人工智能辅助的教学中,教师将从传统的知识传递者转变为学习的促进者和指导者。教师将更多地专注于设计富有挑战性的项目、引导探究学习、激励批判性思维和创新。这样的角色转变不仅有助于提升教学质量,也能够为学生提供更多自主学习和实践的机会。为此,教师需要增强自身角色转变的意识,[③]充分借助生成式人工智能的能力,进行课堂活动设计等。

---

① 杨晓哲,王晴晴,王若昕.生成式人工智能的有限能力与教育变革[J].全球教育展望,2023,52(06):3—12.
② 李海峰,王炜.人机协同深度探究性教学模式——以基于 ChatGPT 和 QQ 开发的人机协同探究性学习系统为例[J].开放教育研究,2023,29(06):69—81.
③ 黄荣怀.人工智能正加速教育变革:现实挑战与应对举措[J].中国教育学刊,2023(06):26—33.

另外，生成式人工智能可以促进学生的自主学习。教师可以借助生成式人工智能应用，快速制作各种丰富的教学资源，资源形式不限于文本、图像、音频和视频等。例如制作便于学生了解概念的电子学习胶囊（包含一个互动视频、词汇表、练习和目标主题的总结），让学生在有声有色的教学资源的帮助下，掌握一些基础性的知识。

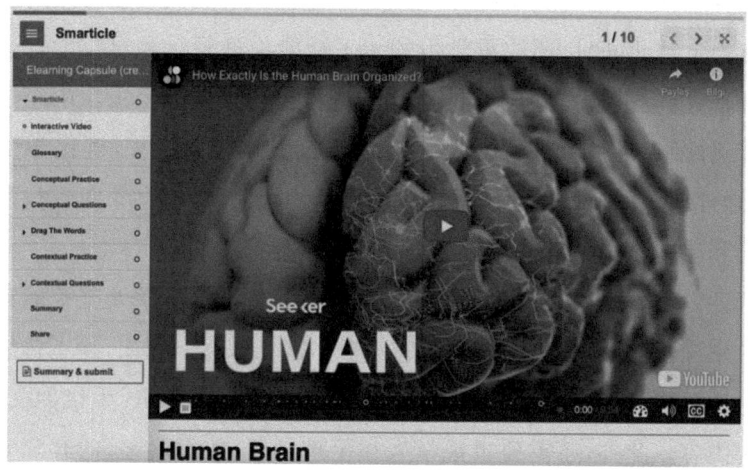

图 10-3-3　NOLEJ 电子学习胶囊

此外，实时评估和反馈也将成为教学中的常态。生成式人工智能可以提供学习评估和反馈，帮助学生及时了解自己的学习进度和弱点，从而调整学习策略。例如，一项针对大型语言模型生成反馈文本的研究发现，ChatGPT 能够根据给定的文本内容（通常是与学生学习情况有关的各种内容），生成具有可读性和一致性的反馈。[①]这意味着，ChatGPT 能够辅助教师分析学生学情，并提供即时且有效的反馈，从而鼓励学生采取改进措施。这往往需要借助已有的学习平台，通过分析各种类型的学生数据，评估学生学习情况，并提供针对性的反馈和指导。这种实时反馈机制使教学更加灵活，也可以更快地回应学生的需求。

生成式人工智能将使教学模式更具个性化和互动性。教师需要积极拥抱新技术，充分借助生成式人工智能教育带来的各种便利条件，优化课堂教学，提升

---

① Dai W, Lin J, Jin H, et al. Can large language models provide feedback to students? A case study on ChatGPT[C]//2023 IEEE International Conference on Advanced Learning Technologies (ICALT). IEEE, 2023: 323—325.

学生的人工智能素养和自身专业水平。

（三）生成式人工智能在中小学生人工智能素养测评中的应用

中小学人工智能素养测评旨在综合评估学生在人工智能学科领域的认知水平、技术能力、逻辑思维及伦理意识，着重衡量学生对于人工智能核心概念、原理的掌握程度，以及在编程、数据分析等实际操作中的应用能力。同时也深入考察学生的计算思维、问题解决技巧及创新能力，进而培养其批判性思维与解决复杂问题的能力。与此同时，还注重学生的人工智能伦理观念和对技术社会影响的认识的评估，以促进其发展成为具有责任感和伦理意识的公民。中小学生人工智能素养测评结果有助于教师调整教学策略，优化教学过程，确保学生能够全面、深入地理解并准备好面对未来技术的挑战。同时，还有助于对现行教育体系进行评价和改进，确保教育资源的有效分配与利用。

在测评内容方面，生成式人工智能的发展正在对中小学人工智能素养的测评体系带来深刻的影响，测评内容将进一步丰富和深化。例如，除了传统的编程和数据分析技能，学生现在也需要了解如何使用和评估 LLM 生成的文本、图像和视频等内容。此外，还需要重视学生在伦理判断、数据隐私、内容真实性鉴别等方面的能力。

在测评方法方面，需要考虑更多可能的评价方法，未来将转向更多侧重于评估学生的创造性思维、问题解决能力和理解深度的方式。例如，设置更多的开放式问题和采取项目式学习评估，如要求学生设计一个使用生成式人工智能来解决社会问题的项目，并评估其可行性和潜在的伦理问题。生成式人工智能也促进了个性化测评的发展。例如，基于生成式人工智能的系统可以分析学生的学习历史和表现，生成定制化的习题和学习材料，以更准确地评估他们的知识理解程度和技能掌握情况。实时反馈和动态调整也将趋于常态化，例如，学生在完成一个编程任务后，可以立即收到关于他们写下的代码的执行效率和潜在错误的反馈，帮助他们更快地纠正错误。

需要注意的是，生成式人工智能也带来了测评安全性的挑战。需要探索更加科学有效的测评策略来确保评估的真实性和公正性。例如，采用特定的算法来检测非人类生成的文本，或者要求学生在特定环境中完成测评等。总之，面对这些变化和挑战，需要不断更新和完善测评体系，以适应技术的快速发展。

第四节　生成式人工智能对教师教学胜任力的影响

教师的人工智能教学胜任力是教育有效性的关键,包括对人工智能技术原理的深入理解、技术技能、教学方法的应用、伦理和社会责任感,也包括了持续学习和适应新技术的能力等方面的内容。生成式人工智能为教师的教学胜任力发展带来了新的机遇,同时也带来了诸多挑战。

生成式人工智能的发展为教师的教学胜任力带来了许多显著的机遇。首先,生成式人工智能能够快速生成各种教学资源,如课件、练习题、教案等,大大节省了教师的时间和精力。例如,通过输入相关主题和要求,生成式人工智能能够自动生成一份包含丰富图片和详细知识点的课件,使教师能够更轻松地准备教学材料。其次,生成式人工智能可以根据学生的个体差异和学习情况,为教师提供个性化的教学建议和资源。这种自适应性强的特点使得教师能够更精准地满足学生的学习需求,从而提高教学效果。此外,生成式人工智能的应用还有助于提升教学效率。通过自动化和智能化的方式,教师可以更快速地完成一些繁琐的任务,如批改作业、统计成绩等,从而将更多的精力投入到教学设计和与学生互动中。最后,生成式人工智能的发展为教学创新提供了新的可能性。教师可以利用这一技术探索新的教学模式和方法,如基于项目的学习、混合式教学等,以更好地培养学生的创新能力和实践能力。

生成式人工智能的发展为中小学教师的人工智能教学胜任力带来了新的挑战。一方面,生成式人工智能为个性化学习提供了新的机遇,但也对教师能够有效地整合和管理这些工具提出了新的要求。教师需要评估不同工具的适用性,设计适合学生需求的学习活动,并持续跟踪学生的学习过程以确保有效性。此外,生成式人工智能的引入也可能改变学生的学习方式和行为,教师需要适应这些变化,调整教学策略以保持和提升学生的参与性和积极性。另一方面,技术本身的复杂性大大增加,教师不仅需要了解生成式人工智能相关技术,还要跟进最新的发展,包括不断发展的新技术、新的伦理和社会问题,例如生成内容的真实性和偏见问题等。

面对这些挑战,教师可以采取以下措施来提升自己的胜任力。(1)通过持续专业发展不断更新人工智能的相关知识,提升相关技能水平。教师可以更多地参加专业培训和研讨会,了解最新的技术发展情况;同时在教学中探索和应用生成式人工智能相关工具并与同行交流经验和策略。(2)在教学中积极整合生成式人工智能工具。这包括掌握相关工具的使用方法,设计合适的学习活动,使学生能够通过这些工具进行有效学习。(3)不断反思和调整自己的教学策略和方法。教师需要更多地收集学生反馈,与其他教师进行教学研讨,根据学生的需要和技术的发展调整教学策略,优化教学内容和方法。通过持续的反思和改进,教师可以更有效地利用生成式人工智能技术并提高教学质量。

随着生成式人工智能在教育领域的逐步应用,中小学教师需要提升持续学习的意识,在教学中积极整合新工具,不断地反思和调整教学策略,最终提升自己的信息素养,不断发展和提升人工智能教学胜任力。

第五节 生成式人工智能背景下的伦理与责任教育

伦理与社会责任教育是中小学人工智能教育的重要组成部分,学生不仅需要掌握技术知识,还必须理解和应对伴随技术进步而来的伦理挑战和社会责任,如隐私保护、数据安全、偏见识别和决策透明度等。在生成式人工智能广泛应用以前,中小学的人工智能教育主要集中在介绍基础的计算机科学概念、编程技能和简单的人工智能应用。伦理和社会责任教育虽已存在,但通常较为基础且不够深入。例如,学生会学习人工智能的基本原理、编程语言,参与简单的项目,如设计聊天机器人或基本的视觉识别系统。整体而言,这些课程更多关注技术实现,关于伦理方面的内容并不多。

一方面,生成式人工智能技术的发展和应用,引发了一系列新的伦理问题,如内容的真实性、版权问题和偏见等。此外,借助生成式人工智能,学生作弊等行为可能增多,这可能会导致传统的学校秩序被扰乱。[1]因此,要培养学生正确利

---

[1] 朱永新,杨帆.ChatGPT/生成式人工智能与教育创新:机遇、挑战以及未来[J].华东师范大学学报(教育科学版),2023,41(07):1—14.

用生成式人工智能促进学习的意识,减少学生滥用生成式人工智能的可能性。另一方面,生成式人工智能的发展对学生的信息社会责任教育提出了新的要求。学生需要学会如何评估人工智能技术的社会影响,做出负责任的决策。

为了应对这些挑战,教师需要接受持续的专业发展指导,了解最新技术和伦理问题,提升自身专业能力水平;学校应与行业、高等教育机构和政府机构合作,共同开发符合时代要求的课程内容;学生则需要更积极地参与项目实践,培养解决实际问题的能力和伦理意识。

技术发展的潮流不可避免,生成式人工智能的出现,既是机遇,也充满了挑战。生成式人工智能在给中小学人工智能教育的学生素养、课程内容和教师模式等方面的内容带来益处的同时,也可能存在潜在风险。因此,既要积极拥抱新技术和新变化,也要时刻保持理智。只有这样,才能够更好地利用生成式人工智能,更好地促进人工智能教育的发展。

图书在版编目(CIP)数据

素养导向的中小学人工智能教育 / 谢忠新等著.
上海：上海社会科学院出版社，2024. -- ISBN 978-7
-5520-4411-9

I. G633.672

中国国家版本馆 CIP 数据核字第 2024Q9H466 号

素养导向的中小学人工智能教育

著　　者：谢忠新等
责任编辑：路　晓
封面设计：徐　蓉
出版发行：上海社会科学院出版社
　　　　　上海顺昌路 622 号　邮编 200025
　　　　　电话总机 021－63315947　销售热线 021－53063735
　　　　　https://cbs.sass.org.cn　E-mail: sassp@sassp.cn
照　　排：南京理工出版信息技术有限公司
印　　刷：上海万卷印刷股份有限公司
开　　本：710 毫米×1010 毫米　1/16
印　　张：22.5
字　　数：362 千
版　　次：2024 年 7 月第 1 版　2025 年 10 月第 2 次印刷

ISBN 978－7－5520－4411－9/G·1331　　　　　　　　定价：112.00 元

版权所有　翻印必究